Der Code pénal des Königreichs Westphalen
von 1813 mit dem Code pénal von 1810 im Original
und in deutscher Übersetzung

Rechtshistorische Reihe

Herausgegeben von den Prof. Dres.

Band 236

Peter Lang
Frankfurt am Main · Berlin · Bern · Bruxelles · New York · Oxford · Wien

Der Code pénal des Königreichs Westphalen von 1813 mit dem Code pénal von 1810 im Original und in deutscher Übersetzung

herausgegeben und
mit einer Einleitung versehen
von Werner Schubert

Peter Lang
Europäischer Verlag der Wissenschaften

Die Deutsche Bibliothek - CIP-Einheitsaufnahme

Der Code pénal des Königreichs Westphalen von 1813 mit dem Code pénal von 1810 im Original und in deutscher Übersetzung. Hrsg. und mit einer Einl. vers. von Werner Schubert. - Frankfurt am Main ; Berlin ; Bern ; Bruxelles ; New York ; Oxford ; Wien : Lang, 2001
(Rechtshistorische Reihe ; Bd. 236)
ISBN 3-631-37570-0

Gedruckt auf alterungsbeständigem,
säurefreiem Papier.

ISSN 0344-290X
ISBN 3-631-37570-0

Printed in Germany 1 2 4 5 6 7

www.peterlang.de

Inhalt

Einleitung

Obwohl der Code pénal vom 1./2.3.1810 zu den einflußreichsten Strafgesetzbüchern des 19. Jahrhunderts gehört, ist dessen Entstehungs- und Wirkungsgeschichte insbesondere auf das deutsche Strafrecht noch wenig untersucht.[1] Der Code pénal galt seit dem 1.1.1811 in den linksrheinischen Departements und in den vier hanseatischen Departements sowie in den Departements des Münsterlandes.[2] Er wurde ferner im Großherzogtum Berg eingeführt und blieb hier sowie in den linksrheinischen Gebieten bis zum Inkrafttreten des preußischen Strafgesetzbuchs von 1851 in Kraft. Wenig bekannt ist, daß das Königreich Westphalen den Code pénal in einer modifizierten Fassung einführen wollte, wozu es aber wegen des Zusammenbruchs des Staates 1813/14 nicht mehr kam. Jérôme Napoléon hatte in Kassel den Code pénal noch im September 1813 vollzogen. Mit dem Druck im Bulletin des Lois du Royaume de Westphalie war noch begonnen worden. Ein erhalten gebliebener Druck (französische und deutsche Fassung) bricht nach 15 Seiten mit Art. 28 ab. Für die weiteren Artikel war keine offizielle deutsche Übersetzung auffindbar.

Der französische Code pénal beruht auf einem Entwurf von 1802, der 1804 im Staatsrat (Conseil d'État), und dem Entwurf von 1808, der abschließend zwischen dem 4.10.1808 und dem 18.1.1810 ebenfalls im Staatsrat beraten worden war.[3] Vorläufer des Code pénal war das Orga-

---

1 Hierzu zuletzt Stefan *Kleinbreuer*, Das Rheinische Strafgesetzbuch. Das materielle Strafrecht und sein Einfluß auf die Strafgesetzgebung in Preußen und im Norddeutschen Bund, Diss. iur., Bonn 1999, S. 4 ff. m.w.N. – Das Werk von André *Laingui*/Arlette *Lebigre,* Histoire du droit pénal, t. 1 und 2, Paris 1979, befaßt sich im wesentlichen mit dem vorrevolutionären Strafrecht und enthält in t. 2, S. 133 ff. einen kurzen Überblick über das Strafprozeßrecht seit 1789.

2 Zur Rechtsgeschichte des Großherzogtums Berg und der französisch-deutschen Departements W. *Schubert,* Französisches Recht in Deutschland zu Beginn des 19. Jahrhunderts, Köln, Wien, 1977, S. 81 ff., 98 ff., 131 ff.

3 Die Quellen in den Beratungen des Staatsrats finden sich bei *Jean-Guillaume Locré*, Législation civile, commerciale et criminelle, Neudruck der Ausgabe von 1836, hrsg. von W. *Schubert,* Bd. 15, Frankfurt a.M.; separat erschienen ist in Paris 1804 (an

nisationsdekret vom 19.7.1791, der Code pénal der Constituante vom 25.9.1791, der zusammen mit den Abänderungen des Code des délits et des peines vom 3. Brumaire IV (25.10.1895) bis 1810 für Frankreich das geltende materielle Strafrecht enthielt. Eine detaillierte Entstehungsgeschichte des Code pénal fehlt bisher, da sich das rechtshistorische Interesse vornehmlich auf die strafrechtliche Revolutionsgesetzgebung gerichtet hat, obwohl erst die Fassung von 1810 langfristige und gesamteuropäische Wirkungen entfaltete.

Das Königreich Westphalen, von Napoleon als rheinbündischer Modellstaat für Deutschland vorgesehen,[4] hatte zusammen mit der Verfassung von 1807 den Code Napoléon unmodifiziert einführen müssen.[5] Demgegenüber wurden von den weiteren vier französischen Codes der Code de commerce nicht eingeführt, der Code d'instruction criminelle in erheblich abgeänderter Fassung in drei Gesetzen[6] sowie der Code de procédure civile in einer umgearbeiteten Version.[7] Im Herbst 1813 sollte dann die erwähnte westphälische Fassung des Code pénal in Kraft treten, der der Rechtszersplitterung in diesem Staat insoweit ein Ende setzen sollte.

Abgesehen von den kantonalen Polizeigerichten (tribunal de simple police) unter dem Vorsitz des Friedensrichters bestanden Distrikttribunale, die in erster Instanz über die korrektionellen Vergehen und in zweiter Instanz über die Polizeikontraventionen entschieden, und in den Zentralorten der Departements Cours criminelles, zusammengesetzt aus einem Appellationsrichter (von der Kasseler Cour d'appel abgestellt) als

---

XII): Projet de Code criminel avec des observations des rédacteurs, celle du Tribunal de Cassation et le compte-rendu par le Grand-Juge.

4 Hierzu zuletzt Christian *Hattenhauer,* in: Westfälische Jurisprudenz. Beiträge zur deutschen und europäischen Rechtskultur. Festschrift aus Anlaß des 50jährigen Bestehens der Juristischen Studiengesellschaft Münster, Münster 2000, S. 67 ff.; ferner Klaus *Rob,* Regierungsakten des Königreichs Westphalen 1807-1813, München 1992; Helmut *Berding,* Napoleonische Herrschafts- und Gesellschaftspolitik im Königreich Westphalen 1807-1813, Göttingen 1973.

5 Art. 45 der Westph. Verfassung (bei *Rob*, aaO., S. 54).

6 Polizeistrafordnung vom 6.8.1808; correctionelle Prozeßordnung vom 18.3.1809/ 14.2.1810 und die peinliche Prozeßordnung (Loi relative à la procédure criminelle) vom 19.8.1808. Für die Gerichtsverfassung war maßgebend das Décret portant organisation des Cours de justice de Tribunaux vom 27.1.1808 (sämtliche Gesetze und Dekrete im Bulletin des Lois du Royaume de Westphalie 1807-1813 (teilweise auch in 2. Aufl.).

7 Zum westphäl. Zivilprozeß ausführlich *Schubert*, aaO., S. 577 ff.

Präsidenten, zwei Richtern und einem procureur général sowie aus Assessoren.[8] Bei diesen Gerichten wurden noch 1808 Schwurgerichte eingerichtet, deren „Geist" *Siméon* und der Staatsrat Justus Christoph *von Leist* in der Reichsversammlung am 7.7.1808 erläuterten.

Über die Entstehung des westphälichen Code pénal läßt sich so gut wie nichts auffinden.[9] Der westphälische, aus Innerfrankreich stammende Justizminister Siméon hatte den Code pénal im wesentlichen unmodifiziert einführen wollen. Joseph Jérôme Siméon (geb. 1759 als Sohn eines Parlamentsadvokaten in Aix, mit Portalis verwandt; gest. 1842) war 1778 Professor an der Universität Aix geworden und hatte sich der Revolution von 1789 angeschlossen. In der radikalen Phase der Revolution geächtet, hielt er sich von 1793 bis zum 9. Thermidor in Genf auf. Unter Napoleon war er zunächst Mitglied des Tribunats und kam 1804 in den Staatsrat. 1807 wurde er Mitglied der Régence des Königreichs Westphalen, anschließend Justiz- und Innenminister dieses Staates sowie Präsident des Kasseler Staatsrats. Kurz vor dem Zusammenbruch des neuen Staates vertrat er Westphalen als bevollmächtigter Minister in Berlin und beim Rheinbund. Nach 1814/15 bekleidete Siméon bis 1839 hohe Staatsposten, zuletzt war er Präsident der Cour des comptes.[10] Der Plan Siméons wurde im Herbst 1810 von der Sektion Justiz und Inneres des Staatsrats verworfen. Jérôme übertrug daraufhin dem Staatsrat und dessen Sektionen die Aufstellung eines Code pénal, von dem bis Juni 1811 bereits die Hälfte vorlag und im Staatsrat beraten worden war. In einem Rapport an den König vom 31.5.1811[11] kennzeichnete Siméon das Projekt als eine Art zweiter Ausgabe (édition) des französischen Code pénal mit einigen Änderungen und ziemlich oft mit Umstellungen der Normen. Mit diesen

---

8 Hierzu und zum folgenden Anton *Bauer,* Abriß der Gerichtsverfassung des Königsreichs Westphalen, Marburg 1811; Gottfried Philipp *von Bülow,* Erläuternde Bemerkungen über das Verfahren in Strafsachen nach westfälischen Gesetzen. Ein Commentar über die drei Strafprozeßordnungen des Königreichs Westfalen, 3 Bde., Braunschweig 1811.

9 Geh. StA Berlin-Dahlem, Königreich Westphalen, Rep. I C II Nr. 28 und 40; Rep. I A Nr. 17 vol. III (erste Hinweise auf den westphäl. Code pénal bei *Rob,* aaO., S. 29 f.).

10 Über Siméon vgl. die in der Microficheausgabe: Archives biographiques françaises, 1. série, 2. Aufl., München 1998, fiche 959, wiedergegebenen Biographien aus den französischen Nachschlagewerken (u.a. aus J.C.F. *Hoefer,* Nouvelle Biographie générale, Bd. 46, Paris 1852).

11 Dieser Rapport, der sich im Hauptteil mit dem Militärstrafrecht befaßt, ist in der Edition vollständig wiedergegeben.

Umstellungen habe man, wenn nicht eine bessere Ordnung, so doch wenigstens eine Ordnung versucht, die der Sichtweise der Verfasser und dem Land entsprächen, für die das Gesetz bestimmt sei. Insgesamt sei die neue Anordnung nicht sehr bedeutsam und entsprach dem Arrangement der Bücher in einer Bibliothek. „J'ai pensé", so schloß Siméon den Eingangsteil seines Berichts, „qu'il faut laisser faire Son conseil un code pénal qui sera bon comme celui de France dont il sera imitation, et qu'on aimera mieux *parce qu*'on l'aura ait et qu'on croira, si non l'avoir perfectionné au moins l'avoir approppríé au génie de la nation." In den folgenden zwei Jahren bis Juli 1813 wurde die Vorlage zum Code pénal im Staatsrat weiter beraten[12] und anschließend Jérôme zum Vollzug vorgelegt. Berichterstatter und wohl auch verantwortlicher Verfasser des westphälischen Code pénal dürfte *von Leist* gewesen sein, von dem teilweise auch die amtliche Übersetzung des Code Napoléon stammt. Justus Christoph *von Leist* (1770-1858)[13] war als Göttinger Professor (1795 ao., 1802 ord. Prof.) vor allem durch sein Lehrbuch des deutschen Staatsrechts bekannt geworden. Ende 1807 trat von Leist in den Dienst des Königreichs Westphalen. Als Mitverfasser zahlreicher westfälischer Gesetze verteidigte er die Vorlagen vor den Reichsständen und übernahm 1809 die Leitung des gesamten öffentlichen Unterrichtswesens.

Es ist nicht die Aufgabe der vorliegenden Edition, den westphälischen Code pénal mit dem französischen Original in allen Details zu vergleichen. Zwar läßt sich der Code pénal von 1813 als seconde édition des Code pénal von 1810 ansehen. Doch waren die Eingriffe erheblich umfangreicher, als es der Bericht vom Mai 1811 vermuten läßt. Die systematische Anordnung und die Umstellungen auch innerhalb der einzelnen Abschnitte sind teilweise beträchtlich. Die Fassung nicht weniger Vorschriften wurde teils geändert, teils gekürzt oder auch erweitert. Die wichtigsten Änderungen finden sich im allgemeinen Teil. Neu gegenüber dem Original[14] waren die Bestimmungen über das internationale Straf-

---

12 Es fanden Beratungen statt am 16.1., 19.1., 23.1, 13.4., 20.4, 24.4., 8.6., 12.6.1811, am 5., 9, 12. und 23.9.1812 und am 5., 9. u. 30.6. sowie am 14.7.1813.

13 Über Leist vgl. NDB, Bd. 14 (1985), S. 181 f. (Manfred *Friedrich*). Über die amtliche westphälische Übersetzung des Code Napoléon W. *Schubert,* in: B. Eckert/H. Hattenhauer, Sprache – Recht – Geschichte, 1991, S. 133 ff., 151 ff.

14 In diesem Zusammenhang sei auf die Arbeit von *Kleinbreuer* (aaO., S. 21 ff., 55 ff.) hingewiesen, der den einzelnen Tatbeständen des Code pénal von 1810 (zugleich des Rheinischen StGB) im einzelnen nachgeht.

recht (Art. 5 ff.), der Hinweis auf das Adhäsionsverfahren (Art. 16), der Abschnitt über die Konkurrenzen (Art. 61, 62), die Verjährung (Art. 63) und die Réhabilitation, letztere aus dem Code d'instruction criminelle übernommen. Als Einzelheiten erscheinen bedeutsam: Wegfall der Strafe der Deportation und Regelung der Frage, wem der Arbeitsertrag der Strafgefangenen zufallen sollte (Art. 28). Weggefallen war auch Art. 13, wonach der des Elternmordes zum Tode Verurteilte im Hemd, mit bloßen Füßen, den Kopf mit einem schwarzen Schleier bedeckt zum Richtplatz geführt werden sollte. Dort sollte er auf dem Blutgerüst ausgestellt werden, während ein Gerichtsvollzieher dem Volk das verurteilende Erkenntnis vorlas. Nach dem Abhauen der rechten Hand sollte er unmittelbar darauf hingerichtet werden. Diese Regelung sollte nach dem französischen Code pénal (Art. 86) auch für den Anschlag auf das Leben oder die Person des Monarchen gelten. Im übrigen ist in der westphälischen Fassung der „Vatermord“ (parricide) nicht als eigenständiger Tatbestand wie in Art. 299 des franz. Code pénal erwähnt. Das gleiche gilt für den Kindermord, d.h. den Mord eines neugeborenen Kindes (Art. 300 des franz. Code pénal). Dafür ist in Art. 278 des westphälischen Code pénal der Kindermord der Mutter als besonderer Tatbestand, für den eine lebenslängliche Zuchthausstrafe vorgesehen war, aufgeführt worden. Im Gegensatz zum Code pénal von 1810 sollte der Inzest, der entsprechend den Forderungen der Aufklärung seit der Revolution in Frankreich kein Straftatbestand mehr war, weiterhin strafbar sein. Auch versuchte der westphälische Gesetzgeber, einige Regelungen aus dem allgemeinen Teil dogmatisch genauer zu fassen, etwa den Art. 64 des franz. Code pénal in Art. 82, wo auch der Irrtum über nicht vorliegende tatsächliche Umstände zum Strafausschluß führen sollte. Durchgehend sind öfters einige der strengen Strafdrohungen des Code pénal abgemildert, etwa für den Diebstahl und für die Bestrafung der für die Tat verantwortlichen Jugendlichen. Die Konkursdelikte (Bankrott) wurden aus dem Code de commerce übernommen. Die Zahl der Polizeiübertretungen wurde erweitert. Damit wollte der Gesetzgeber wohl zum Teil den anderen Gegebenheiten des Königreichs Westphalen Rechnung tragen, zum Teil wollte er wohl auch hier eine größere Vollständigkeit als der französische Gesetzgeber anstreben, der bei der Abfassung des Code pénal bestimmte Sondernormen in anderen Gesetzen vor Augen gehabt haben dürfte.

Mit dem westphälischen Code pénal war zusammen mit dem bayerischen, von *Feuerbach* ausgearbeiteten Strafgesetzbuch von 1813 die Auseinandersetzung mit dem französischen Strafrecht eröffnet, die zum Teil – vermittelt durch die vom rheinischen Recht ausgehende innerpreußische rechtspolitische Diskussion zumindest im Rahmen der Gesetzrevision[15] – bis zum Strafgesetzbuch von 1870/71 anhielt. Nach *Breidenbach*, dem Verfasser des Strafgesetzbuchs für Hessen-Darmstadt von 1841, hatte der Code pénal die Aufgabe gelöst,[16] „ein in der Zivilisation vorangeschrittenes Volk, das vielleicht durch plumpe Angriffe auf die persönliche Freiheit außer sich geraten wäre, unter der Maske schützender Formen zu täuschen. Die eiserne Kette der Despoti war so glänzend poliert, daß lange Zeit hindurch manche Deutsche sie als den goldenen Ring betrachtet haben, der die kostbarsten Rechte der Bürger zusammenhält". Demgegenüber sprach sich der Rheinische Provinziallandtag 1843 gegen den Berliner Entwurf eines Strafgesetzbuchs zugunsten eines Entwurfs aus,[17] der die Rheinische Gesetzgebung zugrunde legte.[18]

An deutschen Übersetzungen des Code pénal existieren für die erste Hälfte des 19. Jahrhunderts die Werke von *Willmann:* Code pénal ou code des délits des peines. Édition conforme à l'édition originale du bulletin des lois / Kaiser Napoleon I. peinliches Gesetzbuch. Köln 1810; die Übersetzung des Präsidenten des Kölner Bezirksgerichts Wilhelm *Blanchard:* Code pénal.[19] Aus dem Französischen nach der offiziellen

---

15 Hierzu die Quellen in der Edition von W. *Schubert*/J. *Regge*, Gesetzrevision (1825-1848), I. Abt., Bde. 1-6, Vaduz 1981-1994.

16 Zitiert nach Robert *v. Hippel*, Deutsches Strafrecht, 1925, S. 333 (wohl aus dem Werk von Moritz Wilhelm August *Breidenbach*: Commentar über das Großherzogliche Hessische Strafgesetzbuch, 1842, 2 Bde. Neudruck Goldbach 1993; hierzu W. *Schubert*, in: Entwürfe zu einem Strafgesetzbuch für das Großherzogtum Hessen 1830 und 1836, Goldbach 1993, S. 11 ff.)

17 Die gedruckten Materialien sind vollständig wiedergegeben bei W. *Schubert*, Der Provinziallandtag der Rheinprovinz von 1841, 1843 und 1845, Bde. 2, 3 und 4, Vaduz 1990.

18 Zum Einfluß des Code pénal von 1810 auf das preuß. StGB und insgesamt auf das deutsche StGB von 1870/71 erstmals ausführlicher und differenzierter als bisher *Kleinbreuer*, aaO., S. 134 ff., 143 ff.

19 Bei *Kleinbreuer* sind lediglich die Übersetzungen von *Willmann* und *Cremer* genannt. Hinzukommt noch die offizielle, aus Paris stammende deutsche Übersetzung des Code pénal.

Ausgabe übersetzt (1. Aufl. 1810, 2. verbesserte Aufl. 1812) sowie die Ausgabe von Johann *Cramer (Hrsg.):* Les Cinq Codes. Die fünf französischen Gesetzbücher (Crefeld 1812, 9. Aufl., die 1850 noch in der 12. Auflage erschien).

Die Edition gibt die von Jérôme Napoléon vollzogene Fassung des Code pénal von 1813[20] wieder. Für die Art. 1-28, für welche die Druckfassung[21] vorliegt, wird nach der französischen Fassung auch die amtliche deutsche Übersetzung abgedruckt. Von einer weiteren Übersetzung des westphälischen Code pénal wurde abgesehen, zumal sich die Abweichungen gegenüber dem französischen Original von 1810 nur durch einen ständigen Vergleich mit dem Urtext erschließen lassen. Der Edition ist deshalb in einem fotomechanischen Nachdruck der Text des Code pénal von 1810 mit einer Übersetzung aus dem 19. Jahrhundert hinzugegeben. Zur besseren Erschließung der beiden Versionen des Code pénal sind dem westphälischen Text die Ziffern der einschlägigen Bestimmungen des Code pénal von 1810 hinzugefügt. Die vergleichende Übersicht am Ende der Edition erschließt aus der Sicht des Code pénal von 1810 die westphälische Version. Insgesamt kann es sich hier nur um ungefähre Hinweise handeln. Der Umfang der jeweiligen Abweichungen ist oft nur durch einen Detailvergleich der beiden Fassungen zu erkennen. Für die schwierige Transkription des französischen Textes danke ich meiner langjährigen Mitarbeiterin, Frau Birthe Kaps.

---

20 Geh. StA Berlin-Dahlem, Königreich Westphalen, C II Nr. 40.

21 Diese stammt aus dem Staatsarchiv Marburg, Bestand 250 Nr. 644. Der Herausgeber dankt Herrn Professor Dr. Rainer Polley für den Hinweis auf die Druckfassung.

Inhaltsübersicht über den Code pénal von 1813

Code pénal / Strafgesetzbuch vom 17.9.1813

Jérôme Napoléon, par la grâce de Dieu et les constitutions, Roi de Westphalie, Prince français, etc. Sur le rapport de Notre Ministre de la Justice ; Notre Conseil d'État entendu ; Nous avons décrété et décrétons ce qui suit :

Wir Hieronymus Napoleon, von Gottes Gnaden und durch die Constitutionen König von Westphalen, französischer Prinz etc. haben, auf den Bericht Unseres Ministers der Justiz; nach Anhörung unserers Staatsrathes; verordnet und verordnen, wie folgt:

Code Pénal

Strafgesetzbuch

Dispositions préliminaires

Einleitende Verfügungen

Art. 1 [1]. L'infraction que les lois punissent des peines de simple police, est une contravention, dont la connaissance est du ressort des tribunaux de police municipale.

L'infraction que les lois punissent des peines correctionnelles, est un délit, de la compétence des tribunaux correctionnels.

L'infraction que les lois punissent d'une peine afflictive ou infamante, est un crime, dont le jugement est exclusivement réservé aux cours criminelles.

Art. 1. Die gesetzwidrige Handlung, welche die Gesetze mit blossen Polizeystrafen belegen, ist eine Übertretung, über welche die Municipal-Polizeygerichte zu erkennen haben.

Die gesetzwidrige Handlung, welche die Gesetze mit correctionnellen Strafen belegen, ist ein Vergehen, welches zur Kompetenz der Corrections-Tribunäle gehört.

Die gesetzwidrige Handlung, welche die Gesetze mit einer Leibes- oder entehrenden Strafe belegen, ist ein Verbrechen, worüber das Erkenntniß den peinlichen Gerichtshöfen ausschließlich vorbehalten ist.

Art. 2 [2]. Toute tentative de crime, qui aura été manifestée par des actes extérieurs et suivie d'un commencement d'exécution, si elle n'a été suspendue ou n'a manqué son effet que par des circonstances fortuites ou indépendantes de la volonté de l'auteur, est considérée comme le crime même.

Art. 2. Jeder Versuch eines Verbrechens, welcher durch äußere Handlungen an den Tag gelegt und von einem Anfange der Ausführung begleitet worden ist, soll, wenn er nur durch zufällige, oder vom Willen des Urhebers unabhängige, Ereignisse aufgehalten wurde oder seine Wirkung verfehlte, gerade so, wie das Verbrechen selbst, betrachtet werden.

Art. 3 [3]. Les tentatives de délits ne sont considérées comme délits, que dans les cas déterminés par une disposition spéciale de la loi.

Art. 3. Der Versuch eines Vergehens soll nur in den durch eine besondere gesetzliche Verfügung bestimmten Fällen wie das Vergehen selbst angesehen werden.

Art. 4 [4]. Nulle contravention, nul délit, nul crime ne peuvent être punis de peines qui n'étaient pas prononcées par la loi avant qu'ils fussent commis.

Néanmoins, les contraventions, délits et crimes commis antérieurement à la promulgation du présent Code, seront punis des peines y portées, si elles sont plus douces que celles statuées par les anciennes lois.

Art. 4 Keine Übertretung, kein Vergehen, kein Verbrechen kann mit Strafen belegt werden, wenn nicht das Gesetz diese bereits vor Begehung der That ausgesprochen hat.

Gleichwohl sollen die vor der Verkündigung des gegenwärtigen Gesetzbuches begangenen Übertretungen, Vergehen und Verbrechen mit den in demselben bestimmten Strafen in dem Falle belegt werden, wenn diese gelinder sind, als die in den älteren Gesetzen darauf angeordneten.

Art. 5 [-]. Les Westphaliens qui auront commis des crimes ou des délits dans un pays étranger, seront jugés d'après les dispositions du présent Code, s'ils n'ont pas

Art. 5. Haben Westphalen ein Verbrechen oder Vergehen in einem fremden Lande begangen, so sollen sie nach den Vorschriften des gegenwärtigen Gesetzbuches beur-

déjà été jugés, s'ils se trouvent dans le Royaume, et s'ils y sont dénoncés par la partie lésée ou par les magistrats étrangers.

theilt werden, vorausgesetzt, daß über sie nicht bereits ein Urtheil gesprochen worden ist, auch sie innerhalb des Königreiches betroffen werden, und daselbst der beschädigte Theil oder auswärtige obrigkeitliche Behörden gedachte Verbrechen oder Vergehen wider sie zur Anzeige bringen.

Art. 6 [-]. Les Étrangers seront soumis au présent Code pour les contraventions, délits et crimes qu'ils auront commis dans le Royaume.

Quant aux crimes qu'ils auraient commis hors du Royaume, ils ne pourront y être mis en jugement, à moins que le crime n'ait été commis contre la sûreté de l'État ou contre un Westphalien; mais ils pourront être contraints à sortir du territoire, avec défense d'y rentrer, jusqu'à ce qu'ils aient été acquittés.

Art. 6. Die von Fremden im Königreiche begangenen Übertretungen, Vergehen und Verbrechen sollen nach den Vorschriften des gegenwärtigen Gesetzbuches beurtheilt werden.

Was aber die Verbrechen anbetrifft, welche Fremde außerhalb des Königreiches begangen haben, so können diese daselbst nur in den Fällen vor Gericht gezogen werden, wenn das Verbrechen wider die Sicherheit des Staates oder wider einen Westphalen begangen worden war. Indeß können sie gezwungen werden, das westphälische Gebiet zu verlassen, unter Verbot, nicht eher in dasselbe zurückzukehren, als bis ihre Freisprechung erfolgt ist.

Art. 7 [-]. Les dispositions des articles 5 et 6 ci-dessus, ne feront aucun obstacle à ce qui est observé ou à ce qui a été ou pourra être convenu avec les États voisins, pour la répression et la punition des sujets respectifs délinquants dans l'État voisin.

Art. 7. Die Vorschriften der obigen Artikel 5 und 6 sollen keinen Abbruch denjenigen Bestimmungen thun, welche mit benachbarten Staaten über die Verfolgung und Bestrafung der gegenseitigen Unterthanen, die in dem benachbarten Staate strafwürdige Handlungen begangen haben, durch

Observanz oder Verträge bereits festgesetzt sind, oder etwa noch festgesetzt werden möchten.

Art. 8 [5]. Les dispositions du présent Code ne s'appliquent pas aux contraventions, délits et crimes militaires.

Art. 8. Die Verfügungen des gegenwärtigen Gesetzbuches sind auf die militairischen Übertretungen, Vergehen und Verbrechen nicht anwendbar.

Art. 9 [-]. Seront réputés contraventions, délits et crimes militaires:

1° Les actions commises contre la discipline ou subordination militaires;

2° L'espionnage;

3° La désertion;

4° L'embauchage et l'enrôlement pour l'étranger;

5° Les contraventions, délits et crimes commis par des militaires ou par des personnes attachées aux armées, ou à leur suite, soit dans les camps et armées, soit en marche, soit dans les casernes, soit à l'occasion ou dans le cours du service militaire.

Ces contraventions, délits et crimes seront punis d'après les dispositions du Code pénal militaire.

Art. 9. Als militairische Übertretungen, Vergehen und Verbrechen sollen angesehen werden:

1) alle die gegen die militairische Disciplin oder Subordination vorgenommenen Handlungen;

2) das Spioniren;

3) die Desertion;

4) die Verleitung von Soldaten zu fremden Militairdiensten und die Anwerbung für das Ausland;

5) die Übertretungen, Vergehen und Verbrechen, welche von Militair-, oder anderen zur Armee oder zu deren Gefolge gehörenden Personen, sey es in den Lägern und bei der Armee, sey es auf dem Marsche, sey es in den Casernen, sey es bei Gelegenheit oder bei Ausübung des Militairdienstes, begangen worden sind.

Die genannten Übertretungen, Vergehen und Verbrechen sollen nach den Vorschriften des militairischen Strafgesetzbuches bestraft werden.

Art. 10 [-]. Les contraventions, délits et crimes, autres que ceux mentionnés en l'article précédent, bien qu'ils soient commis par des militaires, seront jugés par les tribunaux ordinaires d'après les dispositions du présent Code, à l'exception du vol qui, quoique jugé par les tribunaux ordinaires, sera néanmoins puni d'après le Code militaire.

Art. 10. Andere als die im vorhergehenden Artikel bezeichneten Übertretungen, Vergehen und Verbrechen sollen, wenn sie gleich von Militair-Personen begangen worden sind, von den gewöhnlichen Gerichten nach den Vorschriften des gegenwärtigen Gesetzbuches beurtheilt werden, jedoch mit Ausnahme des Diebstahles, welcher, wenn gleich die gewöhnlichen Gerichte über denselben zu erkennen haben, nichts destoweniger nach dem militairischen Strafgesetzbuche bestraft werden soll.

Première Partie. Des crimes et délits – Von den Verbrechen und Vergehen

Livre Premier. Des peines en matières criminelle et correctionnelle, et de leurs effets – Von den Strafen in peinlichen und correctionellen Sachen und den Wirkungen derselben

Art. 11 [6]. Les peines en matière criminelle sont ou afflictives et infamantes, ou seulement infamantes.

Art. 11. Die Strafen in peinlichen Sachen sind entweder Leibes- und entehrende, oder nur entehrende Strafen.

Art. 12 [7]. Les peines afflictives et infamantes sont:

1° La mort;

2° Les travaux forcés à perpétuité;

3° La réclusion dans une maison de force à perpétuité;

4° Les travaux forcés à temps;

Art. 12. Die Leibes- und entehrenden Strafen sind:

1) der Tod;

2) lebenslängliche öffentliche Zwangsarbeit;

3) lebenslängliche Einsperrung in ein Zuchthaus;

4) öffentliche Zwangsarbeit auf bestimmte Zeit;

5° La réclusion dans une maison de force à temps.

La confiscation générale peut être prononcée concurremment avec une peine afflictive, mais seulement dans les cas expressément déterminés par la loi.

5) Einsperrung in ein Zuchthaus auf bestimmte Zeit.

Auf die Confiscation (Einziehung) des gesammten Vermögens kann, in Verbindung mit einer Leibesstrafe, jedoch nur in den vom Gesetze ausdrücklich bestimmten Fällen, erkannt werden.

Art. 13 [8]. Les peines infamantes sont:

1° Le carcan;

2° Le bannissement à perpétuité ou à temps;

3° La dégradation civique.

Art. 13. Die entehrenden Strafen sind :

1) der Pranger;

2) die Verbannung auf beständig oder auf bestimmte Zeit;

3) die staatsbürgerliche Entwürdigung.

Art. 14 [9]. Les peines en matière correctionnelle sont:

1° L'emprisonnement dans une maison de correction;

Si la maison de correction se trouve dans le même local que la maison de force, le quartier de la correction sera entièrement séparé.

2° L'interdiction à temps de certains droits politiques, civils ou de famille;

3° L'amende.

Art. 14. Die Strafen in correctionellen Sachen sind :

1) die gefängliche Haft in einem Besserungshause;

Wenn das Besserungshaus mit dem Zuchthause in einem und demselben Gebäude sich befindet, so soll der für das Besserungshaus bestimmte Theil gänzlich abgesondert werden.

2) die Untersagung der Ausübung gewisser staatsbürgerlicher, bürgerlicher oder Familienrechte auf bestimmte Zeit;

3) die Geldbuße.

Art. 15 [10]. La condamnation aux peines établies par la loi, ne portera aucun préjudice aux restitutions et dommages-intérêts qui peuvent être dus aux parties.

Art. 15. Die Verurtheilung zu den im Gesetze bestimmten Strafen soll den Ansprüchen, welche die Partheien auf Wiedererstattung und Schadloshaltung etwa machen können, keinen Nachtheil bringen.

Art. 16 [-]. Dans le cas d'absolution, comme dans celui de condamnation, les tribunaux et cours statueront sur les restitutions et dommages-intérêts prétendus par l'accusé ou par la partie civile. Ils les liquideront par le même jugement ou arrêt, ou commettront l'un des juges pour entendre les parties, prendre connaissance des pièces et faire du tout son rapport.

Art. 16. Die Tribunäle und Gerichtshöfe sollen sowohl in dem Falle der Lossprechung, als in dem der Verurtheilung, über die von dem Angeklagten oder von dem beschädigten Theile geforderte Wiedererstattung und Schadloshaltung erkennen. Gedachte Gerichte müssen solche in demselben Erkenntnisse oder Urtheile bestimmen, oder einen der Richter zur Vernehmung der Partheien, zur Einsicht der Beweisstücke und zur Erstattung seines Vortrages über das Ganze beauftragen.

Art. 17 [11]. Le renvoi sous la surveillance spéciale de la haute police, dont il sera parlé chapitre III ci-dessous, et la confiscation spéciale, soit du corps du délit, quand la propriété en appartient au condamné, soit des choses produites par le crime ou délit, soit de celles qui ont servi ou qui ont été destinées à le commettre, sont des peines communes aux matières criminelle et correctionnelle.

Art. 17. Strafen, welche in peinlichen, wie in correctionellen, Sachen statt finden können, sind:

Die Verweisung unter die besondere Aufsicht der hohen Polizei, wovon unten im dritten Capitel die Rede seyn wird, und die Confiscation theils des Gegenstandes des Verbrechens oder Vergehens, wenn dem Verurtheilten daran das Eigenthum zusteht, theils der durch das Verbrechen oder Vergehen hervorgebrachten Sachen, theils derjenigen, welche zur Begehung desselben gedient haben, oder dazu bestimmt gewesen sind.

Chapitre Premier. Des peines en matière criminelle – Von den Strafen in peinlichen Sachen

Art. 18 [12]. Tout condamné à mort aura la tête tranchée.

Art. 18. Jeder zum Tode Verurtheilte wird enthauptet.

Art. 19 [14]. Les corps des suppliciés seront délivrés à leurs familles, si elles les réclament, à la charge par elles de les faire inhumer sans aucun appareil; s'il n'y a pas de réclamation, ils seront inhumés sur les lieux où la peine a été exécutée, ou sur d'autres lieux destinés à cet effet.

Art. 19. Die Leichname der Hingerichteten sollen ihren Familien, wenn diese es verlangen, unter der Verpflichtung, sie ohne alles Gepränge beerdigen zu lassen, ausgeliefert werden. Ist aber darum nicht nachgesucht worden, so sollen die Leichname an dem Orte, wo die Strafe vollzogen worden ist, oder an andern zu diesem Behufe besonders bestimmten Orten, begraben werden.

Art. 20 [27]. Si une femme condamnée à mort se déclare enceinte, et que la déclaration soit reconnue véritable, elle ne subira la peine qu'après sa délivrance.

Art. 20. Erklärt eine zum Tode verurtheilte Frauensperson, daß sie schwanger sey, und wird diese Angabe für richtig befunden, so soll die Strafe erst nach ihrer Entbindung an ihr vollzogen werden.

Art. 21 [15]. Les hommes condamnés aux travaux forcés seront employés aux travaux les plus pénibles; ils porteront une chaîne de fer.

Art. 21. Mannspersonen, welche zu öffentlicher Zwangsarbeit verurtheilt werden, sollen zu den schwersten Arbeiten gebraucht werden und eine eiserne Kette tragen.

Art. 22 [16]. Les femmes et les filles condamnées aux travaux forcés n'y seront employées que dans l'intérieur d'une maison de force.

Art. 22. Frauen und Mädchen, welche zu öffentlicher Zwangsarbeit verurtheilt worden sind, sollen nur in dem Innern eines Zuchthauses zur Arbeit angehalten werden.

Art. 23 [19]. La condamnation à la peine des travaux forcés à temps, sera prononcée pour trois années au moins, et quinze années au plus, sauf les cas énoncés dans les articles 61 et 62 ci-dessous.

Art. 23. Die Verurtheilung zu öffentlicher Zwangsarbeit auf bestimmte Zeit soll wenigstens auf drei Jahre, und höchstens auf funfzehn Jahre ausgesprochen werden, mit Vorbehalt der unten in den Artikeln 61 und 62 bestimmten Fälle.

Art. 24 [21]. Tout individu de l'un ou de l'autre sexe, condamné à la peine de réclusion, y sera employé à des travaux déterminés pour ces établissements.

Art. 24. Jede Person, männlichen oder weiblichen Geschlechtes, welche zur Strafe der Einsperrung in ein Zuchthaus verurtheilt worden ist, soll darin zu den für diese Anstalten vorgeschriebenen Arbeiten gebraucht werden.

Art. 25 [21]. La durée de la peine de réclusion à temps, sera au moins de trois années, et de quinze années au plus.

Art. 25. Die Strafe der Einsperrung in ein Zuchthaus auf bestimmte Zeit soll wenigstens drei Jahre, und höchstens funfzehn Jahre dauern.

Art. 26 [70, 71]. La peine des travaux forcés ne sera prononcée contre aucun individu âgé de soixante-dix ans accomplis au moment du jugement. Elle sera remplacée par la peine de la réclusion pour le même temps qu'auraient duré les travaux forcés.

Art. 26. Die Strafe der öffentlichen Zwangsarbeit soll wider keine Person, welche, zur Zeit des Urtheiles, das siebenzigste Jahr bereits zurückgelegt hat, ausgesprochen, sondern dieselbe soll durch die Strafe der Einsperrung in ein Zuchthaus auf so lange Zeit, als die öffentliche Zwangsarbeit gedauert haben würde, ersetzt werden.

Art. 27 [72]. Tout condamné à la peine des travaux forcés, dès qu'il aura atteint l'âge de soixante-dix ans accomplis, en sera relevé, et sera renfermé dans une maison de force pour le reste du temps de sa peine.

Art. 27. Jeder zur öffentlichen Zwangsarbeit Verurtheilte soll, so bald er das siebenzigste Jahr zurückgelegt hat, von dieser Strafe befreiet, und für die noch übrige Strafzeit in ein Zuchthaus eingesperrt werden.

Art. 28 [-]. Le produit du travail des condamnés à la réclusion à temps, sera employé ainsi qu'il suit:

Art. 28. Der Ertrag der Arbeit der auf bestimmte Zeit zur Einsperrung in ein Zuchthaus Verurtheilten soll auf folgende Art ver-

Deux tiers seront appliqués aux dépenses communes de la maison; l'autre tiers sera réservé pour être remis aux condamnés au moment de leur sortie.

En cas de mort, ce tiers entrera dans la caisse de l'administration de l'établissement.

wendet werden :

Zwei Drittheile dienen zur Bestreitung des gemeinschaftlichen Ausgaben der Anstalt; das letzte Drittheil wird aufbewahrt, um den Verurtheilten ... [Ende des veröffentlichten Teils der Übersetzung]

Art. 29 [cf. 20]. Quiconque aura été condamné à la peine des travaux forcés ou de la réclusion sera, avant de subir la peine, attaché au carcan sur la place publique en observant ce qui sera dit article 32 ci-dessous.

Art. 30 [23]. La durée de la peine des travaux forcés à temps et de la peine de la réclusion temporaire se comptera du jour de l'exposition.

Art. 31 [18]. Les condamnations aux travaux forcés à perpétuité ou à la réclusion à perpétuité, emporteront mort civile.

Art. 32 [22]. La condamnation à la peine du carcan sera exécutée de la manière suivante: le condamné sera attachée au carcan durant une heure, ayant au-dessus de sa tête un écriteau portant, en caractères gros et lisibles, son nom et sa profession, son domicile, sa peine, et la cause de sa condamnation.

Art. 33 [25]. Aucune condamnation ne pourra être exécutée les jours de fêtes, ni les dimanches.

Art. 34 [26]. L'exécution se fera sur l'une des places publiques du lieu qui sera indiqué par l'arrêt de condamnation.

Art. 35 [28]. Quiconque aura été condamné temporairement à la peine des travaux forcés, de la réclusion ou de bannissement, ou qui aura subi la peine du carcan ne pourra jamais être juré, ni expert, ni être employé comme témoin dans les actes, ni déposer en justice, autrement que pour y donner de simples renseignements.

Il sera incapable de tutelle et de curatelle, si ce n'est de ses enfants, et sur l'avis seulement de la famille.

Il sera déchu du droit de port d'armes et de l'honneur de servir dans les armées du Royaume.

Néanmoins il pourra être rétabli dans ses droits, ou rendu habile à les acquérir sous les conditions suivant la forme et dans les délais qui seront présentées ci-dessous chapitre VI.

Art. 36 [29]. Quiconque aura été condamné temporairement à la peine des travaux forcés ou à la réclusion, sera de plus, pendant la durée de la peine en état d'interdiction légale; il lui sera nommé un curateur pour gérer et administrer ses biens, dans les formes prescrites par le Code Napoléon pour la nomination des curateurs aux interdits.

Art. 37 [30]. Les biens du condamné lui seront remis après qu'il aura subi sa peine, ou à ses héritiers, en cas de mort, et le curateur rendra compte de son administration.

Art. 38 [31]. Pendant la durée de la peine, il ne pourra lui être remis aucune portion de ses revenues. Cependant il sera déterminé par le procureur général près la cour criminelle la somme nécessaire pour son entretien, laquelle sera remise par le curateur à l'administration de la maison où le condamné sera détenu.

Art. 39 [32]. Quiconque aura été condamné au bannissement sera transporté, par ordre du Gouvernement, hors du territoire du Royaume.

La durée du bannissement sera au moins de trois ans.

Art. 40 [33]. Si le banni, durant le temps de son bannissement, rentre sur le territoire du Royaume, il sera, sur la seule preuve de son identité, condamné à la peine de réclusion.

Art. 41 [35]. La durée du bannissement se comptera du jour où l'arrêt sera passé en force de chose jugée.

Art. 42 [34]. La dégradation civique consiste dans la destitution et l'exclusion du condamné de toutes fonctions ou emplois publics et dans la privation de tous les droits énoncés en l'article 35 ci-dessus.

Art. 43 [36]. Tous arrêts qui porteront la peine de mort, des travaux forcés, la réclusion, la peine de carcan, le bannissement et la dégradation civique, seront imprimés par extrait, et insérés dans les feuilles départementales.

Ils seront affichés dans la ville où l'arrêt aura été rendu, dans la commune du lieu où le crime aura été commis, et dans celle du domicile du condamné.

Art. 44 [37]. La confiscation générale est l'attribution des biens d'un condamné au domaine de l'État.

Art. 45 [38]. La confiscation générale demeure grevée de toutes les dettes légitimes, jusqu'à la concurrence de la valeur des biens confisqués, de l'obligation de fournir aux enfants ou autres descendants la portion dont le père n'aurait pu les priver.

De plus, la confiscation générale demeure grevée de la prestation des aliments à qui il en est dû de droit.

Art. 46 [39]. Le Roi pourra disposer des biens confisqués, en faveur, soit des père, mère ou autres ascendants, soit de la veuve, soit des enfants ou autres descendants légitimes, naturels ou adoptifs, soit des autres parents du condamné.

Chapitre II. Des peines en matière correctionnelle

Art. 47 [40]. Quiconque aura été condamné à la peine d'emprisonnement dans une maison de correction, sera employé aux travaux déterminés pour ces établissements.

La durée de cette peine sera au moins de neuf jours, et de trois années au plus, sauf les cas énoncés dans les articles 61 et 62 ci-dessous.

Un jour d'emprisonnement ou de réclusion dans une maison de correction est de vingt-quatre heures.

Un mois est de trente jours.

Art. 48 [41]. Les produits du travail de chaque détenu, pour délit correctionnel, seront appliqués ainsi qu'il est dit ci-dessus en article 28.

Art. 49 [42]. Les tribunaux, jugeant correctionnellement, pourront, dans les cas déterminés par la loi, interdire, en tout ou en partie, l'exercice des droits politiques, civils, et de famille suivants:

1° D'assister aux collèges électoraux, conseils de département, de district ou de municipalité;

2° D'élégibilité;

3° D'être appelé ou nommé aux fonctions de juré ou autres fonctions publiques, ou aux emplois de l'administration, ou d'exercer ces fonctions ou emplois;

4° De port des armes;

5° De vote et de suffrage dans les délibérations de famille;

6° D'être tuteur, curateur, si ce n'est de ses enfants, et sur l'avis seulement de la famille;

7° D'être expert ou employé comme témoin dans les actes.

Art. 50 [463]. Dans tous les cas où la peine d'emprisonnement dans une maison de correction est portée par le présent Code, si le préjudice causé n'excède pas vingt-cinq francs, et si les circonstances paraissent atténuantes, les tribunaux sont autorisés à réduire l'emprisonnement, même au-dessous de neuf jours, et l'amende même au-dessous de vingt un francs. Ils pourront aussi, lorsque l'emprisonnement et l'amende sont portés cumulativement, prononcer séparément l'une ou l'autre des ces peines.

Mais dans aucun cas la peine ne peut être au-dessous des peines de simple police qui seront déterminées dans la seconde partie du présent Code.

Chapitre III. Des autres condamnations qui peuvent être prononcées pour crimes ou délits

Art. 51 [cf. 47, 48]. Seront de plein droit, après qu'ils auront subi leur peine, sous la surveillance spéciale de la haute police, les coupables condamnés temporairement aux travaux forcés, à la réclusion ou au bannissement.

Ils resteront soumis à cette surveillance pendant un temps égal à la durée de la peine subie.

Art. 52 [49]. Les cours et tribunaux renverront, sous la même surveillance, les condamnés pour crimes et délits qui intéressent la sûreté intérieure ou extérieure de l'État; la durée de la dite surveillance sera déterminée par l'arrêt ou le jugement.

Art. 53 [50]. Hors les cas déterminés par les articles précédents, les condamnés ne seront placés sous la dite surveillance que dans les cas où une disposition particulière de la loi l'aura permis.

Art. 54 [44]. Le renvoi sous la dite surveillance donnera, tant au ministère public qu'à la partie lésée, le droit d'exiger, soit de l'individu placé dans cet état, soit de ses père et mère, tuteur ou curateur, s'il est en âge de minorité, une caution solvable de bonne conduite, jusqu'à la somme qui sera fixée par l'arrêt ou le jugement.

Faute de fournir cette caution, la cour ou le tribunal, sur la conclusion du ministère public, qui prendra l'avis du Ministre de la Justice, ordonnera, soit l'éloignement de l'individu d'un certain lieu, soit sa résidence continue dans un lieu déterminé de l'un des départements du Royaume.

Art. 55 [45]. En cas de désobéissance, le condamné sera arrêté, et la cour ou le tribunal, sur les conclusions du ministère public, ordonnera qu'il sera détenu durant un intervalle de temps, qui pourra s'étendre jusqu'à l'expiration du temps fixé pour la durée de la surveillance spéciale.

Art. 56 [46]. Lorsque la personne mise sous la dite surveillance, et ayant obtenu sa liberté sous caution, aura été condamnée par un arrêt, ou jugement passé en force de chose jugée, pour un ou plusieurs crimes ou délits entièrement au moins l'emprisonnement dans une maison de correction, et commis dans l'intervalle déterminé par l'acte de cautionnement, les cautions seront contraintes, même par corps, au payement des sommes portées dans cet acte.

Les sommes recouvrées seront affectées de préférence aux restitutions, aux dommages-intérêts et frais adjugés aux parties lésées par ces crimes ou ces délits.

Art. 57 [51]. Quand il y aura lieu à restitution, le coupable sera condamné en outre, envers la partie lésée, à des indemnités, dont la détermination est laissée à la justice de la cour ou du tribunal, lorsque la loi ne les aura pas réglées, sans qu'elles puissent jamais être au-dessous du quart des restitutions.

Art. 58 [52, 54]. En cas de concurrence de l'amende ou de la confiscation avec les restitutions et les dommages-intérêts sur les biens insuffisants du condamné, ces dernières condamnations obtiendront préférence.

Art. 59 [55]. Tous les individus condamnés pour un même crime ou pour un même délit sont tenus solidairement des amendes, des restitutions, des dommages-intérêts et des frais.

Art. 60 [cf. 53]. En cas d'insolvabilité, l'exécution des jugements portant condamnation à l'amende se fera par la voie de l'emprisonnement; il sera compté pour chaque trois francs un jour d'emprisonnement.

Chapitre IV. Des peines dans le concours de plusieurs crimes et délits, ainsi que de la récidive

Art. 61 [-]. Lorsqu'il y aura concours de plusieurs crimes et délits, les règles suivantes seront observées:

1° Si le coupable a encouru plusieurs amendes, elles seront toutes prononcées;

2° Elles le seront aussi, lorsque le coupable aura encouru, en outre, des peines criminelles ou correctionnelles;

3° Les peines seulement infamantes seront prononcées simultanément avec les autres peines;

4° S'il y a concours de plusieurs peines afflictives, ou concours de plusieurs peines correctionnelles, emportant l'emprisonnement dans une maison de correction, la peine la plus grave du crime ou du délit sera appliquée et augmentée d'un quart, sans excéder toute fois la somme des peines encourues par les divers crimes ou délits.

Mais en cas de concours des peines afflictives avec des peines correctionnelles de la nature indiquée ci-dessus, la peine la plus grave sera augmentée d'un sixième de la durée de la peine correctionnelle.

Art. 62 [56 – 58]. Quiconque ayant été condamné pour crime ou délit, aura commis de nouveau le même crime ou délit, sera condamné au maximum de la peine prononcée par la loi, et cette peine pourra être augmentée d'un quart. Et dans ce cas les condamnés à la peine d'emprisonnement dans une maison de correction au-delà de deux ans, pourront être mis sous la surveillance spéciale de la haute police, pendant un temps égal à la durée de la peine subie.

Chapitre V. De la prescription en matières criminelle et correctionnelle

Art. 63 [Art. 635 Code d'instruction criminelle]. L'action publique et l'action civile résultant d'un crime, ainsi que les peines portées par les arrêts rendus en matière criminelle se prescriront par vingt années révolues.

L'espace des dits vingt ans sera compté: À l'égard de l'action publique ou civile, du jour où le crime aura été commis.

Et à l'égard des peines déjà prononcées, de la date des arrêts passés en force de chose jugée.

Néanmoins le condamné pour cause de meurtre ne pourra résider dans le département où demeureraient les ascendants ou descendants de celui sur lequel le crime a été commis. Le Gouvernement pourra assigner au condamné le lieu de son domicile.

Art. 64 [-]. L'action publique et l'action civile résultant d'un délit, ainsi que les peines portées par les jugements ou arrêts rendus en matière correctionnelle, se prescriront par six années révolues.

Art. 65 [-]. En aucun cas, les condamnés par contumace ou par défaut dont la peine est éteinte par prescription, ne pourront être admis à se présenter pour purger le défaut ou la contumace.

Art. 66 [-]. Les condamnations civiles portées par les arrêts ou jugements rendus en matière criminelle ou correctionnelle, et passés en force de chose jugée, se prescriront d'après les règles établies par le Code Napoléon.

Art. 67 [-]. Les dispositions du présent chapitre ne dérogent point aux lois particulières relatives à la prescription de certains délits.

Chapitre VI. De la réhabilitation des condamnés

Art. 68 [Art. 619 ss. Code d'instruction criminelle]. Les condamnés à une peine afflictive ou infamante, qui auront subi leur peine et satisfait aux dommages-intérêts, ainsi qu'aux autres condamnations civiles, pourront être réhabilités, à l'effet de quoi ils s'adresseront au maire de la commune dans laquelle ils seront domiciliés.

La demande en réhabilitation ne pourra être formée par ceux qui ont été condamnés temporairement aux travaux forcés, ou à la réclusion, que deux ans après l'expiration de leur peine, et par les condamnés à la peine du carcan, que deux ans à compter du jour de l'exécution de l'arrêt.

Art. 69 [-]. Nul ne sera admis à la dite demande, s'il n'est domicilié depuis un an accompli dans la commune, à laquelle il s'adressera, et s'il ne joint à sa demande des attestations de bonne conduite énoncées des maires et juges de paix des lieux où il aura demeuré ou résédé pendant l'année qui aura précédé sa demande.

Art. 70 [-]. Dans les huit jours qui suivront la présentation de la demande, le maire en donnera connaissance aux membres du conseil municipal, lequel s'assemblera dans le délai d'un mois, pour délibérer sur la délivrance d'une attestation de bonne conduite.

Art. 71 [-]. La demande en réhabilitation, les attestations mentionnées dans les articles 69 et 70, ainsi que l'expédition de l'arrêt de condamnation, seront déposées par le condamné au greffe de la cour criminelle, dans le ressort duquel il résidera.

Art. 72 [-]. La requête présentée à la cour et les pièces seront communiquées au procureur général, qui donnera ses conclusions motivées et par écrit.

Art. 73 [-]. La cour et le procureur général pourront en tout état de cause ordonner de nouvelles informations.

Art. 74 [-]. La cour, le procureur général entendu, donnera son avis. Cet avis ne pourra être donné que trois mois au moins après la présentation de la demande en réhabilitation.

Art. 75 [-]. Si la cour est d'avis que la demande en réhabilitation ne peut être admise, le condamné pourra se présenter de nouveau après un intervalle de deux ans.

Art. 76 [-]. Si la cour pense que la demande en réhabilitation peut être admise, son avis, ensemble les pièces, seront dans le plus bref délai transmis au Ministre de la Justice, qui en fera son rapport au Roi.

Art. 77 [-]. Si la réhabilitation est accordée, il en sera expédié des lettres où l'avis de la cour criminelle sera inséré.

Art. 78 [-]. Ces lettres seront adressées à la cour criminelle qui aura délibéré l'avis; il en sera envoyé copie authentique à la cour qui aura prononcé la condamnation, et transcription des lettres sera faite en marge de la minute de l'arrêt de condamnation.

Art. 79 [-]. La réhabilitation fera cesser dans la personne du condamné, toutes les incapacités qui résulteraient de la condamnation.

Livre II. Des personnes punissables, accusables ou repressables pour crimes et délits

§ I. Personnes punissables ou accusables pour crimes et délits

Art. 80 [-]. Il n'y a point de crime ou délit sans intention, ou sans une faute ou négligence dont on aurait pu prévoir les suites.

Art. 81 [-]. L'infraction des lois pénales est toujours présumée faite avec intention, jusqu'à preuve contraire.

Art. 82 [64]. Il n'y a ni crime ni délit,

1° lorsque le prévenu était, au temps de l'action, dans un état de démence ou d'imbécillité qui le privait de l'usage de la raison.

2° Lorsqu'il a été contraint par une force à laquelle il n'a pu résister;

3° Si le fait a été commis dans un tel état d'erreur, que son auteur n'ait pu y apercevoir un crime ou délit.

Ne sera point considéré, comme excuse du crime ou délit, l'état d'ivresse, quand même elle aurait été absolue.

Art. 83 [cf. 66]. Si le coupable n'a pas encore atteint l'âge de dix ans accomplis, il sera ordonné par le jugement ou l'arrêt, qu'il sera délivré à ses parents, pour être soumis à une correction domestique.

Art. 84 [66]. Si le prévenu a plus de dix ans, mais moins de dix-huit, et s'il est jugé qu'il a agi sans discernement, il sera ordonné par le jugement ou l'arrêt, qu'il sera conduit dans une maison de correction, pour y être occupé à des travaux convenables, à ses forces, et pour recevoir l'instruction nécessaire. Le nombre d'années pendant lesquelles il sera détenu dans la dite maison, ne pourra excéder l'espace de quatre ans.

Art. 85 [67, 69]. S'il est décidé qu'il a agi avec discernement, les peines prononcées par la loi contre le crime ou délit, seront modérées ainsi qu'il suit:

1° S'il a encouru la peine de mort, des travaux forcés ou de la réclusion à perpétuité, il sera condamné à une peine de six à dix ans d'emprisonnement dans une maison de correction;

2° S'il a encouru la peine des travaux forcés ou de la réclusion à temps ou du bannissement temporaire, il sera condamné à être enfermé dans une maison de correction pour un temps égal au quart au moins et au tiers au plus de celui auquel il aurait pu être condamné à l'une des peines;

3° S'il a encouru la peine du carcan, il sera condamné à être enfermé, d'un à trois ans, dans une maison de correction;

4° S'il n'a encouru qu'une peine correctionnelle, elle sera diminuée de manière à être au-dessous de neuf mois.

Art. 86 [65]. Nul crime ou délit ne peut être excusé, ni la peine mitigée, que dans les cas et dans les circonstances où la loi déclare le fait excusable, ou permet d'y appliquer une peine moins rigoureuse.

Art. 87 [59]. Les complices d'un crime ou d'un délit seront punis de la même peine que les auteurs mêmes de ce crime ou de ce délit sauf les cas où la loi en aurait disposé autrement.

Art. 88 [-]. Lorsque plusieurs se sont liés par une convention pour exécuter en commun un crime ou délit, chacun d'eux est responsable de tous les actes convenus, quoi qu'il n'eût coopéré qu'à un seul.

Art. 89 [60, 61]. Seront punis comme complices:

1° Ceux qui, par mandat, ordre, menaces, abus d'autorité ou de pouvoir, instructions précises, persuasions, promesses ou dons, auront occasionné l'action;

2° Ceux qui auront procuré des armes, des instruments ou tout autre moyen qui aura servi à l'action, sachant qu'ils devraient y être employés;

3° Ceux qui auront, avec connaissance, aidé ou assisté l'auteur ou les auteurs de l'action dans les faits qui l'auront préparée ou facilitée, ou dans ceux qui l'auront consommée;

4° Ceux qui, avant que le crime ou délit ne fût commis, auront fait avec l'auteur de l'action une convention, par laquelle ils auront consenti à donner après coup aide ou assistance, ou à en retirer avantage ou profit;

5° Ceux qui, connaissant la conduite des malfaiteurs exerçant des brigandages ou des violences contre la sûreté de l'État, les personnes ou les propriétés, leur fournissent habituellement logement, lieu de retraite ou de réunion.

Art. 90 [62, 63]. Ceux qui, sans convention préalable et après que le crime ou délit a été commis, auront sciemment prêté assistance au coupable, ou recélé en tout ou en partie des choses enlevées, détournées ou obtenues à l'aide d'un crime ou d'un délit, ou en auront retiré quelque avantage ou profit, subiront la peine des travaux forcés de cinq à dix ans, si la peine de mort ou des travaux forcés ou de réclusion à perpétuité est prononcée contre les auteurs et complices; dans les autres cas, il ne seront punis que d'un quart de la peine déterminée contre les auteurs et complices.

§ II. Responsabilité civile pour crimes et délits

Art. 91 [74]. Dans les cas de responsabilité civile qui pourront se présenter dans les affaires criminelles ou correctionnelles, les cours et tribunaux se conformeront aux articles 1384 et suivi. du Code Napoléon.

Livre III. Des crimes, des délits et de leur punition

Section Première. Des crimes et délits contre la chose publique

Titre Premier. Des crimes et délits contre la sûreté extérieure de l'État

Art. 92 [75, 76, 77]. Seront punis de mort:

1° Tout sujet Westphalien qui aura porté les armes contre la Westphalie;

2° Tous ceux qui auront pratiqué des machinations ou entretenu des intelligences avec les puissances étrangères ou leurs agents, pour les engager à commettre des hostilités ou entreprendre la guerre contre la Westphalie, quand même les dites machinations ou intelligences n'auraient pas été suivies d'hostilités;

3° Tous ceux qui auront pratiqué des manœuvres ou entretenu des intelligences avec les ennemis de l'État, à l'effet de leur faciliter l'entrée sur le territoire du Royaume, ou de leur livrer des villes, places, forteresses, postes, magasins, arsenaux, ou d'incendier à leur profit des villes, villages, magasins, ou dépôts, ou de fournir aux ennemis des secours en soldats, argents, vivres, armes ou munitions, ou de seconder les progrès de leurs armes, soit en ébranlant la fidélité des officiers, soldats ou autres envers le Roi et l'État, soit en opposant aux troupes de l'État des obstacles dans leurs opérations contre l'ennemi, soit de toute autre manière.

4° Qui auront sciemment recélé ou fait recéler les espions ou les soldats ennemis envoyés à la découverte.

Art. 93 [79]. La peine prononcée contre les personnes mentionnées aux No. 2 et 3 de l'article précédent, sera la même, soit que les machinations ou manœuvres énoncées en ces numéros aient été commises envers la Westphalie, soit qu'elles l'aient été envers les alliés de la Westphalie, agissant contre l'ennemi commun.

Art. 94 [78]. Si la correspondance avec les sujets d'une puissance ennemie, sans avoir pour objet l'un des crimes énoncés en l'article 92, No. 2 et 3, a néanmoins eu pour résultat de fournir aux ennemis des instructions nuisibles à la situation militaire ou politique de la Westphalie ou de ses alliés, ceux qui auront entretenu ces correspondances, seront punis du bannissement à temps, sans préjudice de plus fortes peines dans le cas où ces instructions auraient été la suite d'un concert constituant un fait d'espionnage.

Art. 95 [80, 81]. Seront punis de mort:

1° Tout fonctionnaire public, tout agent du Gouvernement ou toute autre personne qui, chargée ou instruite, soit officiellement, soit à raison de son état, du secret d'une négociation ou d'une expédition, l'aura livré aux agents d'une puissance étrangère ou de l'ennemi.

2° Tout fonctionnaire public, tout agent du Gouvernement chargé, à raison de ses fonctions, du dépôt, des plans de fortifications ou arsenaux, qui aura livré ces plans ou l'un de ces plans à l'ennemi ou aux agents de l'ennemi.

Il sera puni du bannissement à temps, s'il a livré ces plans aux agents d'une puissance étrangère, neutre ou alliée.

Art. 96 [82]. Toute autre personne qui, étant parvenue, par corruption, fraude ou violence, à soustraire les dits plans, les aura livrés à l'ennemi ou aux agents d'une puissance étrangère, sera punie comme le fonctionnaire ou agent mentionné au No. 2 de l'article précédent, et selon les distinctions y établies.

Si les dits plans se trouvaient, sans le preálable emploi de mauvaises voies, entre les mains de la personne qui les a livrés à l'ennemi ou aux agents de l'ennemi, la peine sera la réclusion de trois à cinq ans.

Si dans ce cas, les plans ont été livrés aux agents d'une puissance étrangère, neutre ou alliée, la peine sera l'emprisonnement dans une maison de correction de six mois à trois ans.

Art. 97 [84]. Quiconque aura, par des voies hostiles non approuvées par le Gouvernement, exposé l'État à une déclaration de guerre, sera puni du bannissement à temps, et si la guerre s'en est suivie, du bannissement à perpétuité.

Art. 98 [85]. Quiconque aura, par des actes non approuvés par le Gouvernement, exposé des Westphaliens à éprouver des représailles, sera puni du bannissement à temps.

Titre II. Des crimes contre la sûreté intérieure de l'État

§ I. Haute trahison

Art. 99 [86, 87]. Toute action dirigée contre la vie ou la personne de Roi, ou contre la vie ou la personne des membres de la famille royale, ou tendant à détruire ou à changer à force ouverte le Gouvernement ou l'ordre de successibilité au trône, ou à exciter les habitants à s'armer contre l'autorité royale, est qualifiée crime de haute trahison.

Art. 100 [86, 87]. Le crime de haute trahison sera puni de la peine de mort et de la confiscation des biens, quand même il n'y a aurait eu qu'attentat ou complot.

Art. 101 [88 – 90]. Il y a attentat dès qu'un acte est commis ou commencé pour parvenir à l'exécution de ce crime, quoiqu'il n'ait pas été consommé.

Il y a complot dès que la résolution d'agir est concertée et arrêtée entre deux ou plusieurs personnes, quoiqu'il n'y ait pas eu d'attentat.

S'il n'y a pas eu de complot arrêté, mais une proposition faite et non agréée d'en former un pour arriver au crime de haute trahison, celui qui aura fait une telle proposition sera puni de la peine de réclusion à temps.

Art. 102 [102]. Seront également punis comme coupables du crime de haute trahison tous ceux qui, soit par discours tenus dans des lieux ou réunions publics, soit par placards affichés, soit par des écrits imprimés, auront excité directement les citoyens ou habitants à le commettre.

Néanmoins dans le cas où les dites provocations n'auraient été suivies d'aucun effet, leurs auteurs ne seront punis que de la réclusion à temps.

Art. 103 [97]. Dans le cas où le crime de haute trahison aura été exécuté ou seulement tenté par une bande, la peine déterminée en l'article 100 sera appliquée:

1° À tous les individus, sans distinction de grades, faisant partie de la bande, et saisis sur les lieux des réunions séditieuses.

2° À tous ceux qui, quoique non saisis sur les lieux, auront dirigé la bande ou y auront exercé un emploi ou commandement quelconque.

§ II. Guerre civile, emploi illégal de la force armée, dévastation et pillage publics

Art. 104 [91]. L'attentat ou le complot dont le but sera:

Soit d'exciter la guerre civile en armant ou en portant les habitants à s'armer les uns contre les autres,

Soit de porter la dévastation, le massacre ou le pillage dans une ou plusieurs communes,

Seront punis à la peine de mort.

Art. 105 [97]. Lorsque le crime mentionné en l'article précédent aura été exécuté ou seulement tenté par une bande, la peine de mort sera appliquée à ceux mentionnés dans les No. 1 et 2 de l'article 103.

Art. 106 [92 – 94]. La peine de mort sera prononcée:

1° Contre ceux qui, sans ordre ou autorisation du pouvoir légitime, auront levé ou fait lever des troupes armées, engagé ou enrôlé, fait engager ou enrôler des soldats, ou leur auront fourni ou procuré des armes ou munitions;

2° Contre ceux qui, sans droit et sans motif légitime, auront pris le commandement d'un corps d'armée, d'une troupe, d'une place forte, d'un poste, d'une ville;

3° Contre ceux qui auront retenu, contre l'ordre du Gouvernement, un commandement militaire quelconque, ainsi que contre les commandants qui auront tenu leur armée ou troupe rassemblée après que le licenciement ou la séparation en auront été ordonnés;

4° Contre ceux qui, pouvant disposer de la force publique, en auront requis ou ordonné, fait requérir ou ordonner l'action ou l'emploi contre la levée de gens de guerre légalement établie.

Si cette réquisition ou cet ordre n'ont pas été suivis de leur effet, la peine des travaux forcés à temps sera prononcée contre les coupables.

Art. 107 [95, 96]. Seront punis de la peine de mort:

1° Quiconque aura incendié ou détruit par l'explosion d'une mine, des édifices, magasins, arsenaux ou autres propriétés appartenant à l'État;

2° Quiconque se sera mis à la tête de bandes armées, ou y aura exercé une fonction ou un commandement quelconque, soit pour envahir des domaines, propriétés ou deniers publics, places, villes, forteresses, postes, magasins, arsenaux appartenant à l'État, soit pour piller ou partager les propriétés publiques ou celles d'une généralité de citoyens, soit enfin pour faire attaque ou résistance envers la force publique agissant contre les auteurs de ces crimes.

3° Ceux qui, pour exécuter ces crimes, auront dirigé l'association, levé ou fait lever, organisé ou fait organiser les bandes, ou leur auront, sciemment et volontairement, fourni ou procuré des armes, munitions et instruments de crime, ou envoyé des convois de subsistance, ou qui auront, de toute autre manière, pratiqué des intelligences avec les directeurs ou commandants des bandes.

Art. 108 [101]. Sont désignés par le mot armes, toutes machines, tous instruments ou ustensiles tranchants, perçants ou contondants.

Les couteaux et ciseaux de poche, les cannes simples ne seront réputés armes, qu'autant qu'il en aura été fait usage pour tuer, blesser ou frapper.

Art. 109 [98, 100]. Les individus faisant partie des bandes, dont il a été parlé article 107, No. 2 ci-dessus, sans y exercer aucun commandement ni emploi, et qui auront été saisis sur les lieux des réunions séditieuses, seront punis de la peine des travaux forcés à temps.

Ceux qui, ayant fait partie de ces bandes, sans y exercer aucun commandement ni emploi, se seront retirés au premier avertissement des autorités civiles ou militaires, ou même depuis, lorsqu'ils n'auront été saisis que hors des lieux de la réunion séditieuse, sans opposer de résistance et sans armes, ne seront punis pour le fait de sédition, mais seulement pour les crimes particuliers qu'ils auraient personnellement commis.

Néanmoins ils pourront être renvoyés sous la surveillance spéciale de la haute police pour un temps qui n'excédera pas six ans.

Art. 110 [99]. Ceux qui, connaissant le but et le caractère des dites bandes, leur auront, sans contrainte, fourni des logements, lieux de retraite ou de réunion, seront condamnés à la peine des travaux forcés à temps.

Art. 111 [-]. La disposition de l'article 102 ci-dessus sera commune au présent § II.

Titre III. De la révélation des crimes qui compromettent la sûreté extérieure ou intérieure de l'État

Art. 112 [103]. Toutes personnes qui, ayant eu connaissance de complots formés ou de crimes projetés contre la sûreté extérieure ou intérieure de l'État, n'auront pas révélé au Gouvernement ou aux autorités administratives ou de police judiciaire, les circonstances qui en seront venues à leur connaissance, dans les vingt-quatre heures qui auront suivis la dite connaissance, seront, lors même qu'elles seraient reconnues exemptes de toute complicité, punies pour le seul fait de non révélation, de la manière et selon les distinctions qui suivent.

Art. 113 [104]. S'il s'agit du crime de haute trahison, tout individu qui n'aura point fait la déclaration mentionnée en l'article précédent, sera puni de la réclusion de trois à six ans.

Art. 114 [105]. À l'égard des autres crimes mentionnés dans les deux titres précédents, toute personne qui, en étant instruite, n'aura pas fait la déclaration ci-dessus, sera punie d'un emprisonnement dans une maison de correction d'un à trois ans.

Art. 115 [106]. La non-révélation des dits crimes ne pourra être excusée sur le fondement qu'on ne les auraient point approuvés ou même qu'on s'y serait opposé, et qu'on aurait cherché à en dissuader leurs auteurs.

Art. 116 [107]. Si la personne prévenue de réticence est épouse, même divorcée, ascendant ou descendant, frère ou sœur, ou alliée aux mêmes degrés, des auteurs des complots et crimes mentionnés ci-dessus, il n'y aura pas lieu à l'application des peines portées par les articles 113 et 114. Cependant, elle pourra être mise, par l'arrêt ou le jugement, sous la surveillance spéciale de la haute police, pendant un temps qui n'excédera pas six ans.

Art. 117 [108]. Seront exemptés des peines prononcées contre les auteurs de complots ou d'autres crimes attentatoires à la sûreté extérieure ou intérieure de l'État, ceux des coupables qui, avant toute exécution ou tentative de ces complots ou de ces crimes, et avant toutes poursuites commencées, auront les premiers donné aux autorités mentionnées en l'article 112 connaissance de ces complots ou crimes, et de leurs auteurs ou complices, ou qui, même depuis le commencement des poursuites, auront procuré l'arrestation des dits auteurs ou complices.

Les coupables qui auront donné ces connaissances ou procuré ces arrestations, pourront néanmoins être condamnés à rester sous la surveillance spéciale de la haute police, pendant un temps qui sera déterminé par l'arrêt.

Titre IV. Résistance, désobéissance, violences et outrages envers l'autorité publique

§ I. Rébellion

Art. 118 [209]. Toute attaque, toute résistance avec violence et voies de fait envers les huissiers, les gardes champêtres ou forestiers, la force publique, les préposés à la perception des revenus publics, les porteurs de contrainte, les préposés des douanes, les séquestres, les officiers ou agents de la police administrative ou judiciaire, agissant pour l'exécution des lois, des ordres ou ordonnances de l'autorité publique, des mandats de justice, jugements et arrêts, des actes passés par-devant les notaires, sont qualifiées selon les circonstances, crime ou délit de rébellion.

Art. 119 [210]. Si la rébellion a été commise par plus de vingt personnes armées, les coupables seront punis des travaux forcés à temps; si elles n'ont pas été armées, elles seront punies de l'emprisonnement dans une maison de correction d'un à trois ans.

Art. 120 [211]. Si la rébellion a été commise par une réunion armée de trois personnes ou plus, jusqu'à vingt inclusivement, la peine sera la réclusion à temps.

Si les personnes n'ont pas été armées, la peine sera l'emprisonnement dans une maison de correction, de six mois au moins et de deux ans au plus.

Art. 121 [212]. Si la rébellion n'a été commise que par une ou deux personnes avec armes, elle sera punie d'un emprisonnement dans une maison de correction de six mois à deux ans; si elle a eu lieu sans armes, de l'emprisonnement dans une maison de correction de quinze jours à six mois.

Art. 122 [214, 215]. Toute réunion d'individus à raison de rébellion, sera réputée réunion armée, lorsque plus de deux personnes porteront des armes ostensibles.

Les personnes qui se trouveraient munies d'armes cachées et qui auraient fait partie d'une réunion non réputée armée, seront individuellement punies, comme si elles avaient fait partie d'une réunion armée.

Art. 123 [213]. En cas de rébellion avec bande ou attroupement, la disposition de l'article 109 ci-dessus sera applicable aux rebelles sans fonctions ni emploi dans la bande, qui se seront retirés au premier avertissement de l'autorité publique, ou même depuis, lorsqu'ils n'auront été saisis que hors des lieux de la rébellion, sans nouvelle résistance et sans armes. Néanmoins il n'y aura lieu à l'envoi en surveillance dont il a été parlé en l'article 109.

Art. 124 [216]. Les auteurs des crimes et délits commis pendant le cours et à l'occasion d'une rébellion, seront punis des peines prononcées par la loi contre chacun de ces crimes ou ces délits, si elles sont plus fortes que celles de la rébellion.

Art. 125 [217]. Seront punis comme coupables de la rébellion tous ceux qui y auront directement provoqué, soit par des discours tenus dans les lieux ou réunions publics, soit par des placards affichés, soit par des écrits imprimés.

Dans le cas où la rébellion n'aurait pas eu lieu, les provocateurs seront punis d'un emprisonnement dans une maison de correction, de dix jours au moins et de six mois au plus.

Art. 126 [219]. Les peines prononcées par les articles ci-dessus pour les réunions de rebelles, seront applicables aux réunions,

1° Des ouvriers ou journaliers dans les ateliers ou manufactures publics;

2° Des individus admis dans les hospices;

3° Des prisonniers prévenus, accusés ou condamnés, lorsqu'ils auront exercé des violences et voies de fait envers l'autorité administrative, les officiers et les agents de police ou contre la force publique, ou lorsqu'étant armés, ils se seront permis des menaces contre les dites personnes.

S'ils ont menacé sans avoir des armes, ils seront condamnés à la peine d'emprisonnement dans une maison de correction, de dix jours à quatre mois.

Art. 127 [220]. La peine prononcée pour rébellion contre des prisonniers prévenus, accusés ou condamnés relativement à d'autres crimes ou délits, sera par eux subie, savoir,

1° Par ceux qui, à raison des crimes ou délits qui ont causé leur détention, sont ou seraient condamnés à une peine non capitale ni perpétuelle, immédiatement après l'expiration de cette peine;

2° Par les autres, immédiatement après que le jugement ou l'arrêt qui les aura acquittés ou renvoyés absous du fait pour lequel ils étaient détenus, sera passée en force de chose jugée.

Art. 128 [221]. Les chefs d'une rébellion et ceux qui l'auront provoquée, pourront être condamnés à rester, après l'expiration de leur peine, sous la surveillance de la haute police pendant deux ans jusqu'à quatre ans.

§ II. Outrages et violences envers les dépositaires de l'autorité et de la force publique

Art. 129 [223]. Les outrages faits par gestes ou menaces à un ou plusieurs magistrats de l'ordre administratif ou judiciaire dans l'exercice ou à l'occasion de l'exercice de leurs fonctions, seront punis d'un mois à six mois d'emprisonnement dans une maison de correction.

Si l'outrage a eu lieu à l'audience d'une cour ou d'un tribunal, il sera puni d'emprisonnement dans une maison de correction de deux mois à un an.

Art. 130 [222]. Lorsqu'un ou plusieurs magistrats mentionnés ci-dessus auront reçu, dans l'exercice de leurs fonctions ou à l'occasion de cet exercice, quelque outrage par paroles tendant à inculper leur honneur, celui qui l'aura ainsi outragé sera puni d'un emprisonnement dans une maison de correction d'un mois à un an.

Si l'outrage a eu lieu à l'audience d'une cour ou d'un tribunal, la peine d'emprisonnement dans une maison de correction sera de trois mois à deux ans.

Art. 131 [226]. Dans les cas des deux articles précédents, l'offenseur pourra être, outre l'emprisonnement, condamné à faire réparation, soit par écrit, soit à la première audience. Le temps de l'emprisonnement prononcé contre lui ne sera compté qu'à dater du jour où la réparation aura eu lieu.

Art. 132 [228]. Quiconque, même sans armes, se sera rendu coupable de voies de fait contre un magistrat dans l'exercice de ses fonctions ou à l'occasion de cet exercice, en le frappant, sera puni de la peine d'emprisonnement dans une maison de correction de deux à trois ans.

Si cette voie de fait a eu lieu à l'audience d'une cour ou d'un tribunal, la peine sera la réclusion de trois à six ans.

Art. 133 [231]. Si les violences exercées contre un magistrat dans l'exercice de ses fonctions, ou à l'occasion de cet exercice, ont été la cause de blessures ou maladie, la peine sera la réclusion à temps.

Art. 134 [224]. L'outrage fait par gestes, menaces ou paroles à tout officier ministériel ou agent dépositaire de la force publique, dans l'exercice ou à l'occasion de l'exercice de ses fonctions, sera puni d'une amende de vingt-cinq à deux cents francs.

Art. 135 [225]. La peine sera de dix jours à un mois d'emprisonnement dans une maison de correction si l'outrage mentionné dans l'article précédent a été dirigé contre un commandant de la force publique.

Art. 136 [227]. Dans le cas des deux articles précédents, l'offenseur pourra, outre l'amende ou l'emprisonnement, être condamné à faire réparation. Le temps de l'emprisonnement prononcé ne sera compté que du jour où la réparation aura eu lieu.

Art. 137 [cf. 230, 232]. Les violences dirigées contre un officier ministériel, ou agent de la force publique, ou un citoyen chargé de service public, si elles ont eu lieu pendant qu'ils exerçaient leur ministère, ou à cette occasion, seront punies de la peine d'emprisonnement dans une maison de correction d'un mois à un an.

Si les violences ont été la cause de blessures ou maladie, la peine sera la réclusion de trois à cinq ans.

Titre V. Association de malfaiteurs, vagabondage et mendicité

§ I. Association de malfaiteurs

Art. 138 [265, 266]. Le crime d'association de malfaiteurs envers les personnes et les propriétés, existe par le seul fait d'organisation de bandes, ou de correspondance entre elles et leurs chefs ou commandants, ou de convention tendant à rendre compte, ou à faire distribution ou partage du produit des méfaits.

Art. 139 [267]. Quand ce crime n'aurait été accompagné ni suivi d'aucun autre les auteurs, les chefs de l'association et les commandants en chef ou en sous-ordre de ces bandes seront punis des travaux forcés à temps.

Art. 140 [268]. La peine de réclusion à temps sera prononcée contre tous autres individus chargés d'un service quelconque dans ces bandes, ainsi que contre ceux qui auront sciemment et volontairement fourni aux bandes ou à leurs divisions des armes, munitions, instruments servant au crime, logement, retraite ou lieu de réunion.

§ II. Vagabondage

Art. 141 [270]. Les vagabonds ou gens sans aveu sont ceux qui n'ont ni domicile certain, ni moyens de subsistance, ni état, ni métier ou profession qu'ils exercent habituellement.

Art. 142 [271]. Les vagabonds ou gens sans aveu seront, pour ce seul fait, condamnés pour la première fois à l'emprisonnement dans une maison de correction pendant deux mois au moins et six mois au plus.

En cas de récidive, ils seront condamnés au double de la première peine, et pour chaque nouvelle récidive, la peine qu'ils auront précédemment encourue, sera doublée.

Art. 143 [-]. Les jugements portant condamnation des vagabonds seront rendus publics par la voie des journaux, ou des feuilles d'annonce du département ou du district.

Art. 144 [272]. Les vagabonds étrangers, après avoir subi leur peine, seront conduits hors des frontières avec défense de rentrer dans le Royaume. Leurs noms, prénoms et signalement seront envoyés à la gendarmerie, et partout ou besoin sera, par le procureur royal près le tribunal correctionnel qui les aura condamnés.

Art. 145 [273]. Les vagabonds nés en Westphalie seront envoyés à la commune à laquelle ils auront été reconnus appartenir, et ils y seront mis sous la surveillance de l'autorité locale.

Art. 146 [273, 282]. Les vagabonds condamnés pour récidive pourront, après avoir subi leur peine, être mis, par le jugement du tribunal correctionnel, et sur les conclusions du ministère public qui prendra l'avis du Ministre de la Justice, à la disposition du Gouvernement, pendant un temps déterminé par le jugement.

Cependant les vagabonds nés en Westphalie et étant mis à la disposition du Gouvernement pourront être cautionnés par un citoyen solvable ou réclamés par délibération du conseil municipal.

Si le tribunal agrée la caution, l'individu ainsi cautionné sera, par l'ordre du procureur royal près ce tribunal, renvoyé ou conduit dans la commune dans laquelle il est né ou dans celle qui lui sera assignée pour résidence, sur la demande de la caution.

S'il y a réclamation de la part du conseil municipal, l'individu ainsi réclamé sera envoyé ou conduit de la manière ci-dessus mentionnée dans la commune qui l'aura réclamé.

§ III. Mendicité

Art. 147 [274]. Toute personne valide qui sera trouvée mendiant dans sa commune, subira pour la première fois une peine de simple police, comme il sera dit dans la partie II du présent Code.

En cas de récidive la peine sera de dix jours à un mois d'emprisonnement dans une maison de correction.

Art. 148 [275]. Lorsqu'une personne valide sera trouvée mendiant hors de sa commune, elle sera punie pour la première fois de la peine d'emprisonnement dans une maison de correction de dix jours à un mois.

En cas de récidive, la peine d'emprisonnement dans une maison de correction sera d'un à trois mois.

Pour chaque récidive ultérieure, il sera prononcé un emprisonnement dans une maison de correction de trois mois à un an.

Art. 149 [-]. Les personnes invalides trouvées mendiant hors de leurs communes, y seront renvoyées, avec défense d'en sortir pour mendier, à peine d'être traitées, comme il est prescrit en l'article précédent à l'égard de ceux qui, mendiant hors de leurs communes, sont pris en récidive.

Art. 150 [276]. Tous mendiants, même invalides, qui auront été trouvés mendiant pendant la nuit,
Ou qui seront entrés sans permission du propriétaire ou des personnes de sa maison, soit dans une habitation, soit dans un enclos en dépendant,
Ou qui feindront des plaies ou infirmités,
Ou qui mendieront en réunion, à moins que ce ne soient le mari et la femme, le père ou la mère et leurs jeunes enfants, l'aveugle et son conducteur,
Seront punis d'un emprisonnement dans une maison de correction de trois mois à un an.

§ IV. Dispositions communes aux vagabonds et mendiants

Art. 151 [277]. Tout vagabond ou mendiant qui aura été saisi,
Travesti d'une manière quelconque,
Ou porteur d'armes, bien qu'il n'en ait usé ni menacé,
Ou muni de limes, crochets ou autres instruments propres, soit à commettre des vols ou autres délits, soit à lui procurer les moyens de pénétrer dans les maisons,
Sera puni d'un à trois ans d'emprisonnement dans une maison de correction.

Art. 152 [278]. Tout vagabond ou mendiant qui sera trouvé porteur d'un ou de plusieurs effets d'une valeur supérieure à cent francs, et qui ne justifiera point d'où ils lui proviennent, sera puni de la peine d'emprisonnement dans une maison de correction de trois mois à un an.

Art. 153 [279]. Tout vagabond ou mendiant qui aura usé de menaces ou exercé quelque acte de violence que ce soit envers les personnes, sera puni de la réclusion à temps, sans préjudice de peines plus fortes, s'il y a lieu, à raison du genre et des circonstances de la violence.
Art. 154 [281]. Les peines prononcées par le présent Code contre les individus porteurs de faux certificats, faux passeports ou fausses feuilles de

route, seront toujours, dans leur espèce, portées au maximum, lorsqu'elles seront appliquées à des vagabonds ou mendiants.

Titre VI. Des associations ou réunions illicites

Art. 155 [291]. Nulle association de plus de vingt personnes, dont le but sera de se réunir tous les jours, ou à certains jours marqués pour s'occuper d'objets religieux, littéraires, politiques ou autres, ne pourra se former qu'avec l'agrément du Gouvernement, et sous les conditions qu'il lui plaira de prescrire à la société.

Dans le nombre de personnes indiqué ci-dessus ne seront pas comprises celles demeurant dans la maison où l'association se réunit.

Art. 156 [292]. Toute association de la nature exprimée en l'article précédent, qui se sera formée sans autorisation, ou qui, après l'avoir obtenue, aura enfreint les conditions à elle imposées, sera dissoute.

Les chefs, directeurs et administrateurs de l'association seront punis d'une amende de vingt cinq à deux cents francs.

Art. 157 [293]. Si par discours, exhortations, invocations ou prières, ou par lecture, affiche, publication ou distribution d'écrits quelconques, il a été fait dans ces assemblées quelque provocation à des crimes ou à des délits, les coupables ne pourront, dans aucun cas, être punis d'une peine moindre, d'un mois à un an d'emprisonnement dans une maison de correction, sans préjudice des peines plus fortes que méritera l'espèce de la provocation.

Si les chefs, directeurs et administrateurs de ces associations se seront rendus coupables d'une telle provocation, la peine sera doublée à leur égard.

Art. 158 [294]. Tout individu qui, sans la permission de l'autorité municipale, aura accordé ou consenti l'usage de sa maison ou de son appartement, en tout ou en partie, pour la réunion des membres d'une association même autorisée, sera puni d'une amende de vingt cinq à cinquante francs.

Titre VII. Des crimes et délits relatifs à l'exercice des droits politiques et au libre exercice des cultes

§ I. Exercice des droits politiques

Art. 159 [109]. Lorsque, par attroupement, voies de fait ou menaces, on aura empêché un ou plusieurs citoyens d'exercer leurs droits politiques, chacun des coupables sera puni d'un emprisonnement dans une maison de correction de trois mois à un an, et de l'interdiction des droits de voter dans les collèges électoraux, conseils de département, de district ou de municipalité, et d'être éligible pendant cinq ans au moins et dix ans au plus.

Art. 160 [111]. Tout citoyen, qui, étant chargé dans un scrutin du dépouillement des billets contenant les suffrages, sera surpris falsifiant ces billets, ou en soustrayant de la masse, ou en y ajoutant, ou inscrivant sur les billets des votants non lettrés, des noms autres que ceux qui lui auraient été déclarés, sera puni d'un emprisonnement dans une maison de correction de six mois à deux ans, et de l'interdiction du droit de voter dans les assemblées mentionnées en l'article précédent, et d'être éligible.

Art. 161 [112]. Toutes autres personnes coupables des faits énoncés en l'article précédent, seront punies d'un à dix mois d'emprisonnement dans une maison de correction, de l'interdiction du droit de voter dans les assemblées mentionnées en l'article 159, et d'être éligible pendant cinq ans au moins et dix ans au plus.

Art. 162 [113]. Tout citoyen qui aura, dans les élections, acheté ou vendu un suffrage à un prix quelconque, sera puni d'interdiction des droits politiques et de toute fonction ou emploi public pendant trois ans au moins et cinq ans au plus.

Seront, en outre, le vendeur et l'acheteur du suffrage, condamnés chacun à une amende double de la valeur des choses reçues ou promises.

§ II. Entraves au libre exercice des cultes

Art. 163 [260]. Tout particulier qui, par des voies de fait ou des menaces, aura contraint ou empêché une ou plusieurs personnes d'exercer un culte autorisé, d'assister à l'exercice de ce culte, de célébrer certaines fêtes, d'observer certains jours de repos, et, en conséquence, de fermer ou d'ouvrir leurs ateliers, boutiques ou magasins, et de quitter ou faire certains travaux, sera puni, pour ce seul fait, de dix jours à un mois d'emprisonnement dans une maison de correction.

Art. 164 [261]. Ceux qui auront empêché ou interrompu l'exercice d'un culte par des troubles ou désordres causés dans les lieux destinés ou servant actuellement à cet exercice, seront punis de dix jours à quatre mois d'emprisonnement dans une maison de correction.

Art. 165 [262]. Toute personne qui aura, par paroles ou gestes, outragé les objets d'un culte dans les lieux destinés ou servant actuellement à son exercice, sera punie de quinze jours à six mois d'emprisonnement dans une maison de correction.

Art. 166 [-]. Toute personne qui, par gestes, menaces ou paroles, aura outragé le ministre d'un culte dans l'exercice de ses fonctions ou à l'occasion de cet exercice, sera punie de trois mois à deux ans d'emprisonnement dans une maison de correction.

Art. 167 [263]. Quiconque, même sans armes, aura exercé des voies de fait contre le ministre d'un culte dans l'exercice de ses fonctions, ou à l'occasion de cet exercice, en le frappant, sera puni de la peine de réclusion de trois à six ans.

Si les violences exercées ont été la cause de blessures ou maladie, la peine sera la réclusion à temps.

Art. 168 [264]. Les dispositions du présent paragraphe ne s'appliquent qu'aux troubles, outrages et voies de fait dont la nature ou les circonstances ne donneront pas lieu à de plus fortes peines, d'après les autres dispositions du présent Code.

Titre VIII. Des crimes et délits relatifs à différents droits de l'État

Chapitre Premier. De la falsification de la monnaie

Art. 169 [132, 133]. Quiconque aura contrefait les monnaies westphaliennes ou étrangères ayant cours légal en Westphalie, et altéré en même temps leurs titre et poids, sera puni de la peine de mort.

Art. 170 [132, 133]. Quiconque aura contrefait les dites monnaies sans altérer leurs titre et poids, sera puni de la peine des travaux forcés de cinq à quinze ans.

Art. 171 [132, 133]. Quiconque aura altéré les dites monnaies de quelque manière que ce soit, dans leur poids, sera puni de la peine des travaux forcés de cinq à quinze ans.

Art. 172 [132, 133]. Tous ceux qui auront sciemment participé à l'émission ou l'exposition des monnaies contrefaites ou altérées, seront considérés comme complices, et punis des mêmes peines établies par les articles 169, 170, 171.

Art. 173 [134]. Tout individu qui aura en Westphalie contrefait des monnaies étrangères n'ayant pas cours légal dans le Royaume, et altéré en même temps leurs titre et poids, sera puni des travaux forcés de trois à huit ans.

Si la contrefaction ne contient pas une altération du titre et du poids de ces monnaies, les coupables seront punis d'un an à trois ans d'emprisonnement dans une maison de correction.

L'altération des dites monnaies étrangères sera punie de la peine des travaux forcés de trois à cinq ans.

Art. 174 [134]. Les peines prononcées par l'article précédent seront également applicables à tous ceux qui auront sciemment participé à l'émission, exposition ou introduction en Westphalie des monnaies étrangères contrefaites ou altérées, et n'ayant point cours dans le Royaume.

Art. 175 [135]. La participation énoncée aux précédents articles, ne s'applique point à ceux qui, ayant reçu pour bonnes des pièces de monnaie contrefaites ou altérées, les ont remises en circulation.

Toutefois ceux qui donneront pour bonnes les dites pièces, après en avoir vérifié ou fait vérifier qu'elles ont été contrefaites ou altérées, seront punis d'une amende triple au moins et sextuple au plus de la somme représentée par les pièces qu'ils auront rendues à la circulation.

Art. 176 [136, 137]. Ceux qui auront eu connaissance d'une fabrique ou d'un dépôt de monnaies contrefaites ou altérées, et qui n'auront pas, dans les trois jours, révélé ce qu'ils savent aux autorités administratives ou de police judiciaire, seront pour ce seul fait de non révélation, et lors même qu'ils seraient reconnus exemptes de toute complicité, punis d'un mois à un an d'emprisonnement dans une maison de correction.

Seront néanmoins exceptés de cette disposition, les ascendants et les descendants, époux, même divorcés et les frères et sœurs des coupables, ainsi que les alliés de ceux-ci aux mêmes degrés.

Art. 177 [138]. Les personnes coupables des crimes et délits mentionnés aux articles 169, 170, 171, 172, 173 et 174 seront exemptées de peine si avant la consommation de ces crimes et avant toutes poursuites, elles en ont donné connaissance et révélé les auteurs aux autorités constituées.

Elles pourront néanmoins être mises, pour deux à quatre ans, sous la surveillance spéciale de la haute police.

Chapitre II. De la contrefaction et falsification des effets publics, des sceaux de l'État, et des poinçons, timbres et marques

Art. 178 [139]. Seront punis de la peine des travaux forcés à perpétuité:

1° Tous ceux qui auront contrefait ou falsifié des effets émis par le trésor public ou par une autre caisse publique, ou des billets de banques autorisées par la loi;

2° Ceux qui sciemment auront fait usage de ces effets et billets contrefaits ou falsifiés, ou qui les auront introduits dans le Royaume.

Art. 179 [-]. La peine déterminée en l'article précédent sera aussi appliquée à ceux qui auront contrefait ou falsifié le papier-monnaie de l'étranger ou des reconnaissances de dettes émises d'une caisse publique étrangère, ou qui sciemment auront fait usage de ces papiers, ou qui les auront introduits dans le Royaume.

Art. 180 [-]. Seront applicables aux crimes mentionnés dans les articles 178 et 179 les dispositions des articles 176 et 177 ci-dessus, relatives, tant à l'obligation de révéler ce qu'on sait des fabriques ou dépôts de tels papiers, aux autorités administratives ou de police judiciaire, qu'à l'impunité des coupables, s'ils ont donné connaissance de ces crimes et révélé les auteurs aux autorités constituées.

Art. 181 [139]. La peine des travaux forcés à perpétuité sera appliquée à tous ceux qui auront contrefait le sceau de l'État, ou sciemment fait usage du sceau contrefait.

Quiconque s'étant indûment procuré le sceau de l'État, en aura fait une application ou usage préjudiciable aux droits ou intérêts de l'État, sera puni des travaux forcés à temps.

Art. 182 [140]. Ceux qui auront contrefait ou falsifié, soit un ou plusieurs timbres de l'État, soit les marteaux de l'État servant aux marques forestières, soit le poinçon ou les poinçons servant à marquer les matières d'or ou d'argent, ou qui sciemment auront fait usage des timbres, marteaux, poinçons contrefaits ou falsifiés, ou des papiers timbrés contrefaits ou falsifiés, seront punis des travaux forcés à temps.

Art. 183 [141]. Seront punis de la réclusion de trois à huit ans, ceux qui, s'étant indûment procuré les vrais timbres, marteaux ou pionçons ayant l'une des destinations exprimées en l'article précédent, en auront fait une application ou usage préjudiciable aux droits ou intérêts de l'État.

Art. 184 [142]. Seront punis de la peine de réclusion de trois à douze ans:

1° Ceux qui auront contrefait les marques destinées à être apposées au nom du Gouvernement sur les diverses espèces de denrées ou marchandises, ou qui sciemment auront fait usage de ces fausses marques;

2° Ceux qui auront contrefait le sceau, timbre ou marque d'une autorité quelconque ou d'un établissement public, ou qui auront sciemment fait usage des sceaux, timbres ou marques contrefaits.

Art. 185 [143]. Sera puni de la peine de réclusion de trois à six ans, quiconque s'étant indûment procuré les vrais sceaux, timbres ou marques ayant l'une des destinations exprimées en l'article précédent, en aura fait une application ou usage préjudiciable aux droits ou intérêts de l'État, d'une autorité quelconque, ou d'un établissement public.

Chapitre III. Usurpation de fonctions ou titres

Art. 186 [258]. Quiconque, sans titre, se sera arrogé des fonctions publiques, civiles ou militaires, ou aura fait des actes d'une de ces fonctions, sera puni d'un emprisonnement dans une maison de correction de six mois à trois ans, sans préjudice des peines plus fortes, si l'action a le caractère du faux ou d'un autre crime.

Art. 187 [259]. Toute personne qui aura publiquement porté un costume, un uniforme ou une décoration qui ne lui appartenait pas, ou qui se sera attribué des titres qu'il n'aurait pas légalement acquis, sera punie d'un emprisonnement dans une maison de correction d'un mois à un an.

Chapitre IV. Défense de se faire justice à soi-même; recèlement de criminels; évasion de détenus, et effraction de prisons

§ I. Défense de se faire justice à soi-même

Art. 188 [-]. Quiconque, sans autorité légitime, troublera quelqu'un dans la possession des ses biens par une invasion violente de plusieurs personnes rassemblées, ou entrera seul de force et à main armée dans le domicile d'un autre, en y exerçant contre lui ou les individus de sa famille ou contre leurs biens, une voie de fait, sera puni, selon les circonstances, de la peine de réclusion de trois à cinq ans, ou d'emprisonnement dans une maison de correction de six mois à trois ans.

§ II. Recèlement des criminels

Art. 189 [248]. Ceux qui auront recélé ou fait receler des personnes qu'ils savaient avoir commis des crimes emportant peine afflictive, seront punis d'emprisonnement dans une maison de correction de quinze jours à deux ans.

S'ils ont recélé ou fait receler des personnes qu'ils savaient avoir commis des délits, ils seront punis d'une amende de vingt-cinq à cinquante francs.

Art. 190 [248]. Sont exceptés de la disposition du précédent article, les ascendants ou descendants, époux ou épouses mêmes divorcés, frères ou sœurs des prévenus ou condamnés recélés, ou leurs alliés aux mêmes degrés.

§ III. Évasion des détenus

Art. 191 [237]. Toutes les fois qu'une évasion de détenus aura lieu, les huissiers, les commandants en chef ou en sous-ordre, soit de la gendarmerie, soit de la force armée servant d'escorte ou garnissant les postes, les concierges, geôliers et tous autres préposés à la conduite, au transport ou à la garde des détenus, seront punis ainsi qu'il suit.

Art. 192 [238]. Si l'évadé était prévenu de délits ou de crimes seulement infamants, ou s'il était prisonnier de guerre, les préposés à sa garde ou conduite seront punis, en cas de négligence, d'un emprisonnement dans une maison de correction de neuf jours à un mois, et en cas de connivence, de six mois à deux ans.

Ceux qui, n'étant pas chargés de la garde ou de la conduite du détenu, auront procuré ou facilité son évasion, seront punis de neuf jours à deux mois d'emprisonnement dans une maison de correction.

Art. 193 [240]. Si l'évadé était prévenu d'un crime de nature à entraîner une peine afflictive à temps, ou condamné pour un tel crime, la peine sera, contre les préposés à la garde ou conduite, en cas de négligence, l'emprisonnement dans une maison de correction de deux à six mois, et en cas de connivence, la réclusion de trois à six ans.

Les individus non chargés de la garde des détenus, qui auront procuré ou facilité l'évasion, seront punis d'un emprisonnement dans une maison de correction de trois mois à deux ans.

Art. 194 [240]. Si l'évadé était prévenu d'un crime de nature à entraîner la peine de mort ou une peine perpétuelle, ou s'il est condamné à l'une de ces peines, les gardiens ou conducteurs seront punis, en cas de négligence, de huit mois à deux ans d'emprisonnement dans une maison de correction, et en cas de connivence, des travaux forcés à temps.

Les individus non chargés de la conduite ou de la garde qui auront facilité ou procuré l'évasion, seront punis d'emprisonnement dans une maison de correction d'un an à trois ans.

Art. 195 [241]. Si l'évasion a eu lieu ou a été tentée avec violence ou bris de prison, les peines contre ceux qui l'auront favorisée en fournissant des instruments propres à l'opérer, seront, au cas que l'évadé fût de la qualité exprimée en l'article 192, de trois mois à deux ans d'emprisonnement dans une maison de correction, au cas de l'article 193, d'un an à trois ans d'emprisonnement dans une maison de correction, et au cas de l'article 194, la réclusion de trois à six ans.

Art. 196 [242]. Dans tous les cas ci-dessus, lorsque les tiers qui auront procuré ou facilité l'évasion, y seront parvenus en corrompant les gardiens ou geôliers, ou de connivence avec eux, ils seront punis des mêmes peines que les dits gardiens et geôliers.

Art. 197 [244]. Tous ceux qui auront connivé à l'évasion d'un détenu, seront solidairement condamnés, à titre de dommages-intérêts, à tout ce que la partie civile du détenu aura droit d'obtenir contre lui, et qu'elle ne pourra pas recouvrer sur ses biens.

Art. 198 [247]. Les peines d'emprisonnement dans une maison de correction établies contre les conducteurs ou les gardiens, en cas de négligence seulement, cesseront lorsque les évadés seront repris ou représentés, pourvu que ce soit dans les quatre mois de l'évasion, et qu'ils ne soient pas arrêtés pour d'autres crimes ou délits commis postérieurement.

Art. 199 [245]. À l'égard des détenus qui se seront évadés ou qui auront tenté de s'évader par bris de prison ou par violence, ils seront, pour ce seul fait, punis de six mois à un an d'emprisonnement dans une maison de correction. Ils subiront cette peine immédiatement après l'expiration de celle qu'ils auront encourue pour le crime ou délit à raison duquel ils sont détenus, ou immédiatement après la prononciation du jugement ou de l'arrêt qui les aura acquittés ou renvoyés absous; le tout sans préjudice de plus fortes peines qu'ils auraient pu encourir pour d'autres crimes qu'ils auraient commis dans leurs violences.

Titre IX. Dégradation des monuments

Art. 200 [257]. Quiconque aura détruit, abattu, mutilé ou dégradé des monuments, statues et autres objets destinés à l'utilité ou à la décoration publique, ou au culte religieux, et élevés par l'autorité publique ou avec son autorisation, sera puni de la peine d'emprisonnement de quinze jours à deux ans.

Titre X. Crimes et délits relatifs aubris de scellés et enlèvement de pièces dans les dépôts publics

Art. 201 [249]. Lorsque des scellés apposés, soit par ordre du Gouvernement, soit par suite d'un jugement ou d'une ordonnance de justice rendu en quelque matière que ce soit, auront été brisés, les gardiens, qu'ils soient salariés ou non, seront punis, pour simple négligence, d'une amende de vingt-cinq à deux cents francs.

Art. 202 [250]. Si le bris de scellés s'applique à des papiers et effets d'un individu prévenu d'un crime emportant la mort ou une peine perpétuelle, ou qui soit condamné à l'une de ces peines, le gardien négligent sera puni de trois mois à un an d'emprisonnement dans une maison de correction.

Art. 203 [251]. Quiconque aura, à dessein, brisé des scellés apposés sur des papiers ou effets appartenant à un individu de la qualité énoncée en l'article précédent, ou participé au bris des scellés, sera puni de la réclusion de trois à six ans; si c'est le gardien lui-même, il sera puni des travaux forcés à temps.

Art. 204 [252]. Ceux qui auront commis, à dessein, le bris d'autres scellés, seront punis de six mois d'emprisonnement dans une maison de correction; si c'est le gardien lui-même, il sera puni de la même peine pour deux à trois ans.

Art. 205 [255]. Quiconque se sera rendu coupable de soustractions, enlèvements ou destructions des pièces de procédure, ou d'autres papiers, titres, registres, actes et effets contenus dans les archives, greffes ou dépôts publics, ou remis à un dépositaire public en cette qualité, sera puni de la peine de réclusion à temps.

Si ce crime est l'ouvrage du dépositaire lui-même, ou s'il est résulté de sa négligence, il sera puni comme il est dit ci-dessous article 253 et 254.

Art. 206 [256]. Si le bris de scellés, les soustractions, enlèvements ou destructions des papiers et effets dont il a été fait mention dans l'article précédent, ont été commis avec violence envers les personnes, la peine sera, contre toute personne, celle des travaux forcés à temps, sans préjudice de peines plus fortes, s'il y a lieu, d'après la nature des violences, et des autres crimes qui y seraient joints.

Titre XI. Crimes et délits commis par la voie d'écrits, images ou gravures

Art. 207 [283]. Toute publication ou distribution d'ouvrages, écrits, journaux, feuilles périodiques, pamphlets ou autres imprimés, dans lesquels ne se trouvera pas l'indication *vraie* de noms, profession et demeure de l'auteur ou de l'imprimeur, sera, pour ce seul fait, punie d'un emprisonnement dans une maison de correction de dix jours à quatre mois, contre toute personne qui aura sciemment contribué à la publication ou distribution.

Art. 208 [284]. Cette peine sera réduite à des peines de simple police, comme il sera dit dans la seconde partie du présent Code:

1°À l'égard des distributeurs, libraires ou autres vendeurs qui auront fait connaître la personne de laquelle ils tiennent l'écrit imprimé;

2°À l'égard de quiconque aura fait connaître l'imprimeur;

3°À l'égard de l'imprimeur qui aura fait connaître l'auteur.

Art. 209 [-]. Si l'écrit contient des choses contraires aux principes constitutifs du Gouvernement, au respect dû aux souverains, à l'intérêt de la tranquillité publique, aux égards dûs aux diverses religions ou aux bonnes mœurs, l'auteur pourra être poursuivi et sera condamné à la peine d'emprisonnement dans une maison de correction de trois mois à trois ans, et si l'écrit contient quelques provocations directes à ces crimes ou délits, l'auteur sera puni des peines portées par le présent Code.

Art. 210 [285]. Dans le cas de provocation mentionnée en l'article précédent, les distributeurs, libraires et autres vendeurs seront punis comme complices des provocations, à moins qu'ils n'aient fait connaître ceux dont ils tiennent l'écrit contenant la provocation, auquel cas ils n'encouront qu'un emprisonnement dans une maison de correction de dix jours à trois mois; et la peine de complicité ne restera applicable qu'à ceux qui n'auront point fait connaître les personnes dont ils auront reçu l'écrit imprimé, et à l'imprimeur, s'il est connu.

Art. 211 [286]. Dans tous les cas ci-dessus, il y aura confiscation des exemplaires saisis.

Art. 212 [287]. Toute exposition, vente ou distribution de chansons, figures ou images contraires aux bonnes mœurs sera punie d'emprisonnement dans une maison de correction de quinze jours à un an, et de la confiscation des planches et des exemplaires imprimés ou gravés de chansons, figures ou autres objets de délit.

Art. 213 [288]. La peine prononcée en l'article précédent sera réduite à des peines de simple police, comme il sera dit dans la seconde partie du présent Code:

1°À l'égard des distributeurs ou vendeurs qui auront fait connaître la personne qui leur aura remis l'objet du délit;

2°À l'égard de quiconque aura fait connaître l'imprimeur ou le graveur;

3°À l'égard même de l'imprimeur ou du graveur qui auront fait connaître l'auteur ou la personne qui les aura chargés de l'impression ou de la gravure.

Art. 214 [-]. Dans les cas exprimés dans l'article 212, et où l'auteur sera connu, la peine établie en l'article 209 lui sera appliquée.

Titre XII. Des crimes et délits des fonctionnaires publics dans l'exercice de leurs fonctions

Art. 215 [166, 167]. Tout crime commis par un fonctionnaire public dans l'exercice de ses fonctions ou à l'occasion de cet exercice, est réputé *forfaiture*.

Toute forfaiture pour laquelle la loi ne prononce pas de peines criminelles plus graves, est punie de la dégradation civique.

Art. 216 [168]. Les simples délits commis par les fonctionnaires dans l'exercice de leurs fonctions ou à l'occasion de ces fonctions, ne les constituent pas en forfaiture.

Art. 217 [-]. Hors les cas où la loi règle spécialement les peines encourues pour crimes ou délits commis par les fonctionnaires publics dans l'exercice de leurs fonctions ou à l'occasion de cet exercice, ceux d'entre eux qui se rendront coupables d'autres crimes ou délits qu'ils étaient chargés de surveiller ou réprimer, seront punis ainsi qu'il suit:

1° S'il s'agit d'un délit *correctionnel*, ils subiront toujours le *maximum* de la peine attachée à l'espèce du délit;

2° S'il s'agit de *crimes*, ils seront condamnés:

À la réclusion à temps, si le crime emporte contre tout autre coupable la peine du bannissement temporaire ou du carcan;

Aux travaux forcés à temps, si le crime emporte contre tout autre coupable la peine de réclusion à temps;

Aux travaux forcés à perpétuité, lorsque le crime emportera contre tout autre coupable la peine de réclusion à perpétuité, ou celle des travaux forcés à temps, mais au-delà de dix ans.

Si elle est au-dessous, le *maximum* de la peine des travaux forcés à temps sera appliqué au fonctionnaire public.

Au-delà des cas qui viennent d'être exprimés, la peine commune sera appliquée sans aucune aggravation.

Chapitre Premier. De l'exercice des fonctions publiques illégalement anticipé ou prolongé ainsi que de la démission donnée illicitement

Art. 218 [196]. Tout fonctionnaire public qui sera entré en exercice de ses fonctions, sans avoir été installé, pourra être poursuivi et sera puni d'une amende de vingt-cinq à cent francs.

Art. 219 [197]. Tout fonctionnaire public révoqué, destitué, suspendu ou interdit légalement qui, après en avoir eu la connaissance officielle, aura continué l'exercice de ses fonctions, ou qui, étant électif ou temporaire, les aura exercées après avoir été remplacé, sera puni d'un emprisonnement dans une maison de correction d'un mois à deux ans; le tout sans préjudice des plus fortes peines portées contre les officiers ou les commandants militaires par l'article 106 No. 3 ci-dessus.

Art. 220 [-]. Les fonctionnaires publics qui auront, par délibération, arrêté de donner des démissions dont l'objet ou l'effet serait d'empêcher ou de suspendre, soit l'administration de la justice, soit l'accomplissement d'un service quelconque, seront coupables de forfaiture et punis de la dégradation civique.

Chapitre II. Empiètement des fonctionnaires publics de l'ordre administratif et judiciaire

Art. 221 [127]. Seront coupables de forfaiture et punis de la dégradation civique:

Les juges, les procureurs généraux et royaux ou leurs substituts, et les officiers de police judiciaire,

1° Lorsqu'ils auront fait des règlements contenant des dispositions législatives, ou arrêté ou suspendu l'exécution d'une ou plusieurs lois;

2° Lorsqu'ils auront excédé leur pouvoir en faisant des règlements sur des matières attribuées aux autorités administratives, ou en défendant d'exécuter les ordres émanés de l'administration, ou lorsqu'ayant permis ou ordonné de citer des administrateurs pour raison de leurs fonctions, ils auraient persisté dans l'exécution des jugements ou ordonnances rendus à cet effet, nonobstant l'annulation qui en aurait été prononcée, ou le conflit qui leur aurait été notifié.

Art. 222 [130]. Seront également coupables de forfaiture et punis de dégradation civique:

Les préfets, les sous-préfets, maires et autres administrateurs, lorsqu'ils se seront immiscés dans l'exercice du pouvoir législatif de la manière indiquée au No. 1 de l'article précédent, ou lorsqu'ils se seront ingérés de prendre des arrêts généraux tendant à intimer des ordres ou des défenses quelconques à des cours ou tribunaux.

Art. 223 [128]. Les juges qui, sur la revendication formellement faite par l'autorité administrative d'une affaire portée devant eux, auront néanmoins procédé au jugement avant la décision de l'autorité supérieure, seront punis chacun d'une amende de vingt-cinq à cent francs.

Art. 224 [129]. Les juges, qui, après une réclamation légale des parties intéressées ou de l'autorité administrative, auront, sans autorisation du Gouvernement, rendu des ordonnances ou décerné des mandants contre les fonctionnaires publics prévenus de crimes ou délits commis dans l'exercice de leurs fonctions ou à l'occasion de cet exercice, seront punis chacun de cinquante à cent francs.

La même peine sera appliquée aux officiers du ministère public ou de la police qui auront requis les dites ordonnances ou mandats.

Chapitre III. Des attentats commis par les fonctionnaires publics à la liberté individuelle, ou aux autres droits des citoyens

Art. 225 [114]. Lorsqu'un fonctionnaire public, un agent ou un préposé du Gouvernement aura ordonné ou fait quelqu'acte arbitraire et attentatoire, soit à la liberté individuelle, soit aux droits publics d'un ou de plusieurs citoyens, soit à la constitution du Royaume, il sera condamné à la peine de la dégradation civique.

Si néanmoins il justifie qu'il a agi par ordre de ses supérieurs pour des objets du ressort de ceux-ci, et sur lesquels il leur était dû obéissance hiérarchique, il sera exempt de la peine, laquelle sera dans ce cas appliquée seulement aux supérieurs qui auront donné l'ordre.

Art. 226 [117]. Les dommages-intérêts qui pourraient être prononcés à raison des actes exprimés dans l'article précédent, seront demandés, soit sur la poursuite te criminelle, soit par la voie civile, et seront réglés, eu égard aux circonstances et au préjudice souffert, sans qu'en aucun cas, et quel que soit l'individu lésé, les dits dommages-intérêts puissent être au-dessous de dix francs pour chaque jour de détention illégale et arbitraire pour chaque individu.

Art. 227 [118]. Si l'acte, dont il a été parlé ci-dessus, a été fait d'après une fausse signature du nom d'un fonctionnaire public, les auteurs du faux et ceux qui en auront sciemment fait usage, seront punis des travaux forcés à temps, dont le maximum sera toujours appliqué dans ce cas.

Art. 228 [119]. Les fonctionnaires publics chargés de la police administrative ou judiciaire, qui auront refusé ou négligé de déférer à une réclamation légale tendant à constater les détentions illégales et arbitraires, soit dans les maisons destinées à la garde des détenus, soit partout ailleurs, et qui ne justifieront pas de les avoir dénoncées à l'autorité supérieure, seront punis de l'interdiction de tout emploi public pendant quatre ans, et tenus des dommages-intérêts, lesquels seront réglés comme il est dit dans l'article 226.

Art. 229 [120]. Les gardiens et concierges des maisons de dépôt ou d'arrêt, des peines, des maisons de correction ou de force, qui auront reçu un prisonnier sans mandat ou jugement, ou sans ordre provisoire du Gouvernement; ceux qui l'auront retenu, ou auront refusé de le représenter à l'officier de police ou porteur de ses ordres, sans justifier de la défense du procureur royal ou du juge; ceux qui auront refusé d'exhiber leurs registres à l'officier de police, seront, comme coupables de détention arbitraire, punis de deux mois à un an d'emprisonnement dans une maison de correction.

Art. 230 [122]. Les procureurs généraux et royaux, leurs substituts, les juges ou les officiers publics, qui auront retenu ou fait retenir un individu hors des lieux déterminés par le Gouvernement ou par l'administration publique, ou qui auront traduit un citoyen devant une cour criminelle, sans qu'il ait été préalablement mis en état d'accusation, seront punis de l'interdiction de tout emploi public pendant quatre ans.

Art. 231 [184]. Tout juge, tout procureur général ou royal, tout substitut, tout administrateur ou tout autre officier de justice ou de police, qui se sera introduit dans le domicile d'un citoyen hors les cas prévus par la loi et sans les formalités qu'elle a prescrites, sera puni d'une amende de vingt-cinq à cent francs.

Art. 232 [185]. Tout juge ou tribunal, tout administrateur ou autorité administrative, qui, sous quelque prétexte que ce soit, même du silence, de l'obscurité ou de l'insuffisance de la loi, aura dénié de rendre la justice ou de donner une décision qu'il doit aux parties, après en avoir été requis, et qui aura persévéré dans son déni après avertissement ou injonctions de ses supérieurs, pourra être poursuivi, et sera puni d'une amende de deux cents à cinq cents francs; il pourra en outre être puni de l'interdiction de tout emploi public depuis deux jusqu' à six ans.

Art. 233 [186]. Lorsqu'un fonctionnaire ou un officier public, un administrateur, un agent ou un préposé du Gouvernement ou de la police, un exécuteur des mandats de justice ou jugements, un commandant en chef ou en sous-ordre de la force publique aura, sans motif légitime, usé ou fait user de violences envers les personnes dans l'exercice de ses fonctions ou à l'occasion de cet exercice, il sera puni selon la nature et la gravité de ses violences, et en élevant la peine d'après les règles posées en l'article 217 ci-dessus.

Art. 234 [187]. Toute suppression, toute ouverture de lettres confiées à la poste, commise ou facilitée par un fonctionnaire ou un agent du Gouvernement, ou de l'administration des postes, sera punie d'une amende de vingt-cinq à trois cents francs.

Le coupable sera de plus interdit de tout emploi public pendant cinq ans au moins et dix ans au plus.

Chapitre IV. Des abus d'autorité commis par les fonctionnaires contre la chose publique, ainsi que du refus d'un service dû légalement

Art. 235 [188]. Tout fonctionnaire public, agent ou préposé du Gouvernement de quelque état et grade qu'il soit, qui aura requis ou ordonné, fait requérir ou ordonner l'action ou l'emploi de la force publique contre l'exécution d'une loi, ou contre la perception d'une contribution légale, ou contre l'exécution, soit d'une ordonnance ou d'un mandat de justice, soit de tout autre ordre émané de l'autorité légitime, sera puni de la peine de réclusion à temps.

Art. 236 [-]. La peine énoncée en l'article précédent ne sera pas appliquée aux fonctionnaires ou préposés qui auraient agi par ordre de leurs supérieurs, si cet ordre a été donné par ceux-ci pour des objets de leur ressort, et sur lesquels il leur était dû obéissance hiérarchique; dans ce cas, la peine portée ci-dessus sera appliquée aux supérieurs qui, les premiers, auront donné cet ordre.

Art. 237 [191]. Si par suite des dits ordres ou réquisitions, il survient d'autres crimes punissables d'une peine plus forte que celle déterminée en l'article 233, cette peine plus forte sera appliquée aux fonctionnaires coupables d'avoir donné les dits ordres ou fait les dites réquisitions.

Art. 238 [234]. Tout commandant, tout officier ou sous-officier de la force publique qui, après en avoir été légalement requis par l'autorité civile, aura refusé de faire agir la force à ses ordres, sera puni d'un emprisonnement dans une maison de correction de trois à six mois, sans préjudice des réparations civiles, qui pourraient être dues aux termes de l'article 15 ci-dessus.

Chapitre V. De la corruption des fonctionnaires publics

Art. 239 [177]. Tout fonctionnaire public de l'ordre administratif ou judiciaire, tout agent ou préposé d'une administration publique qui aura agréé des offres ou promesses, ou reçu des dons ou présents, ou qui aura autorisé d'autres personnes à les recevoir en son nom, pour faire un acte de sa fonction ou de son emploi, même juste, mais non sujet à salaire, sera puni du carcan, et condamné à une amende double de la valeur des promesses agréées ou des choses reçues, sans que la dite amende puisse être inférieure à deux cents francs.

La même peine sera prononcée contre tout fonctionnaire, agent ou préposé de la qualité ci-dessus exprimée, qui, par offres ou promesses agréées, dons ou présents reçus, se sera abstenu de faire un acte qui entrait dans l'ordre de ses devoirs.

Art. 240 [178]. Dans le cas où la corruption aurait pour objet un fait criminel emportant une peine plus forte que celle du carcan, cette peine plus forte sera appliquée aux coupables.

Art. 241 [181]. Si c'est un juge prononçant en matière criminelle ou un juré qui s'est laissé corrompre, soit en faveur, soit au préjudice de l'accusé, il sera puni de la peine de réclusion à temps, outre l'amende ordonné par l'article 239.

Art. 242 [182]. Si, par l'effet de la corruption, il y a eu condamnation à une peine supérieure à celle de la réclusion à temps, cette peine, quelle qu'elle soit, sera appliquée au juge ou juré coupable de corruption.

Art. 243 [179]. Quiconque aura corrompu ou tenté de corrompre par promesses, offres, dons ou présents, contraint ou tenté de contraindre par voies de fait ou menaces, un fonctionnaire, agent ou préposé de la qualité exprimée en l'article 239 pour obtenir, soit une opinion favorable, soit des procès-verbaux, états, certificats ou estimations contraires à la vérité, soit des places, emplois, adjudications, entreprises ou autres bénéfices quelconques, soit enfin tout autre acte du ministère du fonctionnaire, agent ou préposé, sera puni des mêmes peines, que le fonctionnaire, agent ou préposé corrompu.

Toutefois, si les tentatives de contrainte ou de corruption n'ont eu aucun effet, les auteurs de ces tentatives seront punis d'un emprisonnement dans une maison de correction d'un mois à quatre mois.

Art. 244 [180]. Il ne sera jamais fait au corrupteur restitution des choses par lui livrées, ni de leur valeur; elles seront confisquées au profit des hospices des lieux où la corruption aura été commise.

Chapitre VI. Des délits de fonctionnaires qui se sont ingérés dans des affaires ou commerces incompatibles avec leur qualité

Art. 245 [175]. Tout fonctionnaire, tout officier public, tout agent ou préposé qui, soit ouvertement, soit par des actes simulés, soit par interposition de personnes, aura pris ou reçu quelque intérêt que ce soit, dans les actes, adjudications, entreprises ou régies dont il a, ou avait, au temps de l'acte, en tout ou en partie, l'administration ou la surveillance, sera puni d'un emprisonnement dans une maison de correction de trois mois à un an, et de l'interdiction de tout emploi public pendant cinq ans. Il sera en outre condamné à une amende égale à la valeur des restitutions et des indemnités.

Art. 246 [175]. La disposition de l'article précédent est applicable à tout fonctionnaire ou agent du Gouvernement qui aura pris un intérêt quelconque dans une affaire dont il était chargé d'ordonnancer le payement ou faire la liquidation.

Art. 247 [176]. Tout commandant des divisions militaires, des départements ou des places et villes, tout préfet ou sous-préfet qui aura, dans l'étendue des lieux où il a droit d'exercer son autorité, fait ouvertement ou par des actes simulés, ou par interposition de personnes, le commerce des grains, fourrages, farines, substances farineuses, vins ou boissons autres ceux provenant de ses propriétés, sera puni d'une amende de cinq cents à huit mille francs, et de la confiscation des denrées appartenant à ce commerce.

Chapitre VII. Des concussions commises par les fonctionnaires publics

Art. 248 [174]. Se rendent coupables du crime de concussion tous fonctionnaires, tous officiers publics, leurs commis ou préposés, tous percepteurs de droits, contributions, deniers, revenus publics ou communaux, qui ordonnent de percevoir, ou exigent, ou reçoivent ce qu'ils savent n'être pas dû ou excède ce qui leur était dû pour droits, taxes, contributions, deniers ou revenus, ou pour salaires ou traitements.

Art. 249 [174]. Les coupables du dit crime seront punis, savoir: les fonctionnaires et les officiers publics, de la peine de réclusion à temps; leurs commis et préposés de l'emprisonnement dans une maison de correction d'un an à trois ans.

Les coupables seront de plus condamnés à une amende double de la valeur des restitutions et des dommages-intérêts.

Art. 250 [121]. Quant aux excès de taxes et épices judiciaires, ils seront punis conformément aux dispositions des lois et règlements particuliers.

Chapitre VIII. Des soustractions commises par les dépositaires publics

Art. 251 [169 – 171]. Tout percepteur, tout commis à une perception, tout dépositaire ou comptable public qui aura détourné ou soustrait des deniers publics ou privés, ou effets actifs en tenant lieu, des effets mobiliers qui étaient entre ses mains en vertu de ses fonctions, sera puni d'un emprisonnement dans une maison de correction de six mois à un an, si les choses détournées ou soustraites sont d'une valeur de cinq cents francs et au-dessous.

Si la valeur des choses détournées ou soustraites surpasse cinq cents francs, mais n'excède pas deux mille francs, la peine déterminée ci-dessus sera d'un an à trois ans.

Si la valeur des choses détournées ou soustraites est au-dessus de deux mille francs, le coupable sera condamné à la peine des travaux forcés à temps.

Art. 252 [172]. Dans tous les cas exprimés en l'article précédent, il sera toujours prononcé contre le condamné une amende égale à la valeur des restitutions et indemnités.

Art. 253 [173]. Tout fonctionnaire ou officier public qui aura détruit, supprimé, soustrait ou détourné les pièces, procédures ou autres papiers, titres, registres et actes dont il était dépositaire en cette qualité, ou qui lui auront été remis ou communiqués à raison de ses fonctions, sera puni des travaux forcés à temps.

Tous agents, préposés ou commis des dépositaires publics, qui se seront rendus coupables de ces actions, seront soumis à la même peine.

Art. 254 [-]. Si les soustractions, destructions, suppressions et enlèvements mentionnés en l'article précédent ont été causés par la négligence des fonctionnaires dont il a été parlé dans le dit article, ceux-ci seront punis d'emprisonnement dans une maison de correction de trois mois à un an.

Chapitre IX. De quelques délits des fonctionnaires publics par rapport à la tenue des actes de l'état civil

Art. 255 [192]. Les officiers de l'état civil qui auront inscrit leurs actes sur de simples feuilles volantes, seront punis d'une amende de vingt-cinq à deux cents francs.

Art. 256 [193]. Lorsque, pour la validité d'un mariage, la loi prescrit le consentement des pères, mères ou autres personnes, et que l'officier de l'état civil ne se sera point assuré de l'existence de ce consentement, il sera puni d'un emprisonnement dans une maison de correction de six mois à un an, et d'une amende de vingt-cinq à trois cents francs.

Art. 257 [194]. L'officier de l'état civil sera puni de vingt-cinq à trois cents francs d'amende, lorsque sciemment il aura reçu avant le terme prescrit par l'article 228 du Code Napoléon, l'acte de mariage d'une femme ayant déjà été mariée.

Art. 258 [195]. Les peines portées aux articles précédents contre les officiers de l'état civil leur seront appliquées, lors même que la nullité de leurs actes n'aurait pas été demandée, ou aurait été couverte; le tout sans préjudice des peines plus fortes en cas de collusion, et sans préjudice aussi des autres dispositions pénales du livre premier, titre V du Code Napoléon, dont il n'a pas été fait mention dans le chapitre présent.

Titre XIII. Des crimes et délits commis par les Ministres des cultes dans l'exercice de leur ministère

§ I. Des délits propres à compromettre l'état civil des personnes

Art. 259 [199]. Tout ministre d'un culte qui procédera aux cérémonies religieuses d'un mariage sans qu'il lui ait été justifié d'un acte de mariage préalablement reçu par l'officier de l'état civil, sera, pour la première fois, puni d'une amende de vingt-cinq à cent francs.

Art. 260 [200]. En cas de nouvelles contraventions de l'espèce exprimée en l'article précédent, le ministre du culte qui les aura commises, sera puni, savoir;

Pour la première récidive, d'un emprisonnement dans une maison de correction de deux mois à six mois;

Et pour la seconde, du bannissement à temps.

§ II. Des critiques, censures ou provocations dirigées contre l'autorité publique dans un discours pastoral prononcé publiquement

Art. 261 [201]. Les ministres des cultes qui prononceront, dans l'exercice de leur ministère et en assemblée publique, un discours contenant la censure ou critique du Gouvernement, d'une loi, d'un décret royal ou de tout autre acte de l'autorité publique, seront punis d'un emprisonnement dans une maison de correction de trois mois à deux ans.

Art. 262 [202]. Si le discours contient une provocation directe à la désobéissance aux lois ou autres actes de l'autorité publique, ou s'il tend à soulever ou armer une partie des citoyens contre les autres, le ministre du culte qui l'aura prononcé sera puni d'emprisonnement dans une maison de correction de deux à trois ans, si la provocation n'a été suivie d'aucun effet, et du bannissement à temps, si elle a donné lieu désobéissance, autre toutefois que celle qui aurait dégénéré en sédition ou révolte.

Art. 263 [203]. Lorsque la provocation aura été suivie d'une sédition ou révolte, dont la nature donnera lieu contre l'un ou l'autre des coupables à une peine plus forte que celle du bannissement à temps, cette peine, quelle qu'elle soit, sera appliquée au ministre du culte coupable de la provocation.

§ III. Des critiques, censures ou provocations dirigées contre l'autorité publique dans un écrit pastoral

Art. 264 [204]. Tout écrit contenant une instruction pastorale, en quelque forme que ce soit, et dans lequel un ministre du culte se sera ingéré de critiquer ou censurer, soit le Gouvernement, soit tout acte de l'autorité publique, en portera la peine du bannissement à temps contre le ministre du culte qui l'aura publié.

Art. 265 [205]. Si l'écrit mentionné en l'article précédent contient une provocation directe à la désobéissance aux lois ou autres actes de l'autorité publique, ou s'il tend à soulever ou armer une partie des citoyens contre les autres, le ministre qui l'aura publié, sera puni du bannissement à perpétuité.

Art. 266 [206]. Lorsque la provocation contenue dans l'écrit pastoral aura été suivie d'une sédition ou révolte dont la nature donnera lieu contre l'un ou plusieurs coupables à une peine plus forte que celle du bannissement à perpétuité, cette peine, quelle qu'elle soit, sera appliquée au ministre coupable de la provocation.

§ IV. De la correspondance des Ministres du culte avec les cours ou puissances étrangères sur des matières religieuses

Art. 267 [207]. Tout ministre du culte qui aura, sur des questions ou matières religieuses, entretenu une correspondance avec une cour ou puissance étrangère, sans en avoir préalablement informé le Ministre de l'Intérieur, et sans en avoir obtenu son autorisation, sera puni, pour ce seul fait, d'une amende de deux cents à cinq cents francs.

Art. 268 [208]. Si la correspondance mentionnée en l'article précédent a été accompagnée ou suivie d'autres faits contraires aux dispositions formelles d'une loi ou d'un décret royal, le coupable sera puni du bannissement à temps, à moins que la peine résultant de la nature de ces faits ne soit plus forte, auquel cas cette peine plus forte sera seule appliquée.

Titre XIV. Des délits des fournisseurs

Art. 269 [430]. Tous individus chargés, comme membres de compagnie ou individuellement, de fournitures, d'entreprises ou régies pour le compte de l'armée, qui, sans y avoir été contraints par une force majeure, auront fait manquer le service dont ils sont chargés, seront punis de la peine de la réclusion à temps, et d'une amende qui ne pourra excéder le quart des dommages-intérêts, ni être au-dessous de cinq cents francs; le tout sans préjudice de peines plus fortes en cas d'intelligence avec l'ennemi.

Art. 270 [431]. Lorsque la cessation du service proviendra du fait des agents des fournisseurs, les agents seront condamnés aux peines portées par le précédent article.

Art. 271 [432]. Si des fonctionnaires publics ou des agents, préposés ou salariés du Gouvernement ont été coupables à faire manquer le service, ils seront punis de la peine des travaux forcés à temps, sans préjudice de peines plus fortes en cas d'intelligence avec l'ennemi.

Art. 272 [433]. Quoique le service n'ait pas manqué, si, par négligence, les livraisons et les travaux ont été retardés, ou s'il y a eu fraude sur la nature, la qualité ou quantité des travaux ou main-d'œuvre ou des choses fournies, les coupables seront punis d'un emprisonnement dans une maison de correction de quatre mois à trois ans, et d'une amende qui ne pourra excéder le quart des dommages-intérêts, ni être moindre de cent francs.

Dans les divers cas prévus par les articles précédents, la poursuite ne pourra être faite que sur la dénonciation du Gouvernement.

Section II. Des crimes et délits contre les particuliers

Titre Premier. Des crimes et délits contre les personnes

Chapitre Premier. De l'homicide

§ I. Meurtre et assassinat

Art. 273 [295]. L'homicide commis volontairement est qualifié meurtre et sera puni de la peine des travaux forcés à perpétuité.

Le dit crime emportera la peine de mort lorsqu'il aura précédé, accompagné, ou suivi un autre crime ou délit.

Art. 274 [296]. Le meurtre commis avec préméditation ou de guet-apens est qualifié assassinat et sera puni de la peine de mort.

Art. 275 [297]. La préméditation consiste dans le dessin, formé avant l'action, d'attenter à la personne d'un individu déterminé ou même de celui qui sera trouvé ou rencontré, quand même ce dessin serait dépendant de quelque circonstance ou de quelque condition.

Art. 276 [298]. Le guet-apens consiste à attendre plus ou moins de temps dans un ou divers lieux un individu, soit pour lui donner la mort, soit pour exercer sur lui des actes de violence.

Art. 277 [303]. Seront punis comme coupables d'assassinat, tous malfaiteurs, quelle que soit leur dénomination, qui pour l'exécution de leurs crimes, employent des tortures ou commettent des actes de barbarie.

Art. 278 [cf. 300]. La mère qui lors de son accouchement, aura tué son enfant nouveau né, ou l'aura fait périr par l'omission délibérée, des secours nécessaires, sera punie de la peine de la réclusion à perpétuité.

Art. 279 [-]. Le meurtre commis en réunion séditieuse avec rébellion ou pillage, est imputable aux chefs, auteurs, instigateurs et provocateurs de ces réunions et rebellions ou pillages, ils seront punis comme coupables de ce crime, et condamnés aux mêmes peines que ceux qui l'auront personnellement commis.

§ II. Homicide commis involontairement

Art. 280 [319]. Quiconque par maladresse, imprudence, inattention, négligence ou inobservation des règlements, aura commis involontairement un homicide, ou en aura involontairement été la cause, sera puni d'un emprisonnement dans une maison de correction d'un mois à trois ans.

§ III. Cas où le meurtre est excusable

Art. 281 [321, 322, 324]. Le meurtre est excusable:

1° S'il a été provoqué par des coups ou violences graves envers les personnes;

2° S'il a été commis en repoussant pendant le jour l'escalade ou l'effraction des clôtures, murs ou entrées d'une maison ou d'un appartement habité ou de leurs dépendances;

Si le fait est arrivé pendant la nuit, la disposition de l'article 284 sera applicable;

3° Si dans le cas d'adultère prévu par l'article 321 ci-dessous, le meurtre a été commis par l'époux sur son épouse ou sur le complice de l'adultère à l'instant où il les surprend en flagrant délit dans la maison conjugale.

Art. 282 [326]. Lorsque le fait d'excuse sera prouvé, la peine criminelle sera réduite à un emprisonnement dans une maison de correction de trois mois à trois ans.

Le coupable pourra de plus être mis par l'arrêt sous la surveillance de la haute police pendant un temps qui n'excédera pas cinq ans.

§ IV. Cas où l'homicide n'est ni crime ni délit

Art. 283 [327, 328]. L'homicide n'est ni crime ni délit lorsqu'il était:

1° Ordonné par la loi et commandé par l'autorité légitime ou

2° Commandé par la nécessité actuelle de la légitime défense de sa vie ou de celle d'autrui.

Art. 284 [329]. Sont aussi compris dans le cas de nécessité actuelle de défense, les deux cas suivants:

1° Si l'homicide a été commis en repoussant pendant la nuit, l'escalade ou l'effraction des clôtures, murs ou entrées d'une maison ou d'un appartement habité ou de leurs dépendances;

2° Si le fait a eu lieu en se défendant contre les auteurs de vols ou de pillages exécutés avec violence.

Chapitre II. De l'empoisonnement et de l'avortement procuré

§ I. Empoisonnement

Art. 285 [301, 302]. Est qualifié empoisonnement tout attentat à la vie d'une personne par l'effet de substances qui peuvent donner la mort plus ou moins promptement de quelque manière que ces substances aient été employées ou administrées et quelles qu'en aient été les suites.

Le crime d'empoisonnement sera puni de la peine de mort.

§ II. Avortement procuré

Art. 286 [317]. La femme qui, par aliments, breuvages, médicaments, violences ou par tout autre moyen se sera procuré l'avortement à elle-même, ou qui aura consenti à faire usage des moyens à elle indiqués ou administrés à cet effet, si l'avortement s'en est suivi, ou qui aura entrepris une action pour opérer sa délivrance de manière que l'enfant vienne mort au monde, sera punie de la peine de réclusion de quatre à huit ans.

Art. 287 [317 al. 1]. La même peine sera prononcée contre ceux qui, de la manière indiquée en l'article précédent auront procuré l'avortement d'une femme enceinte, soit qu'elle y ait consenti ou non, si elle n'y a pas consenti, la peine sera augmentée de trois ans.

Art. 288 [317 al. 3]. Les médecins, chirurgiens et autres officiers de santé, ainsi que les pharmaciens qui auront indiqué ou administré les moyens de procurer l'avortement, seront condamnés à la peine des travaux forcés à temps dans le cas où l'avortement aurait eu lieu.

Chapitre III. Des lésions corporelles, violences et voies de fait envers les personnes

§ I. Les lésions corporelles, violences et voies de fait volontaires

Art. 289 [309]. Tout individu qui aura fait des blessures, se sera permis des violences ou des voies de fait envers un autre, en le frappant, secouant, poussant ou en le maltraitant de toute autre manière, s'il est résulté de ces actes un danger pour la vie ou préjudice notable pour la santé ou le corps, sera puni de la peine de la réclusion à temps.

Art. 290 [310]. Si le crime mentionné au précédent article a été commis avec préméditation ou de guet-apens, la peine sera celle des travaux forcés à temps.

Art. 291 [311]. Si les violences, voies de fait et blessures ne sont pas de la nature indiquée en l'article 289, le coupable subira l'emprisonnement dans une maison de correction de quinze jours à deux ans.

S'il y a eu préméditation ou guet-apens, l'emprisonnement dans une maison de correction sera d'un an à trois ans.

Outre les peines correctionnelles mentionnées dans cet article, les tribunaux pourront prononcer le renvoi sous la surveillance de la haute police qui ne surpassera pas l'espace de cinq ans.

Art. 292 [312]. Si les actes mentionnés dans les articles 289, 290 et 291 ont été commis envers les père ou mère légitimes, naturels ou adoptifs, ou autres ascendants légitimes, le coupable sera puni ainsi qu'il suit:

1° Si l'article auquel le cas se référera, prononce l'emprisonnement dans une maison de correction, le coupable subira la peine de la réclusion à temps;

2° Si l'article prononce la peine de la réclusion à temps, il subira celle des travaux forcés à temps;

3° Si l'article établit la peine des travaux forcés à temps, le coupable sera condamné au même genre de peine qui ne pourra être moindre de six ans.

Art. 293 [313]. Lorsque les crimes et délits prévus dans les précédents articles sont commis en réunion séditieuse avec rébellion ou pillage, ils seront imputables aux chefs, auteurs, instigateurs et provocateurs de ces réunions, rebellions ou pillages, lesquels seront condamnés aux mêmes peines que ceux qui auront personnellement commis les dits crimes et délits.

§ II. Lésions corporelles, violences et voies de fait involontaires

Art. 294 [320]. Si la cause des lésions corporelles, des violences et voies de fait n'a été que maladresse, imprudence, inattention, négligence ou inobservation des règlements, le coupable sera puni d'un emprisonnement dans une maison de correction de neuf jours à deux mois.

§ III. Cas où les lésions corporelles, violences et voies de fait sont excusables ou non qualifiés crimes ni délits

Art. 295 [-]. Les cas où d'après les dispositions de l'article 281 le meurtre est excusable, seront applicables aux lésions corporelles, violences et voies de fait.

Art. 296 [-]. Lorsque, dans les cas prévus par l'article précédent, le fait d'excuse sera prouvé:

S'il s'agit d'une peine criminelle, la peine sera réduite à un emprisonnement dans une maison de correction de deux mois à deux ans;

S'il s'agit d'une peine correctionnelle, elle sera réduite à l'emprisonnement dans une maison de correction de neuf jours à deux mois.

Art. 297 [-]. Les dispositions des articles 283 et 284 relatives aux cas où l'homicide n'est pas qualifié crime ni délit seront également applicables aux lésions corporelles, violences et voies de fait.

Chapitre IV. Crime de castration

Art. 298 [316]. Toute personne qui se rendra coupable du crime de castration subira la peine des travaux forcés à perpétuité.

Si la mort en est résultée, le coupable sera puni de la peine de mort.

Art. 299 [cf. 325]. Les cas où d'après les dispositions des articles 281 et 295 le meurtre et les lésions corporelles sont excusables, seront appliqués au crime de castration.

Chapitre V. Délits relatifs au recèlement de personnes mortes, aux inhumations et à la violation de tombeaux

Art. 300 [359]. Quiconque aura recélé ou caché le cadavre d'une personne homicidée ou morte des suites de lésions corporelles ou violences, sera puni d'un emprisonnement dans une maison de correction d'un mois à un an, sans préjudice de peines plus graves, s'il a participé au crime même.

Art. 301 [358]. Ceux qui sans l'autorisation préalable donnée par l'officier de l'état civil, conformément à ce qui est prescrit par l'article 77 du Code Napoléon, auront fait inhumer un individu décédé, seront punis de l'emprisonnement dans une maison de correction de neuf jours à deux mois, sans préjudice de la poursuite des crimes dont les auteurs de ce délit pourraient être prévenus dans cette circonstance.

Art. 302 [-]. Il est défendu à tous maires et commissaires de police de souffrir le transport, dépôt, inhumation des corps, ni l'ouverture des lieux de sépulture; à ceux ayant droit de faire les fournitures requises pour les funérailles, de livrer les dites fournitures; à tous curés et pasteurs d'aller lever aucun corps ou de les accompagner, qu'il ne leur apparaisse de l'autorisation donnée par l'officier de l'état civil pour l'inhumation.

Les contrevenants seront punis d'une amende de vingt-cinq à cent francs.

Art. 303 [360]. Sera puni d'un emprisonnement dans une maison de correction d'un mois à six mois, quiconque se sera rendu coupable de violation de tombeaux ou de sépultures, sans préjudice des peines contre les crimes ou les délits qui seraient joints à celui-ci.

Chapitre VI. Des armes et vases prohibés, des aliments, boissons et autres effets nuisibles à la santé

Art. 304 [314]. Tout individu qui aura fabriqué ou débité des stilets, fusils ou pistolets à vent, ou quelque espèce que ce soit d'armes prohibées par des lois ou par des règlements d'administration publique, sera puni de l'emprisonnement dans une maison de correction, de neuf jours à trois mois.

Celui qui sera porteur des dites armes, sera puni d'une amende de vingt-cinq à cent francs.

Dans l'un et l'autre cas, les armes seront confisquées; le tout sans préjudice de plus forte peine s'il y échet, en cas de complicité de crime.

Art. 305 [315]. Outre les peines correctionnelles mentionnées en l'article précédent, les tribunaux pourront prononcer le renvoi sous la surveillance de la haute police, qui n'excédera pas cinq ans.

Art. 306 [-]. Les ouvriers en cuivre et tous autres qui vendraient des vases de cuivre mal étamés seront punis d'une amende de vingt-cinq à cent francs, et les vases seront confisqués.

En cas de récidive l'amende sera doublée.

Art. 307 [-]. La même peine sera appliquée:

Aux ouvriers qui, étamant les vases de cuivre destinés à l'usage de la cuisine, y employent du plombe;

À ceux qui augmentent le poids des plumes de lit par un mélange de céruse.

Art. 308 [318]. Quiconque aura sciemment vendu ou débité des aliments ou boissons falsifiés contenant des mélanges ou mixtions nuisibles à la santé, sera puni de l'emprisonnement dans une maison de correction de neuf jours à deux ans.

Seront saisis et confisqués les dits aliments et boissons à qui que ce soit qu'ils appartiennent.

Le jugement sera imprimé et affiché.

Art. 309 [-]. La vente des lits, vêtements et autres effets à l'usage des personnes mortes d'une maladie contagieuse ne sera permise que sur le certificat d'un médecin constatant qu'il n'y a pas lieu de craindre qu'ils communiquent la contagion. Les contrevenants seront punis d'une amende de cinquante à cent cinquante francs.

Chapitre VII. Des crimes et délits contre les mœurs

Art. 310 [330]. Toute personne qui aura commis un outrage public à la pudeur, sera punie d'un emprisonnement dans une maison de correction de neuf jours à un an.

Art. 311 [334 al. 1]. Quiconque aura attenté aux mœurs en excitant, favorisant ou facilitant habituellement la débauche ou la corruption des personnes de l'un ou de l'autre sexe au-dessous de l'âge de vingt-un ans sera puni d'un emprisonnement dans une maison de correction de six mois à deux ans.

Art. 312 [334 al. 2]. Si ce sont les pères, mères, tuteurs ou autres chargés de la surveillance des personnes mentionnées en l'article précédent, qui ont excité, favorisé ou facilité leur débauche ou corruption, ils seront punis de la peine de la réclusion à temps qui ne surpassera pas l'espace de cinq ans.

Art. 313 [335]. Les coupables des délits et crimes dont il est parlé aux articles 311 et 312 seront interdits de toute tutelle et curatelle et de toute participation aux conseils de famille; savoir ceux auxquels s'applique l'article 311, pendant deux ans au moins et cinq ans au plus, et ceux dont l'article 312 fait mention, pour toujours.

Art. 314 [335]. Le père ou la mère qui se seront rendus coupables du crime énoncé en l'article 312 seront de plus privés des droits et avantages à eux accordés sur la personne et les biens de l'enfant par le Code Napoléon, livre premier, titre IX de la puissance paternelle.

Art. 315 [335]. Dans les cas des articles 311 et 312 les coupables pourront de plus être mis par l'arrêt ou le jugement sous la surveillance de la haute police pendant deux ans au moins et cinq ans au plus.

Art. 316 [331]. Quiconque aura commis le crime de viol, ou sera coupable d'un autre attentat grave à la pudeur, tenté ou consommé avec violence contre des personnes de l'un ou l'autre sexe, sera puni de la peine des travaux forcés de trois à dix ans.

Art. 317 [332]. Si le crime a été commis sur une personne au-dessous de l'âge de quinze ans accomplis, le coupable subira la peine des travaux forcés de dix ans au moins et de quinze ans au plus.

Art. 318 [333]. La peine sera celle des travaux forcés à perpétuité, si le coupable est de la classe de ceux qui ont autorité sur la personne envers laquelle le crime a été commis, s'il est son instituteur ou son serviteur à gages, ou s'il appartient aux fonctionnaires publics ou ministres d'un culte, ou si le coupable, quel qu'il soit, a été aidé dans son crime par une ou plusieurs personnes.

Art. 319 [-]. Si l'attentat à la pudeur, tenté ou consommé avec violence contre des personnes de l'un ou de l'autre sexe, n'appartient pas à la classe des attentats graves contre lesquels statue l'article 316, le coupable sera puni d'un emprisonnement dans une maison de correction de trois mois à trois ans.

Si l'attentat a été commis sur une personne au-dessous de quinze ans accomplis, le coupable subira la peine de la réclusion de trois à sept ans.

La peine sera celle de la réclusion de huit à quinze ans si les dispositions portées en l'article 318 sont applicables au coupable.

Art. 320 [-]. Quiconque aura par séduction, abusé d'une personne au-dessous de l'âge de quinze ans accomplis, sera puni de la peine des travaux forcés à temps qui n'excédera pas sept ans.

Si le coupable de ce crime est de la classe de ceux dont parle l'article 318, il subira le maximum de la peine des travaux forcés à temps.

Art. 321 [336]. L'adultère de la femme ne pourra être dénoncé que par le mari. Cette faculté même cessera, s'il a été condamné lui-même pour la cause exprimée en l'article 326 ci-dessous.

Art. 322 [337]. La femme convaincue d'adultère subira la peine d'emprisonnement dans une maison de correction pendant trois mois au moins et deux ans au plus.

Art. 323 [337]. Le mari restera le maître d'arrêter l'effet de la condamnation de sa femme, en consentant à la reprendre.

Art. 324 [338]. Le complice de la femme adultère sera puni de l'emprisonnement dans une maison de correction pendant le même espace de temps déterminé par l'article 322.

Les seules preuves qui pourront être admises contre le prévenu de complicité seront, outre le flagrant délit, celles résultant de lettres ou autres pièces écrites par le prévenu.

Art. 325 [-]. L'effet de la condamnation prononcée contre le complice ne sera pas arrêté par le motif que le mari aura consenti à reprendre sa femme condamnée.

Art. 326 [339]. Le mari qui aura entretenu une concubine dans la maison conjugale, et qui aura été convaincu sur la plainte de la femme, sera puni d'une amende de cent francs à deux mille francs.

Art. 327 [340]. Quiconque étant engagé dans les liens du mariage en aura sciemment contracté un autre avant la dissolution du précédent, sera puni de la peine de la réclusion de trois à six ans.

Si le coupable a celé son mariage à la personne avec qui il en a contracté un autre, il subira la peine des travaux forcés de quatre à huit ans.

Art. 328 [340]. La peine de la réclusion de trois à six ans sera également prononcée:

1° Contre celui qui, n'étant pas engagé dans des liens du mariage, aura sciemment épousé une personne mariée;

2° Contre l'officier public, qui aura prêté son ministère au nouveau mariage, connaissant l'existence du précédent.

Art. 329 [-]. L'inceste commis entre les parents ou alliés en ligne directe sera puni de la peine de réclusion à temps.

Chapitre VIII. Des arrestations illégales et séquestrations des personnes

Art. 330 [341]. Seront punis de la peine de réclusion à temps, ceux qui sans ordre d'un fonctionnaire public auquel la loi a donné ce pouvoir, et hors les cas où la loi ordonne ou permet de saisir les prévenus, auront arrêté, détenu ou séquestré des personnes quelconques.

Quiconque aura prêté sciemment un lieu pour exécuter la détention ou séquestration, sera considéré comme complice et subira la même peine.

Art. 331 [342]. Si la détention ou séquestration a duré au-delà d'un mois, il sera prononcé contre le coupable la peine des travaux forcés de six ans au moins et de quinze ans au plus.

Art. 332 [343]. La peine établie en l'article 330 sera réduite à l'emprisonnement dans une maison de correction de six mois à trois ans, si le coupable de la détention ou de l'arrestation illégale, avant d'être dénoncé ou poursuivi, a rendu la liberté à la personne arrêtée, séquestrée ou détenue dans les huit jours depuis l'arrestation, détention ou séquestration.

Art. 333 [344]. Dans chacun des deux cas suivants:

1° Si l'arrestation a été exécutée avec le faux costume, sous un faux nom ou sur un faux ordre de l'autorité publique;

2° Si l'individu arrêté, détenu ou séquestré a été menacé de mort,

Les coupables seront punis de la peine des travaux forcés à perpétuité.

Si les coupables ont employé des tortures corporelles ou commis des actes de barbarie contre les individus arrêtés, détenus ou séquestrés, ils seront punis conformément à la disposition de l'article 277 ci-dessus.

Chapitre IX. Des menaces

Art. 334 [305]. Quiconque aura menacé par écrit signé ou anonyme d'un attentat contre les personnes, qui serait punissable de la peine de mort, des travaux forcés à perpétuité sera puni, dans les deux premiers cas, de la peine des travaux forcés à temps, et dans le troisième de celle de la réclusion à temps si la menace a été faite avec ordre de déposer une somme d'argent dans un lieu indiqué ou de remplir toute autre condition.

Art. 335 [306]. Si la dite menace écrite signée ou anonyme n'a été accompagnée d'aucun ordre ou condition, la peine sera d'un emprisonnement dans une maison de correction d'un an au moins et de trois ans au plus.

Art. 336 [307]. Si la menace n'a été faite que verbalement, mais avec ordre ou sous condition, le coupable sera puni d'un emprisonnement dans une maison de correction d'un mois à neuf mois.

Art. 337 [308]. Dans les cas prévus par les deux articles précédents, le coupable pourra de plus être mis, par l'arrêt ou le jugement, sous la surveillance de la haute police pour deux ans au moins et cinq ans au plus.

Chapitre X. Des crimes et délits tendant à empêcher ou détruire la preuve de l'état civil d'un enfant ou à compromettre son existence; de l'enlèvement des mineurs

§ I. Crimes et délits envers l'enfant

Art. 338 [345]. Les coupables d'enlèvement, de recelé ou de suppression d'un enfant, de substitution d'un enfant à un autre, ou de supposition d'un enfant à une femme qui n'est pas accouchée ou qui n'est accouchée que d'un enfant mort, seront punis de la peine de réclusion à temps.

Art. 339 [345]. La peine mentionnée en l'article précédent sera appliquée à ceux qui, étant chargés d'un enfant, ne le représenteront point aux personnes qui ont le droit de le réclamer.

Art. 340 [346]. Toute personne qui, ayant assistée à un accouchement, n'aura pas fait la déclaration de la naissance de l'enfant à l'officier de l'état civil à elle prescrite par l'article 56 du Code Napoléon et dans le délai de trois jours fixé par l'article 55 du même Code, sera punie d'une amende de vingt-cinq à quatre cent francs.

Art. 341 [347]. Toute personne qui, ayant trouvé un enfant nouveau né, ne l'aura pas remis, dans l'espace de trois jours au plus tard, à l'officier de l'état civil, ainsi qu'il est prescrit par l'article 58 du Code Napoléon, sera punie des peines portées au précédent article.

La présente disposition n'est point applicable à celui qui aurait consenti à se charger de l'enfant trouvé, et qui aurait fait sa déclaration à cet égard devant le maire du lieu où l'enfant a été trouvé.

Art. 342 [348]. Ceux qui auront porté à un hospice un enfant au-dessous de l'âge de sept ans accomplis, qui leur aurait été confié, afin qu'ils en prissent soin ou pour toute autre cause, seront punis d'un emprisonnement dans une maison de correction de dix semaines à six mois.

Toutefois aucune peine ne sera prononcée s'ils n'étaient pas tenus ou s'ils n'étaient pas obligés de pourvoir gratuitement à la nourriture et à l'entretien de l'enfant et si personne n'y avait pourvu.

Art. 343 [349]. Ceux qui auront exposé et délaissé en un lieu solitaire un enfant au-dessous de l'âge de sept ans accomplis, ou un enfant sourd-muet, encore qu'il ait surpassé l'âge indiqué; ceux qui auront donné l'ordre de l'exposer ainsi si cet ordre a été exécuté, seront, pour ce seul fait, condamnés à un emprisonnement dans une maison de correction de six mois à quinze mois.

Art. 344 [350]. La peine portée au précédent article sera de quinze mois à trois ans contre les tuteurs ou tutrices, instituteurs ou institutrices de l'enfant exposé et délaissé par eux ou par leur ordre.

Art. 345 [351]. Si par suite de l'exposition et du délaissement prévus par les deux articles précédents l'enfant est demeuré mutilé ou estropié, l'action sera considérée comme lésion corporelle volontaire à lui faite par la personne qui l'a exposé et délaissé, et si la mort s'en est suivie, l'action sera considérée comme meurtre.

Au premier cas, les coupables subiront la peine applicable aux lésions corporelles volontaires et au second cas celle du meurtre.

Art. 346 [352]. Ceux qui auront exposé ou délaissé en un lieu non solitaire un enfant au-dessous de l'âge de sept ans seront punis d'un emprisonnement dans une maison de correction de trois mois à neuf mois.

Art. 347 [353]. Le délit prévu par le précédent article sera puni d'un emprisonnement dans une maison de correction de six mois à dix-huit mois s'il a été commis par les tuteurs ou tutrices, instituteurs ou institutrices de l'enfant.

§ II. Enlèvement des mineurs

Art. 348 [354]. Quiconque aura, par fraude ou violence, enlevé ou fait enlever des mineurs, ou les aura entraînés, détournés ou déplacés, ou les aura fait entraîner, détourner ou déplacer des lieux où ils étaient mis par ceux à l'autorité ou à la direction desquels ils étaient soumis ou confiés, subira la peine de la réclusion à temps.

Art. 349 [355]. Si la personne ainsi enlevée ou détournée est une fille au-dessous de seize ans accomplis, la peine sera celle des travaux forcés à temps.

Art. 350 [356]. Quand la fille au-dessous de seize ans aurait consenti à son enlèvement ou suivi volontairement le ravisseur, si celui-ci était majeur de vingt un ans ou au-dessus, la peine établie par l'article précédent lui sera appliquée.

Si le ravisseur n'avait pas encore vingt un ans, il sera puni de l'emprisonnement dans une maison de correction, d'un an à trois ans.

Art. 351 [357]. Dans le cas où le ravisseur aurait épousé la fille qu'il a enlevée, il ne pourra être poursuivi que sur la plainte des personnes qui, d'après le Code Napoléon, ont le droit de demander la nullité du mariage, ni condamné qu'après que la nullité du mariage aura été prononcée.

Chapitre XI. Du faux

§ I. Du faux en écritures publiques ou authentiques et de commerce ou de banque

Art. 352 [145]. Tout fonctionnaire ou officier public qui, dans l'exercice de ses fonctions, aura commis un faux:

Soit par fabrication de jugements, testaments, conventions, obligations, décharges ou autres écritures;

Soit par fausses signatures et dates;

Soit par contrefaçon ou altération des actes, écritures, signatures ou de la date;

Soit par supposition de personnes;

Soit par des écritures faites ou intercalées sur des registres et d'autres actes publics, depuis leur confection ou clôture,

Sera puni des travaux forcés à perpétuité.

Art. 353 [146]. La peine établie en l'article précédent sera également appliquée à tout fonctionnaire ou officier public qui, en rédigeant des actes de son ministère, en aura frauduleusement dénaturé la substance ou les circonstances, soit en écrivant des conventions autres que celles qui auraient été tracées ou dictées par les parties, soit en constatant comme vrais des faits faux, ou comme avoués des faits qui ne l'étaient pas.

Art. 354 [147]. Les autres personnes qui n'appartiennent pas à la classe des fonctionnaires ou officiers publics et qui auront commis un faux en écriture publique:

Soit par fabrication de conventions, testaments, obligations, décharges ou autres pièces;

Soit par leur insertion après coup dans ces actes;

Soit par contrefaçon ou altération d'écritures, de signatures ou de dates;

Soit par addition ou altération de clauses, de déclarations ou de faits que ces actes avaient pour objet de recevoir et de constater,

Seront punis des travaux forcés de six à douze ans.

Art. 355 [-]. Le faux commis en lettres de charges et autres effets de commerce ou de banque non autorisé par la loi, sera considéré comme le faux commis par des non fonctionnaires en écriture publique ou authentique, et puni de la peine portée en l'article 354.

Art. 356 [148]. Dans les cas exprimés aux articles précédents (352, 353, 354 et 355), ceux qui auront sciemment fait usage des actes faux, seront punis des travaux forcés de six à douze ans.

Art. 357 [149]. Sont exceptés des dispositions du présent paragraphe, les faux commis dans les passeports et feuilles de route, et sur lesquels il sera particulièrement statué dans le paragraphe IV du présent chapitre.

§ II. De la contrefaçon des sceaux, timbres ou marques des établissements particuliers de banque on de commerce

Art. 358 [cf. 139, 140]. Ceux qui auront contrefait les sceaux, timbres ou marques des établissements particuliers de banque ou de commerce, ou qui, sciemment, auront fait usage de ces sceaux, timbres ou marques contrefaits, seront punis de la peine d'emprisonnement dans une maison de correction d'un mois à trois ans.

§ III. Du faux en écritures privées

Art. 359 [150]. Tout individu qui aura, de l'une des manières exprimées en l'article 354, commis un faux en écriture privée, sera puni de la peine de réclusion de quatre à dix ans.

Art. 360 [151]. Sera puni de la même peine celui qui aura sciemment fait usage de la pièce fausse.

Art. 361 [152]. Sont exceptés des dispositions du présent paragraphe, les faux certificats de l'espèce dont il sera parlé au paragraphe IV du présent chapitre.

§ IV. Des faux commis dans les passeports, feuilles de routes et certificats

1. Faux commis dans les passeports

Art. 362 [153]. Quiconque fabriquera un faux passeport, ou falsifiera un passeport originairement véritable, ou fera sciemment usage d'un passeport fabriqué ou falsifié, sera puni d'un emprisonnement dans une maison de correction de six mois à trois ans.

Art. 363 [154]. Quiconque prendra, dans un passeport, un nom supposé, ou aura concouru comme témoin à faire délivrer un passeport sous un nom supposé, sera puni d'un emprisonnement dans une maison de correction d'un mois à un an.

Art. 364 [154]. Les logeurs et aubergistes qui, sciemment, inscriront sur leurs livrets ou registres, sous des noms faux ou supposés, les personnes logées chez eux, seront punis d'un emprisonnement dans une maison de correction de neuf jours à ún mois.

Art. 365 [155]. Les officiers publics qui délivreront un passeport à une personne qu'ils ne connaîtront pas personnellement, sans avoir fait attester ses noms et qualités par des citoyens à eux connus, seront punis d'une amende de cent à trois cents francs.

Art. 366 [155]. Si l'officier public instruit de la supposition du nom, a néanmoins délivré le passeport sous le nom supposé, il sera puni de la peine de la réclusion de trois à six ans.

2. Faux commis en feuilles de route et certificats

Art. 367 [156]. Quiconque fabriquera une fausse feuille de route, ou falsifiera une feuille de route originairement véritable. ou fera sciemment usage d'une feuille de route fabriquée ou falsifiée, sera puni d'un emprisonnement dans une maison de correction de six mois à trois ans.

Si le trésor public a payé au porteur de la fausse feuille des frais de route qui ne lui étaient pas dûs ou qui excédaient ceux auxquels il pouvait avoir droit, le coupable sera puni de la peine de la réclusion de trois à cinq ans.

Art. 368 [157]. Les peines portées en l'article précédent seront appliquées, d'après la distinction qui y est posée, à toute personne qui se sera fait délivrer, par l'officier public, une feuille de route sous un nom supposé.

Art. 369 [158]. Si l'officier public était instruit de la supposition de nom lorsqu'il a délivré la feuille de route, il sera puni, savoir:

Dans le premier cas, posé par l'article 367, de la peine de la réclusion de trois à six ans;

Dans le seconde cas du même article, de la peine de la réclusion de cinq à dix ans.

Art. 370 [159]. Toute personne qui, pour se rédimer elle-même, ou en affranchir une autre d'un service public quelconque, fabriquera, sous le nom d'un médecin, chirurgien ou autre officier de santé, un certificat de maladie ou d'infirmité, sera punie d'un emprisonnement dans une maison de correction d'un an à trois ans.

Art. 371 [160]. Tout médecin, chirurgien ou autre officier de santé qui, pour favoriser quelqu'un, certifiera faussement des maladies ou infirmités propres à dispenser d'un service public, sera puni d'un emprisonnement dans une maison de correction de deux à trois ans.

Art. 372 [160 al. 2]. Si les personnes mentionnées en l'article précédent ont été mises par dons ou promesses, elles seront punies de la peine de réclusion de trois à cinq ans.

Les corrupteurs seront, dans ce cas, punis de la même peine.

Art. 373 [161]. Quiconque fabriquera, sous le nom d'un fonctionnaire ou officier public, un certificat de bonne conduite, indigence ou autres circonstances propres à appeler la bienveillance du Gouvernement ou des particuliers sur la personne y désignée, et à lui procurer places, crédit ou secours, sera puni d'un emprisonnement dans une maison de correction d'un à neuf mois.

Art. 374 [161]. La peine établie en l'article précédent sera également appliquée:

1° À celui qui falsifiera un certificat de cette espèce, originairement véritable, pour l'appropriér à une personne autre que celle à laquelle il a été primitivement délivré;

2° À tout individu qui se sera servi du certificat ainsi fabriqué ou falsifié.

Art. 375 [162]. Les faux certificats de toute autre nature et d'où il pourrait résulter, soit lésion envers des tiers, soit préjudice envers le trésor public, seront punis, selon qu'il y aura lieu, d'après les dispositions des paragraphes I et III du présent chapitre.

§ V. Faux témoignage

Art. 376 [361]. Quiconque sera coupable de faux témoignage en matière criminelle, soit contre l'accusé, soit en sa faveur, sera puni de la peine de la réclusion de six à douze ans, et s'il a reçu de l'argent, une récompense quelconque, ou des promesses, la peine sera celle des travaux forcés de six ans à douze ans.

Si néanmoins l'accusé a été condamné à une peine plus forte que celle mentionnée ci-dessus, le faux témoin qui a déposé contre lui, subira la même peine.

Art. 377 [362]. Quiconque sera coupable de faux témoignage en matière correctionnelle ou de police municipale, soit contre le prévenu, soit en sa faveur, sera puni de la peine de réclusion de trois ans à huit ans.

Art. 378 [363]. Le coupable de faux témoignage en matière civile, sera puni de la peine portée au précédent article.

Art. 379 [364]. Le faux témoin en matières correctionnelles, de police ou civiles, qui aura reçu de l'argent, une récompense quelconque, ou des promesses, sera puni des travaux forcés de trois ans à huit ans.

Dans tous les cas, ce que le faux témoin aura reçu, sera confisqué.

Art. 380 [365]. Les coupables de subordination de témoins seront punis des mêmes peines que les faux témoins.

Art. 381 [366]. Lorsque celui, à qui le serment aura été déféré ou référé en matière civile, aura fait un faux serment, il ne pourra être poursuivi que par le ministère public, et il sera puni de la peine de réclusion de trois ans à huit ans.

Chapitre XII. Des calomnies et injures

Art. 382 [367]. Sera coupable du délit de calomnie, celui qui, soit dans des lieux ou réunions publics, soit dans un acte public ou authentique, soit dans un écrit imprimé ou non, soit par la voie des peintures, gravures ou autres images affichées, vendues ou distribuées, aura imputé à un individu quelconque des faits qui, s'ils existaient, exposeraient celui contre lequel ils sont articulés, à des poursuites criminelles ou correctionnelles, ou même l'exposeraient seulement au mépris ou à la haine des citoyens.

La présente disposition n'est point applicable aux faits dont la loi permet la publicité, ni à ceux que l'auteur de l'imputation était, par la nature de ses fonctions ou de ses devoirs, obligé de révéler ou de réprimer.

Art. 383 [368]. Est réputée fausse toute imputation à l'appui de laquelle la preuve légale n'est point rapportée.

Ne sera considérée comme preuve légale, que celle qui résultera d'un jugement ou de tout autre acte authentique.

En conséquence l'auteur de l'imputation ne sera pas admis, pour sa défence, à demander que la preuve en soit faite; il ne pourra non plus alléguer comme moyen d'excuse que les pièces où les faits sont notoires ou que les imputations qui donnent lieu à la poursuite, sont copiées ou extraites de papiers étrangers ou d'autres écrits imprimés.

Art. 384 [369]. Les calomnies mises au jour par la voie de papiers étrangers, pourront être poursuivies contre ceux qui auront envoyé les articles ou donné l'ordre de les insérer, ou contribué à l'introduction ou à la distribution de ces papiers en Westphalie.

Art. 385 [370, 371]. Lorsque le fait imputé sera prouvé de la manière voulue par l'article 383, l'auteur de l'imputation sera à l'abri de toute peine.

Lorsque la preuve légale ne sera pas rapportée, le calomniateur sera puni des peines suivantes:

Si le fait imputé est de nature à mériter la peine de mort, des travaux forcés à perpétuité ou de la réclusion à perpétuité, le coupable sera puni d'un emprisonnement dans une maison de correction, d'un à trois ans.

Dans tous les autres cas, l'emprisonnement dans une maison de correction sera de quinze jours à six mois.

Art. 386 [372]. Lorsque les faits imputés seront punissables suivant la loi, et que l'auteur de l'imputation les aura dénoncés, il sera, durant l'instruction sur ces faits sursis à la poursuite et au jugement du délit de calomnie.

Art. 387 [373]. Quiconque aura fait par écrit une dénonciation calomnieuse contre un ou plusieurs individus, aux officiers de justice ou de police administrative ou judiciaire, sera puni de l'emprisonnement dans une maison de correction, de quinze jours à un an.

Art. 388 [374]. Dans tous les cas, le calomniateur pourra, à compter du jour où il aura subi la peine, être interdit des droits mentionnés en l'article 49 ci-dessus. La dite interdiction n'excédera pas cinq ans.

Art. 389 [375]. Quant aux injures ou aux expressions outrageantes qui ne renfermeraient l'imputation d'aucun fait précis, mais celle d'un vice déterminé, si elles ont été proférées dans des lieux ou réunions publics, ou insérées dans des écrits imprimés ou non, qui auraient été affichés, vendus ou distribués, la peine sera une amende de vingt-cinq à cinq cents francs.

Art. 390 [376]. Toutes autres injures ou expressions outrageantes, soit verbales, soit écrites, soit symboliques, qui n'auront pas eu ce double caractère de gravité et de publicité, ne donneront lieu qu' à des peines de simple police, comme il sera dit dans la seconde partie du présent Code.

Art. 391 [377]. À l'égard des injures et imputations qui seraient contenues dans les écrits relatifs à la défense des parties, ou dans les plaidoyers, les juges saisis de la contestation pourront, en jugeant la cause, ou prononcer la suppressions des injures ou des écrits injurieux ou appliquer aux auteurs les peines de censure; et même, selon les circonstances, les condamner à une amende de vingt-cinq à cent francs, ou les suspendre de leurs fonctions et statuer sur les dommages-intérêts.

La durée de cette suspension ne pourra excéder deux mois. En cas de récidive, elle sera de trois mois au moins et de deux ans au plus.

Art. 392 [-]. Quant aux injures commises envers les fonctionnaires publics dans l'exercice de leurs fonctions, ou à l'occasion de l'exercice de leurs fonctions, les auteurs seront punis conformément aux dispositions contenues dans la section première, titre IV, § II du présent Code.

Art. 393 [-]. En matière d'injures ou d'expressions outrageantes, il est expressément défendu aux tribunaux de condamner les coupables à retraiter en audience publique les propos injurieux, ou à en demander excuse à la partie plaignante.

Art. 394 [-]. Hors les cas prévus par l'article 391, les tribunaux en prononçant les condamnations pour injures ou expressions outrageantes, ne pourront ordonner l'expression et l'affiche des jugements aux frais des condamnés que sur la demande expresse de la partie plaignante.

Chapitre XIII. Révélation de secrets

Art. 395 [378]. Les médecins, chirurgiens et autres officiers de santé, ainsi que les pharmaciens, les sages-femmes, et toutes autres personnes dépositaires par état ou profession, des secrets qu'on leur confie, qui, hors le cas où la loi les oblige à se porter dénonciateurs, auront révelé ces secrets, seront punis de l'emprisonnement dans une maison de correction, de quinze jours à quatre mois.

Titre II. Des crimes et délits contre les propriétés

Chapitre Premier. Du vol

§ I. Vol en général

Art. 396 [379]. Quiconque a soustrait frauduleusement une chose qui ne lui appartient pas, est coupable de vol.

Art. 397 [380]. Les soustractions commises par des maris au préjudice de leurs femmes, par des femmes au préjudice de leurs maris, par un veuf ou une veuve quant aux choses qui avaient appartenu à l'époux décédé, par des enfants ou autres descendants au préjudice de leurs pères ou mères ou autres ascendants, par des pères ou mères ou autres ascendants au préjudice de leurs enfants ou autres descendants, ou par des alliés dans la même ligne, ne pourront donner lieu qu'à des réparations civiles.

Quant à tous autres individus qui auraient recélé ou appliqué à leur profit tout ou partie des objets volés, ils seront punis comme coupables de vol.

Art. 398 [401]. Les vols qui ne sont accompagnés d'aucunes des circonstances aggravantes spécifiées dans les articles suivants, ainsi que la tentative de ces délits, seront punis de la peine de l'emprisonnement dans une maison de correction, de quinze jours à deux ans.

Les coupables pourront encore être interdits des droits mentionnés en l'article 49 ci-dessus pendant un temps qui n'excédera pas deux ans, à compter du jour où ils auront subi leur peine.

Ils pourront aussi être mis, par le jugement ou l'arrêt, sous la surveillance de la haute police pendant le même nombre d'années.

§ II. Des vols accompagnés de circonstances aggravantes

Art. 399 [381]. Sera puni de la peine de la réclusion de trois à six ans, tout individu coupable de vol commis dans l'un des cas suivants:

1° Si le vol a été commis la nuit et par deux ou plusieurs personnes;

2° Si le vol n'a été commis qu'avec une des deux circonstances énoncées dans le numéro précédent, mais en même temps dans un lieu habité ou servant à l'habitation;

3° Si le coupable ou l'un des coupables était porteur d'armes apparentes ou cachées, même quoique le lieu où le vol a été commis ne fût ni habité ni servant à l'habitation, et encore que le vol ait été commis le jour et par une seule personne.

Art. 400 [381]. Si le vol a été commis avec la réunion des trois circonstances suivantes:

1° Si le vol a été commis la nuit;

2° S'il a été commis par deux ou plusieurs personnes;

3° Si le coupable ou l'un des coupables était porteur d'armes apparentes ou cachées;

Les coupables subiront le maximum de la peine de la réclusion.

Art. 401 [382]. Tout individu coupable de vol commis avec violence, lorsqu'elle aura laissé aucune trace de blessure ou de contusion et qu'elle ne sera accompagnée d'aucune autre circonstance aggravante, sera puni de la peine des travaux forcés à temps de huit ans au moins et de quinze ans au plus.

Art. 402 [382]. Si le vol a été commis avec violence et qu'elle ait laissé des traces de blessure ou de contusion, le coupable sera condamné au maximum de la peine des travaux forcés à temps.

Art. 403 [385]. Sera puni de la peine des travaux forcés à perpétuité, tout individu coupable de vol commis avec violence et, de plus, avec réunion de deux des quatre circonstances suivantes:

1° Si le vol a été commis la nuit;

2° S'il a été commis par deux ou plusieurs personnes;

3° Si les coupables ou l'un d'eux étaient porteurs d'armes apparentes ou cachées;

4° Si le vol a été commis,

Soit à l'aide d'effraction extérieure ou d'escalade, ou de fausses clefs, dans une maison, appartement, chambre ou logement habités ou servant à l'habitation, ou leurs dépendances;

Soit en prenant le titre d'un agent ou fonctionnaire public ou d'un officier militaire, ou après s'être revêtu de l'uniforme ou du costume de l'agent, du fonctionnaire ou de l'officier, ou en alléguant un faux ordre de l'autorité civile ou militaire.

Art. 404 [384]. Tout vol commis à l'aide d'un des moyens énoncés dans le No. 4 de l'article 403 sera puni de la peine des travaux forcés jusqu'à dix ans, quand-même l'effraction, l'escalade et l'usage des fausses clefs auraient eu lieu dans des édifices non servant à l'habitation, et non dépendant des maisons habitées, et lors même que l'effraction n'auraient été qu'intérieure.

Art. 405 [-]. Tout vol commis à l'aide d'un bris de scellés, sera puni comme vol commis à l'aide d'effraction, conformément à ce qui est prescrit par l'article précédent.

Art. 406 [381]. Seront punis de la peine de mort, les individus coupables de vols commis avec la réunion des quatre circonstances mentionnées sous les No. 1, 2, 3 et 4 de l'article 403, et si, en outre, les coupables ont commis le crime avec violence ou menace de faire usage des armes dont ils étaient porteurs.

Art. 407 [383]. Les vols commis dans les chemins publics emporteront le maximum de la peine des travaux forcés à temps.

Art. 408 [386, 387]. La peine de la réclusion de quatre à sept ans sera prononcée:

1° Si le vol a été commis par un homme de service à gages, même lorsqu'il aura commis le vol envers des personnes qu'il ne servait pas, mais qui se trouvaient, soit dans la maison de son maître, soit dans celle où il l'accompagnait;

2° Si le vol a été commis dans une maison par une personne habitante ou commensale de la dite maison;

3° Si le vol a été commis par un ouvrier, compagnon ou apprenti dans la maison, l'atelier ou le magasin de son maître, ou par un individu travaillant habituellement dans l'habitation où il aura volé;

4° Si le vol a été commis par un aubergiste, un cabaretier, un maître d'hôtel garni, ou l'un de leurs préposés, envers ceux qu'ils ont reçus chez eux, ou si le coupable a commis le vol dans l'auberge, le cabaret, ou l'hôtel garni où il était reçu;

5° Si le vol a été commis par les voituriers, les bateliers ou l'un de leurs préposés, sur le tout ou partie des choses qui leur étaient confiées à raison de leur profession.

Art. 409 [388]. Quiconque aura volé, dans les champs, des chevaux ou bêtes de charge, de voiture ou monture, gros et menus bestiaux, des instruments d'agriculture, des récoltes ou meules de grains ou de fourrage faisant partie des récoltes, sera puni de la peine de réclusion à temps, qui néanmoins ne pourra excéder six ans.

Il en sera de même à l'égard des vols de bois exposés en vente, de linge ou d'étoffes au lavoir ou mis à sécher de ruches d'abeilles, qu'elles se trouvent dans des enclos ou non, et du vol de bétail contenu dans la campagne en parcs mobiles, ainsi que du vol commis dans les cabanes mobiles que se trouvent dans ces parcs.

Art. 410 [389]. La peine établie en l'article précédent sera également prononcée, si, pour commettre un vol, il y a eu enlèvement ou déplacement de bornes servant de séparation aux propriétés.

§ III. Détermination des expressions: maison habitée, effraction, escalade et fausses clefs, contrefaçon ou altération des clefs

Art. 411 [390]. Est réputé maison habitée, tout bâtiment, logement qui, sans être actuellement habité, est destiné à l'habitation, et tout ce qui en dépend, comme cours, basses-cours, granges, écuries, édifices qui y sont enfermés, quel qu'en soit l'usage, et quand-même ils auraient une clôture particulière dans la clôture ou enceinte générale.

Art. 412 [393]. Est qualifié effraction tout forcement, rupture, dégradation, démolition, enlèvement de murs, toits, planchers, portes, fenêtres, serrures, cadenas, et de toute espèce de clôture quelle qu'elle soit.

Art. 413 [394]. Les effractions sont extérieures ou intérieures.

Art. 414 [394, 395]. Les effractions extérieures sont celles à l'aide desquelles on peut s'introduire dans les maisons, cours, basses-cours et leurs dépendances, ou dans les appartements ou logements particuliers.

Art. 415 [396]. Les effractions intérieures sont celles qui, après l'introduction dans les lieux mentionnés en l'article précédent, sont faites aux portes ou clôtures du dedans, ainsi qu'aux armoires ou autres meubles fermés.

Est compris dans la classe des effractions intérieures le simple enlèvement des caisses, boîtes, ballots sous toile et corde et autres meubles fermés qui contiennent des effets quelconques, bien que l'effraction n'ait pas été faite sur le lieu.

Art. 416 [397]. Est qualifié escalade, toute entrée dans les maisons, bâtiments, logements, cours, basses-cours, leurs dépendances et édifices quelconques, exécuté par-dessus les murs, portes, toitures et toute autre clôture.

L'entrée par une ouverture souterraine, autre que celle qui a été établie pour servir d'entrée, est une circonstance de même gravité que l'escalade.

Art. 417 [398]. Sont qualifiées fausses clefs, tous crochets, rossignols, passe-partouts, clefs contrefaites ou altérées, ainsi que celles qui n'ont pas été destinées par le propriétaire, locataire, aubergiste ou logeur aux serrures, cadenas ou aux fermetures quelconques auxquels le coupable les aura employées.

Art. 418 [399]. Quiconque aura contrefait ou altéré des clefs, sera condamné à un emprisonnement dans une maison de correction de quinze jours à six mois.

Si le coupable est un serrurier de profession, il sera puni de la peine de l'emprisonnement dans une maison de correction d'un an à trois ans.

Le tout sans préjudice de plus fortes peines, s'il a échet, en cas de complicité de crime.

Chapitre II. Banqueroutes, escroqueries, et autres espèces de fraude

§ I. Banqueroute

Art. 419 [402]. Tout négociant, marchand, fabricant et banquier qui cesse ses payements, est en état de faillite, et s'il se trouve dans l'un des cas déterminés dans les articles suivants, il est en état de banqueroute:

Il y a deux espèces de banqueroute; la banqueroute simple et la banqueroute frauduleuse.

Art. 420 [Art. 586 Code de Commerce]. Seront poursuivis comme banqueroutiers simples, et pourront être déclarés tels, les faillis:

1° Si les dépenses inscrites sur leur livre journal sont jugés excessives;

2° S'il est reconnu qu'ils ont consommé de fortes sommes au jeu ou à des opérations de par hasard;

3° S'il résulte de leur bilan que leur actif étant de cinquante pourcent au-dessous de leur passif, ils ont fait des emprunts considérables, ou s'ils ont revendu des marchandises à perte ou au-dessous du cours;

4° S'ils ont donné des signatures de crédit ou de circulation pour une somme triple de leur actif, d'après leur bilan.

Art. 421 [-]. Pourront être poursuivis comme banqueroutiers simples, et être déclarés tels, les faillis, lorsqu'ils présenteront des livres irrégulièrement tenus, même lorsque ces irrégularités n'indiqueraient pas des fraudes, ou lorsqu'ils ne présenteront pas tous leurs livres.

Art. 422 [-]. Les banqueroutiers simples seront, sur la demande d'un de leurs créanciers, ou sur la poursuite d'office faite par le Ministère public, punis d'un emprisonnement dans une maison de correction d'un mois au moins et de deux ans au plus.

Art. 423 [-]. Les procureurs royaux seront tenus d'interjeter appel de tous jugements des tribunaux correctionnels, lorsque, dans le cours de l'instruction, ils auront reconnu que la prévention de banqueroute simple est de nature à être convertie en prévention de banqueroute frauduleuse.

Art. 424 [Art. 593 Code de Commerce]. Sera poursuivi comme banqueroutier frauduleux et déclaré tel, tout failli qui se trouvera dans un ou plusieurs des cas suivants, savoir;

1° S'il a supposé des dépenses ou des pertes, ou s'il ne justifie pas de l'emploi de toutes ses recettes;

2° S'il a détourné aucune somme d'argent, aucune dette active, aucunes marchandises, denrées ou effets mobiliers;

3° S'il a fait des ventes, négociations ou donations supposées;

4° S'il a supposé des dettes passives et collusoires entre lui et des créanciers fictifs, en faisant des écritures simulées ou en se constituant débiteur, sans cause ni valeur, par des actes publics ou par des engagements sous signature privée;

5° Si, ayant été chargé d'un mandat spécial ou constitué dépositaire d'argent, d'effets de commerce, de denrées ou marchandises, il a, au préjudice du mandat ou du dépôt, appliqué à son profit les fonds ou valeurs des objets sur lesquels [il] portait, soit le mandat, soit le dépôt.;

6° S'il a caché ses livres;

7° S'il a acheté des immeubles ou des effets mobiliers à la faveur d'un prête-nom.

Art. 425 [-]. Pourra être poursuivi comme banqueroutier frauduleux et être déclaré tel;

Tout failli qui n'a pas tenu de livres, ou dont les livres ne présenteront pas sa véritable situation active et passive.

Art. 426 [-]. La banqueroute frauduleuse sera poursuivie d'office par les procureurs royaux, sur la notoriété publique, ou sur la plainte ou dénonciation qui leur en sera faite, et punie de la peine de la réclusion, de trois à huit ans.

Art. 427 [-]. Seront déclarés complices des banqueroutiers frauduleux, et condamnés aux mêmes peines que l'accusé, les individus qui seront convaincus de s'être entendus avec le banqueroutier pour receler ou soustraire tout ou partie de ses biens, meubles ou immeubles; d'avoir acquis sur lui des créances fausses, et qui, à la vérification et affirmation de leurs créances, auront persévéré à les faire valoir comme sincères et véritables.

Art. 428 [-]. Le même arrêt, qui aura statué contre les complices de banqueroutes frauduleuses, les condamnera:

1° À réintégrer à la masse des créanciers, les biens, droits et actions frauduleusement soustraits;

2° À payer envers la dite masse, des dommages-intérêts égaux à la somme dont ils auront tenté de la frauder.

Art. 429 [-]. Les arrêts prononcés contre les banqueroutiers frauduleux et leurs complices seront affichés.

Art. 430 [404]. Les agents de change et courtiers qui auront fait faillite, seront punis de la peine des travaux forcés à temps. S'ils sont convaincus de banqueroute frauduleuse, ils seront condamnés au maximum de cette peine.

§ II. Escroquerie, extorsion d'un acte ou d'une signature

Art. 431 [405]. Quiconque, soit en faisant usage de faux nom ou de fausses qualités, soit en employant des manœuvres frauduleuses, pour persuader l'existence de fausses entreprises, d'un pouvoir ou d'un crédit imaginaire, ou pour faire naître l'espérance ou la crainte d'un succès, d'un accident ou de tout autre événement chimérique, se sera fait remettre ou délivrer des fonds, des meubles ou des obligations, dispositions, billets, promesses, quittances ou décharges, et aura par un de ces moyens, escroqué ou tenté d'escroquer la totalité ou partie de la fortune d'autrui, sera puni d'un emprisonnement dans une maison de correction, de trois mois à trois ans, et d'une amende de vingt-cinq à deux mille francs.

Le coupable pourra être en outre, à compter du jour où il aura subi sa peine, interdit pendant un temps qui n'excédera pas trois ans, des droits mentionnés en l'article 49 ci-dessus.

Le tout sauf les peines plus fortes, s'il y a crime de faux.

Art. 432 [-]. Quiconque aura extorqué par force, violence ou contrainte, la signature ou la remise d'un écrit, d'un acte, d'un titre, d'une pièce quelconque contenant ou opérant obligation, disposition ou décharge, sera puni des travaux forcés à temps de huit à quinze ans.

§ III. Abus de confiance

Art. 433 [406]. Quiconque aura abusé des besoins, des faiblesses ou des passions d'un mineur pour lui faire souscrire à son préjudice des obligations, quittances ou décharges, pour prêt d'argent ou de choses mobiliaires ou d'effets de commerce ou de tous autres effets obligatoires, sous quelque forme que cette négociation ait été faite ou déguisée, sera puni de l'emprisonnement dans une maison de correction, de deux mois à deux ans, et d'une amende dont le minimum sera de vingt-cinq francs et le maximum du quart des restitutions et des dommages-intérêts qui seront dûs aux parties lésées.

La disposition parlée au second alinéa de l'article 431, pourra de plus être appliquée.

Art. 434 [407]. Quiconque, abusant d'un blanc-seing qui lui aura été confié, aura frauduleusement écrit au-dessus une obligation ou décharge ou tout autre acte pouvant compromettre la personne ou la fortune du signataire, sera puni de l'emprisonnement dans une maison de correction, de quatre mois à trois ans.

Dans le cas où le blanc-seing ne lui aurait pas été confié, il sera poursuivi comme faussaire et puni comme tel.

Art. 435 [387]. Les voituriers, bateliers ou leurs préposés qui auront altéré des vins ou toute autre espèce de liquide ou marchandises dont le transport leur avait été confié, seront punis d'un emprisonnement dans une maison de correction, de quinze jours à un an, et d'une amende de vingt-cinq à cent francs.

Si la dite altération a été opérée par le mélange de substances malfaisantes, ils seront punis de la peine de la réclusion à temps, qui n'excédera pas cinq ans.

Art. 436 [408]. Quiconque aura détourné ou dissipé, au préjudice du propriétaire, possesseur ou détenteur des propriétés mobiliaires, deniers, marchandises, billets, quittances ou tous autres écrits contenant ou opérant obligation ou décharge, qui ne lui auraient été remis qu'à titre de dépôt, ou pour un travail salarié, à la charge de les rendre ou représenter, ou d'en faire un usage ou un emploi déterminé, sera puni de la peine de l'emprisonnement dans une maison de correction, de quatre mois à deux ans, et d'une amende dont le minimum sera de vingt-cinq francs, et le maximum du quart des restitutions et des dommages-intérêts qui seront dûs aux parties lésées. Le tout sans préjudice de ce qui est dit aux articles 205 et 206 ci-dessus, relativement aux soustractions et enlèvements de deniers, effets ou pièces, commis dans les dépôts publics.

Dans le cas où l'auteur de la soustraction est un homme de service à gages, il sera puni conformément à l'article 208 No. 1 ci-dessus.

§ IV. Délits relatifs aux jeux de hasard, loteries et maisons de prêt sur gages

Art. 437 [410]. Seront punis d'un emprisonnement dans une maison de correction de deux mois à six mois, et d'une amende de cent francs à quatre mille francs:

1° Ceux qui auront ouvert des jeux de hasard, et y auront admis le public, soit librement, soit sur la présentation des intéressés ou affiliés, ainsi que les banquiers de ces jeux;

2° Tous ceux qui auront établi ou tenu des loteries d'argent non autorisées par la loi, ainsi que les administrateurs, préposés ou agents de ces établissements.

Les coupables pourront être de plus, à compter du jour où ils auront subi leur peine, interdits pendant un temps qui n'excédera pas trois ans, des droits mentionnés en l'article 49 ci-dessus.

Dans tout les cas, seront confisqués tous les fonds ou effets qui seront trouvés exposés au jeu ou mis à la loterie, les meubles, instruments, ustensiles, appareils employés ou destinés au service des jeux ou des loteries, les meubles et les effets mobiliaires dont les lieux seront garnis ou décorés.

Art. 438 [411]. Ceux qui auront établi ou tenu des maisons de prêt sur gages, sans autorisation du Gouvernement, ou qui, ayant une telle autorisation, n'auront pas tenu un registre contenant de suite, sans aucun blanc ni interligne, les sommes ou les objets prêtés, les noms, domicile, profession ou état des emprunteurs, la nature, la qualité et la valeur des objets mis en gage, seront punis d'un emprisonnement dans une maison de correction de quinze jours à trois mois, et d'une amende de cinquante francs à quinze cents francs.

§ V. Délits relatifs à la liberté des enchères

Art. 439 [412]. Ceux qui, dans les adjudications de la propriété, de l'usufruit ou de la location des choses mobiliaires ou immobiliaires, d'une entreprise, d'une fourniture ou d'un service quelconque, auront entravé ou troublé la liberté des enchères ou des soumissions, par voies de fait, violences ou menaces, soit avant, soit pendant les enchères ou les soumissions, seront punis d'un emprisonnement dans une maison de correction, de quinze jours à trois mois, et d'une amende de cent francs à quinze cents francs.

La même peine sera prononcée contre ceux qui, par dons ou promesses, auront écarté les enchérisseurs.

§ VI. Délits relatifs aux fabriques, manufactures et au commerce

Art. 440 [413]. Toute violation des règlements d'administration publique, relatifs aux produits des fabriques et manufactures westphaliennes qui s'exporteront à l'étranger, et qui ont pour objet de garantir la bonne qualité, les dimensions et la nature de la fabrication, sera punie d'une amende de vingt-cinq francs à mille francs, et de la confiscation des marchandises.

Ces deux peines pourront être prononcées cumulativement ou séparément, selon les circonstances.

Art. 441 [415]. Toute coalition de la part des ouvriers pour faire cesser en même temps de travailler, interdire le travail dans un atelier, empêcher de s'y rendre et d'y rester avant ou après certaines heures, et, en général, pour suspendre, empêcher, enchérir les travaux, s'il y a eu commencement d'exécution, sera punie de l'emprisonnement dans une maison de correction, de quinze jours à trois mois.

Les chefs ou moteurs seront punis d'un emprisonnement dans une maison de correction, d'un an à trois ans.

S'ils sont étrangers, ils seront en outre renvoyés du Royaume, après avoir subi leur peine.

Art. 442 [416]. Seront aussi punis de la peine portée en l'article précédent et d'après les mêmes distinctions, les ouvriers qui auront prononcé des amendes, des défenses, des interdictions ou prescriptions, soit contre les directeurs d'ateliers et entrepreneurs d'ouvrages, soit les uns contre les autres.

Dans les cas du présent article et dans celui du précédent, les chefs ou moteurs du délit pourront après l'expiration de leur peine, être mis sous la surveillance de la haute police pendant un espace de temps qui n'excédera pas trois ans.

Art. 443 [414]. Toute coalition entre ceux qui font travailler des ouvriers, tendant à forcer injustement et abusivement l'abaissement des salaires, s'il y a eu commencement d'exécution, sera punie d'un emprisonnement dans une maison de correction, de neuf jours à un mois, et d'une amende de deux cents francs à seize cents francs.

Art. 444 [419]. Tous ceux qui, par des faits faux ou calomnieux semés à dessein dans le public, par réunion ou coalition entre les principaux détenteurs d'une même marchandise ou denrée, tendant à ne la pas vendre ou à ne la vendre qu'à un certain prix, ou qui, par des voies et moyens frauduleux quelconques, auront opéré la hausse ou la baisse du prix des denrées ou marchandises ou des papiers et effets publics au-dessus ou au-dessous des prix qu'auraient déterminés la concurrence naturelle libre du commerce, seront punis d'un emprisonnement dans une maison de correction, de quinze jours à six mois, et d'une amende de cent francs à deux mille francs.

Les coupables pourront de plus être mis, par le jugement ou l'arrêt, sous la surveillance de la haute police pour un espace de temps qui n'excédera pas trois ans.

Art. 445 [420]. La peine sera d'un emprisonnement dans une maison de correction, de deux mois à quinze mois, et d'une amende de deux cents francs à cinq mille francs, si les manœuvres spécifiées en l'article précédent ont été pratiquées sur des objets de première nécessité, tels que grains, fourrages, farines, substances farineuses, pain et boisson.

Les coupables pourront de plus être mis sous la surveillance de la haute police, ainsi qu'il est dit en l'article précédent.

Art. 446 [423]. Quiconque aura trompé l'acheteur sur le titre des matières d'or ou d'argent, sur la qualité d'une pierre fausse vendue pour fine; quiconque, par usage des faux poids ou de fausses mesures, aura trompé sur la quantité des choses vendues, sera puni d'un emprisonnement dans une maison de correction d'un mois à un an, et d'une amende dont le minimum sera de vingt-cinq francs, et le maximum du quart des restitutions et dommages-intérêts qui seront dûs aux parties lésées.

Les objets du délit, s'ils appartiennent encore au vendeur, ou leur valeur, seront confisqués; les faux poids et fausses mesures seront aussi confisqués et en outre brisés.

Art. 447 [-]. Si la tromperie a eu lieu sur la matière d'autres marchandises que celles indiquées en l'article précédent, le coupable sera puni d'une amende de vingt-cinq francs à deux cents francs.

§ VII. Délits relatifs aux sciences et arts

Art. 448 [425]. Aucun écrit, composition musicale, gravure ou dessin appartenant à un auteur, compositeur, graveur, imprimeur, libraire ou éditeur westphalien, ne peut être imprimé ou gravé en entier ou en partie détachée, sans le consentement de l'auteur, compositeur, graveur, imprimeur, libraire ou de leurs ayants cause.

La contravention à cette disposition constitue le délit de contrefaçon.

Art. 449 [427]. La peine contre le contrefacteur sera une amende de deux cents à deux mille francs.

Art. 450 [426]. Le débit d'ouvrages contrefaits appartenant à des personnes mentionnées en l'article 448, sera puni d'une amende de cinquante à six cents francs.

Art. 451 [427]. La confiscation de l' édition ou des exemplaires contrefaits sera prononcée, tant contre le contrefacteur, que contre le débitant.

Les planches et moules des objets contrefaits seront également confisqués.

Art. 452 [429]. Dans les cas prévus par les articles précédents, le produit des confiscations sera remis au propriétaire pour l'indemniser du préjudice qu'il aura souffert.

Le surplus de son indemnité, ou l'entière indemnité, s'il n'y a pas eu vente des objets confisqués, sera réglé par la voie civile.

Chapitre III. Destruction, dégradation, dommages

§ I. Crime d'incendie

Art. 453 [434]. Quiconque aura volontairement mis le feu à la propriété d'autrui, ou à des matières combustibles placées de manière à communiquer le feu à la dite propriété, sera puni des travaux forcés à perpétuité.

Il sera puni de mort, si par l'incendie quelqu'un a couru ou a pu courir risque de la vie.

Art. 454 [454]. Quiconque, en incendiant volontairement sa propriété, aura exposé la propriété ou la vie d'autrui, sera considéré comme incendiaire, et puni d'après les dispositions de l'article précédent.

Art. 455 [436]. La menace d'incendier une habitation ou toute autre propriété, sera punie d'après les dispositions des articles 334, 335, 336 et 337 ci-dessus.

Art. 456 [458]. L'incendie des propriétés d'autrui qui aura été causé par la vétusté ou le défaut, soit de réparation, soit de nettoyage des fours, cheminées, forges, maisons ou usines prochaines, ou par des feux allumés dans des champs à moins de cent mètres (trois cents pieds) des maisons, édifices, forêts, bruyères, bois, vergers, plantations, haies, tas de grains, pailles, foins, fourrages ou de tout autre dépôt de matières combustibles, ou par des feux ou lumières portés ou laissés sans précaution suffisante, ou par des pièces d'artifice allumées ou tirées par négligence ou imprudence, sera puni d'une amende de vingt-cinq francs à cinq cents francs.

§ II. Différentes autres espèces de destructions, dégradations et dommages

Art. 457 [437]. Quiconque aura volontairement percé, détruit ou renversé, en tout ou en partie, les digues, écluses ou autres ouvrages hydrauliques construits pour défendre le pays du ravage des eaux, de sorte qu'il en résulte leur irruption ou une inondation, subira la peine de mort.

Art. 458 [437]. Quiconque aura volontairement détruit ou renversé, en tout ou en partie, des édifices, des ponts, digues ou chaussées qui retiennent les eaux, ou autres constructions privées, sera puni de la peine de la réclusion à temps.

S'il y a un homicide ou blessures, le coupable sera dans le premier cas, puni de mort; et dans le second, puni de la peine des travaux forcés à temps.

Art. 459 [435]. Ceux qui auront détruit, par l'effet d'une mine, des édifices, navires ou bateaux, seront punis d'après les dispositions relatives à l'incendie contenues dans les articles 453 et 454 ci-dessus.

Art. 460 [439]. Quiconque aura volontairement détruit, d'une manière quelconque, des registres, minutes ou actes originaux de l'autorité publique, des titres, billets, lettres de change, effets de commerce ou de banque, contenant ou opérant obligation, disposition ou décharge, sera puni ainsi qu'il suit:

Si les pièces détruites sont des actes de l'autorité publique, ou des effets de commerce, ou de banque, la peine sera la réclusion à temps.

S'il s'agit de toute autre pièce, le coupable sera puni d'un emprisonnement dans une maison de correction, d'un an à trois ans.

Art. 461 [440, 441]. Tout pillage, toute destruction, tout dégât de denrées ou marchandises et de propriétés mobiliaires, commis en réunion ou bande et à force ouverte, sera puni des travaux forcés à temps.

Néanmoins, ceux qui prouveront avoir été entraînés par des provocations ou sollicitations à prendre part à ces violences, pourront être punis de la peine de la réclusion à temps.

Art. 462 [442]. Si les objets pillés, détruits ou gâtés de la manière indiquée en l'article précédent, sont des grains, fourrages, farines, substances farineuses, pain, boissons, les chefs, instigateurs ou provocateurs subiront le maximum de la peine des travaux forcés à temps.

Art. 463 [445-447]. Quiconque aura abattu des arbres qu'il savait appartenir à autrui, ou qui les aura mutilés, coupés ou écorcés de manière à les faire périr, sera puni d'un emprisonnement dans une maison de correction, de quinze jours à trois ans.

Quiconque aura détruit des plantes d'arbres venus naturellement ou faits de mains d'homme ou des greffes d'arbres, sera puni d'un emprisonnement dans une maison de correction, de neuf jours à deux ans.

Art. 464 [444]. Quiconque aura dévasté ou détruit des récoltes sur pied, subira la peine de l'emprisonnement dans une maison de correction, de neuf jours à deux ans.

Art. 465 [449]. Quiconque aura coupé des grains ou des fourrages qu'il savait appartenir à autrui, sera puni d'un emprisonnement dans une maison de correction, de neuf jours à deux mois.

Art. 466 [451]. Toute destruction d'instruments d'agriculture, de claies de bestiaux, de cabanes de gardiens, sera punie d'un emprisonnement dans une maison de correction de quinze jours à un an.

Art. 467 [452]. Quiconque aura empoisonné des chevaux ou autres bêtes de trait, de monture ou de charge, des bêtes à cornes, moutons, chèvres, ou porcs, des poissons dans des étangs, viviers ou réservoirs, sera puni d'un emprisonnement dans une maison de correction, de quatre mois à trois ans, et d'une amende de vingt-cinq à trois cents francs.

Art. 468 [-]. Les coupables dans les cas spécifiés dans les six articles précédents, pourront de plus être mis, par le jugement ou l'arrêt, sous la surveillance de la haute police pendant un espace de temps qui n'excédera pas trois ans.

Art. 469 [453]. Ceux qui, sans nécessité, auront tué l'un des animaux mentionnés en l'article 467, ou tout autre animal domestique appartenant à autrui, seront punis ainsi qu'il suit:

Si le fait a été commis dans les bâtiments et dépendances, ou sur les terres dont le maître de l'animal tué était propriétaire, locataire, colon ou fermier, la peine sera une amende de cent francs à quatre cents francs.

S'il a été commis dans tout autre endroit, l'amende sera de cinquante francs à cent francs.

S'il y a eu violation de clôture, le maximum de la peine sera prononcé.

Art. 470 [456]. Quiconque aura, en tout ou en partie, détruit des fossés, des clôtures, de quelques matériaux qu'elles soient faites, ou coupé ou arraché des haies vives ou sèches, sera puni d'un emprisonnement dans une maison de correction, de neuf jours à trois mois.

Art. 471 [456]. Quiconque aura déplacé ou supprimé des bornes, ou pieds corniers, ou autres arbres plantés ou reconnus pour établir les limites entre différents héritages, sera puni d'un emprisonnement dans une maison de correction de quinze jours à neuf mois.

Art. 472 [457]. Les propriétaires ou fermiers, ou toute personne jouissant de moulins, usines ou étangs, qui, par élévation du déversoir de leurs eaux au-dessus de la hauteur déterminée par l'autorité compétente, auront inondé les chemins ou les propriétés d'autrui, seront punis d'une amende de cent à trois cents francs.

S'il est résulté du fait des dégradations considérables, la peine sera, outre l'amende, un emprisonnement dans une maison de correction, de neuf jours à un mois.

Art. 473 [459]. Tout détenteur ou gardien d'animaux qui a lieu de soupçonner qu'ils sont infectés de maladies contagieuses, et qui n'aura pas averti sur le champ le maire de la commune où ils se trouvent, et qui même, avant que le maire ait répondu à l'avertissement, ne les aura pas tenues renfermés, sera puni d'un emprisonnement dans une maison de correction, de neuf jours à deux mois.

Art. 474 [460]. Ceux qui, au mépris des défenses de l'administration, auront laissé leurs animaux infectés communiquer avec d'autres, subiront la peine d'emprisonnement dans une maison de correction, de deux mois à six mois.

Art. 475 [461]. Si, de la communication mentionnée au précédent article, il est résulté une contagion parmi les autres animaux, ceux qui auront contrevenu aux défenses de l'autorité administrative, seront punis d'un emprisonnement dans une maison de correction, d'un an à trois ans; le tout sans préjudice de l'exécution des lois et règlements relatifs aux maladies épizootiques et de l'application des peines y portées.

Art. 476 [443]. Quiconque, à l'aide d'une liqueur corrosive, ou par tout autre moyen, aura volontairement gâté des marchandises ou matières servant à la fabrication, sera puni d'un emprisonnement dans une maison de correction de neuf jours à deux ans, et d'une amende dont le minimum sera de vingt-cinq francs, et le maximum du quart des restitutions et des dommages-intérêts qui seront dûs aux parties lésées.

Si le délit a été commis par un ouvrier de la fabrique, ou par un commis de la maison de commerce, l'emprisonnement dans une maison de correction sera d'un an à trois ans, sans préjudice de l'amende, ainsi qu'il vient d'être dit.

Seconde Partie. Des contraventions de simple police

Section Première. Des contraventions de simple police générale

§ I. Des peines

Art. 477 [464]. Les peines en matières de simple police sont:
1° La prison;
2° L'amende;
3° La confiscation de certains objets saisis.

Art. 478 [465]. L'emprisonnement pour contravention de simple police ne pourra être ni au-dessous d'un jour, ni excéder huit jours, selon les classes et distinctions spécifiées dans la section suivante; sauf le cas énoncé en l'article 482 un jour d'emprisonnement est de vingt-quatre heures.

Art. 479 [466]. Les amendes pour contravention de simple police pourront être prononcées depuis un franc jusqu'à vingt francs inclusivement, selon les classes et distinctions spécifiées dans la seconde section ci-dessous.

Les amendes seront appliquées au profit de la commune où la contravention aura été commise sauf les exceptions portées par les lois et décrets particuliers.

Art. 480 [467]. En cas d'insolvabilité, l'exécution des condamnations à l'amende se fera par la voie de l'emprisonnement; il sera compté pour chaque trois francs un jour d'emprisonnement.

Si l'amende est au-dessous de trois francs, le condamné sera emprisonné pendant l'espace de vingt-quatre heures.

Art. 481 [470]. La confiscation, soit des choses saisies en contravention, soit des choses produites par la contravention, soit des matières ou instruments qui ont servi ou ont été destinés à la commettre ne pourra être prononcée par les tribunaux de police municipale que dans les cas expressément déterminés par la loi.

Art. 482 [-]. En cas de concours de plusieurs contraventions, les différentes amendes que le prévenu a encouru, seront toutes prononcées. Elles le feront aussi, lorsque le prévenu a encouru en outre des peines d'emprisonnement.

S'il y a concours de plusieurs peines d'emprisonnement, la peine la plus forte sera augmentée d'un quart, sans excéder toutefois la somme des peines encourues pour les diverses contraventions.

Art. 483 [-]. La peine, en cas de récidive, sera déterminée selon les classes et distinctions établies dans la seconde section ci-dessous.

Il y a récidive, lorsque le condamné pour contravention commet de nouveau dans les six mois qui ont suivi le jugement de condamnation, la même contravention dans le ressort du même tribunal de police municipale.

§ II. Restitutions, dommages-intérêts, solidarité, responsabilité civile

Art. 484 [cf. 469]. Les dispositions des articles 15, 16, 56, 57 et 89 de la première partie du présent Code qui sont relatives aux restitutions et dommages-intérêts, à la solidarité de plusieurs individus condamnés pour le même fait et à la responsabilité civile, seront appliquées en matière de contraventions de simple police.

§ III. De la prescription

Art. 485 [-]. L'action publique et l'action civile résultant d'une contravention de simple police seront prescrites après six mois révolus.
L'époque des dits six mois sera comptée

Et [à] l'égard de l'action publique ou civile, du jour où la contravention aura été commise, même quand il y aurait eu procès verbal, saisie, instruction ou poursuite. Si dans cette intervalle il n'est point intervenu de condamnation;

Et à l'égard des peines prononcées par le jugement, de la date du jugement passé en force des choses jugées.

Art. 486 [-]. Les condamnations civiles portées par les jugements rendus en matière de police municipale et passés en forme de chose jugée, se prescriront d'après les règles du Code Napoléon.

Section II. Des contraventions et de leur punition

Titre Premier. Première classe de contraventions

Art. 487 [471]. Seront punis d'amende depuis un franc jusqu'à sept francs inclusivement:

1° Ceux qui auront négligé d'entretenir, réparer ou nettoyer les fours, cheminées, boyaux de fourneau, les murs mitoyens ou les usines;

2° Ceux qui auront tiré des armes à feu dans les villes, faubourgs, bourgs ou villages;

3° Ceux qui auront embarrassé la voie publique en y déposant ou y laissant, sans nécessité, des matériaux ou des choses quelconques qui empêchent ou diminuent la liberté ou la sûreté du passage; ainsi que ceux qui auront négligé d'éclairer les matériaux par eux entreposés, ou les excavations par eux faites dans les rues et places publiques;

4° Ceux qui, obligé à l'éclairage, l'auront négligé; ainsi que ceux qui auront négligé de nettoyer les rues ou passages, dans les communes où ce soin est laissé à la charge des habitants;

5° Ceux qui auront négligé ou refusé d'exécuter les règlements ou arrêtés concernant la petite voirie, ou d'obéir à la sommation émanée de l'autorité administrative, de réparer ou démolir des édifices menaçant ruine;

6° Ceux qui, lors des fêtes ou solennités publiques, auront, sans la permission de la police, construit des échafaudages pour y admettre le public;

7° Ceux qui seront entrés avec des lumières dans les granges, échoppes, greniers, écuries, et autres lieux où il y a du foin ou de la paille, si les lumières ne sont pas renfermées dans des lanternes bien closes et fermées de manière qu'elles ne puissent occasionner aucun accident;

8° Ceux qui auront travaillé à la lumière non pas renfermée, comme il est dit dans le numéro précédent, à tout ouvrage de lin ou de chanvre; excepté la filature à la main;

9° Les charrons, tonneliers, menuisiers et tourneurs qui auront travaillé pendant la nuit, sans avoir éloigné et enlevé de leur atelier les planures et autres déchets de bois, ou sans avoir renfermé la lumière dans des lanternes closes, ou sans l'avoir posée sur des plateaux de fer blanc au moins de six pouces de diamètre et recourbés;

10° Ceux qui auront fumé du tabac dans les écuries et partout où il y a du foin ou de la paille, et où l'on travaille à des matières combustibles et sujettes à s'allumer;

11° Ceux qui auront séché du lin ou chanvre au feu ou au four;

12° Ceux qui auront jeté sur la voie publique ou exposé ou suspendu au devant de leurs édifices des choses de nature à nuire par des exhalations insalubres ou par leur chutes;

13° Ceux qui n'auront pas averti les écorcheurs d'enfouir leurs animaux morts; ainsi que les écorcheurs qui, dûment avertis, auront négligé d'enfouir les animaux morts dans les terrains à ce destinés;

14° Ceux qui auront négligé d'écheniller dans les campagnes ou jardins, où ce soin a été prescrit par des règlements ou arrêtés;

15° Ceux qui auront cueilli et mangé sur les lieux même, des fruits appartenant à autrui, ou qui sont entrés dans un terrain appartenant à autrui et y ont passé dans le temps où ce terrain était chargé de graines en tuyaux, de fruits murs ou raisins de la maturité;

16° Ceux qui auront glané, râtelé ou grapillé dans les champs non encore entièrement vidés de leurs récoltes, avant le moment du lever ou après celui du coucher du soleil;

17° Ceux qui imprudemment auront jeté des immondices sur quelque personne;

18° Ceux qui auront contrevenu aux règlements et arrêtés relatifs à la police des chiens et à la prohibition de rouir le lin ou le chanvre dans les rivières ou ruisseaux;

19° Ceux qui, n'étant ni propriétaires, ni usufruitiers, ni locataires, ni fermiers, ni jouissant d'un terrain ou d'un droit de passage, ou qui, n'étant ni agents, ni préposés d'aucune de ces personnes, seront entrés et auront passé sur ce terrain ou sur partie de ce terrain, s'il est préparé ou ensemencé;

20° Ceux qui auront fait ou laissé passer ou paître leurs bestiaux ou leurs bêtes de trait, de change ou monture, sur le terrain d'autrui, et ce sans préjudice du droit du propriétaire ou fermier de l'héritage dans lequel se trouvent des animaux appartenant à autrui, de les saisir, sans l'obligation de les faire conduire dans les vingt-quatre heures au lieu du dépôt qui sera désigné à cet effet par le maire de la commune ;

21° Ceux qui, sans avoir été provoqués, se sont permis contre quelqu'un des injures ou expositions outrageantes, soit verbales, soit écrites, soit symboliques, autre que celles prévenues depuis l'article 382 jusque et compris l'article 396 de la première partie du présent Code.

Art. 488 [-]. Outre l'amende portée en l'article précédent pourra, selon les circonstances, être prononcée par les tribunaux de police municipale, la peine de prison pendant quatre jours au plus:
1° Contre ceux qui auront séché du lin ou chanvre au feu ou au four;
2° Contre ceux qui se seront permis à l'égard de quelqu'un des injures de la nature de celles mentionnées dans le numéro 21 de l'article précédent.

Art. 489 [474]. En cas de récidive la peine d'emprisonnement pendant quatre jours au plus aura toujours lieu.
Si pour des injures la peine d'emprisonnement a déjà été prononcée la première fois, le maximum en sera appliqué en cas de récidive.

Titre II. Seconde classe de contraventions

Art. 490 [475]. Seront punis d'une amende de huit francs jusqu'à quinze francs inclusivement:

1° Ceux qui auront tiré des pièces d'artifices telles que des pétards, fusées, boîtes etc. dans les villes, faubourgs, bourgs et villages;

2° Les aubergistes, cabaretiers, logeurs ou loueurs de maisons garnies dans les chefs-lieux de district, et dans tous les autres lieux où cette précaution de police a été jugée nécessaire, qui auront négligé d'inscrire de suite, et sans aucun blanc, sur un registre tenu régulièrement, les noms, qualités et les dates d'entrée et de sortie de toute personne qui aurait couché ou passé une nuit dans leurs maisons, ainsi que la date du passeport dont elle est munie et le nom de l'autorité qui l'a délivré, ou le domicile, si la personne est dans l'étendue de huit myriamètres;

3° Ceux parmi les individus mentionnés dans le numéro précédent qui auraient manqué à représenter le dit registre aux époques déterminées, ou lorsqu'ils en auraient été requis, aux maires, leurs adjoints, officiers ou commissaires de police, ou aux citoyens commis à cet effet;

4° Les particuliers qui logeront des étrangers, sans en avoir fait le même jour la déclaration au commissaire de police ou au maire, ainsi que ceux qui, demeurant dans des villages où le maire ne réside pas, n'auront pas fait, dans l'espace de trois jours, la déclaration des étrangers logés chez eux;

5° Les habitants des maisons situées isolément hors des villes et villages, qui auront reçu chez eux des personnes étrangères sans en avoir la permission du commissaire de police, ou, à son défaut, du maire de la commune de laquelle les maisons dépendent;

6° Ceux qui auront contrevenu aux bans de classe, pâturage ou autres bans autorisés par des règlements;

7° Les routiers, charretiers, conducteurs de voitures quelconques ou de bêtes de charge, qui auraient contrevenu aux règlements qui les obligent de se tenir constamment à portée de leurs chevaux, bêtes de trait ou de charge et de leurs voitures et en état de les guider et conduire, d'occuper un seul côté des rues, chemins ou voies publiques, de se détourner ou ranger devant toutes autres voitures, et à leur approches, de leur laisser libre au moins la moitié des rues, chaussées, routes et chemins;

8° Ceux qui auront fait ou laissé courir les chevaux, bêtes de trait, de charge ou de monture dans l'intérieur d'un lieu habité, ou violé les règlements contre la rapidité ou la mauvaise direction des voitures, chevaux, bêtes de trait, de charge ou de monture;

9° Ceux qui auront établi ou tenu dans les rues, chemins, places ou lieux publics, des jeux de loterie ou d'autres jeux de hasard;

10° Ceux qui auront vendu ou débité des aliments ou boissons corrompus ou falsifiés; sans préjudice des peines plus sévères qui seront prononcées par les tribunaux correctionnels dans le cas de mélanges ou mixtions nuisibles à la santé;

11° Ceux qui auraient laissé divaguer des foux ou des furieux étant sous leur garde, ou des animaux malfaisants ou féroces; ceux qui auront excité ou n'auront pas retenu leurs animaux lorsqu'ils attaquent ou poursuivent les passants, sauf l'application de l'article 289 dans le cas où les animaux excités auraient causé des blessures ou maltraité quelqu'un;

12° Ceux qui auraient jeté des pierres ou d'autres corps durs ou des immondices contre les maisons, édifices ou clôtures d'autrui, ou dans les jardins ou enclos;

13° Ceux qui auraient fait ou laissé passer des bestiaux, animaux de trait, de charge ou de monture, sur les terrains d'autrui, lorsqu'il est ensemencé ou chargé d'une récolte, ou qui y seraient passé avec une charrette ou voiture quelconque; ainsi que ceux qui auraient fait ou laissé passer les dits bestiaux et animaux dans un bois taillis appartenant à autrui;

14° Ceux qui auraient refusé de recevoir les monnaies ayant couru dans le Royaume, non fausses ni altérées, pour la valeur déterminée par les tarifs;

15° Ceux qui, le pouvant, auront refusé ou négligé de faire les travaux, le service, ou de prêter le secours dont ils auront été requis dans les circonstances d'accidents, tumultes, naufrage, inondation, incendie ou autres calamités; ainsi que dans le cas de brigandage, pillage, flagrant délit, clameur publique ou d'exécution judiciaire;

16° Les personnes désignées aux articles 208 et 219 de la première partie du présent Code.

Art. 491 [476]. Outre l'amende portée en l'article précédent pourra, suivant les circonstances, être prononcée par les tribunaux de police municipale la peine de la prison, pendant cinq jours au plus, contre:
1° Les routiers, charretiers, voituriers et conducteurs en contravention;
2° Ceux qui auront contrevenu à la loi par la rapidité ou la mauvaise direction des voitures ou montures;
3° Les vendeurs et débitants de boissons ou aliments corrompus ou falsifiés;
4° Ceux qui auront excité leurs animaux contre quelqu'un.

Art. 492 [477]. Seront saisis et confisqués:
1° Les tables, instruments, appareils des jeux ou des loteries établis dans les rues, chemins et voies publiques; ainsi que les enjeux, les fonds, denrées, objets ou lots proposés aux joueurs, dans le cas de l'article 490 numéro 9;
2° Les aliments et boissons corrompus ou falsifiés se trouvant appartenir aux vendeurs ou débitants; ces aliments et boissons seront répandus;
3° Les écrits ou gravures contraires aux mœurs; ces objets seront anéantis.

Art. 493 [478]. En cas de récidive, la peine de la prison, pendant six jours au plus, aura toujours lieu.

Titre III. Troisième classe de contraventions

Art. 494 [479]. Seront punis d'une amende de seize francs à vingt francs inclusivement:

1° Ceux qui, étant valides, seront trouvés mendiant pour la première fois dans leur commune, sauf, en cas d'insolvabilité, l'emprisonnement établi par l'article (480) ci-dessus;

2° Ceux qui auront contrevenu à la défense de distribuer ou débiter des recettes, drogues, médicaments, compositions ou secrets pour la guérison des maladies, infirmités ou blessures, sans en avoir obtenu la permission, sans préjudice des peines plus sévères à prononcer en cas d'accidents survenus par l'effet de l'usage de ces compositions ou recettes;

3° Ceux qui auront allumé du feu dans les places des villes, villages ou bourgs, ou dans les champs, à moins de cent mètres (trois cents pieds) de distance des maisons, édifices, forêts, bois, bruyères, vergers, plantations, haies, meules ou tas de grains, pailles, foins, fourrages ou tous autres dépôts de matières combustibles, quand il n'en sera résulté aucun accident;

4° Ceux qui auront dégradé des chemins publics;

5° Ceux qui auront détérioré des clôtures, de quelques matériaux qu'elles soient faites, ou des haies vives ou sèches, ou qui auraient comblé des fossés appartenant à autrui;

6° Ceux qui auront étendu leur clôture, plantation, ensemencement ou récolte, au-delà des limites qui séparent leurs propriétés d'avec celles d'autrui;

7° Ceux qui auront pris ou enlevé des terres, pierres ou pierrailles ou gazons, soit dans les chemins, soit sur le terrain d'autrui;

8° Ceux qui, hors les cas prévus depuis l'article 453 jusque et compris l'article 476 ci-dessus auront volontairement causé du dommage aux propriétés mobiliaires d'autrui;

9° Ceux qui auront de faux poids ou de fausses mesures dans leurs magasins, boutiques, ateliers ou maisons de commerce ou dans les foires ou marchés, sans préjudice des peines qui seront prononcées par les tribunaux correctionnels contre ceux qui auraient fait usage de ces faux poids ou de ces fausses mesures, conformément à ce qui ait prescrit par l'article 446 ci-dessus;

10° Les boulangers et bouchers qui vendent le pain ou la viande au-delà du prix fixé par la taxe légalement faite et publiée, ou qui trompent sur le poids, lorsque la différence excède une demi once;

11° Les gens qui font le métier de deviner et pronostiquer, ou d'expliquer des songes, ainsi que les chercheurs de trésors cachés;

12° Les auteurs ou complices de bruits ou tapages injurieux ou nocturnes, troublant la tranquillité des habitants;

13° Ceux qui auront occasionné la mort ou la blessure d'animaux appartenant à autrui par l'effet de la divagation des foux ou furieux, ou d'animaux malfaisants ou féroces, ou par la rapidité ou la mauvaise direction des voitures, chevaux, bêtes de trait, de charge ou de monture;

14° Ceux qui auront occasionné les mêmes dommages par l'emploi ou l'usage d'armes sans précaution ou avec maladresse, ou par jet de pierres ou d'autres corps durs;

15° Ceux qui auront causé les mêmes dommages par la vétusté, la dégradation, le défaut de réparation ou d'entretien des maisons ou édifices, ou par l'encombrement ou l'excavation, ou telles autres œuvres, dans ou près les rues, chemins, places ou voies publiques, sans les précautions ou signaux ordonnés ou d'usage.

Art. 495 [480]. Outre l'amende portée en l'article précédent pourra, selon les circonstances, être prononcée, par les tribunaux de police municipale, la peine de la prison pendant huit jours au plus, contre:

1° Ceux qui se trouvent en contravention aux dispositions des numéros 2, 4, 6 et 7 de l'article 494;

2° Les possesseurs de faux poids et de fausses mesures;

3° Les boulangers et bouchers dans les cas déterminés par le numéro 10 de l'article 494;

4° Contre les individus qui se trouvent en contravention aux dispositions de numéro 11, 12, 13 et 14 de l'article 492.

Art. 496 [482]. En cas de récidive la peine de la prison pendant huit jours au plus, aura toujours lieu.

Disposition générale

Art. 497 [-]. Les lois romaines, les lois canoniques et celles du ci-devant Empire germanique, ainsi que les lois, ordonnances, coutumes et usages des pays dont le Royaume est composé, relatives aux matières pénales cesseront d'avoir force de loi.

Néanmoins dans les matières qui n'ont pas été réglées par le présent Code, et qui sont régies par des lois, décrets et règlements particuliers, les cours et tribunaux continueront de les observer.

Art. 498 [-]. Notre Ministre de la justice est chargé de l'exécution du présent décret, qui sera inséré au Bulletin des lois et présenté en forme de loi à la prochaine assemblée des États pour y être délibéré.

Le Conseil d'État, après avoir discuté le projet ci-dessus, l'adopte
pour extrait conforme

Le Secrétaire général

Rapport von Siméon an den König Jérôme vom 31.5.1811

Sire,

Le Royaume de Votre Majesté composé de plusieurs états, dont les loix étaient différentes, a besoin d'un code pénal qui établisse une règle uniforme. Le code pénal de France, ouvrage presqu'égal en sagesse au code Napoléon, aurait peut-être pu être adopté entièrement et c'est ce que j'avais proposé sauf quelques amendemens légers. L'opinion presque générale des personnes les plus instruites a été de le prendre pour modèle et non comme Loi; d'en faire la base du travail de la section de la justice et de l'intérieur de Votre conseil d'État qui a formé un projet. Ce projet dont les premières parties ont été déjà discutées ne sera en quelque sorte qu'une seconde édition du code pénal français avec quelques changemens et assez souvent avec une transposition des dispositions. On a cherché dans ces transpositions si non un ordre meilleur du moins un ordre conforme à la manière de voir des auteurs et du pays auquel cette loi est destinée. Ces déplacemens n'ont rien d'important: ils ressemblent aux arrangemens divers que l'on donne aux bibliothèques et qui à l'exception de quelques grandes divisions communes à toutes dépendent dans les détails du goût de chacun et sont d'ailleurs indifférens pour l'utilité. Je n'ai donc rien à en dire à cet égard à Votre Majesté. J'ai pensé qu'il faut laisser faire à Son conseil un code pénal qui sera bon comme celui de France dont il sera une imitation, et qu'on aimera mieux parcequ'on l'aura fait et qu'on croira, si non l'avoir perfectionné au moins l'avoir approprié au génie de la nation.

Mais voici une question sur laquelle je dois appeler l'attention de Votre Majesté.

Il est généralement convenu que le code pénal ne s'applique pas aux contraventions, délits et crimes militaires. Ce principe est consacré dans le code pénal français; mais ce code n'a point déterminé quels sont les contraventions, délits et crimes militaires. On a pensé ici qu'il serait nécessaire de les définir d'autant mieux que le code militaire que nous suivons jette à cet égard dans les plus grandes incertitudes par des dispositions qui les unes semblent n'attribuer aux tribunaux militaires que les délits militaires et les autres tous les délits quelconques commis par des militaires.

On a donc dit dans le projet:

«Seront réputés contraventions, délits et crimes militaires:

1° Les actions commises contre la discipline ou contre la subordination militaires;

2° L'espionnage;

3° La désertion;

4° L'embauchage et l'enrôlement pour l'étranger;

5° Les contraventions, délits et crimes commis par des militaires ou par des personnes attachées aux armées, ou à leur suite, soit dans les camps, cantonnemens et armées, soit en marche, soit dans les casernes, soit à l'occasion ou dans le cours du service militaire.»

On a dit ensuite que quant aux «contraventions, délits et crimes communs commis par des militaires ou par des personnes attachées aux armées: Ils seront jugés par les tribunaux ordinaires d'après la disposition du code pénal à l'exception du vol qui quoique jugé par les tribunaux ordinaires sera néanmoins puni d'après le code militaire.»

Cette exception est fondée sur ce que la peine du vol est plus forte dans le code pénal militaire et l'on a voulu empêcher que des soldats ne commissent des vols susceptibles de deux ou trois mois de détention seulement pour se faire chasser du service. On a voulu les détourner de cette honteuse spéculation en les condamnant pour le vol simple à une peine assez rigoureuse pour qu'ils ne la préférassent pas au service.

L'exception est bonne si le principe doit subsister que le délit commun des militaires appartient aux tribunaux ordinaires.

Ce principe est contraire à ce qui se suit en France où tout délit militaire ou commun commis par des militaires est jugé par les tribunaux militaires à moins que le militaire ne soit en congé et se trouve ainsi hors de la surveillance de la discipline de son corps.

Lequel des deux principes est préférable ?

Le conseil s'est déterminé pour le premier parceque les délits militaires proprement dits ne sont que ceux qui attaquent immédiatement le devoir ou la discipline ou la subordination militaire, tous les autres délits commis par des militaires sont des délits de militaires et non des délits militaires. C'est la nature du fait et non la qualité de la personne qui constitue le délit militaire.

La France avait adopté ce principe dans les Loix des *22. 7 ^{bre} [septembre]* 1790 et *30. 7 ^{bre} [septembre]* 1791 où il est dit: «... nul n'est exempt de la loi commune et de la jurisdiction des tribunaux sous prétexte du service militaire.»

«Tout délit qui n'attaque pas immédiatement le devoir ou la discipline ou la subordination militaire est un délit commun dont la connaissance appartient aux juges ordinaires et pour raison desquels le prévenu soldat, sous-officier ou officier ne peut être traduit que devant eux.»

«Nul délit n'est militaire s'il n'a été commis par un individu qui fait partie de l'armée.»

On commença à s'écarter de ces principes par la loi du 3. pluviôse an 2. Tout délit, de quelque nature qu'il soit, commis pendant la guerre, à l'armée ou dans les camps, cantonnemens ou garnisons qu'elle occupe par les individus qui la composent ou qui y sont employés ou attachés à sa suite fut déclaré de la compétence des tribunaux militaires.

Les loix subséquentes sont toutes conformes à celle ci quant à cette disposition.

À la fin de l'an 12 la question se présente si les délits commis par les militaires en congé étaient de la compétence des tribunaux militaires ? Un avis du conseil d'État en date du 7. fruictidor an 12 décida que le militaire hors de son corps, de sa garnison ou de son cantonnement délinque comme tout autre citoyen avec lequel il est confondu; que n'étant plus sous les drapeaux et sous la surveillance de son corps il est sous la jurisdiction des tribunaux.

Ce fut un premier pas fait vers le retour au droit commun, mais on n'en a point fait d'autre.

En France un vol commis dans la rue par un militaire en garnison, quoiqu'il ne s'agisse point d'effet militaire ni de discipline militaire que ce soit en un mot un délit commun est jugé par les tribunaux militaires.

On s'est écarté dans le projet de code pour la Westphalie de cette décision; on a eu pour principe d'avoir égard à la chose. C'est la chose qui est privilégiée et non la personne. Le délit est-il commis contre la discipline et la subordination militaires ? Entre militaires ? Sur des effets militaires dans le service ou à son occasion ? Enfin dans l'enceinte des casernes ? Les juges militaires doivent en connaître.

Mais le délit est-il commun ? C'est à dire de ceux qui troublent non la discipline militaire à laquelle ils sont étrangers mais l'ordre général ? Est-il commis dans la ville où la jurisdiction des magistrats protège tous les citoyens où les militaires n'ont pas la police ? La connaissance en appartient aux tribunaux ordinaires.

On a préféré cette opinion:

Parcequ'elle est plus conforme au droit commun.

Parceque les raisons de donner jurisdiction aux militaires sur les délits qui intéressent le service ou qui se commettent dans les casernes ne s'étendent pas dans les maisons et rues de la ville où ils sont en garnison.

Parceque la répression des délits communs n'intéresse pas plus la discipline militaire et l'armée que la répression des mêmes délits commis par des ecclésiastiques n'intéresse la discipline ecclésiastique et le clergé.

Parcequ'en Allemagne où les principes libéraux avaient et ont fait au moment même moins de progrès qu'en France, il y avait dans les tribunaux militaires pour tout ce qui était délit commun beaucoup de partialité contre les non militaires et d'indulgence en faveur des militaires.

Parcequ'enfin en Prusse même où la jurisdiction militaire avait été étendue jusqu'aux affaires civiles on en est venu à remettre pour le délit commun les militaires sous la jurisdiction ordinaire.

Ces raisons ont décidé tout le conseil à l'exception des généraux de *Leppel* et de *Heldring*. Monsieur le général *[Morio]* qui avait assisté au travail des sections réunies et à la discussion du conseil avait fortement partagé l'avis de la majorité et proposa l'amendement adopté de faire prononcer dans les tribunaux contre les militaires prévenus de vol les peines plus sévères du code pénal militaire.

J'ai partagé l'avis du conseil mais il porte sur une matière trop importante pour que je ne me sois pas réservé de rendre compte à Votre Majesté du pour et du contre.

Je ne vois contre, il est vrai, que l'exemple de la France mais cet exemple est d'une grande autorité.

Il est possible que quand on s'occupera en France du code pénal militaire on revienne aux principes du droit commun. La Westphalie doit-elle devancer ce retour ou l'attendre ?

En présentant maintenant ce rapport à Votre Majesté, j'ai pensé qu'elle voudrait peut-être profiter de Son séjour à Paris pour s'éclairer davantage sur cette question et demander par exemple l'avis de Monsieur l'archichancelier.

Je prie Votre Majesté de me faire connaître Sa décision afin que j'en fasse prendre note pour le temps où le projet en entier sera présenté à Son approbation.

Je suis avec respect, Sire, de Votre Majesté, le très humble et très obéissant serviteur et fidèle sujet Siméon.

CODE PÉNAL.

Strafgesetzbuch.

CODE PÉNAL.

DISPOSITIONS PRÉLIMINAIRES.

Art. 1. L'infraction que les lois punissent de peines de police est une *contravention.* — L'infraction que les lois punisent de peines correctionnelles est un *délit.* — L'infraction que les lois punissent d'une peine afflictive ou infamante, est un *crime.*

2. Toute tentative de *crime* qui aura été manifestée par des actes extérieurs et suivie d'un commencement d'exécution, si elle n'a été suspendue ou n'a manqué son effet que par des circonstances fortuites ou indépendantes de la volonté de l'auteur, est considérée comme le *crime* même.

3. Les tentatives de *délits* ne sont considérées comme *délits*, que dans les cas déterminés par une disposition spéciale de la loi.

4. Nulle contravention, nul délit, nul crime, ne peuvent être punis de peines qui n'étaient pas prononcées par la loi avant qu'ils fussent commis.

5. Les dispositions du présent Code ne s'appliquent pas aux contraventions, délits et crimes *militaires.*

LIVRE PREMIER.

DES PEINES EN MATIÈRE CRIMINELLE ET CORRECTIONNELLE, ET DE LEURS EFFETS.

6. Les peines en matière criminelle sont ou afflictives et infamantes, ou seulement infamantes.

7. Les peines afflictives et infamantes sont : — 1) La mort ; — 2) Les travaux forcés à perpétuité ; — 3) La déportation ; — 4) Les travaux forcés à temps ; — 5) La réclusion. — La marque et la confiscation générale peuvent être prononcées concurremment avec une peine afflictive, dans les cas déterminés par la loi.

8. Les peines infamantes sont, — 1) Le carcan ; — 2) Le bannissement ; — 3) La dégradation civique.

9. Les peines en matière correctionnelle sont, — 1) L'emprisonnement à temps dans un lieu de correction ; — 2) L'interdiction à temps de certains droits civiques, civils ou de famille ; — 3) L'amende.

10. La condamnation aux peines établies par la loi, est toujours prononcée sans préjudice des restitutions et dommages et intérêts qui peuvent être dus aux parties.

11. Le renvoi sous la surveillance spéciale de la haute police, l'amende et la confiscation spéciale, soit du corps du délit quand la propriété en appartient au condamné, soit des choses produites par le délit, soit de celles qui ont servi ou qui ont été destinées à le commettre, sont des

Strafgesetzbuch.

Einleitende Verfügungen.

Art. 1. Die Zuwiderhandlung, welche die Gesetze mit einer Polizeistrafe belegen, ist eine Uebertretung. — Die Zuwiderhandlung, welche die Gesetze mit einer Zuchtpolizeistrafe belegen, ist ein Vergehen. — Die Zuwiderhandlung, welche die Gesetze mit einer Leibes- oder entehrenden Strafe belegen, ist ein Verbrechen.

2. Jeder Versuch eines Verbrechens, der durch äußere Handlungen an den Tag gelegt worden ist, und einen Anfang von Vollziehung erhalten hat, wird, wenn er nur durch zufällige oder von dem Willen des Thäters unabhängige Umstände aufgehalten worden ist, oder seine Wirkung verfehlt hat, wie das Verbrechen selbst angesehen.

*3. Der Versuch eines Vergehens wird nur in den durch eine besondere Verfügung des Gesetzes bestimmten Fällen als Vergehen angesehen.

4. Keine Uebertretung, kein Vergehen, kein Verbrechen kann mit Strafen belegt werden, die das Gesetz nicht verhängt hatte, ehe sie begangen wurden.

5. Die Verfügungen des gegenwärtigen Gesetzbuches sind auf die militärischen Uebertretungen, Vergehen und Verbrechen nicht anwendbar.

Erstes Buch.

Von den Strafen in Criminal- und Zuchtpolizeisachen und von deren Wirkungen.

6. Die Strafen in Criminalsachen sind entweder Leibes- und entehrende, oder blos entehrende Strafen.

7. Die Leibes- und entehrenden Strafen sind: 1) Der Tod; — 2) Zwangsarbeiten auf Lebenszeit; — 3) Deportation; — 4) Zwangsarbeiten auf bestimmte Zeit; — 5) Zuchthausstrafe. — In den durch das Gesetz bestimmten Fällen kann zugleich mit einer Leibesstrafe die Brandmarkung und die allgemeine Confiscation ausgesprochen werden.

8. Die entehrenden Strafen sind: 1) Der Pranger; — 2) die Verbannung; — 3) der Verlust der staatsbürgerlichen Rechte.

9. Die Strafen in Zuchtpolizeisachen sind: 1) Gefängniß auf eine bestimmte Zeit in einem Besserungshause; — 2) Untersagung der Ausübung gewisser staatsbürgerlichen, Civil- oder Familienrechte auf bestimmte Zeit; — 3) Geldbuße.

10. Die Verurtheilung zu den durch das Gesetz verhängten Strafen wird immer unbeschadet der Wiedererstattung und des Schadensersatzes ausgesprochen, auf welche die Parteien etwa ein Recht haben.

11. Die Verweisung unter die besondere Aufsicht der hohen Polizei, die Geldbuße und die besondere Confiscation entweder des Gegenstandes des Vergehens, wenn der Verurtheilte Eigenthümer davon ist, oder der Sachen, welche durch das Vergehen hervorgebracht sind, oder derjenigen, die dazu gedient haben, oder bestimmt waren, um es zu begehen, sind Strafen,

peines communes aux matières criminelle et correctionnelle.

CHAPITRE I.

Des peines en matière criminelle.

12. Tout condamné à mort aura la tête tranchée.

13. Le coupable condamné à mort pour parricide, sera conduit sur le lieu de l'exécution, en chemise, nus pieds, et la tête couverte d'un voile noir. — Il sera exposé sur l'échafaud pendant qu'un huissier fera au peuple lecture de l'arrêt de condamnation; il aura ensuite le poing droit coupé, et sera immédiatement exécuté à mort.

14. Les corps des suppliciés seront délivrés à leurs familles, si elles les réclament, à la charge par elles de les faire inhumer sans aucun appareil.

15. Les hommes condamnés aux travaux forcés seront employés aux travaux les plus pénibles; ils traîneront à leurs pieds un boulet, ou seront attachés deux à deux avec une chaîne, lorsque la nature du travail auquel ils seront employés le permettra.

16. Les femmes et les filles condamnées aux travaux forcés n'y seront employées que dans l'intérieur d'une maison de force.

17. La peine de la déportation consistera à être transporté et à demeurer à perpétuité dans un lieu déterminé par le Gouvernement, hors du territoire continental de l'Empire. — Si le déporté rentre sur le territoire de l'Empire, il sera, sur la seule preuve de son identité, condamné aux travaux forcés à perpétuité.— Le déporté qui ne sera pas rentré sur le territoire de l'Empire, mais qui sera saisi dans des pays occupés par les armées françaises, sera reconduit dans le lieu de sa déportation.

18. Les condamnations aux travaux forcés à perpétuité et à la déportation, emporteront mort civile. — Néanmoins le Gouvernement pourra accorder au déporté dans le lieu de la déportation l'exercice des droits civils, ou de quelques-uns de ces droits.

19. La condamnation à la peine des travaux forcés à tems sera prononcée pour cinq ans au moins, et vingt ans au plus.

20. Quiconque aura été condamné à la peine des travaux forcés à perpétuité, sera flétri, sur la place publique, par l'application d'une empreinte avec un fer brûlant, sur l'épaule droite.—Les condamnés à d'autres peines ne subiront la flétrissure que dans les cas où la loi l'aurait attachée à la peine qui leur est infligée. — Cette empreinte sera des lettres T. P. pour les coupables condamnés aux travaux forcés à perpétuité; de la lettre T., pour les coupables condamnés aux travaux forcés à temps, lorsqu'ils devront être flétris. — La lettre F. sera ajoutée dans l'empreinte, si le coupable est un faussaire.

21. Tout individu de l'un ou de l'autre sexe, condamné à la peine de la réclusion, sera renfermé dans une maison de force, et employé à des travaux dont le produit pourra être en partie appliqué à son profit, ainsi qu'il sera reglé par le Gouvernement.— La durée de cette peine sera au moins de cinq années, et de dix ans au plus.

22. Quiconque aura été condamné à l'une des peines de travaux forcés à perpétuité, des travaux forcés à temps, ou de la réclusion, avant de subir sa peine, sera attaché au carcan sur la place publique: il y demeurera exposé

welche den Criminal- und den Zuchtpolizeisachen gemeinsam sind.

Erstes Capitel.

Von den Strafen in Criminalsachen.

12. Jeder zum Tode Verurtheilte wird enthauptet.

13. Wer als des Elternmordes schuldig zum Tode verurtheilt ist, wird im Hemde, mit bloßen Füßen, den Kopf mit einem schwarzen Schleier bedeckt, zum Richtplatze geführt. — Er wird auf dem Blutgerüste ausgestellt, während ein Gerichtsvollzieher dem Volke das verurtheilende Erkenntniß vorliest; darauf wird ihm die rechte Hand abgehauen, und er unmittelbar darauf hingerichtet.

14. Die Leichname der Hingerichteten werden ihren Familien übergeben, wenn diese solche verlangen, jedoch unter der Bedingung, sie in aller Stille beerdigen zu lassen.

15. Die zu Zwangsarbeiten verurtheilten Mannspersonen werden zu den beschwerlichsten Arbeiten gebraucht; sie sollen an ihren Füßen eine eiserne Kugel nachschleppen, oder zu zwei und zwei mit einer Kette an einander gefesselt werden, wenn die Art der Arbeit, wozu sie gebraucht werden, es gestattet.

16. Die zu Zwangsarbeiten verurtheilten Frauen und Mädchen werden nur in dem Innern eines Zwangshauses zu denselben gebraucht.

17. Die Strafe der Deportation besteht darin, daß man an einen von der Regierung bestimmten, außer dem festen Lande des Reiches gelegenen, Ort gebracht wird, und lebenslänglich daselbst verbleibt. — Kehrt der Deportirte auf das Gebiet des Reiches zurück, so wird er, auf den bloßen Beweis seiner Identität, zu Zwangsarbeiten auf Lebenszeit verurtheilt. — Der Deportirte, welcher nicht auf das Gebiet des Reiches zurückgekehrt ist, aber in Ländern ergriffen wird, die von inländischen Truppen besetzt sind, wird nach dem Orte seiner Deportation zurückgeführt.

18. Die Verurtheilung zu Zwangsarbeiten auf Lebenszeit, und zur Deportation, zieht den bürgerlichen Tod nach sich. — Gleichwohl kann die Regierung dem Deportirten, an dem Orte der Deportation, die Ausübung der Civilrechte oder einiger dieser Rechte gestatten.

19. Die Verurtheilung zu Zwangsarbeiten auf bestimmte Zeit muß auf wenigstens fünf und auf höchstens zwanzig Jahre ausgesprochen werden.

20. Wer zu Zwangsarbeiten auf Lebenszeit verurtheilt ist, wird auf öffentlichem Platze, mittelst Aufdrückung eines Zeichens mit einem glühenden Eisen auf die rechte Schulter, gebrandmarkt. — Die zu andern Strafen Verurtheilten erleiden die Brandmarkung nur in den Fällen, wo das Gesetz die Brandmarkung mit der Strafe verbunden hat, mit welcher sie belegt werden. — Jenes Zeichen besteht in den Buchstaben T. P. in Ansehung der Schuldigen, die zu Zwangsarbeiten auf Lebenszeit verurtheilt worden sind; und in dem Buchstaben T. in Ansehung der Schuldigen, die zu Zwangsarbeiten auf bestimmte Zeit verurtheilt worden sind, sofern sie gebrandmarkt werden müssen. — Der Buchstabe F. wird in dem Zeichen hinzugesetzt, wenn der Schuldige ein Fälscher ist.

21. Jedes zur Zuchthausstrafe verurtheilte Individuum des einen oder des andern Geschlechtes wird in ein Zwangshaus eingesperrt, und zu Arbeiten gebraucht, deren Ertrag zum Theil zu seinem Nutzen verwendet werden kann, so wie die Regierung dieses näher bestimmen wird. — Die Dauer dieser Strafe muß wenigstens fünf Jahre, und höchstens zehn Jahre betragen.

22. Wer zu Zwangsarbeiten auf Lebenszeit, oder zu Zwangsarbeiten auf bestimmte Zeit, oder zur Zuchthausstrafe verurtheilt worden ist, wird, ehe er seine Strafe antritt, auf öffentlichem Platze an den Pranger gebunden: hier bleibt er

aux regards du peuple durant une heure; au dessus de sa tête sera placé un écriteau portant, en caractères gros et lisibles, ses noms, sa profession, son domicile, sa peine et la cause de sa condamnation.

23. La durée de la peine des travaux forcés à temps, et de la peine de la réclusion, se comptera du jour de l'exposition.

24. La condamnation à la peine du carcan sera exécutée de la manière prescrite par l'article 22.

25. Aucune condamnation ne pourra être exécutée les jours de fêtes nationales ou religieuses, ni les dimanches.

26. L'exécution se fera sur l'une des places publiques du lieu qui sera indiqué par l'arrêt de condamnation.

27. Si une femme condamnée à mort se déclare et s'il est vérifié qu'elle est enceinte, elle ne subira la peine qu'après sa délivrance.

28. Quiconque aura été condamné à la peine des travaux forcés à temps, du bannissement, de la réclusion ou du carcan, ne pourra jamais être juré, ni expert, ni être employé comme témoin dans les actes, ni déposer en justice autrement que pour y donner de simples renseignemens. — Il sera incapable de tutelle et de curatelle, si ce n'est de ses enfans et sur l'avis seulement de sa famille.— Il sera déchu du droit de port d'armes et du droit de servir dans les armées de l'Empire.

29. Quiconque aura été condamné à la peine des travaux forcés à temps ou de la réclusion, sera de plus, pendant la durée de sa peine, en état d'interdiction légale; il lui sera nommé un curateur pour gérer et administrer ses biens, dans les formes prescrites pour la nomination des curateurs aux interdits.

30. Les biens du condamné lui seront remis après qu'il aura subi sa peine, et le curateur lui rendra compte de son administration.

31. Pendant la durée de la peine, il ne pourra lui être remis aucune somme, aucune provision, aucune portion de ses revenus.

32. Quiconque aura été condamné au bannissement, sera transporté, par ordre du Gouvernement, hors du territoire de l'Empire. — La durée du bannissement sera au moins de cinq années, et de dix ans au plus.

33. Si le banni, durant le temps de son bannissement, rentre sur le territoire de l'Empire, il sera, sur la seule preuve de son identité, condamné à la peine de la déportation.

34. La dégradation civique consiste dans la destitution et l'exclusion du condamné de toutes fonctions ou emplois publics, et dans la privation de tous les droits énoncés en l'article 28.

35. La durée du bannissement se comptera du jour où l'arrêt sera devenu irrévocable.

36. Tous arrêts qui porteront la peine de mort, des travaux forcés à perpétuité ou à temps, la déportation, la reclusion, la peine du carcan, le bannissement et la dégradation civique, seront imprimés par extrait.—Ils seront affichés dans la ville centrale du département, dans celle où l'arrêt aura été rendu, dans la commune du lieu où le délit aura été commis, dans celle où se fera l'exécution et dans celle du domicile du condamné.

37. La confiscation générale est l'attribution des biens d'un condamné au domaine de l'État.—Elle ne sera la suite nécessaire d'aucune

eine Stunde lang dem Volke zur Schau ausgestellt; über seinem Kopfe wird eine Tafel angebracht, auf welcher in großer leserlicher Schrift seine Namen, sein Gewerbe, sein Wohnort, seine Strafe und die Ursache seiner Verurtheilung verzeichnet stehen.

23. Die Dauer der Strafe der Zwangsarbeiten auf bestimmte Zeit, und der Zuchthausstrafe wird von dem Tage der Ausstellung an gerechnet.

24. Die Verurtheilung zum Pranger wird auf die in dem Art. 22 vorgeschriebene Weise vollstreckt.

25. Keine Verurtheilung darf an National- oder Religionsfesttagen, oder an Sonntagen vollstreckt werden.

26. Die Vollstreckung geschieht auf einem der öffentlichen Plätze des Ortes, welcher in dem verurtheilenden Erkenntnisse bestimmt wird.

27. Erklärt eine zum Tod verurtheilte Frauensperson, daß sie schwanger sei, und wird dieses richtig befunden, so erleidet sie die Strafe erst nach ihrer Entbindung.

28. Wer zu der Strafe der Zwangsarbeiten auf bestimmte Zeit, der Verbannung, des Zuchthauses, oder des Prangers verurtheilt worden ist, kann niemals Geschworener, oder Sachverständiger sein, er kann weder als Zeuge bei Urkunden zugezogen, noch bei Gericht vernommen werden, es sei denn, um dort bloße Auskunft zu geben. — Er ist zur Vormundschaft und Curatel unfähig, es sei denn über seine Kinder, und nur auf Grund des Gutachtens seiner Familie. — Er ist des Rechtes verlustig, Waffen zu tragen, und in den Armeen des Reichs zu dienen.

29. Wer zu Zwangsarbeiten auf bestimmte Zeit, oder zur Zuchthausstrafe verurtheilt ist, ist außerdem, während der Dauer seiner Strafe, im Zustande gesetzlicher Interdiction; es wird ihm in den Formen, welche zur Ernennung der Curatoren der Interdicirten vorgeschrieben sind, ein Curator ernannt, um seine Güter zu besorgen und zu verwalten.

30. Nachdem der Verurtheilte seine Strafe ausgestanden hat, wird ihm sein Vermögen zurückgegeben, und der Curator hat ihm über seine Verwaltung Rechnung abzulegen.

31. Während der Dauer der Strafe darf demselben kein Geld, kein Vorrath irgend einer Art, kein Theil seiner Einkünfte verabfolgt werden.

32. Wer zur Verbannung verurtheilt worden ist, wird, auf Befehl der Regierung, aus dem Gebiete des Reiches gebracht. — Die Dauer der Verbannung muß wenigstens fünf Jahre, und höchstens zehn Jahre betragen.

33. Kehrt der Verbannte, während der Zeit seiner Verbannung, auf das Gebiet des Reiches zurück, so wird er, auf den bloßen Beweis seiner Identität, zur Strafe der Deportation verurtheilt.

34. Der Verlust der staatsbürgerlichen Rechte besteht in der Entsetzung und Ausschließung des Verurtheilten von allen öffentlichen Aemtern und Anstellungen, und in der Entziehung aller in dem Artikel 28 angeführten Rechte.

35. Die Dauer der Verbannung wird von dem Tage an gerechnet, wo das Erkenntniß unabänderlich geworden ist.

36. Alle Erkenntnisse, welche auf die Todesstrafe, auf Zwangsarbeiten auf Lebenszeit oder auf bestimmte Zeit, auf Deportation, auf Zuchthaus, auf die Strafe des Prangers, auf Verbannung, und auf den Verlust der staatsbürgerlichen Rechte lauten, sollen im Auszuge gedruckt werden. — Sie sollen in dem Hauptorte des Departements, in demjenigen, wo das Erkenntniß erlassen ist, in der Gemeinde des Ortes, wo das Verbrechen begangen worden ist, in der, wo die Vollstreckung geschieht, und in der des Wohnortes des Verurtheilten angeschlagen werden.

37. Die allgemeine Confiscation ist die Einziehung der Güter eines Verurtheilten zum Staatseigenthum. — Sie ist nicht die nothwendige Folge irgend einer Verurtheilung; sie hat nur in den

condamnation; elle n'aura lieu que dans les cas où la loi la prononce expressément.

38. La confiscation générale demeure grevée de toutes les dettes légitimes, jusqu'à concurrence de la valeur des biens confisqués, de l'obligation de fournir aux enfans ou autres descendans une moitié de la portion dont le père n'aurait pu les priver. — De plus la confiscation générale demeure grevée de la prestation des alimens a qui il en est dû de droit.

39. L'Empereur pourra disposer des biens confisqués, en faveur, soit des père, mère ou autres ascendans, soit de la veuve, soit des enfans, ou autres descendans légitimes, naturels ou adoptifs, soit des autres parens du condamné.

CHAPITRE II.

Des peines en matière correctionnelle.

40. Quiconque aura été condamné à la peine d'emprisonnement, sera renfermé dans une maison de correction: il y sera employé à l'un des travaux établis dans cette maison, selon son choix. — La durée de cette peine sera au moins de six jours, et de cinq années au plus; sauf les cas de récidive ou autres où la loi aura déterminé d'autres limites. — La peine à un jour d'emprisonnement est de vingt-quatre heures;—Celle à un mois est de trente jours.

41. Les produits du travail de chaque détenu pour délit correctionnel, seront appliqués, partie aux dépenses communes de la maison, partie à lui procurer quelques adoucissemens, s'il les mérite, partie à former pour lui, au tems de sa sortie, un fonds de réserve; le tout ainsi qu'il sera ordonné par des réglemens d'administration publique.

42. Les tribunaux, jugeant correctionnellement, pourront, dans certains cas, interdire en tout ou en partie, l'exercice des droits civiques, civils et de famille suivans: — 1) De vote et d'élection — 2) D'éligibilité; — 3) D'être appelé ou nommé aux fonctions de juré ou autres fonctions publiques, ou aux emplois de l'administration, ou d'exercer ces fonctions ou emplois; — 4) De port d'armes;—5) De vote et de suffrage dans les délibérations de famille; —6) D'être tuteur, curateur, si ce n'est de ses enfans, et sur l'avis seulement de la famille;—7) D'être expert ou employé comme témoin dans les actes;—8) De témoignage en justice, autrement que pour y faire de simples déclarations.

43. Les tribunaux ne prononceront l'interdiction mentionnée dans l'article précédent, que lorsqu'elle aura été autorisé ou ordonnée par une disposition particulière de la loi.

CHAPITRE III.

Des peines et des autres condamnations qui peuvent être prononcées pour crimes ou délits.

44. L'effet du renvoi sous la surveillance de la haute police de l'État, sera de donner au Gouvernement, ainsi qu'à la partie intéressée, le droit d'exiger, soit de l'individu placé dans cet état, après qu'il aura subi sa peine, soit de ses père et mère, tuteur ou curateur, s'il est en âge de minorité, une caution solvable de bonne conduite, jusqu'à la somme qui sera fixée par l'arrêt ou le

Fällen statt, wo das Gesetz sie ausdrücklich verhängt.

38. Bei der allgemeinen Confiscation bleiben die confiscirten Güter mit allen rechtmäßigen Schulden, bis zum Betrage ihres Werthes, so wie mit der Verbindlichkeit belastet, den Kindern oder andern Descendenten die Hälfte des Antheils zukommen zu lassen, welchen der Vater ihnen nicht hätte entziehen können. — Außerdem bleiben bei der allgemeinen Confiscation die confiscirten Güter für die Leistung der Alimente an diejenigen verhaftet, welche darauf ein Recht haben.

39. Der Kaiser kann zu Gunsten des Vaters, der Mutter, oder anderer Ascendenten, so wie auch der Wittwe, der Kinder oder anderer rechtmäßiger, natürlicher oder adoptirter Descendenten, oder anderer Verwandten des Verurtheilten über die confiscirten Güter verfügen.

Zweites Capitel.

Von den Strafen in Zuchtpolizeisachen.

40. Wer zur Gefängnißstrafe verurtheilt ist, wird in ein Besserungshaus eingesperrt: er wird daselbst zu einer der in diesem Hause eingeführten Arbeiten, nach seiner Wahl, gebraucht. — Die Dauer dieser Strafe soll wenigstens sechs Tage, und höchstens fünf Jahre betragen; vorbehaltlich der Wiederholungs- und anderer Fälle, wo das Gesetz andere Grenzen bestimmt hat. — Die Gefängnißstrafe von einem Tage dauert vierundzwanzig Stunden. — Die von einem Monat dauert dreißig Tage.

41. Der Ertrag der Arbeit eines wegen eines zuchtpolizeilichen Vergehens Verhafteten wird theils zu den allgemeinen Ausgaben des Hauses, theils dazu verwendet, um ihm einige Erleichterungen zu verschaffen, wenn er dies verdient, theils dazu, um für ihn, für die Zeit, wo er austritt, ein Sparcapital zu bilden; alles dieses den durch Verordnungen der öffentlichen Verwaltung zu erlassenden Bestimmungen gemäß.

42. Die Gerichte können, wenn sie in Zuchtpolizeisachen erkennen, in gewissen Fällen die Ausübung folgender staatsbürgerlichen, Civil- und Familienrechte ganz oder zum Theil untersagen: 1) Des Stimm- und Wahlrechtes; — 2) der Wählbarkeit; — 3) des Rechtes, zu den Verrichtungen der Geschworenen oder zu andern öffentlichen Aemtern oder zu Anstellungen bei der Verwaltung berufen oder ernannt zu werden, oder solche Aemter und Anstellungen zu versehen; — 4) des Rechtes Waffen zu tragen; — 5) des Rechtes, bei Familienberathschlagungen zu stimmen; — 6) des Rechtes, Vormund, oder Curator zu sein, es sei denn über die eigenen Kinder, und blos auf Grund des Gutachtens der Familie; — 7) der Fähigkeit, Sachverständiger zu sein, oder als Zeuge bei Urkunden gebraucht zu werden; — 8) der Fähigkeit, als Zeuge bei Gericht aufzutreten, es sei denn, um daselbst bloße Erklärungen abzugeben.

43. Die Gerichte können jedoch die in dem vorhergehenden Artikel erwähnte Untersagung nur dann aussprechen, wenn dieselbe durch eine besondere Verfügung des Gesetzes erlaubt oder geboten worden ist.

Drittes Capitel.

Von den Strafen und andern Verurtheilungen, welche wegen Verbrechen oder Vergehen verhängt werden können.

44. Die Verweisung unter die Aufsicht der hohen Polizei hat die Wirkung, daß sie der Regierung, so wie den Betheiligten, das Recht gibt, von dem in diesen Zustand versetzten Individuum, nachdem es seine Strafe ausgestanden hat, oder von dessen Vater, Mutter, Vormund oder Curator, falls es minderjährig ist, einen zahlungsfähigen Bürgen für gute Aufführung, und zwar bis zum Betrage der Summe zu fordern, welche durch das Er-

jugement : toute personne pourra être admise à fournir cette caution.— Faute de fournir ce cautionnement, le condamné demeure à la disposition du Gouvernement, qui a le droit d'ordonner, soit l'éloignement de l'individu d'un certain lieu, soit sa résidence continue dans un lieu déterminé de l'un des départemens de l'Empire.

45. En cas de désobéissance à cet ordre, le Gouvernement aura le droit de faire arrêter et détenir le condamné, durant un intervalle de temps qui pourra s'étendre jusqu'à l'expiration du temps fixé pour l'état de la surveillance spéciale.

46. Lorsque la personne mise sous la surveillance spéciale du Gouvernement, et ayant obtenu sa liberté sous caution, aura été condamnée par un arrêt ou jugement devenu irrévocable, pour un ou plusieurs crimes, ou pour un ou plusieurs délits commis dans l'intervalle déterminé par l'acte de cautionnement, les cautions seront contraintes, même par corps, au paiement des sommes portées dans cet acte.—Les sommes recouvrées seront affectées de préférence aux restitutions, aux dommages-intérêts et frais adjugés aux parties lésées par ces crimes ou ces délits.

47. Les coupables condamnés aux travaux forcés à temps et à la reclusion, seront, de plein droit, après qu'ils auront subi leur peine, et pendant toute la vie, sous la surveillance de la haute police de l'État.

48. Les coupables condamnés au bannissement, seront, de plein droit, sous la même surveillance pendant un temps égal à la durée de la peine qu'ils auront subie.

49. Devront être renvoyés sous la même surveillance, ceux qui auront été condamnés pour crimes ou délits qui intéressent la sûreté intérieure ou extérieure de l'État.

50. Hors les cas déterminés par les articles précédens, les condamnés ne seront placés sous la surveillance de la haute police de l'État, que dans le cas où une disposition particulière de la loi l'aura permis.

51. Quand il y aura lieu à restitution, le coupable sera condamné en outre, envers la partie, à des indemnités, dont la détermination est laissée à la justice de la cour ou du tribunal, lorsque la loi ne les aura pas réglées, sans qu'elles puissent jamais être au dessous du quart des restitutions, et sans que la cour ou le tribunal puisse, du consentement même de la partie, en prononcer l'application à une oeuvre quelconque.

52. L'exécution des condamnations à l'amende, aux restitutions, aux dommages-intérêts et aux frais, pourra être poursuivie par la voie de la contrainte par corps.

53. Lorsque des amendes et des frais seront prononcés au profit de l'État, si, après l'expiration de la peine afflictive ou infamante, l'emprisonnement du condamné, pour l'acquit de ces condamnations pécuniaires, a duré une année complète, il pourra, sur la preuve acquise, par les voies de droit, de son absolue insolvabilité, obtenir sa liberté provisoire.—La durée de l'emprisonnement sera réduite à six mois s'il s'agit d'un délit; sauf, dans tous les cas, à reprendre la contrainte par corps, s'il survient au condamné quelque moyen de solvabilité.

54. En cas de concurrence de l'amende ou de la confiscation avec les restitutions et les dommages-intérêts, sur les biens insuffisans du

kenntniß oder das Urtheil zu bestimmen ist: Jedermann kann zur Leistung dieser Bürgschaft zugelassen werden. — Stellt der Verurtheilte diese Bürgschaft nicht, so bleibt er zur Verfügung der Regierung, welche das Recht hat, zu verordnen, daß er sich von einem gewissen Orte entferne, oder sich an einem bestimmten Orte in einem der Departemente des Reichs beständig aufhalte.

45. Im Falle des Ungehorsams gegen diesen Befehl hat die Regierung das Recht, den Verurtheilten verhaften, und während eines Zeitraums einsperren zu lassen, der sich bis zum Ablauf der für den Zustand der besondern Aufsicht bestimmten Zeit erstrecken kann.

46. Ist die unter die besondere Aufsicht der Regierung gesetzte Person, welche gegen Bürgschaftsstellung ihre Freiheit erlangt hat, wegen eines oder mehrerer Verbrechen, oder wegen eines oder mehrerer Vergehen, die sie in dem durch die Verbürgungsurkunde bestimmten Zeitraume begangen hat, durch ein unabänderlich gewordenes Erkenntniß oder Urtheil verurtheilt worden, so werden die Bürgen zur Zahlung der in jener Urkunde bestimmten Summen, selbst durch Personalarrest angehalten. — Die eingetriebenen Summen haften vorzugsweise für die Wiedererstattungen, für den Schadensersatz und die Kosten, welche den durch diese Verbrechen oder Vergehen verletzten Parteien zuerkannt worden sind.

47. Die Schuldigen, welche zu Zwangsarbeiten auf bestimmte Zeit und zur Zuchthausstrafe verurtheilt worden sind, stehen, nachdem sie ihre Strafe ausgestanden haben, während ihrer ganzen Lebenszeit von Rechtswegen unter der Aufsicht der hohen Polizei des Staates.

48. Die Schuldigen, welche zur Verbannung verurtheilt worden sind, stehen während einer Zeit, die der Dauer ihrer ausgestandenen Strafe gleich ist, von Rechtswegen unter der nämlichen Aufsicht.

49. Es müssen unter die nämliche Aufsicht verwiesen werden, diejenigen, die wegen Verbrechen oder Vergehen verurtheilt worden sind, welche die innere oder die äußere Sicherheit des Staates betreffen.

50. Außer den in den vorhergehenden Artikeln bestimmten Fällen werden die Verurtheilten nur in den Fällen unter die Aufsicht der hohen Polizei des Staates gesetzt, wenn eine besondere Verfügung des Gesetzes es erlaubt.

51. Tritt der Fall einer Wiedererstattung ein, so wird der Schuldige außerdem, der Partei gegenüber, zu einer Entschädigung verurtheilt, deren Bestimmung dem richterlichen Ermessen des Gerichtshofes oder Gerichtes überlassen ist, wenn das Gesetz sie nicht bestimmt hat; niemals darf sie aber geringer als der vierte Theil dessen sein, was zurückerstattet werden muß und es darf auch der Gerichtshof oder das Gericht nicht erkennen, selbst nicht mit Einwilligung der Partei, daß sie zu irgend einem Zwecke verwendet werden soll.

52. Die Vollstreckung der Verurtheilungen zu einer Geldbuße, zu Wiedererstattungen, zum Schadensersatze und zu den Kosten kann mittelst Personalarrestes betrieben werden.

53. Ist auf Geldbußen und Kosten zum Vortheile des Staates erkannt worden, so kann der Verurtheilte seine provisorische Freilassung erlangen, wenn er, nach geendigter Leibes- oder entehrenden Strafe, ein volles Jahr lang wegen der Zahlung der Geldbuße und der Kosten in Verhaft gewesen, und sein absolutes Zahlungsunvermögen in gesetzlichem Wege erwiesen ist. — Die Dauer der Gefangenhaltung wird auf sechs Monate beschränkt, wenn es sich von einem Vergehen handelt; vorbehaltlich, in allen Fällen wieder zum Personalarreste zu schreiten, wenn der Verurtheilte wieder zu irgend einem Zahlungsmittel gelangt.

54. Ist auf eine Geldbuße oder auf Confiscation, und zugleich auf Wiedererstattung und auf Schadensersatz erkannt worden, und die Güter des Verurtheilten sind unzurei-

condamné, ces dernières condamnations obtiendront la préférence.

55. Tous les individus condamnés pour un même crime, ou pour un même délit, sont tenus solidairement des amendes, des restitutions, des dommages-intérêts et des frais.

CHAPITRE IV.

Des peines de la récidive, pour crimes et délits.

56. Quiconque ayant été condamné pour crime aura commis un second crime emportant la dégradation civique, sera condamné à la peine du carcan.—Si le second crime emporte la peine du carcan ou le bannissement, il sera condamné à la peine de la reclusion.— Si le second crime entraîne la peine de la reclusion, il sera condamné a la peine des travaux forcés à temps et à la marque;—Si le second crime entraîne la peine des travaux forcés à temps, ou la déportation, il sera condamné à la peine des travaux forcés à perpétuité. — Si le second crime entraîne la peine des travaux forcés à perpétuité, il sera condamné à la peine de mort.

57. Quiconque ayant été condamné pour un crime, aura commis un délit de nature à être puni correctionnellement, sera condamné au *maximum* de la peine portée par la loi, et cette peine pourra être élevée jusqu'au double.

58. Les coupables condamnés correctionnellement à un emprisonnement de plus d'une année, seront aussi, en cas de nouveau délit, condamnés aux *maximum* de la peine portée par la loi, et cette peine pourra être élevée jusqu'au double: ils seront de plus mis sous la surveillance spéciale du Gouvernement, pendant au moins cinq années, et dix ans au plus.

LIVRE SECOND

DES PERSONNES PUNISSABLES, EXCUSABLES OU RESPONSABLES, POUR CRIMES OU POUR DÉLITS.

CHAPITRE UNIQUE.

59. Les complices d'un crime ou d'un délit seront punis de la même peine que les auteurs mêmes de ce crime ou de ce délit, sauf les cas où la loi en aurait disposé autrement.

60. Seront punis comme complices d'une action qualifiée crime ou délit, ceux qui par dons, promesses, menaces, abus d'autorité ou de pouvoir, machinations ou artifices coupables, auront provoqué à cette action, ou donné des instructions pour la commettre; — Ceux qui auront procuré des armes, des instrumens, ou tout autre moyen qui aura servi à l'action, sachant qu'ils devaient y servir; — Ceux qui auront, avec connaissance, aidé ou assisté l'auteur ou les auteurs de l'action, dans les faits qui l'auront préparée ou facilitée, ou dans ceux qui l'auront consommée, sans préjudice des peines qui seront spécialement portées par le présent Code contre les auteurs de com-

chend, so erhalten diese letztern Verurtheilungen den Vorzug.

55. Alle wegen des nämlichen Verbrechens oder wegen des nämlichen Vergehens verurtheilten Individuen haften solidarisch für die Geldbußen, Wiedererstattungen, den Schadensersatz, und die Kosten.

Viertes Capitel.

Von den Strafen im Wiederholungsfalle, bei Verbrechen und Vergehen.

56. Wer, nachdem er wegen eines Verbrechens verurtheilt worden ist, ein zweites Verbrechen begeht, welches den Verlust der staatsbürgerlichen Rechte nach sich zieht, wird zur Strafe des Prangers verurtheilt. — Zieht das zweite Verbrechen die Strafe des Prangers oder die Verbannung nach sich, so wird er zur Zuchthausstrafe verurtheilt. — Zieht das zweite Verbrechen die Zuchthausstrafe nach sich, so wird er zur Strafe der Zwangsarbeiten auf bestimmte Zeit und zur Brandmarkung verurtheilt. — Zieht das zweite Verbrechen die Strafe der Zwangsarbeiten auf bestimmte Zeit oder die Deportation nach sich, so wird er zur Strafe der Zwangsarbeiten auf Lebenszeit verurtheilt. — Zieht das zweite Verbrechen die Strafe der Zwangsarbeiten auf Lebenszeit nach sich, so wird er zum Tode verurtheilt.

57. Wer, nachdem er wegen eines Verbrechens verurtheilt worden ist, sich eines zuchtpolizeilich zu bestrafenden Vergehens schuldig macht, wird zu dem höchsten Grade der durch das Gesetz verhängten Strafe verurtheilt, und diese Strafe kann bis auf das Doppelte erhöht werden.

58. Die Schuldigen, welche zu einem Gefängnisse von mehr als einem Jahre zuchtpolizeilich verurtheilt sind, werden eben so, im Falle eines neuen Vergehens, zum höchsten Grade der durch das Gesetz verhängten Strafe verurtheilt, und diese Strafe kann bis auf das Doppelte erhöht werden: sie werden außerdem, auf wenigstens fünf und höchstens zehn Jahre, unter die besondere Aufsicht der Regierung gesetzt.

Zweites Buch.

Von den Personen, welche wegen Verbrechen oder Vergehen strafbar, entschuldbar, oder verantwortlich sind.

Einziges Capitel.

59. Die Theilnehmer an einem Verbrechen oder Vergehen werden mit der nämlichen Strafe belegt, wie die Urheber dieses Verbrechens oder Vergehens selbst, vorbehaltlich der Fälle, wo das Gesetz darüber ein Anderes bestimmt hat.

60. Als Theilnehmer an einer That, die für ein Verbrechen oder Vergehen erklärt ist, werden diejenigen bestraft, welche durch Geschenke, Versprechungen, Drohungen, Mißbrauch des Ansehens oder der Gewalt, listige Anstiftungen oder sträfliche Kunstgriffe zu dieser That gereizt, oder zu deren Begehung Anweisungen ertheilt haben; — diejenigen, welche Waffen, Werkzeuge, oder irgend ein anderes Mittel, welches zu der Handlung gedient hat, verschafft haben, wissend, daß sie dazu dienen sollten; — diejenigen, die dem Urheber oder den Urhebern der That in den Handlungen wissentlich geholfen oder beigestanden haben, welche die That vorbereitet oder erleichtert, oder in denjenigen, welche sie vollendet haben, unbeschadet der Strafen, die das gegenwärtige Gesetzbuch gegen

plots ou de provocations attentatoires à la sûreté intérieure ou extérieure de l'État, même dans le cas où le crime qui étoit l'objet des conspirateurs ou des provocateurs, n'aurait pas été commis.

61. Ceux qui connaissant la conduite criminelle des malfaiteurs exerçant des brigandages ou des violences contre la sûreté de l'État, la paix publique, les personnes ou les propriétés, leur fournissent habituellement logement, lieu de retraite ou de réunion, seront punis comme leurs complices.

62. Ceux qui sciemment auront recélé, en tout ou en partie, des choses enlevées, détournées ou obtenues à l'aide d'un crime ou d'un délit, seront aussi punis comme complices de ce crime ou délit.

63. Néanmoins, et à l'égard des recéleurs désignés dans l'article précédent, la peine de mort, des travaux forcés à perpétuité, ou de la déportation, lorsqu'il y aura lieu, ne leur sera appliquée qu'autant qu'ils seront convaincus d'avoir eu, au temps du recélé, connaissance des circonstances auxquelles la loi attache les peines de ces trois genres: sinon ils ne subiront que la peine des travaux forcés à temps.

64. Il n'y a ni crime ni délit, lorsque le prévenu était en état de démence au temps de l'action, ou lorsqu'il a été contraint par une force à laquelle il n'a pu résister.

65. Nul crime ou délit ne peut être excusé, ni la peine mitigée, que dans les cas et dans les circonstances où la loi déclare le fait excusable, ou permet de lui appliquer une peine moins rigoureuse.

66. Lorsque l'accusé aura moins de seize ans, s'il est décidé qu'il a agi *sans discernement*, il sera acquité; mais il sera, selon les circonstances, remis à ses parens, ou conduit dans une maison de correction, pour y être élevé et détenu pendant tel nombre d'années que le jugement déterminera, et qui toutefois ne pourra excéder l'époque où il aura accompli sa vingtième année.

67. S'il est décidé qu'il a agi *avec discernement*, les peines seront prononcées ainsi qu'il suit: — S'il a encouru la peine de mort, des travaux forcés à perpétuité, ou de la déportation, il sera condamné à la peine de dix à vingt ans d'emprisonnement dans une maison de correction; — S'il a encouru la peine des travaux forcés à temps, ou de la réclusion, il sera condamné à être renfermé dans une maison de correction pour un temps égal au tiers au moins et à la moitié au plus de celui auquel il aurait pu être condamné à l'une de ces peines. — Dans tous ces cas, il pourra être mis, par l'arrêt ou le jugement, sous la surveillance de la haute police, pendant cinq ans au moins et dix ans au plus.— S'il a encouru la peine du carcan ou du bannissement, il sera condamné à être enfermé, d'un an à cinq ans, dans une maison de correction.

68. Dans aucun des cas prévus par l'article précédent, le condamné ne subira l'exposition publique.

69. Si le coupable n'a encouru qu'une peine correctionnelle, il pourra être condamné à telle peine correctionnelle qui sera jugée convenable, pourvu qu'elle soit au dessous de la moitié de celle qu'il aurait subie s'il avait eu seize ans.

die Urheber von Complotten oder Aufwiegelungen, durch welche die innere oder äußere Sicherheit des Staates gefährdet wird, selbst in dem Falle besonders verhängt, wo das Verbrechen, welches die Verschwörer oder Aufwiegeler zum Zwecke hatten, nicht begangen worden ist.

61. Diejenigen, die von dem verbrecherischen Betragen der Uebelthäter, welche Räubereien oder Gewaltthätigkeiten gegen die Sicherheit des Staates, die öffentliche Ruhe, die Personen oder das Eigenthum verüben, Kenntniß haben, und ihnen gewöhnlich Aufenthalt, einen Zufluchts- oder Versammlungsort gewähren, werden als Mitschuldige derselben bestraft.

62. Diejenigen, welche gestohlene, bei Seite geschaffte, oder mittelst eines Verbrechens oder Vergehens erlangte Sachen, ganz oder zum Theil wissentlich verhehlen, werden ebenfalls als Theilnehmer an diesem Verbrechen oder Vergehen bestraft.

63. Jedoch findet gegen die in dem vorhergehenden Artikel bezeichneten Hehler die Todesstrafe, die Strafe der Zwangsarbeiten auf Lebenszeit oder der Deportation, wenn sie sonst eintritt, nur dann Anwendung, wenn sie überführt sind, daß sie zur Zeit der Verhehlung von den Umständen Kenntniß gehabt haben, mit welchen das Gesetz diese drei Arten von Strafen verknüpft; im entgegengesetzten Falle erleiden sie nur die Strafe der Zwangsarbeiten auf bestimmte Zeit.

64. Es ist weder Verbrechen noch Vergehen vorhanden, wenn der Beschuldigte sich zur Zeit der That im Zustande des Wahnsinns befand, oder wenn er durch eine Gewalt gezwungen wurde, der er nicht widerstehen konnte.

65. Kein Verbrechen oder Vergehen kann entschuldigt, oder die Strafe gemildert werden, als in den Fällen und unter den Umständen, wo das Gesetz die That für entschuldbar erklärt, oder wo es die Anwendung einer weniger strengen Strafe erlaubt.

66. Ist der Angeklagte noch nicht sechszehn Jahre alt, und es wird entschieden, daß er ohne Unterscheidungsvermögen gehandelt habe, so wird er losgesprochen; er wird aber, den Umständen nach, seinen Eltern zurückgegeben, oder in ein Besserungshaus gebracht, um dort erzogen und so viele Jahre lang, als das Urtheil bestimmt, in Verhaft gehalten zu werden, welche Anzahl von Jahren jedoch über die Zeit nicht hinausgehen darf, wo er sein zwanzigstes Jahr zurückgelegt hat.

67. Wird entschieden, daß er mit Unterscheidungsvermögen gehandelt habe, so werden die Strafen in folgender Art erkannt: — Hat er die Todesstrafe, die Strafe der Zwangsarbeiten auf Lebenszeit, oder der Deportation verwirkt, so wird er zu zehn- bis zwanzigjähriger Gefängnißstrafe in einem Besserungshause verurtheilt. — Hat er die Strafe der Zwangsarbeiten auf bestimmte Zeit, oder Zuchthausstrafe verwirkt, so wird er zur Einsperrung in ein Besserungshaus auf eine Zeit verurtheilt, die wenigstens einem Drittel und höchstens der Hälfte derjenigen Zeit gleich ist, auf welche er zu einer dieser Strafen hätte verurtheilt werden können. — In allen diesen Fällen kann er durch das Erkenntniß oder das Urtheil auf wenigstens fünf und höchstens zehn Jahre unter die Aufsicht der hohen Polizei gesetzt werden. — Hat er die Strafe des Prangers oder der Verbannung verwirkt, so wird er zu ein- bis fünfjähriger Einsperrung in ein Besserungshaus verurtheilt.

68. In keinem der in dem vorhergehenden Artikel vorgesehenen Fälle erleidet der Verurtheilte die öffentliche Ausstellung.

69. Hat der Schuldige nur eine zuchtpolizeiliche Strafe verwirkt, so kann er zu einer zuchtpolizeilichen Strafe verurtheilt werden, welche für angemessen erachtet wird; nur muß sie geringer als die Hälfte derjenigen sein, welche er zu erleiden gehabt hätte, wenn er sechszehn Jahr alt gewesen wäre.

70. Les peines des travaux forcés à perpétuité, de la déportation et des travaux forcés à temps, ne seront prononcées contre aucun individu âgé de soixante-dix ans accomplis au moment du jugement.

71. Ces peines seront remplacées, à leur égard, par celle de la réclusion, soit à perpétuité, soit à temps, et selon la durée de la peine qu'elle remplacera.

72. Tout condamné à la peine des travaux forcés à perpétuité ou à temps, dès qu'il aura atteint l'âge de soixante-dix ans accomplis, en sera relevé, et sera renfermé dans la maison de force pour tout le temps à expirer de sa peine, comme s'il n'eût été condamné qu'à la réclusion.

73. Les aubergistes et hôteliers convaincus d'avoir logé, plus de vingt-quatre heures, quelqu'un qui, pendant son séjour, aurait commis un crime ou un délit, seront civilement responsables des restitutions, des indemnités et des frais adjugés à ceux à qui ce crime ou ce délit aurait causé quelque dommage, faute par eux d'avoir inscrit sur leur registre le nom, la profession et le domicile du coupable; sans préjudice de leur responsabilité dans le cas des articles 1952 et 1953 du Code Napoléon.

74. Dans les autres cas de responsabilité civile qui pourront se présenter dans les affaires criminelles, correctionnelles ou de police, les Cours et Tribunaux devant qui ces affaires seront portées, se conformeront aux dispositions du Code Napoléon, liv. III. titr IV. chap. II.

LIVRE TROISIÈME.

DES CRIMES, DES DÉLITS, ET DE LEUR PUNITION.

TITRE I.

Crimes et délits contre la chose publique.

CHAPITRE I.

Crimes et délits contre la sûreté de l'État.

SECTION I.

Des crimes et des délits contre la sûreté extérieure de l'État.

75. Tout Français qui aura porté les armes contre la France, sera puni de mort. — Ses biens seront confisqués.

76. Quiconque aura pratiqué des machinations ou entretenu des intelligences avec les puissances étrangères ou leurs agens, pour les engager à commettre des hostilités ou entreprendre la guerre contre la France, ou pour leur en procurer les moyens, sera puni de mort, et ses biens seront confisqués. — Cette disposition aura lieu dans le cas même où lesdites machinations ou intelligences n'auraient pas été suivies d'hostilités.

77. Sera également puni de mort et de la confiscation de ses biens, quiconque aura pratiqué des manoeuvres ou entretenu des intelligences avec les ennemis de l'État, à l'effet de faciliter leur

70. Die Strafe der Zwangsarbeiten auf Lebenszeit, der Deportation und der Zwangsarbeiten auf bestimmte Zeit kann gegen Niemanden ausgesprochen werden, der im Augenblicke der Entscheidung volle siebenzig Jahre alt ist.

71. An die Stelle dieser Strafen tritt, in Ansehung ihrer, Zuchthausstrafe auf Lebenszeit oder auf bestimmte Zeit, nach Maßgabe der Dauer der Strafe, welche sie ersetzt.

72. Wer zu Zwangsarbeiten auf Lebenszeit, oder auf bestimmte Zeit verurtheilt worden ist, wird, sobald er das Alter von siebenzig vollen Jahren erreicht hat, davon befreit, und für die ganze Zeit, die an seiner Strafe noch übrig ist, in ein Zwangshaus eingesperrt, als wenn er nur zur Zuchthausstrafe verurtheilt worden wäre.

73. Die Inhaber kleiner und großer Gasthäuser, welche überführt werden, Jemanden, der während seines Aufenthaltes ein Verbrechen oder ein Vergehen begangen hat, länger als vierundzwanzig Stunden beherbergt zu haben, sind für die Wiedererstattungen, Entschädigungen und Kosten civilrechtlich verantwortlich, welche denjenigen zuerkannt werden, denen dieses Verbrechen oder Vergehen einen Schaden zugefügt hat, wenn sie unterlassen haben, die Namen, das Gewerbe und den Wohnort des Schuldigen in ihr Register einzutragen unbeschadet ihrer Verantwortlichkeit in dem Falle der Artikel 1952 und 1953 des Civilgesetzbuches.

74. In den übrigen Fällen civilrechtlicher Verantwortlichkeit, die in Criminal-, Zuchtpolizei- oder Polizeisachen vorkommen können, haben die Gerichtshöfe und Gerichte, vor welche diese Sachen gebracht werden, sich nach den Vorschriften des Civilgesetzbuches, Buch III, Tit. IV, Cap. II, zu richten.

Drittes Buch.

Von Verbrechen, von Vergehen und deren Bestrafung.

Erster Titel.

Verbrechen und Vergehen gegen das öffentliche Wohl.

Erstes Capitel.

Verbrechen und Vergehen gegen die Sicherheit des Staates.

Erster Abschnitt.

Von den Verbrechen und Vergehen gegen die äußere Sicherheit des Staates.

75. Jeder Inländer, der die Waffen gegen den Staat getragen hat, wird mit dem Tode bestraft. — Sein Vermögen wird confiscirt.

76. Wer mit fremden Mächten oder deren Agenten Anschläge entwirft, oder Einverständnisse unterhält, um sie zu bewegen, gegen den Staat Feindseligkeiten zu begehen, oder Krieg anzufangen, oder um ihnen dazu die Mittel zu verschaffen, wird mit dem Tode bestraft, und sein Vermögen wird confiscirt. — Diese Verfügung findet selbst dann Anwendung, wenn auf besagte Anschläge oder Einverständnisse keine Feindseligkeiten erfolgt sind.

77. Es wird ebenfalls mit dem Tode und der Confiscation seines Vermögens bestraft, wer mit den Feinden des Staates verrätherische Anschläge entwirft, oder Einverständnisse unterhält, um ihnen den

entrée sur le territoire et dépendances de l'Empire français, ou de leur livrer des villes, forteresses, places, postes, ports, magasins, arsenaux, vaisseaux ou bâtimens appartenant à la France, ou de fournir aux ennemis des secours en soldats, hommes, argent, vivres, armes ou munitions, ou de seconder les progrès de leurs armes sur les possessions ou contre les forces françaises de terre ou de mer, soit en ébranlant la fidélité des officiers, soldats, matelots ou autres, envers l'Empereur et l'État, soit de toute autre manière.

78. Si la correspondance avec les sujets d'une puissance ennemie, sans avoir pour objet l'un des crimes énoncés en l'article précédent, a néanmoins eu pour résultat de fournir aux ennemis des instructions nuisibles à la situation militaire ou politique de la France ou de ses alliés, ceux qui auront entretenu cette correspondance seront punis du bannissement, sans préjudice de plus fortes peines, dans le cas où ces instructions auraient été la suite d'un concert constituant un fait d'espionnage.

79. Les peines exprimées aux articles 76 et 77 seront les mêmes, soit que les machinations ou manoeuvres énoncées en ces articles aient été commises envers la France, soit qu'elles l'aient été envers les alliés de la France, agissant contre l'ennemi commun.

80. Sera puni des peines exprimées en l'article 76, tout fonctionnaire public, tout agent du Gouvernement, ou tout autre personne qui, chargée ou instruite officiellement ou à raison de son état, du secret d'une négociation ou d'une expédition, l'aura livré aux agens d'une puissance étrangère ou de l'ennemi.

81. Tout fonctionnaire public, tout agent, tout préposé du Gouvernement, chargé, à raison de ses fonctions, du dépôt des plans de fortifications, arsenaux, ports ou rades, qui aura livré ces plans ou l'un de ces plans à l'ennemi ou aux agens de l'ennemi, sera puni de mort, et ses biens seront confisqués. — Il sera puni du bannissement, s'il a livré ces plans aux agens d'une puissance étrangère, neutre ou alliée.

82. Toute autre personne qui, étant parvenue, par corruption, fraude ou violence, à soustraire lesdits plans, les aura livrés ou à l'ennemi ou aux agens d'une puissance étrangère, sera punie comme le fonctionnaire ou agent mentionné dans l'article précédent, et selon les distinctions qui y sont établies. — Si lesdits plans se trouvaient, sans le préalable emploi de mauvaises voies, entre les mains de la personne qui les a livrés, la peine sera, au premier cas mentionné dans l'article 81, la déportation; — Et au second cas du même article, un emprisonnement de deux à cinq ans.

83. Quiconque aura recélé, ou aura fait recéler les espions ou les soldats ennemis envoyés à la découverte et qu'il aura connus pour tels, sera condamné à la peine de mort.

84. Quiconque aura par des actions hostiles non approuvées par le Gouvernement, exposé l'État à une déclaration de guerre, sera puni du bannissement; et si la guerre s'en est suivie, de la déportation.

85. Quiconque aura, par des actes non approuvés par le Gou-

Eintritt in das Gebiet und die Dependenzien des Reiches zu erleichtern, oder um ihnen Städte, Festungen, Plätze, Posten, Häfen, Magazine, Zeughäuser, Kriegsschiffe oder Fahrzeuge, welche dem Staate gehören, zu überliefern, oder um den Feinden mit Soldaten, Mannschaft, Geld, Lebensmitteln, Waffen oder Kriegsbedürfnissen Hülfe zu leisten, oder um die Fortschritte ihrer Waffen in den inländischen Besitzungen oder gegen die Land- oder Seemacht des Staates zu begünstigen, es geschehe dadurch, daß die Treue der Officiere, Soldaten, Matrosen, oder Anderer gegen den Kaiser und den Staat wankend gemacht wird, oder auf irgend eine andere Art.

78. Hat die Correspondenz mit den Unterthanen einer feindlichen Macht, ohne eines der in dem vorhergehenden Artikel angeführten Verbrechen zum Gegenstande zu haben, gleichwohl den Erfolg gehabt, daß die Feinde dadurch Nachrichten erhalten haben, welche für die militärische oder politische Lage des Staates oder seiner Alliirten nachtheilig sind, so werden diejenigen, welche eine solche Correspondenz unterhalten haben, mit der Verbannung bestraft, unbeschadet schwererer Strafen, im Falle jene Nachrichten die Folge einer Verabredung gewesen sind, welche das Verbrechen der Spionirung begründet.

79. Die in den Artikeln 76 und 77 enthaltenen Strafen sind die nämlichen, die in diesen Artikeln erwähnten heimlichen oder verrätherischen Anschläge mögen gegen den Staat, oder gegen die Alliirten des Staats, welche wider den gemeinschaftlichen Feind zu Werke gehen, unternommen worden sein.

80. Mit den in dem Artikel 76 enthaltenen Strafen wird belegt, jeder öffentliche Beamte, jeder Agent der Regierung, oder jeder Andere, der mit einer geheimen Unterhandlung oder Unternehmung beauftragt, oder vermöge seines Amtes oder seiner Stellung davon unterrichtet war, und dieses Geheimniß den Agenten einer fremden Macht oder des Feindes verrathen hat.

81. Jeder öffentliche Beamte, jeder Agent, jeder Angestellte der Regierung, dem vermöge seiner Amtsverrichtungen die Aufbewahrung der Plane von Festungswerken, Zeughäusern, Häfen oder Rheden anvertraut ist, und der diese Plane oder einen dieser Plane dem Feinde oder den Agenten des Feindes überliefert, wird mit dem Tode bestraft, und sein Vermögen wird confiscirt. — Er wird mit der Verbannung bestraft, wenn er diese Plane den Agenten einer neutralen oder alliirten fremden Macht überliefert.

82. Jeder Andere, dem es durch Bestechung, List oder Gewaltthätigkeit gelungen ist, besagte Plane zu entwenden, und der sie entweder dem Feinde oder den Agenten einer fremden Macht überliefert, wird gleich dem in dem vorhergehenden Artikel erwähnten Beamten oder Agenten, und nach den dort gemachten Unterscheidungen bestraft. — Befanden sich besagte Plane, ohne vorhergegangene Anwendung schlechter Mittel, in den Händen der Person, die sie überliefert hat, so ist die Strafe, in dem ersten Falle des Artikels 81, die Deportation; — und in dem zweiten Falle des nämlichen Artikels eine Gefängnißstrafe von zwei bis fünf Jahren.

83. Wer feindliche Spione oder auf Kundschaft ausgesandte feindliche Soldaten, die er als solche erkannt hat, verheimlicht oder verheimlichen läßt, wird zur Todesstrafe verurtheilt.

84. Wer durch feindselige, von der Regierung nicht genehmigte, Handlungen den Staat einer Kriegserklärung aussetzt, wird mit der Verbannung, und wenn der Krieg darauf erfolgt ist, mit der Deportation bestraft.

85. Wer durch Handlungen, die von der Regierung nicht genehmigt worden sind, Schuld daran ist, daß gegen Inländer Repressalien ge-

vernement, exposé des Français à éprouver des représailles, sera puni du bannissement.

SECTION II.

Des crimes contre la sûreté intérieure de l'État.

§. 1. Des attentats et complots dirigés contre l'Empereur et sa famille.

86. L'attentat ou le complot contre la vie ou contre la personne de l'Empereur, est crime de lèse-majesté; ce crime est puni comme parricide, et emporte de plus la confiscation des biens.

87. L'attentat ou le complot contre la vie ou la personne des membres de la famille impériale, — L'attentat ou le complot dont le but sera, — Soit de détruire ou de changer le Gouvernement, ou l'ordre de successibilité au trône; — Soit d'exciter les citoyens ou habitans à s'armer contre l'autorité impériale, — Seront punis de la peine de mort et de la confiscation des biens.

88. Il y a attentat dès qu'un acte est commis ou commencé pour parvenir à l'exécution de ces crimes, quoiqu'ils n'aient pas été consommés.

89. Il y a complot dès que la résolution d'agir est concertée et arrêtée entre deux conspirateurs ou un plus grand nombre, quoiqu'il n'y ait pas eu d'attentat.

90. S'il n'y a pas eu de complot arrêté, mais une proposition faite et non agréée d'en former un pour arriver au crime mentionné dans l'article 86, celui qui aura fait une telle proposition sera puni de la réclusion. — L'auteur de toute proposition non agréée tendant à l'un des crimes énoncés dans l'article 87, sera puni du bannissement.

§. 2. Des crimes tendant à troubler l'État par la guerre civile, l'illégal emploi de la force armée, la dévastation et le pillage publics.

91. L'attentat ou le complot dont le but sera, soit d'exciter la guerre civile en armant ou en portant les citoyens ou habitans à s'armer les uns contre les autres, — Soit de porter la dévastation, le massacre et le pillage dans une ou plusieurs communes, — Seront punis de la peine de mort, et les biens des coupables seront confisqués.

92. Seront punis de mort et de la confiscation de leurs biens, ceux qui auront levé ou fait lever des troupes armées, engagé ou enrôlé, fait engager ou enrôler des soldats, ou leur auront fourni ou procuré des armes ou munitions, sans ordre ou autorisation du pouvoir légitime.

93. Ceux qui, sans droit ou motif légitime, auront pris le commandement d'un corps d'armée, d'une troupe, d'une flotte, d'une escadre, d'un bâtiment de guerre, d'une place forte, d'un poste, d'un port, d'une ville; — Ceux qui auront retenu, contre l'ordre du Gouvernement, un commandement militaire quelconque; — Les commandans qui auront tenu leur armée ou troupe rassemblée, après que le licenciement ou la séparation en auront été ordonnées, — Seront punis de la peine de mort, et leurs biens seront confisqués.

94. Toute personne qui, pouvant disposer de la force publique, en aura requis ou ordonné, fait requérir ou ordonner l'action ou l'emploi, contre la levée des gens de

braucht werden, wird mit der Verbannung bestraft.

Zweiter Abschnitt.

Von Verbrechen gegen die innere Sicherheit des Staates.

§. 1. Von Attentaten und Complotten gegen den Kaiser und dessen Familie.

86. Ein Attentat oder Complott gegen das Leben oder gegen die Person des Kaisers ist Verbrechen der beleidigten Majestät; dieses Verbrechen wird gleich dem Elternmorde bestraft, und zieht außerdem die Confiscation des Vermögens nach sich.

87. Das Attentat oder Complott gegen das Leben oder die Person der Glieder der kaiserlichen Familie, — das Attentat oder Complott, dessen Zweck ist, — entweder die Regierung oder die Ordnung der Thronfolge umzustürzen oder zu verändern; — oder die Bürger oder die Einwohner aufzureizen, sich gegen die Kaiserliche Gewalt zu bewaffnen, — werden mit dem Tode und der Confiscation des Vermögens bestraft.

88. Ein Attentat ist vorhanden, sobald eine Handlung begangen oder angefangen wird, um zur Vollziehung dieser Verbrechen zu gelangen, obschon sie nicht vollbracht worden sind.

89. Ein Complott ist vorhanden, sobald der Entschluß zu handeln unter zwei oder mehreren Verschworenen abgeredet und beschlossen ist, obschon noch kein Attentat statt gehabt hat.

90. War kein beschlossenes Complott vorhanden, sondern ist nur der Vorschlag, ein Complott zu bilden, um zu dem in dem Art. 86 erwähnten Verbrechen zu gelangen, gemacht, aber nicht angenommen worden, so wird derjenige, der einen solchen Vorschlag gemacht hat, mit der Zuchthausstrafe belegt. — Der Urheber eines jeden nicht angenommenen Vorschlags, welcher auf eines der in dem Artikel 87 erwähnten Verbrechen abzielt, wird mit der Verbannung bestraft.

§. 2. Von Verbrechen, die dahin zielen, die Ruhe des Staates durch Bürgerkrieg, durch gesetzwidrigen Gebrauch der bewaffneten Macht, durch öffentliche Verheerung und Plünderung zu stören.

91. Das Attentat oder Complott, dessen Zweck ist, einen Bürgerkrieg dadurch zu erregen, daß man die Bürger oder Einwohner gegen einander bewaffnet, oder sie verleitet, sich gegen einander zu bewaffnen, — oder Verheerung, Mord und Plünderung in eine oder mehrere Gemeinden zu bringen, — wird mit dem Tode bestraft, und das Vermögen des Schuldigen wird eingezogen.

92. Es werden mit dem Tode und der Confiscation ihres Vermögens bestraft, diejenigen, welche ohne Befehl oder Ermächtigung der rechtmäßigen Gewalt bewaffnete Truppen ausheben oder ausheben lassen, Soldaten in Sold nehmen oder anwerben, in Sold nehmen oder anwerben lassen, oder ihnen Waffen oder Munition liefern oder verschaffen.

93. Diejenigen, welche, ohne Recht oder rechtmäßige Ursache, sich des Oberbefehls über eine ganze Armee, eine Truppe, eine Flotte, ein Geschwader, ein Kriegsschiff, einen festen Platz, einen Posten, einen Hafen, eine Stadt bemächtigen; — diejenigen, die gegen den Befehl der Regierung irgend ein militärisches Commando beibehalten; — die Commandanten, welche ihre Armee oder ihre Truppe beisammen halten, nachdem die Verabschiedung oder Auflösung derselben befohlen war, — werden mit dem Tode bestraft, und ihr Vermögen wird confiscirt.

94. Wer über die öffentliche Macht verfügen kann, und die Wirksamkeit oder den Gebrauch derselben gegen die gesetzlich angeordnete Aushebung zum Kriegsdienste verlangt

guerre légalement établie, sera punie de la déportation. — Si cette réquisition ou cet ordre ont été suivis de leur effet, le coupable sera puni de mort et ses biens seront confisqués.

95. Tout individu qui aura incendié ou détruit par l'explosion d'une mine, des édifices, magasins, arsenaux, vaisseaux, ou autres propriétés appartenant à l'État, sera puni de mort, et ses biens seront confisqués.

96. Quiconque, soit pour envahir des domaines, propriétés ou deniers publics, places, villes, forteresses, postes, magasins, arsenaux, ports, vaisseaux ou bâtimens appartenant à l'État, soit pour piller ou partager des propriétés publiques ou nationales, ou celles d'une généralité de citoyens, soit enfin pour faire attaque ou résistance envers la force publique agissant contre les auteurs de ces crimes, se sera mis à la tête de bandes armées, ou y aura exercé une fonction ou commandement quelconque, sera puni de mort, et ses biens seront confisqués. — Les mêmes peines seront appliquées à ceux qui auront dirigé l'association, levé ou fait lever, organisé ou fait organiser les bandes, ou leur auront, sciemment et volontairement fourni ou procuré des armes, munitions et instrumens du crime, ou envoyé des convois de subsistances, ou qui auront de toute autre manière pratiqué des intelligences avec les directeurs ou commandans des bandes.

97. Dans le cas ou l'un ou plusieurs des crimes mentionnés aux articles 86, 87 et 91 auront été exécutés ou simplement tentés par une bande, la peine de mort avec confiscation des biens sera appliquée, sans distinction de grades, à tous les individus faisant partie de a bande et qui auront été saisis sur le lieu de la réunion séditieuse. — Sera puni des mêmes peines, quoique non saisi sur le lieu, quiconque aura dirigé la sedition, ou aura exercé dans la bande un emploi ou commandement quelconque.

98. Hors le cas où la réunion séditieuse aurait eu pour objet ou résultat l'un ou plusieurs des crimes énoncés aux articles 86, 87 et 91, les individus faisant partie des bandes, dont il est parlé ci-dessus, sans y exercer aucun commandement ni emploi, et qui auront été saisis sur les lieux, seront punis de la déportation.

99. Ceux qui, connaissant le but et le caractère desdites bandes, leur auront, sans contrainte, fourni des logemens, lieux de retraite ou de réunion, seront condamnés à la peine des travaux forcés à temps.

100. Il ne sera prononcé aucune peine, pour le fait de sédition, contre ceux qui ayant fait partie de ces bandes sans y exercer aucun commandement, et sans y remplir aucun emploi ni fonction, se seront retirés au premier avertissement des autorités civiles ou militaires; ou même depuis, lorsqu'ils n'auront été saisis que hors des lieux de la réunion séditieuse, sans opposer de résistance et sans armes. — Ils ne seront punis, dans ces cas, que des crimes particuliers qu'ils auraient personnellement commis; et néanmoins, ils pourront être renvoyés, pour cinq ans ou au plus jusqu'à dix, sous la surveillance spéciale de la haute police.

101. Sont compris dans le mot *armes,* toutes machines, tous instrumens ou ustensiles tranchans, perçans ou contondans. — Les couteaux et ciseaux de poche, les cannes simples ne seront réputées armes, qu'autant qu'il en aura été fait usage pour tuer, blesser ou frapper.

oder befiehlt, verlangen oder befehlen läßt, wird mit der Deportation bestraft. — Hat eine solche Aufforderung oder ein solcher Befehl seine Wirkung hervorgebracht, so wird der Schuldige mit dem Tode bestraft, und sein Vermögen wird confiscirt.

95. Wer, mittelst Sprengung einer Mine, Gebäude, Magazine, Zeughäuser, Schiffe, oder anderes Eigenthum des Staates in Brand steckt oder zerstört, wird mit dem Tode bestraft und sein Vermögen wird confiscirt.

96. Wer sich an die Spitze bewaffneter Banden stellt, oder eine Verrichtung oder ein Commando irgend einer Art dabei versieht, entweder um sich der Domainen, öffentlichen Eigenthums oder öffentlicher Gelder, oder der dem Staate gehörigen Plätze, Städte, Festungen, Posten, Magazine, Zeughäuser, Häfen, Schiffe oder Fahrzeuge zu bemächtigen, oder um öffentliches oder Nationaleigenthum, oder das einer Gesammtheit von Bürgern, zu plündern oder zu theilen, oder endlich um die öffentliche Macht, welche gegen die Urheber dieser Verbrechen verfährt, anzugreifen, oder ihr Widerstand zu leisten, wird mit dem Tode bestraft, und sein Vermögen wird confiscirt. — Die nämlichen Strafen treffen diejenigen, welche die Zusammenrottung leiten, die Banden anwerben oder anwerben lassen, sie organisiren oder organisiren lassen, oder ihnen wissentlich und freiwillig Waffen, Munition und Werkzeuge des Verbrechens liefern oder verschaffen, oder Zufuhren an Lebensmitteln schicken, oder welche auf irgend eine andere Art mit den Anführern oder Commandanten der Banden Einverständnisse unterhalten.

97. In dem Falle, wo eines oder mehrere der in den Artikeln 86, 87 und 91 erwähnten Verbrechen von einer Bande ausgeführt oder blos versucht worden sind, trifft die Todesstrafe und die Confiscation des Vermögens alle diejenigen, ohne Unterschied der Grade, welche zu der Bande gehören, und auf dem Sammelplatze der Aufrührer ergriffen werden. — Die nämliche Strafe trifft, obgleich er nicht auf dem Platze ergriffen wird, denjenigen, der den Aufruhr leitet, oder in der Bande irgend eine Stelle oder ein Commando versieht.

98. Außer dem Falle, wo die aufrührerische Zusammenrottung eines oder mehrere der in den Artikeln 86, 87 und 91 enthaltenen Verbrechen zum Zwecke oder zur Folge hat, werden die Personen, die zu den erwähnten Banden gehören, ohne dabei irgend ein Commando oder eine Stelle zu versehen, und die an Ort und Stelle ergriffen werden, mit der Deportation bestraft.

99. Diejenigen, welche den Zweck und die eigentliche Beschaffenheit besagter Banden kennen und ihnen, ohne Zwang, Aufenthalt, Zufluchts- oder Versammlungsorte gewähren, werden zu Zwangsarbeiten auf bestimmte Zeit verurtheilt.

100. Es werden wegen Aufruhrs mit keiner Strafe belegt, diejenigen, welche Mitglieder solcher Banden waren, ohne dabei irgend ein Commando auszuüben, und ohne dabei irgend eine Stelle oder Function zu versehen, und die sich auf die erste Warnung der Civil- oder Militärbehörden, oder selbst erst nachher zurückziehen, wenn sie nur außer den Sammelplätzen der Aufrührer, ohne Widerstand entgegen zu setzen und ohne Waffen, ergriffen werden. — Sie werden in diesen Fällen nur wegen der besondern Verbrechen, die sie etwa persönlich begangen haben, bestraft; jedoch können sie auf fünf oder höchstens auf zehn Jahre unter die besondere Aufsicht der hohen Polizei gesetzt werden.

101. Unter dem Worte **Waffen** werden alle schneidende, stechende oder quetschende Maschinen, Werkzeuge oder Geräthe verstanden. — Taschenmesser, Taschenscheeren, einfache Stöcke sind nur in so fern als Waffen zu betrachten, als davon Gebrauch gemacht worden ist, um zu tödten, zu verwunden oder zu schlagen.

Disposition
commune aux deux paragraphes de la présente Section.

102. Seront punis comme coupables des crimes et complots mentionnés dans la présente section, tous ceux qui, soit par discours tenus dans des lieux ou réunions publics, soit par placards affichés, soit par des écrits imprimés, auront excité directement les citoyens ou habitans à les commettre. — Néanmoins, dans le cas où lesdites provocations n'auraient été suivies d'aucun effet, leurs auteurs seront simplement punis du bannissement.

SECTION III.
De la révélation et de la non révélation des crimes qui compromettent la sûreté intérieure ou extérieure de l'État.

103. Toutes personnes qui ayant eu connaissance de complots formés ou de crimes projetés contre la sûreté intérieure ou extérieure de l'État, n'auront pas fait la déclaration de ces complots ou crimes, et n'auront pas révélé au Gouvernement, ou aux autorités administratives ou de police judiciaire, les circonstances qui en seront venues à leur connaissance, le tout dans les vingt-quatre heures qui auront suivi ladite connaissance, seront, lors même qu'elles seraient reconnues exemptes de toute complicité, punies, pour le seul fait de non révélation, de la manière et selon les distinctions qui suivent.

104. S'il s'agit du crime de lèse-majesté, tout individu qui, au cas de l'article précédent, n'aura point fait les déclarations qui y sont prescrites, sera puni de la réclusion.

105. A l'égard des autres crimes ou complots mentionnés au présent chapitre, toute personne qui, en étant instruite, n'aura pas fait les déclarations prescrites par l'art. 103, sera punie d'un emprisonnement de deux à cinq ans, et d'une amende de 500 à 2,000 francs.

106. Celui qui aura eu connaissance desdits crimes ou complots non révélés, ne sera point admis à excuse sur le fondement qu'il ne les aurait point approuvés, ou même qu'il s'y serait opposé et aurait cherché à en dissuader leurs auteurs.

107. Néanmoins, si l'auteur du complot ou crime est époux, même divorcé, ascendant ou descendant, frère ou soeur, ou allié aux mêmes degrés, de la personne prévenue de réticence, celle-ci ne sera point sujète aux peines portées par les articles précédens, mais elle pourra être mise, par l'arrêt ou le jugement, sous la surveillance spéciale de la haute police, pendant un temps qui n'excédera point dix ans.

108. Seront exemptés des peines prononcées contre les auteurs de complots ou d'autres crimes attentatoires à la sûreté intérieure ou extérieure de l'État, ceux des coupables qui, avant toute exécution ou tentative de ces complots ou de ces crimes, et avant toutes poursuites commencées, auront les premiers donné aux autorités mentionnées en l'article 103, connaissance de ces complots ou crimes, et de leurs auteurs ou complices, ou qui, même depuis le commencement des poursuites, auront procuré l'arrestation desdits auteurs ou complices. — Les coupables qui auront donné ces connaissances ou procuré ces arrestations, pourront néanmoins être condamnés à rester pour la vie ou à temps sous la surveillance spéciale de la haute police.

Verfügung,

welche den beiden Paragraphen des gegenwärtigen Abschnitts gemeinschaftlich ist.

102. Es werden als der in dem gegenwärtigen Abschnitte erwähnten Verbrechen und Complotte schuldig bestraft, alle diejenigen, welche durch Reden an öffentlichen Orten, oder in öffentlichen Versammlungen, oder durch Anschlagszettel oder Druckschriften die Bürger oder Einwohner unmittelbar anreizen, sie zu begehen. — Gleichwohl werden in dem Falle, wo diese Aufforderungen von keinem Erfolge gewesen sind, die Urheber derselben blos mit der Verbannung bestraft.

Dritter Abschnitt.

Von der Entdeckung und von der Nichtentdeckung der Verbrechen, welche die innere oder die äußere Sicherheit des Staates gefährden.

103. Wer von Complotten, die gegen die innere oder die äußere Sicherheit des Staates gebildet, oder von Verbrechen, die dagegen entworfen werden, Kenntniß erhält, und von diesen Complotten oder Verbrechen keine Anzeige macht; und nicht der Regierung oder den Verwaltungsbehörden oder denen der gerichtlichen Polizei die Umstände entdeckt, welche darüber zu seiner Kenntniß gelangt sind, und zwar alles dieses innerhalb vierundzwanzig Stunden nach erlangter Kenntniß, wird, selbst wenn er von aller Theilnahme frei befunden wird, wegen der bloßen Nichtentdeckung auf folgende Weise, und nach folgenden Unterscheidungen bestraft.

104. Ist von dem Verbrechen der beleidigten Majestät die Rede, so wird Jeder, der in dem Falle des vorhergehenden Artikels die dort vorgeschriebenen Anzeigen nicht macht, mit dem Zuchthause bestraft.

105. Was die übrigen in dem gegenwärtigen Capitel erwähnten Verbrechen oder Complotte betrifft, so wird Jeder, der davon unterrichtet war, und die in dem Art. 103 vorgeschriebenen Anzeigen nicht gemacht hat, mit einem Gefängnisse von zwei bis fünf Jahren und einer Geldbuße von fünfhundert bis zweitausend Franken bestraft.

106. Wer von den besagten nicht entdeckten Verbrechen oder Complotten Kenntniß gehabt hat, dem dient es nicht zur Entschuldigung, daß er sie nicht gutgeheißen, oder sogar sich dagegen gesetzt und gesucht habe, den Urheber derselben davon abzubringen.

107. Ist gleichwohl der Urheber des Complotts oder des Verbrechens der, wenn auch geschiedene, Ehegatte, oder der Ascendent oder Descendent, der Bruder oder die Schwester, oder der Verschwägerte in den nämlichen Graden der der Verschweigung beschuldigten Person, so ist diese den in den vorhergehenden Artikeln enthaltenen Strafen nicht unterworfen, sie kann aber durch das Erkenntniß oder das Urtheil während eines Zeitraums, welcher nicht über zehn Jahre hinausgehen darf, unter die besondere Aufsicht der hohen Regierung gesetzt werden.

108. Befreit von den gegen die Urheber von Complotten oder andern Verbrechen, welche einen Angriff gegen die innere oder die äußere Sicherheit des Staates enthalten, verhängten Strafen, sind diejenigen der Schuldigen, welche vor jeder Ausführung oder vor jedem Versuche dieser Complotte oder Verbrechen, und bevor irgend eine Verfolgung begonnen hat, den in dem Art. 103 bezeichneten Behörden von diesen Complotten oder Verbrechen, und von deren Urhebern oder Theilnehmern zuerst Nachricht geben, oder welche, selbst nach dem Anfange der Verfolgung, zu der Verhaftung besagter Urheber oder Theilnehmer verhelfen. — Die Schuldigen, die diese Nachrichten gegeben oder zu diesen Verhaftungen verholfen haben, können gleichwohl verurtheilt werden, lebenslänglich, oder auf bestimmte Zeit unter der besondern Aufsicht der hohen Polizei zu bleiben.

CHAPITRE II.

Crimes et délits contre les constitutions de l'Empire.

SECTION I.

Crimes ou délits relatifs à l'exercice des Droits civiques.

109. Lorsque, par attroupement, voies de fait ou menaces, on aura empêché un ou plusieurs citoyens d'exercer leur droits civiques, chacun des coupables sera puni d'un emprisonnement de six mois au moins, et de deux ans au plus, et de l'interdiction du droit de voter et d'être éligible pendant cinq ans au moins et dix ans au plus.

110. Si ce crime a été commis par suite d'un plan concerté pour être exécuté, soit dans tout l'Empire, soit dans un ou plusieurs départemens, soit dans un ou plusieurs arrondissemens communaux, la peine sera le bannissement.

111. Tout citoyen qui, étant chargé, dans un scrutin, du dépouillement des billets contenant les suffrages des citoyens, sera surpris falsifiant ces billets ou en soustrayant de la masse, ou y en ajoutant, ou inscrivant sur les billets des votans non lettrés des noms autres que ceux qui lui auraient été déclarés, sera puni de la peine du carcan.

112. Toutes autres personnes coupables des faits énoncés dans l'article précédent, seront punies d'un emprisonnement de six mois au moins et de deux ans au plus, et de l'interdiction du droit de voter et d'être éligibles pendant cinq ans au moins et dix ans au plus.

113. Tout citoyen qui aura, dans les élections, acheté ou vendu un suffrage à un prix quelconque, sera puni d'interdiction des droits de citoyen et de toute fonction ou emploi public, pendant cinq ans au moins et dix ans au plus. — Seront en outre le vendeur et l'acheteur du suffrage, condamnés chacun à une amende double de la valeur des choses reçues ou promises.

SECTION II.

Attentats à la Liberté.

114. Lorsqu'un fonctionnaire public, un agent ou un préposé du Gouvernement, aura ordonné ou fait quelque acte arbitraire et attentatoire soit à la liberté individuelle, soit aux droits civiques d'un ou de plusieurs citoyens, soit aux Constitutions de l'Empire, il sera condamné à la peine de la dégradation civique. — Si néanmoins il justifie qu'il a agi par ordre de ses supérieurs pour des objets du ressort de ceux-ci, et sur lesquels il leur était dû obéissance hiérarchique, il sera exempt de la peine, laquelle sera, dans ce cas, appliquée seulement aux supérieurs qui auront donné l'ordre.

115. Si c'est un ministre qui a ordonné ou fait les actes ou l'un des actes mentionnés en l'article précédent, et si après les invitations mentionnées dans les articles 63 et 67 du sénatus-consulte du 28 floréal an XII, il a refusé ou négligé de faire réparer ces actes dans les délais fixés par ledit sénatus-consulte, il sera puni du bannissement.

116. Si les ministres prévenus d'avoir ordonné ou autorisé l'acte contraire aux Constitutions, prétendent que la signature à eux imputée leur a été surprise, ils seront tenus, en faisant cesser l'acte,

Zweites Capitel.

Verbrechen und Vergehen gegen die Verfassung des Reiches.

Erster Abschnitt.

Verbrechen und Vergehen in Beziehung auf die Ausübung der staatsbürgerlichen Rechte.

109. Wenn durch Zusammenrottung, Thätlichkeiten oder Drohungen einer oder mehrere Bürger in der Ausübung ihrer staatsbürgerlichen Rechte gehindert werden, so wird Jeder der Schuldigen mit einem Gefängnisse von wenigstens sechs Monaten und höchstens zwei Jahren bestraft, und außerdem wenigstens für fünf und höchstens für zehn Jahre des Rechtes zu wählen oder gewählt zu werden, für verlustig erklärt.

110. Wird dieses Verbrechen zufolge eines Planes begangen, welcher im ganzen Reiche, oder in einem oder mehrern Departementen, oder in einem oder mehrern Gemeindebezirken ausgeführt werden sollte, so ist die Strafe die Verbannung.

111. Jeder Bürger, der bei einer Wahl, die mittelst verschlossener Zettel geschieht, mit der Eröffnung der Zettel, welche die Stimmen der Bürger enthalten, beauftragt ist, und dabei betreten wird, daß er diese Zettel verfälscht, oder deren aus der Masse entwendet, oder deren der Masse hinzusetzt, oder auf die Zettel der Stimmenden, die nicht zu schreiben verstehen, andere Namen schreibt, als die ihm angegeben worden sind, wird mit der Strafe des Prangers belegt.

112. Jeder Andere, welcher der in dem vorhergehenden Artikel erwähnten Handlungen schuldig ist, wird mit einem Gefängnisse von wenigstens sechs Monaten und höchstens zwei Jahren bestraft, und außerdem wenigstens auf fünf und höchstens auf zehn Jahre des Rechtes zu wählen oder gewählt zu werden, für verlustig erklärt.

113. Jeder Bürger, der bei den Wahlen, für irgend einen Preis, eine Stimme kauft oder verkauft wird auf wenigstens fünf und höchstens zehn Jahre der Rechte eines Bürgers und jeder öffentlichen Funktion oder jeder öffentlichen Anstellung für verlustig erklärt. — Außerdem wird der Verkäufer und der Käufer der Stimme, und zwar Jeder von ihnen zu einer Geldbuße verurtheilt, die dem doppelten Werthe der empfangenen oder versprochenen Sachen gleich ist.

Zweiter Abschnitt

Attentate gegen die Freiheit.

114. Wenn ein öffentlicher Beamter, ein Agent oder ein Angestellter der Regierung eine willkürliche, und entweder die individuelle Freiheit, oder die staatsbürgerlichen Rechte eines oder mehrerer Bürger, oder die Verfassung des Reiches verletzende Handlung befiehlt oder vornimmt, so wird er zu der Strafe des Verlustes der staatsbürgerlichen Rechte verurtheilt. — Weiset er jedoch nach, daß er in Sachen, die zum Ressort seiner Vorgesetzten gehören, und in welchen ihnen der Dienstverfassung zufolge Gehorsam geleistet werden mußte, auf deren Befehl gehandelt hat, so ist er von der Strafe befreit, welche in diesem Falle blos die Obern trifft, welche den Befehl gegeben haben.

115. Ist es ein Minister, der die in dem vorhergehenden Artikel erwähnten Handlungen, oder eine derselben befohlen oder vorgenommen hat, und hat er, nach den in den Artikeln 63 und 67 des Senatusconsults vom 28. Floreal Jahres XII erwähnten Einladungen, unterlassen oder verweigert, diese Handlungen in den durch besagtes Senatusconsult festgesetzten Fristen zu verbessern, so wird er mit der Verbannung bestraft.

116. Behaupten die Minister, welche beschuldigt sind, die verfassungswidrigen Handlungen befohlen oder autorisirt zu haben, daß die ihnen zu Last gelegte Unterschrift erschlichen worden sei, so sind sie gehalten, unter Einstellung der Handlung, denjenigen zu benen-

de dénoncer celui qu'ils déclareront auteur de la surprise; sinon ils seront poursuivis personnellement.

117. Les dommages-intérêts qui pourraient être prononcés à raison des attentats exprimés dans l'article 114, seront demandés, soit sur la poursuite criminelle, soit par la voie civile, et seront réglés, eu égard aux personnes, aux circonstances et au préjudice souffert, sans qu'en aucun cas, et quel que soit l'individu lésé, lesdits dommages-intérêts puissent être au dessous de 25 francs pour chaque jour de détention illégale et arbitraire et pour chaque individu.

118. Si l'acte contraire aux Constitutions a été fait d'après une fausse signature du nom d'un ministre ou d'un fonctionnaire public, les auteurs du faux et ceux qui en auront sciemment fait usage seront punis des travaux forcés à temps, dont le maximum sera toujours appliqué dans ce cas.

119. Les fonctionnaires publics chargés de la police administrative ou judiciaire, qui auront refusé ou négligé de déférer à une réclamation légale tendant à constater les détentions illégales et arbitraires, soit dans les maisons destinées à la garde des détenus, soit partout ailleurs, et qui ne justifieront pas de les avoir dénoncées à l'autorité supérieure, seront punis de la dégradation civique, et tenus des dommages-intérêts, lesquels seront réglés comme il est dit dans l'article 117.

120. Les gardiens et concierges des maisons de dépôt, d'arrêt, de justice ou de peine, qui auront reçu un prisonnier sans mandat ou jugement, ou sans ordre provisoire du Gouvernement; ceux qui l'auront retenu ou auront refusé de le représenter à l'officier de police ou au porteur de ses ordres, sans justifier de la défense du procureur impérial ou du juge; ceux qui auront refusé d'exhiber leurs registres à l'officier de police, seront, comme coupables de détention arbitraire, punis de six mois à deux ans d'emprisonnement, et d'une amende de seize à deux cents francs.

121. Seront, comme coupables de forfaiture, punis de la dégradation civique, tout officier de police judiciaire, tous procureurs généraux ou impériaux, tous substituts, tous juges, qui auront provoqué, donné ou signé un jugement, une ordonnance ou un mandat, tendant à la poursuite personnelle ou accusation, soit d'un ministre, soit d'un membre du Sénat, du Conseil d'état ou du Corps Législatif, sans les autorisations prescrites par les constitutions; ou qui, hors les cas de flagrant délit ou de clameur publique, auront, sans les mêmes autorisations, donné ou signé l'ordre ou le mandat de saisir ou arrêter un ou plusieurs ministres, ou membres du Sénat, du Conseil d'état ou du Corps Législatif.

122. Seront aussi punis de la dégradation civique les procureurs généraux ou impériaux, leurs substituts, les juges ou les officiers publics qui auront retenu ou fait retenir un individu hors des lieux déterminés par le Gouvernement ou par l'administration publique, ou qui auront traduit un citoyen devant une cour d'assises ou une cour spéciale, sans qu'il ait été préalablement mis légalement en accusation.

citiren, den sie für den Urheber der Erschleichung erklären; entgegengesetzten Falles werden sie persönlich verfolgt.

117. Der Schadensersatz, auf welchen wegen der in dem Artikel 114 erwähnten Attentate etwa zu erkennen ist, wird entweder im Criminalverfahren, oder im Civilwege begehrt, und bei Bestimmung desselben wird auf die Personen, auf die Umstände und auf den erlittenen Nachtheil Rücksicht genommen, jedoch so, daß in keinem Falle, und wer auch immer die verletzte Person sein mag, der Schadensersatz unter fünfundzwanzig Franken für jeden Tag gesetzwidriger und willkürlicher Verhaftung für jedes Individuum betragen darf.

118. Ist die verfassungswidrige Handlung vermittelst einer falschen Namensunterschrift eines Ministers oder eines öffentlichen Beamten geschehen, so werden die Urheber der Fälschung und diejenigen, welche wissentlich davon Gebrauch gemacht haben, mit Zwangsarbeiten auf bestimmte Zeit bestraft, deren höchster Grad in diesem Falle eintreten soll.

119. Die mit der Verwaltungs- oder der gerichtlichen Polizei beauftragten öffentlichen Beamten, welche sich weigern oder vernachlässigen, einem gesetzmäßigen Gesuche zu willfahren, welches dahin geht, gesetzwidrige und willkürliche Verhaftungen, entweder in den zur Aufbewahrung der Verhafteten bestimmten Häusern, oder an irgend einem andern Orte festzustellen, und welche nicht beweisen, daß sie solche der höhern Behörde denuncirt haben, werden mit dem Verluste der staatsbürgerlichen Rechte bestraft, und sind zum Ersatze des Schadens gehalten, welcher nach Maßgabe des Artikel 117 bestimmt wird.

120. Die Aufseher und Gefangenwärter in Verwahrungs-, Arrest-, Justizarrest- und Strafhäusern, welche einen Gefangenen ohne Mandat oder Urtheil, oder ohne provisorischen Befehl der Regierung aufnehmen; diejenigen, welche ihn zurückbehalten, oder sich weigern, ihn dem Polizeibeamten, oder dessen Abgeordneten vorzustellen, ohne sich mit einem Verbote des Kaiserlichen Procurators oder des Richters auszuweisen; diejenigen, welche sich weigern, ihre Register dem Polizeibeamten vorzulegen, werden, als der willkürlichen Verhaftung schuldig, mit einem Gefängnisse von sechs Monaten bis zu zwei Jahren, und mit einer Geldbuße von sechszehn bis zu zweihundert Franken bestraft.

121. Es werden, als eines Amtsverbrechens schuldig, mit dem Verluste der staatsbürgerlichen Rechte bestraft, jeder Beamte der gerichtlichen Polizei, alle General- oder Kaiserliche Procuratoren, alle Substitute, alle Richter, welche ein Urtheil, eine Ordonnanz, oder ein Mandat, das auf die persönliche Verfolgung oder Anklage eines Ministers, oder eines Mitgliedes des Senats, des Staatsrathes, oder des gesetzgebenden Körpers gerichtet ist, ohne die nach der Staatsverfassung erforderlichen Autorisationen, nachsuchen, ertheilen oder unterzeichnen; oder welche, außer den Fällen der Ertappung auf frischer That oder der Bezeichnung durch öffentliches Nachrufen, ohne die nämlichen Autorisationen den Befehl oder das Mandat geben oder unterzeichnen, einen oder mehrere Minister, oder Mitglieder des Senats, des Staatsrathes oder des gesetzgebenden Körpers, zu ergreifen oder zu verhaften.

122. Es sollen ebenfalls mit dem Verluste der staatsbürgerlichen Rechte bestraft werden, die General- oder Kaiserlichen Procuratoren, deren Substitute, die Richter oder öffentlichen Beamten, die Jemanden außerhalb der von der Regierung oder der öffentlichen Verwaltung bestimmten Orte in Verhaft halten oder halten lassen, oder die einen Bürger vor einen Assisenhof, oder einen Specialgerichtshof stellen, ohne daß er vorher auf gesetzliche Weise in Anklagestand versetzt worden ist.

SECTION III.

Coalition des Fonctionnaires.

123. Tout concert des mesures contraires aux lois, pratiqué soit par la réunion d'individus ou de corps dépositaires de quelque partie de l'autorité publique, soit par députation ou correspondance entre eux, sera puni d'un emprisonnement de deux mois au moins et de six mois au plus, contre chaque coupable, qui pourra de plus être condamné à l'interdiction des droits civiques, et de tout emploi public, pendant dix ans au plus.

124. Si, par l'un des moyens exprimés ci-dessus, il a été concerté des mesures contre l'exécution des lois ou contre les ordres du Gouvernement, la peine sera le bannissement.—Si ce concert a eu lieu entre les autorités civiles et les corps militaires ou leurs chefs, ceux qui en seront les auteurs ou provocateurs seront punis de la déportation; les autres coupables seront bannis.

125. Dans le cas où ce concert aurait eu pour objet ou résultat un complot attentatoire à la sûreté intérieure de l'État, les coupables seront punis de mort, et leurs biens seront confisqués.

126. Seront coupables de forfaiture, et punis de la dégradation civique,— Les fonctionnaires publics qui auront, par délibération, arrêté de donner des démissions dont l'objet ou l'effet serait d'empêcher ou de suspendre soit l'administration de la justice, soit l'accomplissement d'un service quelconque.

SECTION IV.

Empiétemens des autorités administratives et judiciaires.

127. Seront coupables de forfaiture, et punis de la dégradation civique,—1) Les juges, les procureurs généraux ou impériaux, ou leurs substituts, les officiers de police, qui se seront immiscés dans l'exercice du pouvoir législatif, soit par des réglemens contenant des dispositions législatives, soit en arrêtant ou en suspendant l'exécution d'une ou de plusieurs lois, soit en délibérant sur le point de savoir si les lois seront publiées ou exécutées; — 2) Les juges, les procureurs généraux ou impériaux, ou leurs substituts, les officiers de police judiciaire, qui auraient excédé leur pouvoir, en s'immisçant dans les matières attribuées aux autorités administratives, soit en faisant des réglemens sur ces matières, soit en défendant d'exécuter les ordres émanés de l'administration, ou qui, ayant permis ou ordonné de citer des administrateurs pour raison de l'exercice de leurs fonctions, auraient persisté dans l'exécution de leurs jugemens ou ordonnances, nonobstant l'annullation qui en aurait été prononcée, ou le conflit qui leur aurait été notifié.

128. Les juges qui, sur la revendication formellement faite par l'autorité administrative d'une affaire portée devant eux, auront néanmoins procédé au jugement avant la décision de l'autorité supérieure, seront punis chacun d'une amende de 16 francs au moins et de 150 francs au plus.— Les officiers du ministère public qui auront fait des réquisitions ou donné des conclusions pour ledit jugement seront punis de la même peine.

129. La peine sera d'une amende de 100 francs au moins et de 500 francs au plus, contre chacun des

Dritter Abschnitt.

Gesetzwidrige Vereinigung der Beamten.

123. Jede Verabredung zu gesetzwidrigen Maßregeln, welche mittelst einer Versammlung von Personen, oder von Behörden, denen ein Theil der öffentlichen Gewalt anvertraut ist, oder durch Abgeordnete, oder durch Briefwechsel getroffen wird, wird mit einem Gefängnisse von wenigstens zwei und höchstens sechs Monaten gegen jeden Schuldigen bestraft, welchem außerdem die Ausübung der staatsbürgerlichen Rechte und jedes öffentlichen Amtes, jedoch höchstens zehn Jahre lang, untersagt werden kann.

124. Sind, durch eines der oben erwähnten Mittel, Maßregeln gegen die Vollziehung der Gesetze oder gegen die Befehle der Regierung verabredet worden, so ist die Strafe die Verbannung. — Hat eine solche Verabredung unter Civilbehörden und Militärcorps oder deren Chefs statt, so werden die Urheber oder Anstifter derselben mit der Deportation bestraft; die übrigen Schuldigen werden verbannt.

125. In dem Falle, wo eine solche Verabredung ein Complott gegen die innere Sicherheit des Staates zum Zwecke oder zur Folge hat, werden die Schuldigen mit dem Tode bestraft, und ihr Vermögen wird confiscirt.

126. Eines Amtsverbrechens sind schuldig, und es werden mit dem Verluste der staatsbürgerlichen Rechte bestraft, — die öffentlichen Beamten, die nach vorhergegangener Berathschlagung beschließen, Abdankungen einzureichen, die zum Zwecke oder zur Folge haben, die Verwaltung der Justiz, oder die Erfüllung irgend eines Dienstes zu verhindern, oder zu hemmen.

Vierter Abschnitt.

Eingriffe der Verwaltungs- und gerichtlichen Behörden.

127. Eines Amtsverbrechens sind schuldig, und es werden mit dem Verluste der staatsbürgerlichen Rechte bestraft: 1) Die Richter, die General- oder Kaiserlichen Procuratoren, oder deren Substitute, die Beamten der Polizei, die sich in die Ausübung der gesetzgebenden Gewalt einmischen, sei es nun durch Verordnungen, welche gesetzgebende Verfügungen enthalten, oder dadurch, daß sie die Vollziehung eines oder mehrerer Gesetze verhindern oder hemmen, oder dadurch, daß sie über die Frage berathschlagen, ob die Gesetze verkündigt oder vollzogen werden sollen; — 2) die Richter, die General- oder Kaiserlichen Procuratoren, oder deren Substitute, die Beamten der gerichtlichen Polizei, welche ihre Gewalt überschreiten, indem sie sich in die den Verwaltungsbehörden beigelegten Gegenstände entweder dadurch einmischen, daß sie Verordnungen über dergleichen Gegenstände machen, oder dadurch, daß sie die Vollstreckung der von der Verwaltung ertheilten Befehle verbieten, oder welche die Erlaubniß oder den Befehl ertheilen, Verwalter wegen der Ausübung ihrer Amtsverrichtungen vorzuladen, und auf die Vollstreckung ihrer Urtheile oder Ordonnanzen bestehen, obgleich die Vernichtung derselben ausgesprochen oder ihnen der Conflict bekannt gemacht worden ist.

128. Die Richter, welche in einer vor sie gebrachten Sache, obgleich dieselbe von der Verwaltungsbehörde förmlich reclamirt worden ist, zur Aburtheilung schreiten, bevor die Entscheidung der höhern Behörde erfolgt ist, werden, und zwar Jeder von ihnen, mit einer Geldbuße von wenigstens sechszehn und höchstens hundertfunfzig Franken bestraft. — Die Beamten des öffentlichen Ministeriums, welche zu dem besagten Urtheile Requisitionen gemacht oder Anträge genommen haben, werden mit der nämlichen Strafe belegt.

129. Die Strafe ist eine Geldbuße von wenigstens hundert Franken und höchstens fünfhundert Franken gegen Jeden der Richter, welche

juges qui, après une réclamation légale des parties intéressées ou de l'autorité administrative, auront, sans autorisation du Gouvernement, rendu des ordonnances ou décerné des mandats contre ses agens ou préposés prévenus de crimes ou délits commis dans l'exercice de leurs fonctions. — La même peine sera appliquée aux officiers du ministère public ou de police, qui auront requis lesdites ordonnances ou mandats.

130. Les préfets, sous-préfets, maires et autres administrateurs qui se seront immiscés dans l'exercice du pouvoir législatif, comme il est dit au no. 1.er de l'art. 127, ou qui se seront ingérés de prendre des arrêtés généraux tendant à intimer des ordres ou des défenses quelconques à des cours ou tribunaux, seront punis de la dégradation civique.

131. Lorsque ces administrateurs entreprendront sur les fonctions judiciaires en s'ingérant de connaître des droits et intérêts privés, du ressort des tribunaux, et qu'après la réclamation des parties ou de l'une d'elles, ils auront néanmoins décidé l'affaire, avant que l'autorité supérieure ait prononcé, ils seront punis d'une amende de 16 francs au moins et de 150 francs au plus.

CHAPITRE III.

Crimes et délits contre la paix publique.

SECTION I.

Du Faux.

§. I. Fausse Monnaie.

132. Quiconque aura contrefait ou altéré les monnaies d'or ou d'argent ayant cours légal en France, ou participé à l'émission ou exposition desdites monnaies contrefaites ou altérées, ou à leur introduction sur le territoire français, sera puni de mort, et ses biens seront confisqués.

133. Celui qui aura contrefait ou altéré des monnaies de billon ou de cuivre ayant cours légal en France, ou participé à l'émission ou exposition desdites monnaies contrefaites ou altérées, ou à leur introduction sur le territoire français, sera puni des travaux forcés à perpétuité.

134. Tout individu qui aura, en France, contrefait ou altéré des monnaies étrangères, ou participé à l'émission, exposition ou introduction en France des monnaies étrangères contrefaites, ou altérées, sera puni des travaux forcés à temps.

135. La participation énoncée aux précédens articles ne s'applique point à ceux qui, ayant reçu pour bonnes des pièces de monnaie contrefaites ou altérées, les ont remises en circulation.—Toutefois celui qui aura fait usage desdites pièces après en avoir vérifié ou fait vérifier les vices, sera puni d'une amende triple au moins et sextuple au plus de la somme représentée par les pièces qu'il aura rendues à la circulation, sans que cette amende puisse en aucun cas être inférieure à seize francs.

136. Ceux qui auront eu connaissance d'une fabrique ou d'un dépôt de monnaies d'or, d'argent, de billon ou cuivre ayant cours légal en France, contrefaites ou altérées, et qui n'auront pas, dans les vingt-quatre heures, révélé ce qu'ils savent aux autorités administratives ou de police judiciaire, seront, pour le seul fait de non-révélation, et lors même qu'ils seraient reconnus exempts de toute complicité, punis d'un emprisonnement d'un mois à deux ans.

137. Sont néanmoins exceptés de la disposition précédente les

nach erfolgter gesetzlicher Reclamation der Betheiligten oder der Verwaltungsbehörde, ohne Ermächtigung der Regierung, Ordonnanzen oder Mandate gegen deren Agenten oder Angestellte erlassen, welche beschuldigt sind, in der Ausübung ihrer Amtsverrichtungen Verbrechen oder Vergehen begangen zu haben. — Die nämliche Strafe trifft die Beamten des öffentlichen Ministeriums oder der Polizei, welche besagte Ordonnanzen oder Mandate in Antrag bringen.

130. Die Präfecte, Unterpräfecte, Bürgermeister und sonstige Verwaltungsbeamte, die sich auf die unter der Nummer I. des Art. 127 angegebene Weise in die Ausübung der gesetzgebenden Gewalt einmischen, oder welche sich anmaßen, allgemeine Beschlüsse zu fassen, die zum Zweck haben, Gerichtshöfen oder Gerichten Befehle oder Verbote irgend einer Art zugehen zu lassen, werden mit dem Verluste der staatsbürgerlichen Rechte bestraft.

131. Greifen dergleichen Verwaltungsbeamte in die gerichtlichen Amtsverrichtungen dadurch ein, daß sie sich anmaßen, über Privat-Rechte und Interessen zu erkennen, welche zum Wirkungskreise der Gerichte gehören, und entscheiden sie, ungeachtet einer Reclamation der Parteien oder einer derselben, die Sache dennoch, ehe die höhere Behörde ihren Ausspruch gethan hat, so werden sie mit einer Geldbuße von wenigstens sechszehn und höchstens hundertfunfzig Franken bestraft.

Drittes Capitel.

Verbrechen und Vergehen gegen den öffentlichen Frieden.

Erster Abschnitt.

Von der Fälschung.

§. 1. Falsche Münze.

132. Wer Gold- oder Silbermünzen, die im Inlande gesetzlichen Curs haben, nachmacht oder verfälscht, oder an der Verbreitung oder Umsetzung solcher nachgemachten oder verfälschten Münzen, oder an deren Einführung in das Inland Theil nimmt, wird mit dem Tode bestraft, und sein Vermögen wird confiscirt.

133. Wer Scheide- oder Kupfermünzen, die im Inlande gesetzlichen Curs haben, nachmacht oder verfälscht, oder an der Verbreitung oder Umsetzung solcher nachgemachten oder verfälschten Münzen, oder an deren Einführung in das Inland Theil nimmt, wird mit Zwangsarbeiten auf Lebenszeit bestraft.

134. Wer innerhalb Landes fremde Münzen nachmacht oder verfälscht, oder an der Verbreitung oder Umsetzung solcher nachgemachten oder verfälschten fremden Münzen im Inlande, oder an deren Einführung in das Inland Theil nimmt, wird mit Zwangsarbeiten auf bestimmte Zeit bestraft.

135. Die in den vorhergehenden Artikeln erwähnte Theilnahme ist auf diejenigen nicht anwendbar, welche nachgemachte oder verfälschte Geldstücke, die sie für gut empfangen hatten, wieder in Umlauf gesetzt haben. — Jedoch wird derjenige, der von besagten Stücken Gebrauch macht, nachdem er die Mängel derselben ermittelt hat, oder hat ermitteln lassen, mit einer Geldbuße bestraft, die wenigstens dreimal und höchstens sechsmal so groß ist, als die Summe, welche die wieder in Umlauf gesetzter Geldstücke vorstellen, und die in keinem Falle geringer als sechszehn Franken sein darf.

136. Diejenigen, welche von einer Fabrik oder Niederlage nachgemachter oder verfälschter, im Inlande gesetzlichen Curs habender, Gold-, Silber-, Scheide- oder Kupfermünzen Kenntniß haben, und nicht binnen vierundzwanzig Stunden das, was sie wissen, den Verwaltungsbehörden oder denen der gerichtlichen Polizei entdecken, werden für die bloße Nichtentdeckung, und selbst dann, wenn sie von aller Theilnahme frei befunden werden, mit Gefängniß von einem Monate bis zu zwei Jahren bestraft.

137. Ausgenommen von der vorhergehenden Verfügung sind jedoch

ascendans et descendans, époux même divorcés, et les frères et soeurs des coupables, ou les alliés de ceux-ci aux mêmes degrés.

138. Les personnes coupables des crimes mentionnés aux articles 132 et 133, seront exemptes de peines, si, avant la consommation de ces crimes et avant toutes poursuites, elles en ont donné connaissance et révélé les auteurs aux autorités constituées, ou si, même après les poursuites commencées, elles ont procuré l'arrestation des autres coupables. — Elles pourront néanmoins être mises pour la vie, ou à temps, sous la surveillance spéciale de la haute police.

§. 2. Contrefaction des Sceaux de l'État, des Billets de banque, des Effets publics, et des Poinçons Timbres et Marques.

139. Ceux qui auront contrefait le sceau de l'État ou fait usage du sceau contrefait; — Ceux qui auront contrefait ou falsifié, soit des effets émis par le trésor public avec son timbre, soit des billets de banques autorisées par la loi, ou qui auront fait usage de ces effets et billets contrefaits ou falsifiés, ou qui les auront introduits dans l'enceinte du territoire français, — Seront punis de mort, et leurs biens seront confisqués.

140. Ceux qui auront contrefait ou falsifié, soit un ou plusieurs timbres nationaux, soit les marteaux de l'État servant aux marques forestières, soit le poinçon ou les poinçons servant à marquer les matières d'or ou d'argent, ou qui auront fait usage des papiers, effets, timbres, marteaux ou poinçons falsifiés ou contrefaits, seront punis des travaux forcés à temps, dont le *maximum* sera toujours appliqué dans ce cas.

141. Sera puni de la reclusion, quiconque s'étant indûment procuré les vrais timbres, marteaux ou poinçons ayant l'une des destinations exprimées en l'article 140, en aura fait une application ou usage préjudiciable aux droits ou intérêts de l'État.

142. Ceux qui auront contrefait les marques destinées à être apposées au nom du Gouvernement sur les diverses espèces de denrées ou de marchandises, ou qui auront fait usage de ces fausses marques; — Ceux qui auront contrefait le sceau, timbre ou marque d'une autorité quelconque, ou d'un établissement particulier de banque ou de commerce, ou qui auront fait usage des sceaux, timbres ou marques contrefaits, — Seront punis de la reclusion.

143. Sera puni du carcan, quiconque s'étant indûment procuré les vrais sceaux, timbres ou marques ayant l'une des destinations exprimées en l'article 142, en aura fait une application ou usage préjudiciable aux droits ou intérêts de l'État, d'une autorité quelconque, ou même d'un établissement particulier.

144. Les dispositions des articles 136, 137 et 138, sont applicables aux crimes mentionnés dans l'article 139.

§. 3. Des Faux en écritures publiques ou authentiques, et de commerce ou de banque.

145. Tout fonctionnaire ou officier public qui, dans l'exercice de ses fonctions, aura commis un faux, — Soit par fausses signatures, — Soit par altération des actes, écritures ou signatures, — Soit par sup-

die Ascendenten und Descendenten, die Ehegatten, selbst die geschiedenen, und die Brüder und Schwestern der Schuldigen, oder die Verschwägerten derselben in den nämlichen Graden.

138. Personen, welche der in den Artikeln 132 und 133 erwähnten Verbrechen schuldig sind, sind frei von Strafe, wenn sie, ehe diese Verbrechen vollbracht worden sind, und bevor irgend eine Verfolgung begonnen hat, den Behörden davon Kenntniß geben, und die Urheber entdecken, oder wenn sie selbst nach begonnener Verfolgung zu der Verhaftung der übrigen Schuldigen verhelfen. — Sie können gleichwohl lebenslänglich oder auf bestimmte Zeit unter die besondere Aufsicht der hohen Polizei gesetzt werden.

§. 2. Nachmachung der Staatssiegel, der Bankscheine, der Staatspapiere, der Stempel zu den Gold- und Silberproben, der Papierstempel und der Zeichen.

139. Diejenigen, welche das Staatssiegel nachmachen, oder von dem nachgemachten Siegel Gebrauch machen; — diejenigen, welche entweder Papiere, die der öffentliche Schatz mit seinem Stempel in Umlauf gesetzt hat, oder die Scheine der von dem Gesetze autorisirten Banken nachmachen oder verfälschen, oder die von diesen nachgemachten oder verfälschten Papieren und Scheinen Gebrauch machen, oder die sie in den Umfang des Inlandes einführen, — werden mit dem Tode bestraft, und ihr Vermögen wird confiscirt.

140. Diejenigen, welche entweder einen oder mehrere Nationalstempel, oder die zu den Forstzeichen dienenden Waldhämmer des Staates, oder den oder die zur Bezeichnung der Gold- und Silberproben dienenden Stempel nachmachen oder verfälschen, oder die von den verfälschten oder nachgemachten Papieren, Effekten, Stempeln, Waldhämmern, oder Gold- und Silberstempeln Gebrauch machen, werden mit Zwangsarbeiten auf bestimmte Zeit bestraft, deren **höchster Grad** in diesem Falle allemal zur Anwendung kommt.

141. Mit Zuchthausstrafe wird belegt, wer sich die ächten Stempel, Waldhämmer, oder Gold- und Silberstempel, welche eine der in dem Art. 140 angegebenen Bestimmungen haben, auf eine unerlaubte Art verschafft, und sie zum Nachtheile der Rechte oder Interessen des Staates anwendet oder gebraucht.

142. Diejenigen, welche die Zeichen nachmachen, die dazu bestimmt sind, um im Namen der Regierung auf verschiedene Arten von Lebensmitteln oder Waaren gesetzt zu werden, oder die von diesen falschen Zeichen Gebrauch machen; — diejenigen, welche das Siegel, den Stempel oder das Zeichen irgend einer Behörde, oder einer Privat-Bank- oder Handelsanstalt nachmachen, oder von den nachgemachten Siegeln, Stempeln oder Zeichen Gebrauch machen. — werden mit Zuchthausstrafe belegt.

143. Mit dem Pranger wird bestraft, wer sich die ächten Siegel, Stempel oder Zeichen, welche eine der in dem Art. 142 angegebenen Bestimmungen haben, auf eine unerlaubte Weise verschafft, und sie zum Nachtheile der Rechte oder Interessen des Staates, einer Behörde, oder selbst einer Privatanstalt anwendet oder gebraucht.

144. Die Verfügungen der Artikel 136, 137 und 138 sind auf die in dem Art. 139 erwähnten Verbrechen anwendbar.

§. 3. Von der Fälschung in öffentlichen oder authentischen Schriften, und in Bank- oder Handelspapieren.

145. Jeder öffentliche Beamte, der in der Ausübung seiner Amtsverrichtungen eine Fälschung begeht, — entweder durch falsche Unterschriften, — oder durch Veränderung der Urkunden, der Schriften oder Unterschriften, — oder durch Unterschreibung von Perso-

position de personnes, — Soit par des écritures faites ou intercalées sur des registres ou d'autres actes publics, depuis leur confection ou clôture, — Sera puni des travaux forcés à perpétuité.

146. Sera aussi puni des travaux forcés à perpétuité, tout fonctionnaire ou officier public qui, en rédigeant des actes de son ministère, en aura frauduleusement dénaturé la substance ou les circonstances, soit en écrivant des conventions autres que celles qui auraient été tracées ou dictées par les parties, soit en constatant comme vrais des faits faux, ou comme avoués des faits qui ne l'étaient pas.

147. Seront punies des travaux forcés à temps, toutes autres personnes qui auront commis un faux en écriture authentique et publique, ou en écriture de commerce ou de banque,— Soit par contrefaçon ou altération d'écritures ou de signatures,—Soit par fabrication de conventions, dispositions, obligations ou décharges, ou par leur insertion après coup dans ces actes,—Soit par addition ou altération de clauses, de déclarations ou de faits que ces actes avaient pour objet de recevoir et de constater.

148. Dans tous les cas exprimés au présent paragraphe, celui qui aura fait usage des actes faux sera puni des travaux forcés à temps.

149. Sont exceptés des dispositions ci-dessus, les faux commis dans les passe-ports et feuilles de route, sur lesquels il sera particulièrement statué ci-après.

§. 4. Du faux en écriture privée.

150. Tout individu qui aura, de l'une des manières exprimées en l'article 147, commis un faux en écriture privée, sera puni de la réclusion.

151. Sera puni de la même peine celui qui aura fait usage de la pièce fausse.

152. Sont exceptés des dispositions ci-dessus, les faux certificats de l'espèce dont il sera ci-après parlé.

§. 5. Des Faux commis dans les Passe-ports, Feuilles de route et Certificats.

153. Quiconque fabriquera un faux passe-port ou falsifiera un passe-port originairement véritable, ou fera usage d'un passe-port fabriqué ou falsifié, sera puni d'un emprisonnement d'une année au moins et de cinq ans au plus.

154. Quiconque prendra, dans un passe-port, un nom supposé, ou aura concouru comme témoin à faire délivrer le passe-port sous le nom supposé, sera puni d'un emprisonnement de trois mois à un an.—Les logeurs et aubergistes qui sciemment inscriront sur leurs registres, sous des noms faux ou supposés, les personnes logées chez eux, seront punis d'un emprisonnement de six jours au moins et d'un mois au plus.

155. Les officiers publics qui délivreront un passe-port à une personne qu'ils ne connaîtront pas personnellement, sans avoir fait attester ses noms et qualités par deux citoyens à eux connus, seront punis d'un emprisonnement d'un mois à six mois.—Si l'officier public, instruit de la supposition du nom, a néanmoins délivré le passe-port sous le nom supposé, il sera puni du bannissement.

156. Quiconque fabriquera une fausse feuille de route, ou falsifiera une feuille de route originairement véritable, ou fera usage d'une feuille de route fabriquée ou falsifiée, sera puni, savoir, — D'un emprisonnement d'une année au moins et de

nen, — oder durch Beisätze oder Einschaltungen in öffentliche Register oder andere öffentliche Urkunden, nachdem sie fertig oder geschlossen sind, — wird mit Zwangsarbeiten auf Lebenszeit bestraft.

146. Es wird ebenfalls mit Zwangsarbeiten auf Lebenszeit bestraft, jeder öffentliche Beamte, welcher bei Abfassung der in sein Amt einschlagenden Urkunden das Wesen oder die Umstände derselben betrügerischer Weise verändert, indem er entweder andere Verabredungen niederschreibt, als von den Parteien entworfen oder vorgesagt worden sind, oder indem er falsche Thatsachen als wahr, oder Thatsachen als eingestanden beurkundet, die nicht eingestanden waren.

147. Mit Zwangsarbeit auf bestimmte Zeit werden bestraft, alle andern Personen, die in authentischen und öffentlichen Schriften oder in Handels- oder Bankpapieren eine Fälschung begehen, — entweder durch Nachmachung oder Veränderung von Schriften oder Unterschriften, — oder durch Verfertigung von Verträgen, Verfügungen, verpflichtenden oder befreienden Bekenntnissen, oder dadurch, daß sie dieselben nach der Hand in diese Urkunden einrücken, — oder durch Hinzusetzung oder Veränderung von Clauseln, Erklärungen oder Thatsachen, welche aufzunehmen und festzustellen, Zweck dieser Urkunden war.

148. In allen in dem gegenwärtigen Paragraphen enthaltenen Fällen wird derjenige, der von den falschen Urkunden Gebrauch gemacht hat, mit Zwangsarbeiten auf bestimmte Zeit bestraft.

149. Von den obigen Verfügungen sind die Fälschungen ausgenommen, welche in Pässen und Marschrouten begangen werden, in Ansehung deren unten besondere Bestimmungen erfolgen werden.

§. 4. Von der Fälschung in Privatschriften.

150. Wer auf eine der in dem Artikel 147 bezeichneten Arten eine Fälschung in einer Privatschrift begeht, wird mit Zuchthausstrafe belegt.

151. Mit der nämlichen Strafe wird belegt, wer von der falschen Schrift Gebrauch macht.

152. Ausgenommen von den obigen Verfügungen sind die falschen Certificate der Art, von welcher unten die Rede sein wird.

§. 5. Von Fälschungen, welche in Pässen, Marschrouten und Certificaten begangen werden.

153. Wer einen falschen Paß macht, oder einen ursprünglich ächten Paß verfälscht, oder von einem falschen oder verfälschten Passe Gebrauch macht, wird mit Gefängniß von wenigstens einem Jahre und höchstens fünf Jahren bestraft.

154. Wer in einem Passe einen untergeschobenen Namen annimmt, oder als Zeuge dazu mitwirkt, daß ein Paß unter einem untergeschobenen Namen verabfolgt wird, wird mit Gefängniß von drei Monaten bis zu einem Jahre bestraft. — Zimmervermiether und Gastwirthe, welche die bei ihnen wohnenden Personen unter falschen und untergeschobenen Namen wissentlich in ihre Register einschreiben, werden mit Gefängniß von wenigstens sechs Tagen und höchstens einem Monate bestraft.

155. Oeffentliche Beamte, welche Jemanden, den sie nicht persönlich kennen, einen Paß verabfolgen, ohne daß sie sich dessen Namen und Verhältnisse von zwei ihnen bekannten Bürgern haben bezeugen lassen, werden mit Gefängniß von einem Monate bis zu sechs Monaten bestraft. — Ist der öffentliche Beamte von der Unterschiebung des Namens unterrichtet, und ertheilt er dennoch den Paß unter dem untergeschobenen Namen, so wird er mit der Verbannung bestraft.

156. Wer eine falsche Marschroute macht, oder eine ursprünglich ächte Marschroute verfälscht, oder von einer falschen oder verfälschten Marschroute Gebrauch macht, wird bestraft, — mit Gefängniß von we-

cinq ans au plus, si la fausse feuille de route n'a eu pour objet que de tromper la surveillance de l'autorité publique;—Du bannissement, si le trésor public a payé au porteur de la fausse feuille des frais de route qui ne lui étaient pas dus ou qui excédaient ceux auxquels il pouvait avoir droit, le tout néanmoins au-dessous de cent francs;—Et de la reclusion, si les sommes indûment reçues par le porteur de la feuille s'élèvent à cent francs ou au-delà.

157. Les peines portées en l'article précédent seront appliquées, selon les distinctions qui y sont posées, à toute personne qui se sera fait délivrer, par l'officier public, une feuille de route sous un nom supposé.

158. Si l'officier public était instruit de la supposition de nom lorsqu'il a délivré la feuille, il sera puni, savoir,—Dans le premier cas posé par l'article 156, du bannissement; — Dans le second cas du même article, de la reclusion;—Et dans le troisième cas, des travaux forcés à temps.

159. Toute personne qui, pour se rédimer elle-même ou en affranchir une autre d'un service public quelconque, fabriquera, sous le nom d'un médecin, chirurgien ou autre officier de santé, un certificat de maladie ou d'infirmité, sera punie d'un emprisonnement de deux à cinq ans.

160. Tout médecin, chirurgien ou autre officier de santé qui, pour favoriser quelqu'un, certifiera faussement des maladies ou infirmités propres à dispenser d'un service public, sera puni d'un emprisonnement de deux à cinq ans.—S'il y a été mu par dons ou promesses, il sera puni du bannissement: les corrupteurs seront, en ce cas, punis de la même peine.

161. Quiconque fabriquera, sous le nom d'un fonctionnaire ou officier public, un certificat de bonne conduite, indigence ou autres circonstances propres à appeler la bienveillance du Gouvernement ou des particuliers sur la personne y désignée, et à lui procurer places, crédit ou secours, sera puni d'un emprisonnement de six mois à deux ans. — La même peine sera appliquée, 1) à celui qui falsifiera un certificat de cette espèce, originairement véritable, pour l'approprier à une personne autre que celle à laquelle il a été primitivement délivré; 2) à tout individu qui se sera servi du certificat ainsi fabriqué ou falsifié.

162. Les faux certificats de toute autre nature, et d'où il pourroit résulter soit lésion envers des tiers, soit préjudice envers le trésor public, seront punis, selon qu'il y aura lieu, d'après les dispositions des paragraphes 3 et 4 de la présente section.

Dispositions communes.

163. L'application des peines portées contre ceux qui ont fait usage de monnaies, billets, sceaux, timbres, marteaux, poinçons, marques et écrits faux, contrefaits, fabriqués ou falsifiés, cessera toutes les fois que le faux n'aura pas été connu de la personne qui aura fait usage de la chose fausse.

164. Dans tous les cas où la peine du faux n'est point accompagnée de la confiscation des biens, il sera prononcé contre les coupables une amende dont le *maximum* pourra être porté jusqu'au quart du bénéfice illégitime que le faux aura procuré ou était destiné à procurer aux auteurs du crime, à leurs complices ou à ceux qui ont fait usage de la

nigstens einem Jahre und höchstens fünf Jahren, wenn die falsche Marschroute blos zum Zwecke hatte, die Wachsamkeit der Behörden zu täuschen; — mit der Verbannung, wenn der öffentliche Schatz dem Inhaber der falschen Route Marschkosten bezahlt hat, die ihm nicht gebührten, oder welche die, worauf er etwa Anspruch hatte, überstiegen, Beides aber weniger als hundert Franken beträgt; — und mit Zuchthausstrafe, wenn die von dem Inhaber der Route unrechtmäßig erhobenen Summen sich auf hundert Franken oder höher belaufen.

157. Die in dem vorhergehenden Artikel verhängten Strafen treffen, nach den daselbst aufgestellten Unterscheidungen, Jeden, der sich von einem öffentlichen Beamten eine Marschroute unter einem untergeschobenen Namen geben läßt.

158. War der öffentliche Beamte, als er die Marschroute verabfolgte, von der Unterschiebung des Namens unterrichtet, so wird er bestraft, — in dem ersten Falle des Art. 156 mit der Verbannung; — in dem zweiten Falle des nämlichen Artikels mit Zuchthausstrafe; — und in dem dritten Falle mit Zwangsarbeiten auf bestimmte Zeit.

159. Wer, um sich selbst von irgend einem öffentlichen Dienste loszumachen, oder um einen Andern davon zu befreien, unter dem Namen eines Arztes, Wundarztes oder eines sonstigen Gesundheitsbeamten ein Certificat über eine Krankheit oder Gebrechlichkeit fälschlich anfertigt, wird mit Gefängniß von zwei bis fünf Jahren bestraft.

160. Jeder Arzt, Wundarzt, oder sonstige Gesundheitsbeamte, der, um Jemanden zu begünstigen, Krankheiten oder Gebrechlichkeiten, die dazu geeignet sind, von einem öffentlichen Dienste zu befreien, fälschlich bezeugt, wird mit Gefängniß von zwei bis fünf Jahren bestraft. — Ist er dazu durch Geschenke oder Versprechungen bewogen worden, so wird er mit der Verbannung bestraft: die Bestechenden werden in diesem Falle mit der nämlichen Strafe belegt.

161. Wer unter dem Namen eines öffentlichen Beamten ein Certificat über gute Aufführung, Armuth oder sonstige Umstände fälschlich anfertigt, die dazu geeignet sind, die Regierung oder Privatpersonen zum Wohlwollen gegen die darin bezeichnete Person zu bewegen, und ihr Stellen, Credit oder Unterstützung zu verschaffen, wird mit Gefängniß von sechs Monaten bis zu zwei Jahren bestraft. — Mit der nämlichen Strafe wird belegt, 1) derjenige, welcher ein ursprünglich ächtes Certificat dieser Art verfälscht, um es auf einen Andern, als dem es ursprünglich ertheilt worden ist, passend zu machen; — 2) Jeder, der sich des solchergestalt fälschlich angefertigten oder verfälschten Certificats bedient.

162. Falsche Certificate jeder andern Art, woraus Verletzung für Dritte, oder Nachtheil für den öffentlichen Schatz entspringen könnte, werden, nach Beschaffenheit der Umstände, nach den Verfügungen der Paragraphen 3 und 4 des gegenwärtigen Abschnittes bestraft.

Gemeinschaftliche Verfügungen.

163. Die Strafen, welche gegen diejenigen verhängt sind, die von Münzen, Scheinen, Siegeln, Stempeln, Waldhämmern, Gold- und Silberstempeln, Zeichen und Schriften Gebrauch machen, welche falsch, nachgemacht oder verfälscht sind, finden niemals Anwendung, wenn die Fälschung demjenigen unbekannt war, der von der falschen Sache Gebrauch gemacht hat.

164. In allen Fällen, wo mit der Strafe der Fälschung nicht zugleich die Confiscation des Vermögens verbunden ist, wird gegen die Schuldigen auf eine Geldbuße erkannt, deren höchster Betrag sich auf den vierten Theil des unrechtmäßigen Gewinns erstrecken kann, den die Fälschung den Urhebern des Verbrechens, deren Theilnehmern oder denjenigen, die von dem falschen Stücke Gebrauch ge-

pièce fausse. Le *minimum* de cette amende ne pourra être inférieur à cent francs.

165. La marque sera infligée à tout faussaire condamné soit aux travaux forcés à temps, soit même à la reclusion.

SECTION II.

De la Forfaiture et des Crimes et Délits des Fonctionnaires publics dans l'exercice de leurs fonctions.

166. Tout crime commis par un fonctionnaire public dans ses fonctions, est une forfaiture.

167. Toute forfaiture pour laquelle la loi ne prononce pas de peines plus graves, est punie de la dégradation civique.

168. Les simples délits ne constituent pas les fonctionnaires en forfaiture.

§. 1. Des Soustractions commises par les Dépositaires publics.

169. Tout percepteur, tout commis à une perception, dépositaire ou comptable public, qui aura détourné ou soustrait des deniers publics ou privés, ou effets actifs en tenant lieu, ou des pièces, titres, actes, effets mobiliers qui étaient entre ses mains en vertu de ses fonctions, sera puni des travaux forcés à temps, si les choses détournées ou soustraites sont d'une valeur au-dessus de trois mille francs.

170. La peine des travaux forcés à temps aura lieu également, quelle que soit la valeur des deniers ou des effets détournés ou soustraits, si cette valeur égale ou excède soit le tiers de la recette ou du dépôt, s'il s'agit de deniers ou effets une fois reçus ou déposés, soit le cautionnement, s'il s'agit d'une recette ou d'un dépôt attaché à une place sujette à cautionnement, soit enfin le tiers du produit commun de la recette pendant un mois, s'il s'agit d'une recette composée de rentrées successives et non sujette à cautionnement.

171. Si les valeurs détournees ou soustraites sont au-dessous de trois mille francs, et en outre inférieures aux mesures exprimées en l'article précédent, la peine sera un emprisonnement de deux ans au moins et de cinq ans au plus, et le condamné sera de plus déclaré à jamais incapable d'exercer aucune fonction publique.

172. Dans les cas exprimés aux trois articles précédens, il sera toujours prononcé contre le condamné une amende dont le *maximum* sera le quart des restitutions et indemnités, et le *minimum* le douzième.

173. Tout juge, administrateur, fonctionnaire ou officier public qui aura détruit, supprimé, soustrait ou détourné les actes et titres dont il était dépositaire en cette qualité, ou qui lui auront été remis ou communiqués à raison de ses fonctions, sera puni des travaux forcés à temps. — Tous agens, préposés ou commis, soit du Gouvernement soit des dépositaires publics, qui se seront rendus coupables des mêmes soustractions, seront soumis à la même peine.

macht haben, verschafft hat, oder verschaffen sollte. Der geringste Betrag dieser Geldbuße darf nicht unter hundert Franken sein.

165. Die Brandmarkung trifft jeden Fälscher, der zu Zwangsarbeiten auf bestimmte Zeit oder auch nur zur Zuchthausstrafe verurtheilt worden ist.

Zweiter Abschnitt.

Von den Amtsverbrechen und von Verbrechen und Vergehen der öffentlichen Beamten in Ausübung ihrer Amtsverrichtungen.

166. Jedes Verbrechen, welches ein öffentlicher Beamter in seinen Amtsverrichtungen begeht, ist ein Amtsverbrechen.

167. Jedes Amtsverbrechen, welches das Gesetz nicht mit schärfern Strafen belegt, wird mit dem Verluste der staatsbürgerlichen Rechte bestraft.

168. Bloße Vergehen eines Beamten begründen kein Amtsverbrechen.

§. 1. Von Unterschlagungen, die von öffentlichen Depositarien verübt werden.

169. Jeder öffentliche Einnehmer, jeder bei einer solchen Einnahme Angestellte, jeder öffentliche Depositar oder Rechnungspflichtige, der öffentliche oder Privatgelder, oder Forderungsscheine, die deren Stelle vertreten, oder Schriften, Titel, Urkunden, oder Mobiliareffekten, die er vermöge seiner Amtsverrichtungen in Händen hatte, bei Seite schafft, oder unterschlägt, wird mit Zwangsarbeiten auf bestimmte Zeit bestraft, wenn die bei Seite geschafften oder unterschlagenen Sachen den Werth von dreitausend Franken übersteigen.

170. Die Strafe der Zwangsarbeiten auf bestimmte Zeit findet ebenfalls statt, welches auch immer der Werth der bei Seite geschafften oder unterschlagenen Gelder oder Effekten sein mag, wenn dieser Werth entweder so viel oder mehr beträgt, als ein Drittel des Empfangs oder des Depositums, sofern von einmal empfangenen oder hinterlegten Geldern oder Effekten die Rede ist, oder wenn er so viel oder mehr beträgt, als die Caution, sofern von einem Empfange oder einem Depositum die Rede ist, welches vermöge einer Stelle geschieht, wofür Caution gestellt werden muß, oder endlich, wenn er so viel oder mehr beträgt, als ein Drittel der gewöhnlichen Einnahme während eines Monats, sofern von einem Empfange die Rede ist, der aus nach und nach eingehenden Geldern besteht, und wofür keine Caution gestellt zu werden braucht.

171. Beträgt der Werth der bei Seite geschafften oder unterschlagenen Gegenstände weniger als dreitausend Franken, und ist er außerdem geringer, als die in dem vorhergehenden Artikel festgesetzten verhältnißmäßigen Summen, so ist die Strafe Gefängniß von wenigstens zwei Jahren und höchstens fünf Jahren, und außerdem wird der Verurtheilte auf immer für unfähig erklärt, irgend ein öffentliches Amt zu versehen.

172. In den in den drei vorhergehenden Artikeln erwähnten Fällen wird gegen den Verurtheilten allemal auf eine Geldbuße erkannt, deren höchster Betrag einem Viertel der Wiedererstattungen und Entschädigungen, und deren geringster einem Zwölftel derselben gleich kommt.

173. Jeder Richter, Verwalter, oder öffentlicher Beamte, welcher die Urkunden und Titel, deren Depositar er in dieser Eigenschaft war, oder die ihm mit Rücksicht auf seine Amtsverrichtungen übergeben oder mitgetheilt worden sind, vernichtet, unterdrückt, unterschlägt oder bei Seite schafft, wird mit Zwangsarbeiten auf bestimmte Zeit bestraft. — Alle Agenten, Angestellte oder Beauftragte der Regierung oder der öffentlichen Depositarien, die sich der nämlichen Unterschlagungen schuldig machen, verfallen in die nämliche Strafe.

§. 2. Des Concussions commises par des Fonctionnaires publics.

174. Tous fonctionnaires, tous officiers publics, leurs commis ou préposés, tous percepteurs des droits, taxes, contributions, deniers, revenus publics ou communaux, et leurs commis ou préposés, qui se seront rendus coupables du crime de concussion, en ordonnant de percevoir ou en exigeant ou recevant ce qu'ils savaient n'être pas dû, ou excéder ce qui était dû pour droits, taxes, contributions, deniers ou revenus, ou pour salaires ou traitemens, seront punis, savoir, les fonctionnaires ou les officiers publics, de la peine de la reclusion; et leurs commis ou préposés, d'un emprisonnement de deux ans au moins et de cinq ans au plus. — Les coupables seront de plus condamnés à une amende dont le *maximum* sera le quart des restitutions et des dommages-intérêts, et le *minimum* le douzième.

§. 3. Des Délits des Fonctionnaires qui se seront ingérés dans des Affaires ou Commerces incompatibles avec leur qualité.

175. Tout fonctionnaire, tout officier public, tout agent du Gouvernement, qui, soit ouvertement, soit par actes simulés, soit par interposition de personnes, aura pris ou reçu quelque intérêt que ce soit, dans les actes, adjudications, entreprises ou régies dont il a ou avait, au temps de l'acte en tout ou en partie, l'administration ou la surveillance, sera puni d'un emprisonnement de six mois au moins et de deux ans au plus, et sera condamné à une amende qui ne pourra excéder le quart des restitutions et des indemnités, ni être au-dessous du douzième. — Il sera de plus déclaré à jamais incapable d'exercer aucune fonction publique. — La présente disposition est applicable à tout fonctionnaire ou agent du Gouvernement qui aura pris un intérêt quelconque dans une affaire dont il était chargé d'ordonnancer le paiement ou de faire la liquidation.

176. Tout commandant des divisions militaires, des départemens ou des places et villes, tout préfet ou souspréfet, qui aura, dans l'étendue des lieux où il a droit d'exercer son autorité, fait ouvertement, ou par des actes simulés, ou par interposition de personnes, le commerce des grains, grenailles, farines, substances farineuses, vins ou boissons, autres que ceux provenant de ses propriétés, sera puni d'une amende de cinq cents francs au moins, de dix mille francs au plus, et de la confiscation des denrées appartenant à ce commerce.

§. 4. De la Corruption des Fonctionnaires publics.

177. Tout fonctionnaire public de l'ordre administratif ou judiciaire, tout agent ou préposé d'une administration publique, qui aura agréé des offres ou promesses, ou reçu des dons ou présens pour faire un acte de sa fonction ou de son emploi, même juste, mais non sujet à salaire, sera puni du carcan, et condamné à une amende double de la valeur des promesses agréées ou des choses reçues, sans que ladite amende puisse être inférieure à deux cents francs. — La présente disposition est applicable à tout fonctionnaire, agent ou préposé de la qualité ci-dessus exprimée, qui, par offres ou promesses agréées, dons ou présens reçus, se sera abstenu de faire un

§. 2. Von Erpressungen, die von öffentlichen Beamten verübt werden.

174. Alle öffentlichen Beamten, deren Beauftragte oder Angestellte, alle Empfänger von öffentlichen oder Gemeindegebühren, Taxen, Steuern, Geldern oder Einkünften, und deren Beauftragte oder Angestellte, die sich des Verbrechens der Erpressung schuldig machen, indem sie etwas zu erheben befehlen, oder fordern oder empfangen, wovon sie wissen, daß es nicht gefordert werden kann, oder daß es dasjenige übersteigt, was an Gebühren, Taxen, Steuern, Geldern oder Einkünften, oder an Gehalte oder Besoldung gefordert werden kann, werden, und zwar die öffentlichen Beamten mit Zuchthausstrafe, deren Beauftragte oder Angestellte mit Gefängniß von wenigstens zwei und höchstens fünf Jahren, bestraft. — Die Schuldigen werden außerdem zu einer Geldbuße verurtheilt, deren höchster Betrag einem Viertel der Wiedererstattungen und des Schadensersatzes, und deren geringster einem Zwölftel derselben gleich kommt.

§. 3. Von Vergehen der Beamten, die sich in Geschäfte oder Händel einlassen, welche mit ihrem Amte unverträglich sind.

175. Jeder öffentliche Beamte, jeder Agent der Regierung, der entweder offenbar, oder durch Scheingeschäfte, oder durch Mittelspersonen, irgend einen Antheil an den Geschäften, Versteigerungen, Unternehmungen oder Regien nimmt oder erhält, die zur Zeit des Geschäftes ganz oder zum Theil zu seiner Verwaltung oder Aufsicht gehörten, wird mit Gefängniß von wenigstens sechs Monaten, und höchstens zwei Jahren bestraft, und zu einer Geldbuße verurtheilt, die nicht den vierten Theil der Wiedererstattungen und Entschädigungen übersteigen, und nicht unter einem Zwölftel derselben sein darf. — Außerdem wird er auf immer für unfähig erklärt, irgend ein öffentliches Amt zu versehen. — Die gegenwärtige Verfügung ist auf jeden Beamten oder Agenten der Regierung anwendbar, der irgend einen Antheil an einem Geschäfte nimmt, in Beziehung auf welches er beauftragt ist, die Zahlung anzuweisen, oder die Liquidation zu bewirken.

176. Jeder Commandant einer Militärdivision, eines Departements, eines Platzes oder einer Stadt, jeder Präfect oder Unterpräfect, der in dem Bereiche der Orte, wo er seine Gewalt auszuüben berechtigt ist, offenbar, oder durch Scheingeschäfte, oder durch Mittelspersonen, mit Getreide irgend einer Art, mit Mehl, mehligen Substanzen, Wein oder Getränken handelt, die nicht Erzeugnisse seiner eigenen Besitzungen sind, wird mit einer Geldbuße von wenigstens fünfhundert und höchstens zehntausend Franken und mit der Confiscation der zu diesem Handel gehörigen Lebensmittel bestraft.

§. 4. Von der Bestechung der öffentlichen Beamten.

177. Jeder öffentliche Beamte aus dem Verwaltungs- oder dem gerichtlichen Fache, jeder Agent oder Angestellte einer öffentlichen Verwaltung, welcher Anerbietungen oder Versprechungen annimmt, oder Gaben oder Geschenke empfängt, um eine in sein Amt oder in seine Bedienung einschlagende, wenn auch rechtliche, aber einer Vergütung nicht unterworfene, Handlung vorzunehmen, wird mit dem Pranger bestraft, und zu einer Geldbuße verurtheilt, die dem doppelten Werthe der angenommenen Versprechungen oder der empfangenen Sachen gleich kommt, und in keinem Falle geringer als zweihundert Franken sein darf. — Die gegenwärtige Verfügung ist auf jeden Beamten, Agenten oder Angestellten der hier oben bezeichneten Art anwendbar, der durch angenommene Anerbietungen oder Versprechungen, oder empfangene Gaben oder Geschenke bewogen, sich einer Hand-

acte qui entrait dans l'ordre de ses devoirs.

178. Dans le cas où la corruption aurait pour objet un fait criminel emportant une peine plus forte que celle du carcan, cette peine plus forte sera appliquée aux coupables.

179. Quiconque aura contraint ou tenté de contraindre par voies de fait ou menaces, corrompu ou tenté de corrompre par promesses, offres, dons ou présens, un fonctionnaire, agent ou préposé, de la qualité exprimée en l'article 177, pour obtenir, soit une opinion favorable, soit des procès-verbaux, états, certificats ou estimations contraires à la vérité, soit des places, emplois, adjudications, entreprises ou autres bénéfices quelconques, soit enfin tout autre acte du ministère du fonctionnaire, agent ou préposé, sera puni des mêmes peines que le fonctionnaire, agent ou préposé corrompu. — Toutefois, si les tentatives de contrainte ou corruption n'ont eu aucun effet, les auteurs de ces tentatives seront simplement punis d'un emprisonnement de trois mois au moins et de six mois au plus, et d'une amende de cent à trois cents francs.

180. Il ne sera jamais fait au corrupteur restitution des choses par lui livrées, ni de leur valeur: elles seront confisquées au profit des hospices des lieux où la corruption aura été commise.

181. Si c'est un juge prononçant en matière criminelle, ou un juré qui s'est laissé corrompre, soit en faveur, soit au préjudice de l'accusé, il sera puni de la reclusion, outre l'amende ordonnée par l'article 177.

182. Si, par l'effet de la corruption, il y a eu condamnation à une peine supérieure à celle de la reclusion, cette peine, quelle qu'elle soit, sera appliquée au juge ou juré coupable de corruption.

183. Tout juge ou administrateur qui se sera décidé par faveur pour une partie ou par inimitié contre elle, sera coupable de forfaiture et puni de la dégradation civique.

§. 5. Des Abus d'autorité.

I. CLASSE.

Des Abus d'autorité contre les Particuliers.

184. Tout juge, tout procureur général ou impérial, tout substitut, tout administrateur ou tout autre officier de justice ou de police, qui se sera introduit dans le domicile d'un citoyen hors les cas prévus par la loi et sans les formalités qu'elle a prescrites, sera puni d'une amende de seize francs au moins et de deux cents francs au plus.

185. Tout juge ou tribunal, tout administrateur ou autorité administrative, qui, sous quelque prétexte que ce soit, même du silence ou de l'obscurité de la loi, aura dénié de rendre la justice qu'il doit aux parties, après en avoir été requis, et qui aura persévéré dans son déni, après avertissement ou injonction de ses supérieurs, pourra être poursuivi, et sera puni d'une amende de deux cents francs au moins et de cinq cents francs au plus, et de l'interdiction de l'exercice des fonctions publiques depuis cinq ans jusqu'à vingt.

186. Lorsqu'un fonctionnaire ou un officier public, un administrateur, un agent ou un préposé du Gouvernement ou de la police, un exécuteur des mandats de justice ou jugemens, un commandant en chef ou en sous-ordre de la force publi-

lung enthält, die er seinen Pflichten gemäß vornehmen mußte.

178. In dem Falle, wo die Bestechung eine verbrecherische That zum Zwecke hat, die eine härtere Strafe, als die des Prangers nach sich zieht, trifft die Schuldigen diese härtere Strafe.

179. Wer einen Beamten, Agenten oder Angestellten, von der in dem Artikel 177 bezeichneten Art, durch Thätlichkeiten oder Drohungen zwingt oder zu zwingen versucht, oder durch Versprechungen, Anerbietungen, Gaben oder Geschenke besticht oder zu bestechen versucht, um entweder eine günstige Meinung, oder wahrheitswidrige Protokolle, Darstellungen, Certificate oder Schätzungen, oder um Stellen, Aemter, Zuschläge, Unternehmungen oder sonstige Vortheile, oder endlich um irgend eine andere, zu den Amtsverrichtungen des Beamten, Agenten oder Angestellten gehörige Handlung zu erwirken, wird mit den nämlichen Strafen belegt, wie der bestochene Beamte, Agent oder Angestellte. — Sind jedoch die Versuche des Zwanges oder der Bestechung ohne alle Wirkung geblieben, so werden die Urheber dieser Versuche blos mit Gefängniß von wenigstens drei und höchstens sechs Monaten, und mit einer Geldbuße von hundert bis zu dreihundert Franken bestraft.

180. Dem Bestecher werden niemals die von ihm gegebenen Sachen, oder deren Werth, zurückgegeben: sie werden zum Vortheil der Spitäler der Orte, wo die Bestechung verübt worden ist, confiscirt.

181. Ist es ein Richter, welcher in einer Criminalsache erkennt, oder ein Geschworener, der sich zu Gunsten oder zum Nachtheile des Angeklagten hat bestechen lassen, so wird er, außer der in dem Art. 177 festgesetzten Geldbuße, mit der Zuchthausstrafe belegt.

182. Hat, in Folge der Bestechung, die Verurtheilung zu einer höhern Strafe, als der des Zuchthauses, statt gefunden, so trifft diese Strafe, welche sie auch sei, den bestochenen Richter oder Geschworenen.

183. Jeder Richter oder Verwaltungsbeamte, der sich aus Gunst für eine Partei, oder aus Feindschaft gegen sie entscheidet, ist eines Amtsverbrechens schuldig, und wird mit dem Verluste der staatsbürgerlichen Rechte bestraft.

§. 5. Von dem Mißbrauche der Gewalt.

Erste Classe.

Von dem Mißbrauche der Gewalt gegen Privatpersonen.

184. Jeder Richter, jeder General- oder Kaiserliche Procurator, jeder Substitut, jeder Verwaltungs- oder jeder andere Justiz- oder Polizeibeamte, der sich außer den in dem Gesetze vorgesehenen Fällen, und ohne die darin vorgeschriebenen Förmlichkeiten, in die Wohnung eines Bürgers eindrängt, wird mit einer Geldbuße von wenigstens sechszehn und höchstens zweihundert Franken bestraft.

185. Jeder Richter, der jedes Gericht, jeder Verwaltungsbeamte oder jede Verwaltungsbehörde, die unter irgend einem Vorwande, selbst unter dem des Schweigens oder der Dunkelheit des Gesetzes, den Parteien die Rechtsprechung, zu welcher sie verpflichtet sind, versagen, nachdem sie darum angerufen sind, und die bei ihrer Weigerung beharren, nachdem von ihren Oberen eine Erinnerung oder Anweisung an sie ergangen ist, können verfolgt werden, und sind mit einer Geldbuße von wenigstens zweihundert und höchstens fünfhundert Franken, und mit der Untersagung der Ausübung öffentlicher Amtsverrichtungen auf fünf bis zwanzig Jahre lang zu bestrafen.

186. Wenn ein öffentlicher Beamter, ein Verwalter, ein Agent, oder ein Angestellter der Regierung, oder der Polizei, ein Vollstrecker gerichtlicher Befehle oder Urtheile, ein Ober- oder Unterbefehlshaber der öffentlichen Macht in der Ausübung oder bei Gelegenheit der Ausübung

que, aura, sans motif légitime, usé ou fait user de violence envers les personnes, dans l'exercice ou à l'occasion de l'exercice de ses fonctions, il sera puni selon la nature et la gravité de ses violences, et en élevant la peine suivant la règle posée par l'article 198 ci-après.

187. Toute suppression, toute ouverture de lettres confiées à la poste, commise ou facilitée par un fonctionnaire ou un agent du Gouvernement ou de l'administration des postes, sera punie d'une amende de seize francs à trois cents francs. Le coupable sera, de plus, interdit de toute fonction ou emploi public pendant cinq ans au moins et dix ans au plus.

II. CLASSE.

Des Abus d'autorité contre la chose publique.

188. Tout fonctionnaire public, agent ou préposé du Gouvernement, de quelque état et grade qu'il soit, qui aura requis ou ordonné, fait requérir ou ordonner, l'action ou l'emploi de la force publique contre l'exécution d'une loi ou contre la perception d'une contribution légale, ou contre l'exécution soit d'une ordonnance ou mandat de justice, soit de tout autre ordre émané de l'autorité légitime, sera puni de la reclusion.

189. Si cette réquisition ou cet ordre ont été suivis de leur effet, la peine sera la déportation.

190. Les peines énoncées aux articles 188 et 189, ne cesseront d'être applicables aux fonctionnaires ou préposés qui auraient agi par ordre de leurs supérieurs, qu'autant que cet ordre aura été donné par ceux-ci pour des objets de leur ressort, et sur lesquels il leur était dû obéissance hiérarchique; dans ce cas, les peines portées ci-dessus ne seront appliquées qu'aux supérieurs qui les premiers auront donné cet ordre.

191. Si, par suite desdits ordres ou réquisitions, il survient d'autres crimes punissables de peines plus fortes que celles exprimées aux articles 188 et 189, ces peines plus fortes seront appliquées aux fonctionnaires, agens ou préposés coupables d'avoir donné lesdits ordres ou fait lesdites réquisitions.

§. 6. De quelques Délits relatifs à la tenue des Actes de l'état civil.

192. Les officiers de l'état civil qui auront inscrit leurs actes sur de simples feuilles volantes, seront punis d'un emprisonnement d'un mois au moins et de trois mois au plus, et d'une amende de seize francs à deux cents francs.

193. Lorsque, pour la validité d'un mariage, la loi prescrit le consentement des pères, mères ou autres personnes, et que l'officier de l'état civil ne se sera point assuré de l'existence de ce consentement, il sera puni d'une amende de seize francs à trois cents francs, et d'un emprisonnement de six mois au moins et d'un an au plus.

194. L'officier de l'état civil sera aussi puni de seize francs à trois cents francs d'amende, lorsqu'il aura reçu, avant le terme prescrit par l'article 228 du Code Napoléon, l'acte de mariage d'une femme ayant déjà été mariée.

195. Les peines portées aux articles précédens contre les officiers de l'état civil, leur seront appliquées, lors même que la nullité de leurs actes n'aurait pas été demandée, ou aurait été couverte; le tout sans préjudice de peines plus fortes prononcées en cas de

seiner Amtsverrichtungen ohne rechtmäßige Ursache Gewalt gegen Personen gebraucht oder gebrauchen läßt, so wird er nach Beschaffenheit und der Schwere der verübten Gewalt bestraft, und zwar so, daß die Strafe nach der unten in dem Artikel 198 aufgestellten Regel erhöht wird.

187. Jede Unterschlagung oder Eröffnung der zur Post gegebenen Briefe, welche von einem Beamten oder Agenten der Regierung oder der Postverwaltung begangen oder erleichtert wird, wird mit einer Geldbuße von sechszehn bis zu dreihundert Franken bestraft. Dem Schuldigen wird außerdem die Ausübung jeder öffentlichen Amtsverrichtung oder Bedienung, auf wenigstens fünf und höchstens zehn Jahre, untersagt.

Zweite Classe.

Von dem Mißbrauche der Gewalt gegen den Staat.

188. Jeder öffentliche Beamte, Agent oder Angestellte der Regierung, von welchem Stande und Grade er auch sein mag, welcher die Thätigkeit oder Anwendung der öffentlichen Macht gegen die Vollziehung eines Gesetzes, oder gegen die Erhebung einer gesetzlichen Steuer, oder gegen die Vollstreckung einer gerichtlichen Ordonnanz oder eines gerichtlichen Mandats, oder irgend eines andern von der rechtmäßigen Behörde erlassenen Befehls requirirt oder befiehlt, requiriren oder befehlen läßt, wird mit der Zuchthausstrafe belegt.

189. Hat diese Requisition oder dieser Befehl seine Wirkung hervorgebracht, so ist die Strafe die Deportation.

190. Die in den Artikeln 188 und 189 bestimmten Strafen sind nur dann auf die Beamten oder Angestellten, welche etwa auf Befehl ihrer Oberen gehandelt haben, nicht anwendbar, wenn dieser Befehl von Letzteren in Sachen gegeben worden ist, die zu deren Ressort gehören, und in welchen ihnen der Dienstverfassung zufolge Gehorsam geleistet werden mußte; in diesem Falle treffen die oben festgesetzten Strafen nur die Oberen, welche zuerst diesen Befehl gegeben haben.

191. Kommen, in Folge besagter Befehle oder Requisitionen, andere Verbrechen hinzu, welche härtere Strafen, als die in den Artikeln 188 und 189 festgesetzten, nach sich ziehen, so treffen diese härtern Strafen die Beamten, Agenten oder Angestellten, welche schuldig sind, besagte Befehle ertheilt, oder besagte Requisitionen erlassen zu haben.

§. 6. Von einigen Vergehen, die sich auf die Führung der Register des Civilstandes beziehen.

192. Die Civilstandsbeamten, welche ihre Urkunden auf bloße fliegende Blätter schreiben, werden mit Gefängniß von wenigstens einem Monate und von höchstens drei Monaten, und mit einer Geldbuße von sechszehn bis zweihundert Franken bestraft.

193. Schreibt das Gesetz zur Gültigkeit einer Heirath die Einwilligung der Väter, Mütter oder anderer Personen vor, und der Civilstandsbeamte hat sich des Vorhandenseins dieser Einwilligung nicht versichert, so wird er mit einer Geldbuße von sechszehn bis dreihundert Franken, und mit Gefängniß von wenigstens sechs Monaten und höchstens einem Jahre bestraft.

194. Der Civilstandsbeamte wird ebenfalls mit einer Geldbuße von sechszehn bis dreihundert Franken bestraft, wenn er, vor Ablauf der in dem Artikel 228 des Civilgesetzbuches vorgeschriebenen Frist, die Heirathsurkunde einer schon verheirathet gewesenen Frau aufnimmt.

195. Die in den vorhergehenden Artikeln gegen die Civilstandsbeamten verhängten Strafen treffen sie selbst dann, wenn die Nichtigkeitserklärung ihrer Urkunden nicht verlangt worden, oder die Nichtigkeit gedeckt ist; alles unbeschadet der im Falle einer Collusion eintretenden schwerern Strafen, und der übrigen

collusion, et sans préjudice aussi des autres dispositions pénales du titre V. du livre I. du Code Napoléon.

§. 7. De l'Exercice de l'autorité publique illégalement anticipé ou prolongé.

196. Tout fonctionnaire public qui sera entré en exercice de ses fonctions sans avoir prêté le serment, pourra être poursuivi, et sera puni d'une amende de seize francs à cent cinquante francs.

197. Tout fonctionnaire public révoqué, destitué, suspendu ou interdit légalement, qui, après en avoir eu la connaissance officielle, aura continué l'exercice de ses fonctions, ou qui, étant électif ou temporaire, les aura exercées après avoir été remplacé, sera puni d'un emprisonnement de six mois au moins et de deux ans au plus, et d'une amende de cent francs à cinq cents francs. Il sera interdit de l'exercice de toute fonction publique pour cinq ans au moins et dix ans au plus, à compter du jour où il aura subi sa peine: le tout sans préjudice des plus fortes peines portées contre les officiers ou les commandans militaires par l'article 93 du présent Code.

Disposition particulière.

198. Hors les cas où la loi règle spécialement les peines encourues pour crimes ou délits commis par les fonctionnaires ou officiers publics, ceux d'entre eux qui auront participé à d'autres crimes ou délits qu'ils étaient chargés de surveiller ou de réprimer, seront punis comme il suit: — S'il s'agit d'un délit de police correctionnelle, ils subiront toujours le *maximum* de la peine attachée à l'espèce de délit; — Et s'il s'agit de crimes emportant peine afflictive, ils seront condamnés, savoir, — A la reclusion, si le crime emporte contre tout autre coupable la peine du bannissement ou du carcan; — Aux travaux forcés à temps, si le crime emporte contre tout autre coupable la peine de la reclusion; — Et aux travaux forcés à perpétuité, lorsque le crime emportera contre tout autre coupable la peine de la déportation ou celle des travaux forcés à temps. — Au-delà des cas qui viennent d'être exprimés, la peine commune sera appliquée sans aggravation.

SECTION III.

Des Troubles apportés à l'ordre public par les Ministres des cultes dans l'exercice de leur ministère.

§. 1. Des Contraventions propres à compromettre l'état civil des Personnes.

199. Tout ministre d'un culte qui procédera aux cérémonies religieuses d'un mariage, sans qu'il lui ait été justifié d'un acte de mariage préalablement reçu par les officiers de l'état civil, sera, pour la première fois, puni d'une amende de seize francs à cent francs.

200. En cas de nouvelles contraventions de l'espèce exprimée en l'article précédent, le ministre de culte qui les aura commises, sera puni, savoir, — Pour la première récidive, d'un emprisonnement de deux à cinq ans; — Et pour la seconde, de la déportation.

§. 2. Des Critiques, Censures ou Provocations dirigées contre l'Autorité publique dans un discours pastoral prononcé publiquement.

201. Les ministres des cultes qui prononceront, dans l'exercice

Strafverfügungen des Titels V, Buches I. des Civilgesetzbuches.

§. 7. Von der gesetzwidrig anticipirten oder zu lange fortgesetzten Ausübung der öffentlichen Gewalt.

196. Jeder öffentliche Beamte, der seine Amtsverrichtungen antritt, ohne den Eid geleistet zu haben, kann verfolgt werden, und ist mit einer Geldbuße von sechszehn bis hundertfunfzig Franken zu bestrafen.

197. Jeder auf gesetzliche Weise abberufene, abgesetzte, suspendirte oder interdicirte öffentliche Beamte, welcher, nachdem er officielle Kenntniß davon erhalten hat, die Ausübung seiner Amtsverrichtungen fortsetzt, oder der, wenn er gewählt, oder nur auf eine bestimmte Zeit ernannt ist, dieselben noch ausübt, nachdem ein Anderer an seine Stelle ernannt ist, wird mit Gefängniß von wenigstens sechs Monaten und höchstens zwei Jahren, und mit einer Geldbuße von hundert bis fünfhundert Franken bestraft. Es wird ihm die Ausübung jeder öffentlichen Amtsverrichtung auf wenigstens fünf und höchstens zehn Jahre untersagt, und zwar von dem Tage an gerechnet, wo er seine Strafe ausgestanden hat: alles unbeschadet der schwerern Strafen, welche in dem Artikel 93 des gegenwärtigen Gesetzbuches gegen die Officiere und Militärcommandanten verhängt sind

Besondere Verfügung.

198. Außer den Fällen, wo das Gesetz die Strafen besonders bestimmt, welche von öffentlichen Beamten wegen der von ihnen begangenen Verbrechen oder Vergehen verwirkt sind, werden diejenigen unter ihnen, die an andern Verbrechen oder Vergehen Theil nehmen, über welche zu wachen oder welchen Einhalt zu thun sie berufen waren, wie folgt bestraft: — wenn von einem zuchtpolizeilichen Vergehen die Rede ist, so erleiden sie allemal den höchsten Grad der auf diese Art des Vergehens gesetzten Strafe; — und wenn von Verbrechen die Rede ist, die eine Leibesstrafe nach sich ziehen, so werden sie verurtheilt, — zur Zuchthausstrafe, wenn das Verbrechen gegen jeden andern Schuldigen die Strafe der Verbannung oder des Prangers nach sich zieht; — zu Zwangsarbeiten auf bestimmte Zeit, wenn das Verbrechen gegen jeden andern Schuldigen die Strafe des Zuchthauses nach sich zieht; — und zu Zwangsarbeiten auf Lebenszeit, wenn das Verbrechen gegen jeden andern Schuldigen die Strafe der Deportation oder die der Zwangsarbeiten auf bestimmte Zeit nach sich zieht. — Außer den eben bezeichneten Fällen tritt die ordentliche Strafe ohne Schärfung ein.

Dritter Abschnitt.

Von Störungen der öffentlichen Ordnung, die durch Religionsdiener in Ausübung ihrer Verrichtungen geschehen.

§. 1. Von Uebertretungen, durch welche der Civilstand der Personen gefährdet wird.

199. Jeder Diener einer Religion, der zu den religiösen Ceremonien einer Heirath schreitet, ohne daß ihm nachgewiesen worden ist, daß vorher eine Heirathsurkunde von den Beamten des Civilstandes aufgenommen worden sei, wird für das erste Mal mit einer Geldbuße von sechszehn bis hundert Franken bestraft.

200. Im Falle neuer Uebertretungen von der in dem vorhergehenden Artikel bezeichneten Art wird der Religionsdiener bestraft. — für den ersten Wiederholungsfall mit Gefängniß von zwei bis fünf Jahren; — und für den zweiten, mit der Deportation.

§. 2. Von Kritik, Tadel oder Aufwiegelung gegen die öffentliche Gewalt in einer öffentlich gehaltenen Pastoralrede.

201. Religionsdiener, welche bei Ausübung ihrer Verrichtungen, und

de leur ministère, et en assemblée publique, un discours contenant la critique ou censure du Gouvernement, d'une loi, d'un décret impérial ou de tout autre acte de l'autorité publique, seront punis d'un emprisonnement de trois mois à deux ans.

202. Si le discours contient une provocation directe à la désobéissance aux lois ou autres actes de l'autorité publique, ou s'il tend à soulever ou armer une partie des citoyens contre les autres, le ministre du culte qui l'aura prononcé sera puni d'un emprisonnement de deux à cinq ans, si la provocation n'a été suivie d'aucun effet; et du bannissement, si elle a donné lieu à désobéissance, autre toutefois que celle qui aurait dégénéré en sédition ou révolte.

203. Lorsque la provocation aura été suivie d'une sédition ou révolte dont la nature donnera lieu contre l'un ou plusieurs des coupables à une peine plus forte que celle du bannissement, cette peine, quelle qu'elle soit, sera appliquée au ministre coupable de la provocation.

§. 3. Des Critiques, Censures ou Provocations dirigées contre l'Autorité publique dans un écrit pastoral.

204. Tout écrit contenant des instructions pastorales, en quelque forme que ce soit, et dans lequel un ministre de culte se sera ingéré de critiquer ou censurer, soit le Gouvernement, soit tout acte de l'autorité publique, emportera la peine du bannissement contre le ministre qui l'aura publié.

205. Si l'écrit mentionné en l'article précédent contient une provocation directe à la désobéissance aux lois ou autres actes de l'autorité publique, ou s'il tend à soulever ou armer une partie des citoyens contre les autres, le ministre qui l'aura publié sera puni de la déportation.

206. Lorsque la provocation contenue dans l'écrit pastoral aura été suivie d'une sédition ou révolte dont la nature donnera lieu contre l'un ou plusieurs des coupables à une peine plus forte que celle de la déportation, cette peine, quelle qu'elle soit, sera appliquée au ministre coupable de la provocation.

§. 4. De la Correspondance des Ministres des cultes avec des Cours ou Puissances étrangères, sur des matières de religion.

207. Tout ministre d'un culte qui aura, sur des questions ou matières religieuses, entretenu une correspondance avec une cour ou puissance étrangère, sans en avoir préalablement informé le ministre de l'Empereur, chargé de la surveillance des cultes, et sans avoir obtenu son autorisation, sera, pour ce seul fait, puni d'une amende de cent francs à cinq cents francs, et d'un emprisonnement d'un mois à deux ans.

208. Si la correspondance mentionnée en l'article précédent a été accompagnée ou suivie d'autres faits contraires aux dispositions formelles d'une loi ou d'un décret de l'Empereur, le coupable sera puni du bannissement, à moins que la peine résultant de la nature de ces faits ne soit plus forte, auquel cas cette peine plus forte sera seule appliquée.

SECTION IV.

Résistance, Désobéissance et autres Manquemens envers l'Autorité publique.

§. 1. Rebellion.

209. Toute attaque, toute résistance avec violence et voies de

in einer öffentlichen Versammlung eine Rede halten, welche eine Kritik oder einen Tadel der Regierung, eines Gesetzes, eines Kaiserlichen Decretes, oder irgend einer anderen Handlung der öffentlichen Gewalt enthält, werden mit Gefängniß von drei Monaten bis zwei Jahren bestraft.

202. Enthält die Rede eine unmittelbare Aufforderung zum Ungehorsam gegen die Gesetze oder andere Verfügungen der öffentlichen Gewalt, oder hat sie zum Zwecke, einen Theil der Bürger gegen die anderen aufzuwiegeln oder zu bewaffnen, so wird der Religionsdiener, der sie gehalten hat, mit Gefängniß von zwei bis fünf Jahren bestraft, wenn die Aufwiegelung ohne alle Wirkung geblieben ist; und mit der Verbannung, wenn sie zwar Ungehorsam, jedoch keinen solchen veranlaßt hat, der in Aufruhr oder Empörung ausgeartet ist.

203. Hat die Aufwiegelung einen Aufruhr oder eine Empörung zur Folge gehabt, die ihrer Beschaffenheit nach gegen einen oder mehrere der Schuldigen eine schwerere Strafe, als die der Verbannung nach sich zieht, so trifft diese Strafe, welche sie auch sein mag, den Religionsdiener, welcher der Aufwiegelung schuldig ist.

§. 3. Von Kritik, Tadel oder Aufwiegelung gegen die öffentliche Gewalt in einer Pastoralschrift.

204. Jede Pastoralinstructionen enthaltende Schrift, in welcher Form sie auch sein mag, worin ein Religionsdiener sich anmaßt, die Regierung oder irgend eine Verfügung der öffentlichen Gewalt zu kritisiren oder zu tadeln, zieht die Strafe der Verbannung gegen den Religionsdiener, der sie veröffentlicht, nach sich.

205. Enthält die in dem vorhergehenden Artikel erwähnte Schrift eine unmittelbare Aufforderung zum Ungehorsam gegen die Gesetze oder sonstige Verfügungen der öffentlichen Gewalt, oder hat sie zum Zwecke, einen Theil der Bürger gegen die anderen aufzuwiegeln oder zu bewaffnen, so wird der Religionsdiener, der sie veröffentlicht hat, mit der Deportation bestraft.

206. Hat die in der Pastoralschrift enthaltene Aufwiegelung einen Aufruhr oder eine Empörung zur Folge gehabt, die ihrer Beschaffenheit nach gegen einen oder mehrere der Schuldigen eine schwerere Strafe, als die der Deportation, nach sich zieht, so trifft diese Strafe, welche sie auch sein mag, den Religionsdiener, welcher der Aufwiegelung schuldig ist.

§. 4. Von der Correspondenz der Religionsdiener mit fremden Höfen oder Mächten über Religionsgegenstände.

207. Jeder Diener einer Religion, der mit einem fremden Hofe oder mit einer fremden Macht über Fragen oder Gegenstände der Religion eine Correspondenz unterhält, ohne den mit der Aufsicht des Cultus beauftragten Minister des Kaisers vorher davon benachrichtigt, und dessen Erlaubniß erhalten zu haben, wird, blos deswegen, mit einer Geldbuße von hundert bis fünfhundert Franken, und mit Gefängniß von einem Monat bis zu zwei Jahren bestraft.

208. Ist die in dem vorhergehenden Artikel erwähnte Correspondenz von anderen Handlungen, die den ausdrücklichen Verfügungen eines Gesetzes oder Kaiserlichen Decrets zuwider laufen, begleitet, oder hat sie deren zur Folge, so wird der Schuldige mit der Verbannung bestraft, es sei denn, daß die aus der Beschaffenheit solcher Handlungen entspringende Strafe schwerer ist, in welchem Falle diese schwerere Strafe allein zur Anwendung kommt.

Vierter Abschnitt.

Widersetzlichkeit, Ungehorsam, und sonstige Vergehungen gegen die öffentliche Gewalt.

§. 1. Rebellion

209. Jeder Angriff, jeder Widerstand mit Gewalt und Thätlichkei-

fait envers les officiers ministériels, les gardes champêtres ou forestiers, la force publique, les préposés à la perception des taxes et des contributions, leurs porteurs de contraintes, les préposés des douanes, les séquestres, les officiers ou agens de la police administrative ou judiciaire, agissant pour l'exécution des lois, des ordres ou ordonnances de l'autorité publique, des mandats de justice ou jugemens, est qualifiée, selon les circonstances, crime ou délit de rebellion.

210. Si elle a été commise par plus de vingt personnes armées, les coupables seront punis des travaux forcés à temps; et s'il n'y a pas eu port d'armes, ils seront punis de la reclusion.

211. Si la rebellion a été commise par une réunion armée de trois personnes ou plus jusqu'à vingt inclusivement, la peine sera la reclusion; s'il n'y a pas eu port d'armes, la peine sera un emprisonnement de six mois au moins et deux ans au plus.

212. Si la rebellion n'a été commise que par une ou deux personnes, avec armes, elle sera punie d'un emprisonnement de six mois à deux ans; et si elle a eu lieu sans armes, d'un emprisonnement de six jours à six mois.

213. En cas de rebellion avec bande ou attroupement, l'article 100 du présent Code sera applicable aux rebelles sans fonctions ni emplois dans la bande, qui se seront rétirés au premier avertissement de l'autorité publique, ou même depuis, s'ils n'ont été saisis que hors du lieu de la rebellion, et sans nouvelle résistance et sans armes.

214. Toute réunion d'individus pour un crime ou un délit, est réputée réunion armée, lorsque plus de deux personnes portent des armes ostensibles.

215. Les personnes qui se trouveraient munies d'armes cachées, et qui auraient fait partie d'une troupe ou réunion non réputée armée, seront individuellement punies comme si elles avaient fait partie d'une troupe ou réunion armée.

216. Les auteurs des crimes et délits commis pendant le cours et à l'occasion d'une rebellion, seront punis des peines prononcées contre chacun de ces crimes, si elles sont plus fortes que celles de la rebellion.

217. Sera puni comme coupable de la rebellion quiconque y aura provoqué, soit par des discours tenus dans des lieux ou réunions publics, soit par placards affichés, soit par écrits imprimés. — Dans le cas où la rebellion n'aurait pas eu lieu, le provocateur sera puni d'un emprisonnement de six jours au moins et d'un an au plus.

218. Dans tous les cas où il sera prononcé, pour fait de rebellion, une simple peine d'emprisonnement, les coupables pourront être condamnés en outre une amende de seize francs deux cents francs.

219. Seront punies comme réunion de rebelles, celles qui auront été formées avec ou sans armes, et accompagnées de violences ou de menaces contre l'autorité administrative, les officiers et les agens de police, ou contre la force publique, — 1) Par les ouvriers ou journaliers, dans les ateliers publics ou manufactures; — 2) Par les individus admis dans les hospices; — 3) Par les prisonniers prévenus, accusés ou condamnés.

220. La peine appliquée pour rebellion à des prisonniers prévenus accusés ou condamnés rela-

ten gegen ministerielle Beamte, Feldschützen oder Forsthüter, gegen die öffentliche Macht, gegen die zur Erhebung der Taxen und Steuern angestellten Personen, gegen die Ueberbringer ihrer Zwangsbefehle, gegen die Angestellten der Douanen, gegen die Sequester, gegen die Beamten oder Agenten der Verwaltungs- oder der gerichtlichen Polizei, während dieselben mit der Vollziehung der Gesetze, der Befehle oder Ordonnanzen der öffentlichen Gewalt, der gerichtlichen Mandate oder Urtheile beschäftigt sind, ist nach den Umständen ein Verbrechen oder ein Vergehen der Rebellion.

210. Wird sie von mehr als zwanzig bewaffneten Personen verübt, so werden die Schuldigen mit Zwangsarbeiten auf bestimmte Zeit bestraft; sind keine Waffen getragen worden, so werden sie mit der Zuchthausstrafe belegt.

211. Ist die Rebellion durch eine bewaffnete Zusammenrottung dreier oder mehrerer Personen bis zu zwanzig einschließlich verübt worden, so ist die Strafe Zuchthaus; sind keine Waffen getragen worden, so ist die Strafe Gefängniß von wenigstens sechs Monaten und höchstens zwei Jahren.

212. Ist die Rebellion nur von einer oder zwei Personen mit Waffen begangen worden, so wird sie mit Gefängniß von sechs Monaten bis zu zwei Jahren bestraft; und wenn sie ohne Waffen statt gehabt hat, mit Gefängniß von sechs Tagen bis zu sechs Monaten.

213. Im Falle einer Rebellion in einer Bande, oder mit Zusammenlauf, ist der Artikel 100 des gegenwärtigen Gesetzbuches auf die ohne Function oder Anstellung bei der Bande befindlichen Rebellen anwendbar, die sich auf die erste Warnung der öffentlichen Behörde, oder selbst erst nachher zurückziehen, wenn sie nur außerhalb des Ortes der Rebellion, ohne neuen Widerstand und ohne Waffen ergriffen werden.

214. Jede Vereinigung von Personen zur Begehung eines Verbrechens oder Vergehens wird als bewaffnete Zusammenrottung angesehen, wenn mehr als zwei Personen sichtbare Waffen tragen.

215. Diejenigen, die mit verborgenen Waffen versehen sind, und die einen Theil einer Truppe oder Vereinigung ausmachen, welche nicht als bewaffnet angesehen wird, werden für ihre Person so bestraft, als wenn sie einen Theil einer bewaffneten Truppe oder Vereinigung ausgemacht hätten.

216. Die Urheber der während und bei Gelegenheit einer Rebellion begangenen Verbrechen und Vergehen werden mit den gegen jedes dieser Verbrechen verhängten Strafen belegt, wenn dieselben härter sind, als die Strafen der Rebellion.

217. Als der Rebellion schuldig wird bestraft, wer dazu durch Reden an öffentlichen Orten oder in öffentlichen Versammlungen, oder durch Anschlagszettel, oder durch Druckschriften angereizt hat. — In dem Falle, wo die Rebellion nicht statt gehabt hat, wird der Aufwiegeler mit Gefängniß von wenigstens sechs Tagen und höchstens einem Jahre bestraft.

218. In allen Fällen, wo wegen Rebellion eine bloße Gefängnißstrafe erkannt wird, können die Schuldigen außerdem zu einer Geldbuße von sechszehn bis zu zweihundert Franken verurtheilt werden.

219. Als Vereinigungen von Rebellen werden die Vereinigungen bestraft, welche — 1) von Arbeitern oder Tagelöhnern in öffentlichen Werkstätten oder Manufacturen; — 2) von den in Spitäler aufgenommenen Personen; — 3) von beschuldigten, angeklagten oder verurtheilten Gefangenen, mit oder ohne Waffen gebildet werden, und mit Gewaltthätigkeiten oder Drohungen gegen die Verwaltungsbehörden, die Beamten und Agenten der Polizei, oder gegen die öffentliche Macht begleitet sind.

220. Die Strafe der Rebellion, welche die wegen anderer Verbrechen oder Vergehen beschuldigten, angeklagten oder verurtheilten Gefangenen trifft, soll vollzogen werden, — an denjenigen, die wegen

tivement à d'autres crimes ou délits, sera par eux subie, savoir, — Par ceux qui, à raison des crimes ou délits qui ont causé leur détention, sont ou seraient condamnés à une peine non capitale ni perpétuelle, immédiatement après l'expiration de cette peine; — Et par les autres, immédiatement après l'arrêt ou jugement en dernier ressort, qui les aura acquittés ou renvoyés absous du fait pour lequel ils étaient détenus.

221. Les chefs d'une rebellion, et ceux qui l'auront provoquée, pourront être condamnés à rester, après l'expiration de leur peine, sous la surveillance spéciale de la haute police pendant cinq ans au moins et dix ans au plus.

§. 2. Outrages et Violences envers les Dépositaires de l'autorité et de la force publique.

222. Lorsqu'un ou plusieurs magistrats de l'ordre administratif ou judiciaire auront reçu dans l'exercice de leurs fonctions, ou à l'occasion de cet exercice, quelque outrage par paroles tendant à inculper leur honneur ou leur délicatesse, celui qui les aura ainsi outragés, sera puni d'un emprisonnement d'un mois à deux ans. — Si l'outrage a eu lieu à l'audience d'une cour ou d'un tribunal, l'emprisonnement sera de deux à cinq ans.

223. L'outrage fait par gestes ou menaces à un magistrat dans l'exercice ou à l'occasion de l'exercice de ses fonctions, sera puni d'un mois à six mois d'emprisonnement; et si l'outrage a eu lieu à l'audience d'une cour ou d'un tribunal, il sera puni d'un emprisonnement d'un mois à deux ans.

224. L'outrage fait par paroles, gestes ou menaces à tout officier ministériel, ou agent dépositaire de la force publique, dans l'exercice de ses fonctions, sera puni d'une amende de seize francs à deux cents francs.

225. La peine sera de six jours à un mois d'emprisonnement, si l'outrage mentionné en l'article précédent a été dirigé contre un commandant de la force publique.

226. Dans le cas des articles 222, 223 et 225, l'offenseur pourra être, outre l'emprisonnement, condamné à faire réparation, soit à la première audience, soit par écrit; et le temps de l'emprisonnement prononcé contre lui ne sera compté qu'à dater du jour où la réparation aura eu lieu.

227. Dans le cas de l'article 224, l'offenseur pourra de même, outre l'amende, être condamné à faire réparation à l'offensé; et s'il retarde ou refuse, il y sera contraint par corps.

228. Tout individu qui, même sans armes, et sans qu'il en soit résulté de blessures, aura frappé un magistrat dans l'exercice de ses fonctions, ou à l'occasion de cet exercice, sera puni d'un emprisonnement de deux à cinq ans. — Si cette voie de fait a eu lieu à l'audience d'une cour ou d'un tribunal, le coupable sera puni du carcan.

229. Dans l'un et l'autre des cas exprimés en l'article précédent, le coupable pourra de plus être condamné à s'éloigner, pendant cinq à dix ans, du lieu où siége le Magistrat, et d'un rayon de deux myriamètres. — Cette disposition aura son exécution à dater du jour où le condamné aura subi sa peine. — Si le condamné enfreint

der Verbrechen oder Vergehen, wegen welcher sie gefänglich eingezogen waren, zu einer andern als zur Todes- oder einer immerwährenden Strafe verurtheilt sind oder werden, unmittelbar nach Beendigung dieser Strafe; — an den übrigen unmittelbar nach dem Erkenntnisse oder dem Urtheile letzter Instanz, welches sie von der That, wegen welcher sie gefänglich eingezogen waren, los- oder freigesprochen hat.

221. Die Häupter einer Rebellion, und diejenigen, welche dazu angereizt haben, können verurtheilt werden, nach ausgestandener Strafe, wenigstens fünf und höchstens zehn Jahre lang, unter der besondern Aufsicht der hohen Polizei zu verbleiben.

§. 2. Beleidigungen und Gewaltthätigkeiten gegen diejenigen, denen die öffentliche Gewalt und die öffentliche Macht anvertraut ist.

222. Wenn eine oder mehrere obrigkeitliche Personen aus dem Verwaltungs- oder gerichtlichen Fache in der Ausübung ihrer Amtsverrichtungen, oder aus Veranlassung dieser Ausübung irgend eine Beleidigung durch Worte erfahren, welche dahin zielen, ihre Ehre oder ihre Delicatesse anzugreifen, so wird derjenige, welcher sie auf diese Art beleidigt hat, mit Gefängniß von einem Monate bis zu zwei Jahren bestraft. — Hat die Beleidigung in der Audienz eines Gerichtshofes oder eines Gerichtes statt gefunden, so tritt Gefängniß von zwei bis zu fünf Jahren ein.

223. Eine Beleidigung, die einer obrigkeitlichen Person in der Ausübung oder aus Veranlassung der Ausübung ihrer Amtsverrichtungen durch Geberden oder Drohungen zugefügt wird, wird mit Gefängniß von einem Monate bis zu sechs Monaten bestraft; und wenn die Beleidigung in der Audienz eines Gerichtshofes oder eines Gerichtes statt gefunden hat, so wird sie mit Gefängniß von einem Monate bis zu zwei Jahren bestraft.

224. Eine Beleidigung, die durch Worte, Geberden oder Drohungen einem ministeriellen Beamten, oder einem Agenten, dem die öffentliche Macht anvertraut ist, in der Ausübung oder aus Veranlassung der Ausübung seiner Amtsverrichtungen zugefügt wird, wird mit einer Geldbuße von sechszehn bis zweihundert Franken bestraft.

225. Die Strafe ist Gefängniß von sechs Tagen bis zu einem Monate, wenn die in dem vorhergehenden Artikel erwähnte Beleidigung gegen einen Befehlshaber der bewaffneten Macht gerichtet ist.

226. Im Falle der Artikel 222, 223 und 225 kann der Beleidiger, außer der Gefängnißstrafe, verurtheilt werden, entweder in der ersten Audienz oder schriftlich Ehrenerklärung zu leisten; die Zeit der gegen ihn erkannten Gefängnißstrafe wird erst von dem Tage an gerechnet, wo die Ehrenerklärung statt gefunden hat.

227. In dem Falle des Art. 224 kann der Beleidiger ebenfalls, außer der Geldbuße, verurtheilt werden, dem Beleidigten Ehrenerklärung zu leisten; verzögert oder verweigert er dieses, so wird er durch Personalarrest dazu angehalten.

228. Wer, selbst ohne Waffen, und ohne daß Verwundungen daraus entstanden sind, eine obrigkeitliche Person in der Ausübung ihrer Amtsverrichtungen, oder aus Veranlassung dieser Ausübung schlägt, wird mit Gefängniß von zwei bis zu fünf Jahren bestraft. — Hat diese Thätlichkeit in der Audienz eines Gerichtshofes oder Gerichtes statt gefunden, so wird der Schuldige mit dem Pranger bestraft.

229. In dem einen und in dem andern der in dem vorhergehenden Artikel bezeichneten Fälle kann der Schuldige außerdem verurtheilt werden, sich fünf bis zehn Jahre lang von dem Orte, wo die obrigkeitliche Person ihren Sitz hat, und über einen Umkreis von zwei Myriametern hinaus zu entfernen. — Diese Verfügung erhält von dem Tage an ihre Vollstreckung, wo der Verurtheilte seine Strafe ausgestanden hat. — Uebertritt der Verurtheilte

cet ordre avant l'expiration du temps fixé, il sera puni du bannissement.

230. Les violences de l'espèce exprimée en l'article 228, dirigées contre un officier ministériel, un agent de la force publique, ou un citoyen chargé d'un ministère de service public, si elles ont eu lieu pendant qu'ils exerçaient leur ministère ou à cette occasion, seront punies d'un emprisonnement d'un mois à six mois.

231. Si les violences exercées contre les fonctionnaires et agens désignés aux articles 228 et 230 ont été la cause d'effusion de sang, blessures ou maladie, la peine sera la reclusion: si la mort s'en est suivie dans les quarante jours, le coupable sera puni de mort.

232. Dans le cas même où ces violences n'auraient pas causé d'effusion de sang, blessures ou maladie, les coups seront punis de la reclusion, s'ils ont été portés avec préméditation ou guet-apens.

233. Si les blessures sont du nombre de celles qui portent le caractère de meurtre, le coupable sera puni de mort.

§. 3. Refus d'un Service dû légalement.

234. Tout commandant, tout officier ou sous-officier de la force publique qui, après en avoir été légalement requis par l'autorité civile, aura refusé de faire agir la force à ses ordres, sera puni d'un emprisonnement d'un mois à trois mois, sans préjudice des réparations civiles qui pourraient être dues aux termes de l'article 10 du présent Code.

235. Les lois pénales et réglemens relatifs à la conscription militaire continueront de recevoir leur exécution.

236. Les témoins et jurés qui auront allégué une excuse reconnue fausse, seront condamnés, outre les amendes prononcées pour la non-comparution, à un emprisonnement de six jours à deux mois.

§. 4. Évasion de détenus, Recélement de criminels.

237. Toutes les fois qu'une évasion de détenus aura lieu, les huissiers, les commandans en chef ou en sous-ordre, soit de la gendarmerie, soit de la force armée servant d'escorte ou garnissant les postes, les concierges, gardiens, geoliers, et tous autres préposés à la conduite, au transport ou à la garde des détenus, seront punis ainsi qu'il suit.

238. Si l'évadé était prévenu de délits de police, ou de crimes simplement infamans, ou s'il était prisonnier de guerre, les préposés à sa garde ou conduite seront punis, en cas de négligence, d'un emprisonnement de six jours à deux mois; et en cas de connivence, d'un emprisonnement de six mois à deux ans. — Ceux qui, n'étant pas chargés de la garde ou de la conduite du détenu, auront procuré ou facilité son évasion, seront punis de six jours à trois mois d'emprisonnement.

239. Si les détenus évadés, ou l'un d'eux, étaient prévenus ou accusés d'un crime de nature à entraîner une peine afflictive à temps, ou condamnés pour l'un de ces crimes, la peine sera, contre les préposés à la garde ou conduite, en cas de négligence,

dieses Gebot vor Ablauf der bestimmten Zeit, so wird er mit der Verbannung bestraft.

230. Gewaltthätigkeiten von der in dem Art. 228 bezeichneten Art, welche gegen einen ministeriellen Beamten, gegen einen Agenten der öffentlichen Macht, oder gegen einen Bürger verübt werden, der mit einer in den öffentlichen Dienst einschlagenden Verrichtung beauftragt ist, werden, wenn sie während der Ausübung ihrer Verrichtungen oder aus dieser Veranlassung statt hatten, mit Gefängniß von einem Monate bis zu sechs Monaten bestraft.

231. Haben die Gewaltthätigkeiten, welche gegen die in den Artikeln 228 und 230 bezeichneten Beamten und Agenten verübt worden sind, Blutvergießen, Wunden oder Krankheit veranlaßt, so ist die Strafe Zuchthaus: ist binnen vierzig Tagen der Tod erfolgt, so wird der Schuldige mit dem Tode bestraft.

232. Selbst in dem Falle, wo diese Gewaltthätigkeiten Blutvergießen, Wunden oder Krankheit nicht verursacht haben, werden die Schläge mit Zuchthaus bestraft, wenn sie mit Vorbedacht oder Auflauren beigebracht worden sind.

233. Sind die Verwundungen von der Art, daß sie den Charakter des Mordes an sich tragen, so wird der Schuldige mit dem Tode bestraft.

§. 3. Verweigerung eines Dienstes, wozu man gesetzlich verbunden ist.

234. Jeder Befehlshaber, jeder Officier oder Unterofficier der öffentlichen Macht, welcher, nachdem er von der Civilbehörde gesetzlich darum requirirt worden ist, sich weigert, die unter seinen Befehlen stehende Macht in Thätigkeit zu setzen, wird mit Gefängniß von einem Monate bis zu drei Monaten bestraft, unbeschadet der Schadloshaltungen, zu welchen er etwa in Gemäßheit des Artikels 10 des gegenwärtigen Gesetzbuches verpflichtet ist.

235. Die Strafgesetze und Verordnungen, welche sich auf die Militärconscription beziehen, erhalten fortwährend ihre Vollziehung.

236. Zeugen und Geschworene, die eine Entschuldigung vorschützen, welche falsch befunden wird, werden, außer den für das Ausbleiben verhängten Geldbußen, zu einem Gefängnisse von sechs Tagen bis zu zwei Monaten verurtheilt.

§. 4. Entweichung der Gefangenen, Verheimlichung der Verbrecher.

237. So oft eine Entweichung von Gefangenen statt findet, werden die Gerichtsvollzieher, die Ober- und Unterbefehlshaber der Gendarmerie oder der bewaffneten Macht, die zur Bedeckung dienten, oder auf den Posten standen, die Aufseher des Gefängnisses, die Gefangenwärter, Kerkermeister, und alle andere zur Begleitung, Transportirung, oder Bewachung der Gefangenen angestellte Personen bestraft, wie folgt.

238. War der Entwichene eines Polizeivergehens oder eines blos entehrenden Verbrechens beschuldigt, oder war er Kriegsgefangener, so werden die zu seiner Bewachung oder Begleitung angestellten Personen, im Falle einer Nachlässigkeit, mit Gefängniß von sechs Tagen bis zu zwei Monaten bestraft; und, im Falle einer Nachsicht wegen Einverständnisses, mit Gefängniß von sechs Monaten bis zu zwei Jahren. — Diejenigen, welchen zwar die Bewachung oder Begleitung des Gefangenen nicht oblag, die aber seine Entweichung befördert oder erleichtert haben, werden mit Gefängniß von sechs Tagen bis zu drei Monaten bestraft.

239. Waren die entwichenen Gefangenen, oder einer derselben eines Verbrechens beschuldigt oder angeklagt, welches seiner Natur nach eine Leibesstrafe auf bestimmte Zeit nach sich zieht, oder waren sie wegen eines solchen Verbrechens verurtheilt, so ist die Strafe gegen die zu der Bewachung oder Begleitung angestellten Personen, im Falle einer

un emprisonnement de deux mois à six mois; en cas de connivence, la reclusion.— Les individus non chargés de la garde des détenus, qui auront procuré ou facilité l'évasion, seront punis d'un emprisonnement de trois mois à deux ans.

240. Si les évadés ou l'un d'eux sont prévenus ou accusés de crimes de nature à entraîner la peine de mort ou des peines perpétuelles, ou s'ils sont condamnés à l'une de ces peines, leurs conducteurs ou gardiens seront punis d'un an à deux ans d'emprisonnement, en cas de négligence; et des travaux forcés à temps, en cas de connivence. — Les individus non chargés de la conduite ou de la garde qui auront facilité ou procuré l'évasion, seront punis d'un emprisonnement d'un an au moins et de cinq ans au plus.

241. Si l'évasion a eu lieu ou a été tentée avec violence ou bris de prison, les peines contre ceux qui l'auront favorisée en fournissant des instrumens propres à l'opérer, seront, au cas que l'évadé fût de la qualité exprimée en l'article 238, trois mois à deux ans d'emprisonnement; au cas de l'article 239, deux à cinq ans d'emprisonnement; et au cas de l'article 240, la reclusion.

242. Dans tous les cas ci-dessus, lorsque les tiers qui auront procuré ou facilité l'évasion, y seront parvenus en corrompant les gardiens ou geoliers, ou de connivence avec eux, ils seront punis des mêmes peines que lesdits gardiens et geoliers.

243. Si l'évasion avec bris ou violence a été favorisée par transmission d'armes, les gardiens et conducteurs qui y auront participé seront punis des travaux forcés à perpétuité; les autres personnes, des travaux forcés à temps.

244. Tous ceux qui auront connivé à l'évasion d'un détenu, seront solidairement condamnés, à titre de dommages-intérêts, à tout ce que la partie civile du détenu aurait eu droit d'obtenir contre lui.

245. A l'égard des détenus qui se seront évadés ou qui auront tenté de s'évader par bris de prison ou par violence, ils seront, pour ce seul fait, punis de six mois à un an d'emprisonnement, et subiront cette peine immédiatement après l'expiration de celle qu'ils auront encourue pour le crime ou délit à raison duquel ils étaient détenus, ou immédiatement après l'arrêt ou jugement qui les aura acquittés ou renvoyés absous dudit crime ou délit; le tout sans préjudice de plus fortes peines qu'ils auraient pu encourir pour d'autres crimes qu'ils auraient commis dans leurs violences.

246. Quiconque sera condamné, pour avoir favorisé une évasion ou des tentatives d'évasion, à un emprisonnement de plus de six mois, pourra, en outre, être mis sous la surveillance spéciale de la haute police, pour un intervalle de cinq à dix ans.

247. Les peines d'emprisonnement ci-dessus établies contre les conducteurs ou les gardiens en cas de négligence seulement, cesseront lorsque les évadés seront repris ou représentés, pourvu que ce soit dans les quatre mois de l'évasion, et qu'ils ne soient pas arrêtés pour d'autres crimes ou délits commis postérieurement.

248. Ceux qui auront recélé ou fait recéler des personnes qu'ils sa-

Nachlässigkeit, Gefängniß von zwei bis sechs Monaten; im Falle einer Nachsicht wegen Einverständnisses, Zuchthaus. — Personen, denen die Bewachung der Gefangenen nicht oblag, die aber die Entweichung befördert oder erleichtert haben, werden mit Gefängniß von drei Monaten bis zu zwei Jahren bestraft.

240. Sind die Entwichenen, oder einer derselben solcher Verbrechen beschuldigt oder angeklagt, die ihrer Natur nach die Todesstrafe oder lebenswierige Strafen nach sich ziehen, oder sind sie zu einer dieser Strafen verurtheilt, so werden ihre Begleiter oder Wächter, im Falle einer Nachlässigkeit, mit Gefängniß von einem Jahre bis zu zwei Jahren bestraft; und mit Zwangsarbeiten auf bestimmte Zeit, im Falle einer Nachsicht wegen Einverständnisses. — Personen, denen die Begleitung oder Bewachung nicht oblag, die aber die Entweichung erleichtert oder befördert haben, werden mit Gefängniß von wenigstens einem Jahre und höchstens fünf Jahren bestraft.

241. Wenn die Entweichung mit Gewaltthätigkeiten oder Erbrechung des Gefängnisses geschieht oder versucht wird, so sind die Strafen gegen diejenigen, welche dieselben durch Herbeischaffung der dazu geeigneten Werkzeuge begünstigt haben, in dem Falle, wo der Entwichene zu den in dem Artikel 238 bezeichneten Personen gehört, Gefängniß von drei Monaten bis zu zwei Jahren; im Falle des Artikels 239 Gefängniß von zwei bis fünf Jahren; und im Falle des Artikel 240 Zuchthaus.

242. In allen obigen Fällen werden Dritte, welche die Entweichung befördert oder erleichtert haben, wenn sie dazu durch Bestechung der Aufseher oder Kerkermeister, oder durch Einverständniß mit ihnen gelangt sind, mit den nämlichen Strafen belegt, wie besagte Aufseher oder Kerkermeister.

243. Ist die Entweichung mittelst Erbrechung oder Gewaltthätigkeit durch Uebersendung von Waffen begünstigt worden, so werden die Wächter und Begleiter, welche hieran Theil genommen haben, mit Zwangsarbeiten auf Lebenszeit bestraft; die übrigen Personen mit Zwangsarbeiten auf bestimmte Zeit.

244. Alle diejenigen, welche bei der Entweichung eines Gefangenen wegen Einverständnisses Nachsicht geübt haben, werden zu allem dem, was die Civilpartei von dem Gefangenen zu fordern das Recht gehabt hätte, als Schadensersatz solidarisch verurtheilt.

245. Gefangene, die mittelst Erbrechung des Gefängnisses oder mittelst Gewaltthätigkeit entweichen oder zu entweichen versuchen, werden schon allein deswegen mit Gefängniß von sechs Monaten bis zu einem Jahre bestraft, und sie müssen diese Strafe unmittelbar nach Beendigung derjenigen erleiden, welche sie durch das Verbrechen oder Vergehen, wegen dessen sie verhaftet worden, verwirkt haben, oder unmittelbar nach dem Erkenntnisse oder dem Urtheile, welches sie von dem besagten Verbrechen oder Vergehen los- oder freispricht; alles unbeschadet der schwerern Strafen, die sie wegen anderer in ihren Gewaltthätigkeiten etwa begangenen Verbrechen verwirkt haben möchten.

246. Wer wegen Begünstigung einer Entweichung oder eines Entweichungsversuches zu einem Gefängnisse von mehr als sechs Monaten verurtheilt wird, kann außerdem für einen Zeitraum von fünf bis zehn Jahren unter die besondere Aufsicht der hohen Polizei gesetzt werden.

247. Die oben blos für den Fall der Fahrlässigkeit gegen die Begleiter und Wächter verhängten Strafen fallen weg, wenn die Entwichenen wieder eingebracht oder gestellt werden, vorausgesetzt, daß dies binnen vier Monaten nach der Entweichung geschieht, und daß sie nicht wegen späterhin begangener Verbrechen oder Vergehen verhaftet worden sind.

248. Diejenigen, welche Persone verheimlichen oder verheimlichen lassen, von welchen ihnen bekannt ist,

vaient avoir commis des crimes emportant peine afflictive, seront punis de trois mois d'emprisonnement au moins et de deux ans au plus.—Sont exceptés de la présente disposition les ascendans ou descendans, époux ou épouse même divorcés, frères ou soeurs des criminels recélés, ou leurs alliés au même degré.

§. 5. Bris de scellés et Enlèvement de pièces dans les Dépôts publics.

249. Lorsque des scellés apposés soit par ordre du Gouvernement, soit par suite d'une ordonnance de justice rendue en quelque matière que ce soit, auront été brisés, les gardiens seront punis, pour simple négligence, de six jours à six mois d'emprisonnement.

250. Si le bris de scellés s'applique à des papiers et effets d'un individu prévenu ou accusé d'un crime emportant la peine de mort, des travaux forcés à perpétuité, ou de la déportation, ou qui soit condamné à l'une de ces peines, le gardien négligent sera puni de six mois à deux ans d'emprisonnement.

251. Quiconque aura, à dessein, brisé des scellés apposés sur des papiers ou effets de la qualité énoncée en l'article précédent, ou participé au bris des scellés, sera puni de la reclusion; et si c'est le gardien lui-même, il sera puni des travaux forcés à temps.

252. A l'égard de tous autres bris de scellés, les coupables seront punis de six mois à deux ans d'emprisonnement; et si c'est le gardien lui-même, il sera puni de deux à cinq ans de la même peine.

253. Tout vol commis à l'aide d'un bris de scellés, sera puni comme vol commis à l'aide d'effraction.

254. Quant aux soustractions, destructions et enlèvemens de pièces ou de procédures criminelles, ou d'autres papiers, registres, actes et effets, contenus dans des archives, greffes ou dépôts publics, ou remis à un dépositaire public en cette qualité, les peines seront, contre les greffiers, archivistes, notaires ou autres dépositaires négligens, de trois mois à un an d'emprisonnement, et d'une amende de cent francs à trois cents francs.

255. Quiconque se sera rendu coupable des soustractions, enlèvemens ou destructions mentionnés en l'article précédent, sera puni de la reclusion.—Si le crime est l'ouvrage du dépositaire lui-même, il sera puni des travaux forcés à temps.

256. Si le bris de scellés, les soustractions, enlèvemens ou destructions de pièces ont été commis avec violence envers les personnes, la peine sera, contre toute personne, celle des travaux forcés à temps; sans préjudice de peines plus fortes, s'il y a lieu, d'après la nature des violences et des autres crimes qui y seraient joints

§. 6. Dégradation de monumens.

257. Quiconque aura détruit, abattu, mutilé ou dégradé des monumens, statues et autres objets destinés à l'utilité ou à la décoration publique, et élevés par l'autorité publique ou avec son autorisation, sera puni d'un emprisonnement d'un mois à deux ans, et d'une amende de cent francs à cinq cents frans.

§. 7 Usurpation de titres ou fonctions.

258. Quiconque, sans titre, se sera immiscé dans des fonctions

daß sie Verbrechen begangen haben, die eine Leibesstrafe nach sich ziehen, werden mit Gefängniß von wenigstens drei Monaten und höchstens zwei Jahren bestraft. — Ausgenommen von gegenwärtiger Verfügung sind die Ascendenten oder Descendenten, der Ehegatte oder die Ehegattin, selbst wenn sie geschieden sind, Brüder oder Schwestern der verheimlichten Verbrecher, oder deren Verschwägerte in dem nämlichen Grade.

§. 5. Erbrechung der Siegel, und Wegnahme der in öffentlichen Verwahrungsorten befindlichen Stücke.

249. Werden Siegel erbrochen, die auf Befehl der Regierung, oder in Folge einer in irgend einer Sache erlassenen gerichtlichen Ordonnanz angelegt sind, so werden die Hüter, wegen bloßer Nachlässigkeit, mit Gefängniß von sechs Tagen bis zu sechs Monaten bestraft.

250. Werden Siegel erbrochen, die auf Papiere und Effekten einer Person gelegt worden sind, welche eines die Todesstrafe, lebenslängliche Zwangsarbeiten oder die Deportation nach sich ziehenden Verbrechens beschuldigt oder angeklagt, oder die zu einer dieser Strafen verurtheilt ist, so wird der nachlässige Hüter mit Gefängniß von sechs Monaten bis zu zwei Jahren bestraft.

251. Wer Siegel, die auf Papiere oder Effekten von der in dem Artikel 250 bezeichneten Art gelegt sind, absichtlich erbricht, oder an der Erbrechung der Siegel Theil nimmt, wird mit Zuchthausstrafe belegt, und wenn es der Hüter selbst ist, so wird er mit Zwangsarbeiten auf bestimmte Zeit bestraft.

252. Für jede andere Erbrechung von Siegeln wird der Schuldige mit Gefängniß von sechs Monaten bis zu zwei Jahren bestraft; und wenn es der Hüter selbst ist, so wird er mit Gefängniß von zwei bis fünf Jahren bestraft.

253. Jeder mittelst Erbrechung der Siegeln begangene Diebstahl wird gleich Diebstahl mit Einbruch bestraft.

254. Werden Criminalaktenstücke oder ganze Criminalverhandlungen oder andere Papiere, Register, Urkunden und Effekten, die sich in Archiven, Gerichtsschreibereien, oder öffentlichen Verwahrungsorten befinden, oder einem öffentlichen Verwahrer in dieser Eigenschaft übergeben worden sind, vernichtet oder weggenommen, so sind die Strafen gegen die Gerichtsschreiber, Archivare, Notarien oder sonstigen Depositarien, welche nachlässig gewesen sind, Gefängniß von drei Monaten bis zu einem Jahre, und eine Geldbuße von hundert bis dreihundert Franken.

255. Wer sich der in dem vorhergehenden Artikel erwähnten Entwendung, Wegnahme oder Vernichtung schuldig macht, wird mit der Zuchthausstrafe belegt. — Ist das Verbrechen das Werk des Depositars selbst, so wird er mit Zwangsarbeiten auf bestimmte Zeit bestraft.

256. Wenn die Erbrechung der Siegel, die Entwendung, Wegnahme oder Vernichtung der Stücke mit Gewaltthätigkeit gegen Personen begangen worden ist, so ist die Strafe, gegen Jeden, die der Zwangsarbeiten auf bestimmte Zeit; unbeschadet schwererer Strafen, wenn sie nach der Natur der Gewaltthätigkeiten und anderer etwa damit verbundenen Verbrechen statt finden.

§. 6. Beschädigung öffentlicher Denkmäler.

257. Wer Denkmäler, Bildsäulen und andere Gegenstände, die zum öffentlichen Nutzen oder zur öffentlichen Verschönerung bestimmt, und von der öffentlichen Behörde, oder mit deren Erlaubniß errichtet worden sind, zerstört, umstürzt, verstümmelt oder beschädigt, wird mit Gefängniß von einem Monate bis zu zwei Jahren, und mit einer Geldbuße von hundert bis fünfhundert Franken bestraft.

§. 7. Anmaßung von Titeln oder Amtsverrichtungen.

258. Wer sich ohne Befugniß in öffentliche Civil- oder Militäramts-

publiques, civiles ou militaires, ou aura fait les actes d'une de ces fonctions, sera puni d'un emprisonnement de deux à cinq ans, sans préjudice de la peine de faux, si l'acte porte le caractère de ce crime.

259. Toute personne qui aura publiquement porté un costume, un uniforme ou une décoration qui ne lui appartenait pas, ou qui se sera attribué des titres impériaux qui ne lui auraient pas été légalement conférés, sera punie d'un emprisonnement de six mois à deux ans.

§. 8. Entraves au libre exercice des cultes.

260. Tout particulier qui, par des voies de fait ou menaces, aura contraint ou empêché une ou plusieurs personnes d'exercer l'un des cultes autorisés, d'assister à l'exercice de ce culte, de célébrer certaines fêtes, d'observer certains jours de repos, et, en conséquence, d'ouvrir ou de fermer leurs ateliers, boutiques ou magasins, et de faire ou quitter certains travaux, sera puni, pour ce seul fait, d'une amende de seize francs à deux cents francs, et d'un emprisonnement de six jours à deux mois.

261. Ceux qui auront empêché, retardé ou interrompu les exercices d'un culte par des troubles ou désordres causés dans le temple ou autre lieu destiné ou servant actuellement à ces exercices, seront punis d'une amende de seize francs à trois cents francs, et d'un emprisonnement de six jours à trois mois.

262. Toute personne qui aura, par paroles, ou gestes, outragé les objets d'un culte dans les lieux destinés ou servant actuellement à son exercice, ou les ministres de ce culte dans leurs fonctions, sera punie d'une amende de seize francs à cinq cents francs, et d'un emprisonnement de quinze jours à six mois.

263. Quiconque aura frappé le ministre d'un culte dans ses fonctions, sera puni du carcan.

264. Les dispositions du présent paragraphe ne s'appliquent qu'aux troubles, outrages ou voies de fait dont la nature ou les circonstances ne donneront pas lieu à de plus fortes peines, d'après les autres dispositions du présent Code.

SECTION V.

Association de malfaiteurs, Vagabondage et Mendicité.

§. 1. Association de malfaiteurs.

265. Toute association de malfaiteurs envers les personnes ou les propriétés, est un crime contre la paix publique.

266. Ce crime existe par le seul fait d'organisation de bandes ou de correspondance entre elles et leurs chefs ou commandans, ou de conventions tendant à rendre compte ou à faire distribution ou partage du produit des méfaits.

267. Quand ce crime n'aurait été accompagné ni suivi d'aucun autre, les auteurs, directeurs de l'association, et les commandans en chef ou en sous-ordre de ces bandes, seront punis des travaux forcés à temps.

268. Seront punis de la reclusion tous autres individus chargés d'un service quelconque dans ces bandes, et ceux qui auront sciemment et volontairement fourni aux bandes ou à leurs divisions, des armes, munitions, instrumens de crime, logement, retraite ou lieu de réunion.

§. 2. Vagabondage.

269. Le vagabondage est un délit.

verrichtungen einmischt, oder die in eine dieser Verrichtungen einschlagenden Handlungen vornimmt, wird mit Gefängniß von zwei bis fünf Jahren bestraft, unbeschadet der Strafe der Fälschung, wenn die Handlung den Charakter dieses Verbrechens an sich trägt.

259. Wer eine Amtskleidung, eine Uniform oder ein Ehrenzeichen, die ihm nicht zustehen, öffentlich trägt, oder wer sich kaiserliche Titel beilegt, die ihm nicht gesetzlich verliehen worden sind, wird mit Gefängniß von sechs Monaten bis zu zwei Jahren bestraft.

§. 8. Verhinderung der freien Ausübung der Religionen.

260. Jede Privatperson, die durch Thätlichkeiten oder Drohungen eine oder mehrere Personen zwingt oder verhindert, einen autorisirten Religionsdienst auszuüben, der Ausübung dieses Religionsdienstes beizuwohnen, gewisse Feste zu feiern, gewisse Ruhetage zu beobachten, und dem zufolge ihre Werkstätten, Läden oder Waarenlager zu öffnen oder zu schließen, und gewisse Arbeiten zu verrichten oder zu unterlassen, wird blos dieser Handlung wegen mit einer Geldbuße von sechszehn bis zweihundert Franken, und mit Gefängniß von sechs Tagen bis zu zwei Monaten bestraft.

261. Diejenigen, welche durch Störungen oder Unordnungen, die sie in dem Tempel oder an einem andern zu den Ausübungen eines Religionsdienstes bestimmten oder wirklich dienenden Orte veranlassen, solche Ausübungen verhindern, verzögern oder unterbrechen, werden mit einer Geldbuße von sechszehn bis dreihundert Franken, und mit Gefängniß von sechs Tagen bis zu drei Monaten bestraft.

262. Wer durch Worte oder Geberden die Gegenstände eines Religionsdienstes an den zu ihrer Ausübung bestimmten oder wirklich dienenden Orten, oder die Diener dieser Religion in ihren Verrichtungen beleidigt, wird mit einer Geldbuße von sechszehn bis fünfhundert Franken, und mit Gefängniß von funfzehn Tagen bis zu sechs Monaten bestraft.

263. Wer den Diener einer Religion in seinen Verrichtungen schlägt, wird mit dem Pranger bestraft.

264. Die Verfügungen des gegenwärtigen Paragraphen sind nur auf Störungen, Beleidigungen und Thätlichkeiten anwendbar, die ihrer Natur oder den Umständen nach, nicht gemäß andern Verfügungen des gegenwärtigen Gesetzbuches schwerere Strafen nach sich ziehen.

Fünfter Abschnitt.

Vereinigung von Uebelthätern, Landstreicherei und Bettelei.

§. 1. Vereinigung von Uebelthätern.

265. Jede Vereinigung von Uebelthätern gegen Personen oder gegen das Eigenthum, ist ein Verbrechen gegen die öffentliche Ruhe.

266. Dieses Verbrechen ist durch die bloße Organisation von Banden, oder durch die Correspondenz zwischen ihnen und ihren Häuptern oder Befehlshabern, oder durch die Uebereinkunft vorhanden, welche dahin geht, den Ertrag der Uebelthaten zu berechnen, zu vertheilen oder zu theilen.

267. Hat dieses Verbrechen kein anderes zur Begleitung oder zur Folge, so werden die Urheber, welche die Vereinigung leiten, und die Ober- oder Unterbefehlshaber dieser Banden mit Zwangsarbeiten auf bestimmte Zeit bestraft.

268. Mit Zuchthausstrafe werden belegt alle Anderen, die irgend einen Dienst bei diesen Banden versehen, so wie diejenigen, welche den Banden oder Abtheilungen derselben Waffen, Munition, Werkzeuge zu Verbrechen, Wohnung, einen Zufluchts- oder Versammlungsort wissentlich und freiwillig verschaffen.

§. 2. Landstreicherei.

269. Die Landstreicherei ist ein Vergehen.

270. Les vagabonds ou gens sans aveu sont ceux qui n'ont ni domicile certain, ni moyens de subsistance, et qui n'exercent habituellement ni métier ni profession.

271. Les vagabonds ou gens sans aveu qui auront été légalement déclarés tels, seront, pour ce seul fait, punis de trois à six mois d'emprisonnement, et demeureront, après avoir subi leur peine, à la disposition du Gouvernement pendant le temps qu'il déterminera, eu égard à leur conduite.

272. Les individus déclarés vagabonds par jugement pourront, s'ils sont étrangers, être conduits, par les ordres du Gouvernement, hors du territoire de l'Empire.

273. Les vagabonds nés en France pourront, après un jugement même passé en force de chose jugée, être réclamés par délibération du conseil municipal de la commune où ils sont nés, ou cautionnés par un citoyen solvable. — Si le Gouvernement accueille la réclamation ou agrée la caution, les individus ainsi réclamés ou cautionnés seront, par ses ordres, renvoyés ou conduits dans la commune qui les a réclamés, ou dans celle qui leur sera assignée pour résidence, sur la demande de la caution.

§. 3. Mendicité.

274. Toute personne qui aura été trouvée mendiant dans un lieu pour lequel il existera un établissement public organisé afin d'obvier à la mendicité, sera punie de trois à six mois d'emprisonnement, et sera, après l'expiration de sa peine, conduite au dépôt de mendicité.

275. Dans les lieux où il n'existe point encore de tels établissemens, les mendians d'habitude valides seront punis d'un mois à trois mois d'emprisonnement. — S'ils ont été arrêtés hors du canton de leur résidence, ils seront punis d'un emprisonnement de six mois à deux ans.

276. Tous mendians, même invalides, qui auront usé de menaces, ou seront entrés sans permission du propriétaire ou des personnes de sa maison, soit dans une habitation, soit dans un enclos en dépendant, — Ou qui feindront des plaies ou infirmités, — Ou qui mendieront en réunion, à moins que ce ne soient le mari et la femme, le père ou la mère et leurs jeunes enfans, l'aveugle et son conducteur; — Seront punis d'un emprisonnement de six mois à deux ans.

Dispositions

communes aux Vagabonds et Mendians.

277. Tout mendiant ou vagabond qui aura été saisi travesti d'une manière quelconque, — Ou porteur d'armes, bien qu'il n'en ait usé ni menacé, — Ou muni de limes, crochets ou autres instrumens propres soit à commettre des vols ou d'autres délits, soit à lui procurer les moyens de pénétrer dans les maisons, — Sera puni de deux à cinq ans d'emprisonnement.

278. Tout mendiant ou vagabond qui sera trouvé porteur d'un ou de plusieurs effets d'une valeur supérieure à cent francs, et qui ne justifiera point d'où ils lui proviennent, sera puni de la peine portée en l'article 276.

279. Tout mendiant ou vagabond qui aura exercé quelque acte de violence que ce soit envers les personnes, sera puni de la reclusion, sans préjudice de peines plus fortes, s'il y a lieu, à raison du genre et des circonstances de la violence.

270. Landstreicher oder hergelaufene Leute sind diejenigen, welche weder einen bestimmten Wohnsitz, noch Mittel zum Lebensunterhalte haben, und gewöhnlich weder ein Handwerk noch ein Gewerbe treiben.

271. Landstreicher oder hergelaufene Leute, welche gesetzlich als solche erklärt sind, werden blos deswegen mit Gefängniß von drei bis zu sechs Monaten bestraft, und bleiben nach ausgestandener Strafe so lange zur Verfügung der Regierung, als diese mit Rücksicht auf ihre Aufführung bestimmen wird.

272. Individuen, die durch ein Urtheil für Landstreicher erklärt sind, können, wenn sie Ausländer sind, auf Befehl der Regierung aus dem Gebiete des Reiches gebracht werden.

273. Im Lande geborene Landstreicher können, selbst nach einem rechtskräftig gewordenen Urtheile, durch einen Beschluß des Municipalrathes der Gemeinde, wo sie geboren sind, reclamirt werden, oder es kann sich ein zahlungsfähiger Bürger für sie verbürgen. — Bewilligt die Regierung die Reclamation, oder nimmt sie den Bürgen an, so werden, auf ihren Befehl, die auf solche Art reclamirten oder verbürgten Personen in die Gemeinde, welche sie reclamirt hat, oder in diejenige, die ihnen auf Verlangen des Bürgen zum Aufenthaltsorte angewiesen wird, zurückgeschickt oder geführt.

§. 3. Bettelei.

274. Wer an einem Orte, für welchen eine zur Verhinderung der Bettelei eingerichtete öffentliche Anstalt besteht, bettelnd betreten wird, wird mit Gefängniß von drei bis sechs Monaten bestraft, und nach Beendigung seiner Strafe in das Betteleidepot gebracht.

275. An den Orten, wo dergleichen Anstalten noch nicht vorhanden sind, werden die Gewohnheitsbettler, die gesund und stark sind, mit Gefängniß von einem Monate bis zu drei Monaten bestraft. — Sind sie außerhalb des Cantons ihres gewöhnlichen Aufenthaltsortes verhaftet worden, so werden sie mit Gefängniß von sechs Monaten bis zu zwei Jahren bestraft.

276. Alle Bettler, selbst die arbeitsunfähigen, welche sich Drohungen erlauben, oder ohne Erlaubniß des Eigenthümers oder der Hausgenossen desselben in eine Wohnung, oder in einen dazu gehörigen eingeschlossenen Raum treten, — oder welche Wunden oder körperliche Gebrechen fälschlich vorgeben, — oder die in Gemeinschaft betteln, es sei denn, daß es Mann und Frau, Vater oder Mutter und deren kleine Kinder, ein Blinder und dessen Führer ist, — werden mit Gefängniß von sechs Monaten bis zu zwei Jahren bestraft.

Verfügungen,

die auf Landstreicher und auf Bettler anwendbar sind.

277. Jeder Bettler oder Landstreicher, der ergriffen wird, indem er auf irgend eine Art verkleidet war, — oder Waffen bei sich führte, wenn er sich derselben auch nicht bedient oder damit gedroht hat, — oder mit Feilen, Dietrichen oder andern Werkzeugen, die dazu geeignet sind, Diebstähle oder andere Vergehen zu verüben, oder ihnen die Mittel zu verschaffen, in die Häuser einzudringen, — wird mit Gefängniß von zwei bis zu fünf Jahren bestraft.

278. Jeder Bettler oder Landstreicher, bei welchem ein oder mehrere Effekten, von mehr als hundert Franken an Werth gefunden werden, und der nicht nachweiset, woher er sie hat, wird mit der in dem Artikel 276 bestimmten Strafe belegt.

279. Jeder Bettler oder Landstreicher, der eine gewaltthätige Handlung irgend einer Art gegen Personen verübt, wird mit Zuchthausstrafe belegt, unbeschadet der schwereren Strafen, welche nach der Art und den Umständen der Gewaltthätigkeit etwa statt finden.

280. Tout vagabond ou mendiant qui aura commis un crime emportant la peine des travaux forcés à temps, sera en outre marqué.

281. Les peines établies par le présent Code contre les individus porteurs de faux certificats, faux passe-ports ou fausses feuilles de route, seront toujours, dans leur espèce, portées au *maximum* quand elles seront appliquées à des vagabonds ou mendians.

282. Les vagabonds ou mendians qui auront subi les peines portées par les articles précédens, demeureront, à la fin de ces peines, à la disposition du Gouvernement.

SECTION VI.

Délits commis par la voie d'Écrits, Images ou Gravures, distribués sans noms d'Auteur, Imprimeur ou Graveur.

283. Toute publication ou distribution d'ouvrages, écrits, avis, bulletins, affiches, journaux, feuilles périodiques ou autres imprimés, dans lesquels ne se trouvera pas l'indication vraie des noms, profession et demeure de l'auteur ou de l'imprimeur, sera, pour ce seul fait, punie d'un emprisonnement de six jours à six mois, contre toute personne qui aura sciemment contribué à la publication ou distribution.

284. Cette disposition sera réduite à des peines de simple police, — 1) A l'égard des crieurs, afficheurs, vendeurs ou distributeurs qui auront fait connaître la personne de laquelle ils tiennent l'écrit imprimé; — 2) A l'égard de quiconque aura fait connaître l'imprimeur; — 3) A l'égard même de l'imprimeur qui aura fait connaître l'auteur.

285. Si l'écrit imprimé contient quelques provocations à des crimes ou délits, les crieurs, afficheurs, vendeurs et distributeurs seront punis comme complices des provocateurs, à moins qu'ils n'aient fait connaître ceux dont ils tiennent l'écrit contenant la provocation.— En cas de révélation, ils n'encourront qu'un emprisonnement de six jours à trois mois; et la peine de complicité ne restera applicable qu'à ceux qui n'auront point fait connaître les personnes dont ils auront reçu l'écrit imprimé, et à l'imprimeur, s'il est connu.

286. Dans tous les cas ci-dessus, il y aura confiscation des exemplaires saisis.

287. Toute exposition ou distribution de chansons, pamphlets, figures ou images contraires aux bonnes moeurs, sera punie d'une amende de seize francs à cinq cents francs, d'un emprisonnement d'un mois à un an, et de la confiscation des planches et des exemplaires imprimés ou gravés de chansons, figures ou autres objets du délit.

288. La peine d'emprisonnement et l'amende prononcées par l'article précédent, seront réduites à des peines de simple police, — 1) A l'égard des crieurs, vendeurs ou distributeurs qui auront fait connaître la personne qui leur a remis l'objet du délit; — 2) A l'égard de quiconque aura fait connaître l'imprimeur ou le graveur; — 3) A l'égard même de l'imprimeur ou du graveur qui auront fait connaître l'auteur ou la personne qui les aura chargés de l'impréssion ou de la gravure.

289. Dans tous les cas exprimés en la présente section, et où l'auteur sera connu, il subira le *maximum* de la peine attachée à l'espèce du délit.

Disposition particulière.

290. Tout individu qui, sans y avoir été autorisé par la police,

280. Jeder Landstreicher oder Bettler, der ein Verbrechen begeht, welches die Strafe der Zwangsarbeiten auf bestimmte Zeit nach sich zieht, wird außerdem gebrandmarkt.

281. Die in dem gegenwärtigen Gesetzbuche wider die Inhaber falscher Certificate, falscher Pässe oder falscher Marschrouten festgesetzten Strafen werden bei jeder Art derselben immer bis auf den höchsten Grad ausgedehnt, wenn sie gegen Landstreicher oder Bettler zur Anwendung kommen.

282. Landstreicher oder Bettler, welche die in den vorhergehenden Artikeln festgesetzten Strafen ausgestanden haben, bleiben nach Beendigung derselben zur Verfügung der Regierung.

Sechster Abschnitt.

Vergehen, welche durch Schriften, Bilder oder Kupferstiche begangen werden, die ohne Namen des Verfassers, Druckers oder Kupferstechers verbreitet werden.

283. Jede Bekanntmachung oder Vertheilung von Werken, Schriften, Nachrichten, Tagesberichten, Anschlagezetteln, Zeitungen, periodischen Blättern oder sonstigen Druckschriften, worin die Namen, das Gewerbe und der Wohnungsort des Verfassers oder des Druckers nicht wahrhaft angegeben sind, wird blos deswegen mit Gefängniß von sechs Tagen bis zu sechs Monaten an Jedem bestraft, der zu der Bekanntmachung oder Vertheilung wissentlich beigetragen hat.

284. Diese Verfügung wird auf Strafen der einfachen Polizei beschränkt, — 1) in Ansehung der Ausrufer, Anhefter, Verkäufer oder Vertheiler, welche die Person angeben, von welcher sie die Druckschrift erhalten haben; — 2) in Ansehung eines Jeden, der den Drucker angibt; — 3) selbst in Ansehung des Druckers, der den Verfasser angibt.

285. Enthält die Druckschrift irgend eine Anreizung zu Verbrechen oder Vergehen, so werden die Ausrufer, Anhefter, Verkäufer und Vertheiler als Theilnehmer der Aufwiegelung bestraft, es sei denn, daß sie diejenigen angeben, von welchen sie die die Aufwiegelung enthaltende Schrift erhalten haben. — Im Falle dieser Angabe haben sie nur Gefängniß von sechs Tagen bis zu drei Monaten verwirkt; und die Strafe der Theilnahme bleibt nur auf diejenigen anwendbar, welche die Personen, von denen sie die Druckschrift erhalten haben, und den Drucker, wenn er bekannt ist, nicht angeben.

286. In allen obigen Fällen tritt die Confiscation der in Beschlag genommenen Exemplare ein.

287. Jede Ausstellung oder Vertheilung von Liedern, Flugschriften, Figuren oder Bildern, die den guten Sitten zuwider sind, wird mit einer Geldbuße von sechszehn bis fünfhundert Franken, mit Gefängniß von einem Monate bis zu einem Jahre und mit der Confiscation der Platten und der gedruckten oder gestochenen Exemplare der Lieder, Figuren oder sonstigen Gegenstände des Vergehens bestraft.

288. Die in dem vorhergehenden Artikel verhängte Gefängnißstrafe und Geldbuße werden auf Strafen der einfachen Polizei beschränkt, — 1) in Ansehung der Ausrufer, Verkäufer oder Vertheiler, welche die Person angeben, von welcher sie den Gegenstand des Vergehens erhalten haben; — 2) in Ansehung eines Jeden, der den Drucker oder Stecher angibt; — 3) selbst in Ansehung des Druckers oder des Stechers, welche den Verfasser oder die Person angeben, die sie mit dem Drucke oder dem Stiche beauftragt hat.

289. In allen in dem gegenwärtigen Abschnitte bezeichneten Fällen trifft den Verfasser, wenn er bekannt ist, der höchste Grad der auf die Gattung des Vergehens gesetzten Strafe.

Besondere Verfügung.

290. Wer, ohne von der Polizei dazu ermächtigt zu sein, es zu sei-

sera le métier de crieur ou afficheur d'écrits imprimés, dessins ou gravures, même munis des noms d'auteur, imprimeur, dessinateur ou graveur, sera puni d'un emprisonnement de six jours à deux mois.

SECTION VII.

Des Associations ou Réunions illicites.

291. Nulle association de plus de vingt personnes, dont le but sera de se réunir tous les jours ou à certains jours marqués pour s'occuper d'objets religieux, littéraires, politiques ou autres, ne pourra se former qu'avec l'agrément du Gouvernement, et sous les conditions qu'il plaira à l'autorité publique d'imposer à la société.—Dans le nombre de personnes indiqué par le présent article, ne sont pas comprises celles domiciliées dans la maison où l'association se réunit.

292. Toute association de la nature ci-dessus exprimée qui se sera formée sans autorisation, ou qui, après l'avoir obtenue, aura enfreint les conditions à elle imposées, sera dissoute.—Les chefs, directeurs ou administrateurs de l'association seront en outre punis, d'une amende de seize francs à deux cents francs.

293. Si, par discours, exhortations, invocations ou prières, en quelque langue que ce soit, ou par lecture, affiche, publication ou distribution d'écrits quelconques, il a été fait, dans ces assemblées, quelque provocation à des crimes ou à des délits, la peine sera de cent fr. à trois cents fr. d'amende, et de trois mois à deux ans d'emprisonnement; contre les chefs, directeurs et administrateurs de ces associations; sans préjudice des peines plus fortes qui seraient portées par la loi contre les individus personnellement coupables de la provocation, lesquels, en aucun cas, ne pourront être punis d'une peine moindre que celle infligée aux chefs, directeurs et administrateurs de l'association.

294. Tout individu qui, sans la permission de l'autorité municipale, aura accordé ou consenti l'usage de sa maison ou de son appartement, en tout ou en partie, pour la réunion des membres d'une association même autorisée, ou pour l'exercice d'un culte, sera puni d'une amende de seize francs à deux cents francs.

TITRE II.

Crimes et délits contre les particuliers.

CHAPITRE I.

Crimes et Délits contre les Personnes.

SECTION I.

Meurtre et autres Crimes capitaux, Menaces d'attentats contre les personnes.

§. 1. Meurtre, Assassinat, Parricide, Infanticide, Empoisonnement.

295. L'homicide commis volontairement est qualifié meurtre.

296. Tout meurtre commis avec préméditation ou de guet-apens, est qualifié assassinat.

297. La préméditation consiste dans le dessein formé, avant l'action, d'attenter à la personne d'un individu déterminé, ou même de celui qui sera trouvé ou rencontré, quand même ce dessein serait dépendant de quelque circonstance ou de quelque condition.

298. Le guet-apens consiste à attendre plus ou moins de temps, dans un ou divers lieux, un individu, soit pour lui donner la mort, soit pour exercer sur lui des actes de violence.

nem Gewerbe macht, Druckschriften, Zeichnungen oder Stiche, wenn sie auch mit den Namen der Verfasser, Drucker, Zeichner oder Stecher versehen sind, auszurufen oder anzuschlagen, wird mit Gefängniß von sechs Tagen bis zu zwei Monaten bestraft.

Siebenter Abschnitt.

Von unerlaubten Gesellschaften oder Vereinigungen.

291. Eine gesellschaftliche Vereinigung von mehr als zwanzig Personen, die zum Zwecke hat, sich alle Tage oder an gewissen bestimmten Tagen zu versammeln, um sich mit religiösen, literarischen, politischen oder andern Gegenständen zu beschäftigen, darf sich nur mit Genehmigung der Regierung, und unter den Bedingungen bilden, welche die Behörde der Gesellschaft vorzuschreiben für gut findet. — Unter der in diesem Artikel festgesetzten Zahl von Personen sind diejenigen nicht einbegriffen, die in dem Hause wohnen, in welchem die Gesellschaft zusammenkommt.

292. Jede Gesellschaft von der oben bezeichneten Art, die sich ohne Genehmigung gebildet, oder die, nach erlangter Genehmigung, die ihr vorgeschriebenen Bedingungen verletzt hat, wird aufgelöst. — Die Vorsteher, Directoren oder Verwalter der Gesellschaft werden außerdem mit einer Geldbuße von sechszehn bis zweihundert Franken bestraft.

293. Hat in diesen Versammlungen durch Reden, Ermahnungen, Anrufungen oder Gebete, in welcher Sprache es auch sein mag, oder durch Vorlesung, Anheftung, Bekanntmachung oder Vertheilung von Schriften, irgend eine Anreizung zu Verbrechen oder Vergehen statt gefunden, so ist die Strafe gegen die Vorsteher, Directoren und Verwalter dieser Gesellschaften eine Geldbuße von hundert bis dreihundert Franken und Gefängniß von drei Monaten bis zu zwei Jahren; unbeschadet der schwereren Strafen, die das Gesetz gegen die Einzelnen, welche sich der Anreizung persönlich schuldig gemacht haben, verhängt, und die in keinem Falle mit geringerer Strafe belegt werden können, als diejenige ist, welche die Vorsteher, Directoren und Verwalter der Gesellschaft trifft.

294. Wer ohne Erlaubniß der Municipalbehörde den Gebrauch seines Hauses oder seiner Zimmer, ganz oder theilweise, zur Versammlung einer, selbst genehmigten, Gesellschaft, oder zur Ausübung eines Religionsdienstes gestattet oder bewilligt, wird mit einer Geldbuße von sechszehn bis zweihundert Franken bestraft.

Zweiter Titel.

Verbrechen und Vergehen gegen Privatpersonen.

Erstes Capitel.

Verbrechen und Vergehen gegen die Personen.

Erster Abschnitt.

Mord und andere Capitalverbrechen, Drohungen eines Attentats gegen Personen.

§. 1. Mord, Assassinat, Elternmord, Kindermord, Vergiftung.

295. Eine freiwillig verübte Tödtung heißt Mord.

296. Ein mit Vorbedacht oder Auflauren verübter Mord heißt Assassinat.

297. Der Vorbedacht besteht in dem vor der That gefaßten Entschlusse, eine bestimmte Person, oder auch diejenige, welche man antreffen oder der man begegnen würde, anzugreifen, wenn auch dieser Entschluß von irgend einem Umstande oder von irgend einer Bedingung abhängig sein sollte.

298. Das Auflauren besteht darin, daß man auf Jemand eine längere oder kürzere Zeit hindurch an einem oder an verschiedenen Orten wartet, um ihm das Leben zu neh-

299. Est qualifié parricide le meurtre des pères ou mères légitimes, naturels ou adoptifs, ou de tout autre ascendant légitime.

300. Est qualifié infanticide le meurtre d'un enfant nouveau-né.

301. Est qualifié empoisonnement tout attentat à la vie d'une personne, par l'effet de substances qui peuvent donner la mort plus ou moins promptement, de quelque manière que ces substances aient été employées ou administrées, et quelles qu'en aient été les suites.

302. Tout coupable d'assassinat, de parricide, d'infanticide et d'empoisonnement, sera puni de mort, sans préjudice de la disposition particulière contenue en l'article 13, relativement au parricide.

303. Seront punis comme coupables d'assassinat, tous malfaiteurs, quelle que soit leur dénomination, qui, pour l'exécution de leurs crimes, emploient des tortures ou commettent des actes de barbarie.

304. Le meurtre emportera la peine de mort, lorsqu'il aura précédé, accompagné ou suivi un autre crime ou délit.—En tout autre cas, le coupable de meurtre sera puni de la peine des travaux forcés à perpétuité.

§. 2. Menaces.

305. Quiconque aura menacé, par écrit anonyme ou signé, d'assassinat, d'empoisonnement, ou de tout autre attentat contre les personnes qui serait punissable de la peine de mort, des travaux forcés à perpétuité, ou de la déportation, sera puni de la peine des travaux forcés à temps, dans le cas où la menace aurait été faite avec ordre de déposer une somme d'argent dans un lieu indiqué ou de remplir toute autre condition.

306 Si cette menace n'a été accompagnée d'aucun ordre ou condition, la peine sera d'un emprisonnement de deux ans au moins et de cinq ans au plus, et d'une amende de cent francs à six cents francs.

307. Si la menace faite avec ordre ou sous condition a été verbale, le coupable sera puni d'un emprisonnement de six mois à deux ans, et d'une amende de vingt-cinq francs à trois cents francs.

308. Dans les cas prévus par les deux précédens articles, le coupable pourra de plus être mis, par l'arrêt ou le jugement, sous la surveillance de la haute police pour cinq ans au moins et dix ans au plus.

SECTION II.

Blessures et Coups volontaires non qualifiés Meurtre, et autres Crimes et Délits volontaires.

309. Sera puni de la peine de la reclusion, tout individu qui aura fait des blessures ou porté des coups, s'il est résulté de ces actes de violence une maladie ou incapacité de travail personnel pendant plus de vingt jours.

310. Si le crime mentionné au précédent article a été commis avec préméditation ou guet-apens la peine sera celle des travaux forcés à temps.

311. Lorsque les blessures ou les coups n'auront occasionné aucune maladie ni incapacité de travail personnel de l'espèce mentionnée en l'article 309, le coupable sera puni d'un emprisonnement d'un mois à deux ans, et d'une amende de seize francs à deux cents francs.—S'il y a eu préméditation ou guet-apens, l'emprisonnement sera de deux ans à cinq ans, et l'amende de cinquante francs à cinq cents francs.

312. Dans les cas prévus par

3 *

men, oder um Gewaltthätigkeiten an ihm zu verüben.

299. Elternmord heißt der Mord, der an rechtmäßigen, natürlichen oder Adoptiveltern oder an einem andern rechtmäßigen Ascendenten verübt wird.

300. Kindermord heißt der Mord eines neugebornen Kindes.

301. Vergiftung heißt jedes Attentat auf das Leben einer Person mittelst solcher Substanzen, die mehr oder weniger schnell den Tod herbeiführen können, auf welche Weise auch diese Substanzen gebraucht oder beigebracht, und was auch die Folgen davon gewesen sein mögen.

302. Jeder, der eines Assassinats, eines Elternmordes, eines Kindermordes oder einer Vergiftung schuldig ist, wird mit dem Tode bestraft, unbeschadet der in Ansehung des Elternmordes in dem Artikel 13 enthaltenen besonderen Verfügung.

303. Als des Assassinats schuldig werden alle Uebelthäter, wie sie auch immer Namen haben mögen, bestraft, die zur Ausführung ihrer Verbrechen Martern anwenden, oder Grausamkeiten begehen.

304. Der Mord zieht die Todesstrafe nach sich, wenn ein anderes Verbrechen oder Vergehen demselben vorhergegangen, von demselben begleitet oder auf dasselbe gefolgt ist. — In jedem anderen Falle wird der eines Mordes Schuldige mit Zwangsarbeiten auf Lebenszeit bestraft.

§. 2. Drohungen.

305. Wer durch eine anonyme oder durch eine unterzeichnete Schrift, mit Assassinat, Vergiftung oder irgend einem andern Attentat gegen Personen droht, welches die Strafe des Todes, der Zwangsarbeiten auf Lebenszeit, oder der Deportation nach sich ziehen würde, wird mit der Strafe der Zwangsarbeiten auf bestimmte Zeit belegt, falls die Drohung mit dem Befehle geschehen ist, eine Summe Geldes an einem angezeigten Orte niederzulegen, oder irgend eine andere Bedingung zu erfüllen.

306. War diese Drohung von keinem Befehle oder von keiner Bedingung begleitet, so ist die Strafe Gefängniß von wenigstens zwei und höchstens fünf Jahren, und eine Geldbuße von hundert bis sechshundert Franken.

307. Ist die mit einem Befehle oder mit einer Bedingung verbundene Drohung mündlich geschehen, so wird der Schuldige mit Gefängniß von sechs Monaten bis zu zwei Jahren, und einer Geldbuße von fünfundzwanzig bis dreihundert Franken bestraft.

308. In den in den zwei vorhergehenden Artikeln vorgesehenen Fällen kann der Schuldige außerdem durch das Erkenntniß oder das Urtheil auf wenigstens fünf und höchstens zehn Jahre unter die Aufsicht der hohen Polizei gesetzt werden.

Zweiter Abschnitt.

Freiwillig zugefügte Verwundungen und Schläge oder Stöße, die nicht als Mord anzusehen sind, und andere freiwillig begangene Verbrechen und Vergehen.

309. Mit Zuchthausstrafe wird belegt, wer Verwundungen beibringt, oder Schläge oder Stöße zufügt, wenn durch diese gewaltthätigen Handlungen eine Krankheit, oder Unfähigkeit zu der persönlichen Arbeit während mehr als zwanzig Tage entsteht.

310. Ist das in dem vorhergehenden Artikel erwähnte Verbrechen mit Vorbedacht oder Auflauren verübt worden, so ist die Strafe die der Zwangsarbeiten auf bestimmte Zeit.

311. Haben die Verwundungen oder die Schläge oder Stöße keine Krankheit oder Unfähigkeit zu der persönlichen Arbeit von der in dem Art. 309 erwähnten Art verursacht, so wird der Schuldige mit Gefängniß von einem Monate bis zu zwei Jahren, und einer Geldbuße von sechszehn bis zu zweihundert Franken bestraft. — Hat Vorbedacht oder Auflauren statt gefunden, so tritt Gefängniß von zwei bis fünf Jahren, und eine Geldbuße von funfzig bis fünfhundert Franken ein

les articles 309, 310 et 311, si le coupable a commis le crime envers ses père ou mère légitimes, naturels ou adoptifs, ou autres ascendans légitimes, il sera puni ainsi qu'il suit: — Si l'article auquel le cas se référera prononce l'emprisonnement et l'amende, le coupable subira la peine de la reclusion; — Si l'article prononce la peine de la reclusion, il subira celle des travaux forcés à temps; —Si l'article prononce la peine des travaux forcés à temps, il subira celle des travaux forcés à perpétuité.

313. Les crimes et les délits prévus dans la présente section et dans la section précédente, s'ils sont commis en réunion séditieuse, avec rebellion ou pillage, sont imputables aux chefs,. auteurs, instigateurs et provocateurs de ces réunions, rebellions ou pillages, qui seront punis comme coupables de ces crimes ou de ces délits, et condamnés aux mêmes peines que ceux qui les auront personnellement commis.

314. Tout individu qui aura fabriqué ou débité des stilets, tromblons ou quelque espèce que ce soit d'armes prohibées par la loi ou par des réglemens d'administration publique, sera puni d'un emprisonnement de six jours à six mois. —Celui qui sera porteur desdites armes, sera puni d'une amende de seize francs à deux cents francs. —Dans l'un et l'autre cas, les armes seront confisquées. — Le tout sans préjudice de plus forte peine, s'il y échet, en cas de complicité de crime.

315. Outre les peines correctionnelles mentionnées dans les articles précédens, les tribunaux pourront prononcer le renvoi sous la surveillance de la haute police depuis deux ans jusqu'à dix ans.

316. Toute personne coupable du crime de castration, subira la peine des travaux forcés à perpétuité. —Si la mort en est résultée avant l'expiration des quarante jours qui auront suivi le crime, le coupable subira la peine de mort.

317. Quiconque, par alimens, breuvages, médicamens, violences, ou par tout autre moyen aura procuré l'avortement d'une femme enceinte, soit qu'elle y ait consenti ou non, sera puni de la reclusion.— La même peine sera prononcée contre la femme qui se sera procuré l'avortement à elle-même, ou qui aura consenti à faire usage des moyens à elle indiqués ou administrés à cet effet, si l'avortement s'en est ensuivi.—Les médecins, chirurgiens et autres officiers de santé, ainsi que les pharmaciens qui auront indiqué ou administré ces moyens, seront condamnés à la peine des travaux forcés à temps, dans le cas où l'avortement aurait eu lieu.

318. Quiconque aura vendu ou débité des boissons falsifiées, contenant des mixtions nuisibles à la santé, sera puni d'un emprisonnement de six jours à deux ans, et d'une amende de seize francs à cinq cents francs. — Seront saisies et confisquées les boissons falsifiées trouvées appartenir au vendeur ou débitant.

SECTION III.

Homicide, Blessures et Coups involontaires; Crimes et Délits excusables, et Cas où ils ne peuvent être excusés; Homicide, Blessures et Coups qui ne sont ni crimes ni délits.

§. 1. Homicide, Blessures et Coups involontaires.

319. Quiconque, par maladresse, imprudence, inattention, négligence ou inobservation des

312. In den in den Artikeln 309, 310 und 311 bezeichneten Fällen wird der Schuldige, wenn er das Verbrechen an seinen rechtmäßigen, natürlichen oder Adoptiveltern, oder an seinen sonstigen rechtmäßigen Ascendenten verübt hat, bestraft, wie folgt: — Verhängt der Artikel, unter welchen der Fall gehört, Gefängniß und Geldbuße, so trifft den Schuldigen Zuchthausstrafe. — Verhängt der Artikel Zuchthausstrafe, so trifft ihn die Strafe der Zwangsarbeiten auf bestimmte Zeit. — Verhängt der Artikel die Strafe der Zwangsarbeiten auf bestimmte Zeit, so trifft ihn die der Zwangsarbeiten auf Lebenszeit.

313. Die in dem gegenwärtigen und dem vorhergehenden Abschnitte vorgesehenen Verbrechen und Vergehen werden, wenn sie bei einer aufrührerischen Zusammenrottung, mit Rebellion oder Plünderung begangen werden, den Häuptern, Urhebern, Anstiftern und Aufwiegelern solcher Zusammenrottungen, Rebellionen oder Plünderungen zugerechnet, welche als dieser Verbrechen oder Vergehen schuldig bestraft, und zu den nämlichen Strafen, wie diejenigen verurtheilt werden, die sie persönlich begangen haben.

314. Wer Stilette, Tromblons oder irgend eine andere Art von Waffen, die durch das Gesetz oder durch Verordnungen der öffentlichen Verwaltung verboten sind, verfertigt oder verkauft, wird mit Gefängniß von sechs Tagen bis zu sechs Monaten bestraft. — Wer dergleichen Waffen führt, wird mit einer Geldbuße von sechszehn bis zweihundert Franken bestraft. — In beiden Fällen werden die Waffen confiscirt. — Alles unbeschadet der etwaigen schwerern Strafe, im Falle einer Theilnahme an Verbrechen.

315. Außer den in den vorhergehenden Artikeln erwähnten zuchtpolizeilichen Strafen können die Gerichte die Verweisung unter die Aufsicht der hohen Polizei während eines Zeitraums von zwei bis zehn Jahren aussprechen.

316. Wer des Verbrechens der Entmannung schuldig ist, den trifft die Strafe der Zwangsarbeiten auf Lebenszeit. — Ist vor Ablauf von vierzig Tagen nach dem Verbrechen der Tod die Folge desselben gewesen, so trifft den Schuldigen die Todesstrafe.

317. Wer durch Nahrungsmittel, Getränke, Arzneien, Gewaltthätigkeiten, oder durch irgend ein anderes Mittel die unzeitige Entbindung einer schwangern Frauensperson befördert, diese mag dazu eingewilligt haben oder nicht, wird mit der Zuchthausstrafe belegt. — Die nämliche Strafe wird gegen die Frauensperson verhängt, die ihre unzeitige Entbindung selbst befördert, oder eingewilligt hat, von den ihr zu diesem Ende angezeigten oder verabreichten Mitteln Gebrauch zu machen, wenn die unzeitige Entbindung dadurch erfolgt ist. — Aerzte, Wundärzte, und andere Gesundheitsbeamte, so wie Apotheker, die dergleichen Mittel anzeigen oder verabreichen, werden zu Zwangsarbeiten auf bestimmte Zeit verurtheilt, wenn die unzeitige Entbindung erfolgt ist.

318. Wer verfälschte Getränke, die der Gesundheit schädliche Mischungen enthalten, im Großen oder im Kleinen verkauft, wird mit Gefängniß von sechs Tagen bis zu zwei Jahren, und mit einer Geldbuße von sechszehn bis fünfhundert Franken bestraft. — Die verfälschten Getränke, die als Eigenthum des Verkäufers erkannt werden, werden in Beschlag genommen und confiscirt.

Dritter Abschnitt.

Unfreiwillige Tödtung, unfreiwillige Verwundung und Schläge oder Stöße; entschuldbare Verbrechen und Vergehen, und Fälle, wo sie nicht entschuldigt werden können; Tödtung, Verwundungen und Schläge, die weder Verbrechen noch Vergehen sind.

§. 1. Unfreiwillige Tödtung, unfreiwillige Verwundungen und Schläge.

319. Wer durch Ungeschicklichkeit, Unvorsichtigkeit, Unachtsamkeit, Nach-

réglemens, aura commis involontairement un homicide, ou en aura involontairement été la cause, sera puni d'un emprisonnement de trois mois à deux ans, et d'une amende de cinquante francs à six cents frans.

320. S'il n'est résulté du défaut d'adresse ou de précaution que des blessures ou coups, l'emprisonnement sera de six jours à deux mois, et l'amende sera de seize francs à cent francs.

§. 2. Crimes et Délits excusables, et Cas où ils ne peuvent être excusés.

321. Le meurtre, ainsi que les blessures et les coups sont excusables, s'ils ont été provoqués par des coups ou violences graves envers les personnes.

322. Les crimes et délits mentionnés au précédent article sont également excusables, s'ils ont été commis en repoussant pendant le jour l'escalade ou l'effraction des clôtures, murs ou entrée d'une maison ou d'un appartement habité ou de leurs dépendances. — Si le fait est arrivé pendant la nuit, ce cas est réglé par l'art. 329.

323. Le parricide n'est jamais excusable.

324. Le meurtre commis par l'époux sur l'épouse, ou par celle-ci sur son époux, n'est pas excusable, si la vie de l'époux ou de l'épouse qui a commis le meurtre n'a pas été mise en péril dans le moment même où le meurtre a eu lieu.—Néanmoins, dans le cas d'adultère, prévu par l'article 336, le meurtre commis par l'époux sur son épouse, ainsi que sur le complice, à l'instant où il les surprend en flagrant délit dans la maison conjugale, est excusable.

325. Le crime de castration, s'il a été immédiatement provoqué par un outrage violent à la pudeur, sera considéré comme meurtre ou blessures excusables.

326. Lorsque le fait d'excuse sera prouvé, — S'il s'agit d'un crime emportant la peine de mort, ou celle des travaux forcés à perpétuité, ou celle de la déportation, la peine sera réduite à un emprisonnement d'un an à cinq ans;— S'il s'agit de tout autre crime, elle sera reduite à un emprisonnement de six mois à deux ans; —Dans ces deux premiers cas, les coupables pourront de plus être mis par l'arrêt ou le jugement sous la surveillance de la haute police pendant cinq ans au moins et dix ans au plus. — S'il s'agit d'un délit, la peine sera réduite à un emprisonnement de six jours à six mois.

§. 3. Homicide, Blessures et Coups non qualifiés crimes ni délits.

327. Il n'y a ni crime ni délit, lorsque l'homicide, les blessures et les coups étaient ordonnés par la loi et commandés par l'autorité légitime.

328. Il n'y a ni crime ni délit, lorsque l'homicide, les blessures et les coups étaient commandés par la nécessité actuelle de la légitime défense de soi-même ou d'autrui.

329. Sont compris dans les cas de nécessité actuelle de défense, les deux cas suivans:—1) Si l'homicide a été commis, si les blessures ont été faites, ou si les coups ont été portés en repoussant pendant la nuit l'escalade ou l'effraction des clôtures, murs ou entrée d'une maison ou d'un apparte-

lässigkeit oder Nichtbeobachtung der Verordnungen unfreiwillig eine Tödtung begeht, oder unfreiwillig Schuld daran ist, wird mit Gefängniß von drei Monaten bis zu drei Jahren, und einer Geldbuße von funfzig bis sechshundert Franken bestraft.

320. Hat der Mangel an Geschicklichkeit oder Vorsicht nur Verwundungen oder Schläge oder Stöße zur Folge gehabt, so tritt Gefängniß von sechs Tagen bis zu zwei Monaten, und eine Geldbuße von sechszehn bis hundert Franken ein.

§. 2. Entschuldbare Verbrechen und Vergehen, und Fälle, wo sie nicht entschuldigt werden können.

321. Mord, so wie Verwundungen und Schläge oder Stöße sind entschuldbar, wenn dazu durch Schläge oder Stöße oder durch grobe Gewaltthätigkeiten gegen Personen eine Anreizung geschehen ist.

322. Die in dem vorhergehenden Artikel erwähnten Verbrechen und Vergehen sind ebenfalls entschuldbar, wenn sie begangen worden sind, indem man bei Tage die Ersteigung oder die Erbrechung der Einfriedigungen, Mauern, oder des Einganges eines bewohnten Hauses oder Zimmers oder der Zubehörungen derselben abwehrte. — Hat sich der Vorfall zur Nachtzeit ereignet, so tritt für diesen Fall die Bestimmung des Artikels 329 ein.

323. Der Elternmord ist niemals entschuldbar.

324. Der Mord, den ein Ehegatte an der Ehegattin, oder diese an ihrem Ehegatten verübt, ist nicht entschuldbar, wenn nicht in dem Augenblicke, wo der Mord statt hatte, das Leben des Ehegatten oder der Ehegattin, der oder die den Mord begangen hat, in Gefahr stand. — Jedoch ist in dem durch den Artikel 336 vorgesehenen Falle des Ehebruchs der Mord entschuldbar, den der Ehegatte an seiner Ehegattin, so wie auch an dem Mitschuldigen, in dem Augenblicke begeht, wo er sie in dem ehelichen Hause auf frischer That ertappt.

325. Das Verbrechen der Entmannung wird, wenn durch eine gewaltsame Verletzung der Schaamhaftigkeit unmittelbar dazu gereizt worden ist, als entschuldbarer Mord, oder als entschuldbare Verwundung betrachtet.

326. Ist das Thatsächliche des Entschuldigungsgrundes erwiesen, so wird, — wenn von einem Verbrechen die Rede ist, welches die Todesstrafe oder die der Zwangsarbeiten auf Lebenszeit, oder die der Deportation nach sich zieht, die Strafe auf Gefängniß von einem Jahre bis zu fünf Jahren herabgesetzt; — wenn von irgend einem andern Verbrechen die Rede ist, so wird sie auf Gefängniß von sechs Monaten bis zu zwei Jahren herabgesetzt. — In diesen zwei erstern Fällen können die Schuldigen durch das Erkenntniß oder das Urtheil außerdem auf wenigstens fünf und höchstens zehn Jahre unter die Aufsicht der hohen Polizei gesetzt werden. — Ist von einem Vergehen die Rede, so wird die Strafe auf Gefängniß von sechs Tagen bis zu sechs Monaten herabgesetzt.

§. 3. Tödtung, Verwundungen und Schläge oder Stöße, die weder Verbrechen noch Vergehen sind.

327. Es ist weder Verbrechen noch Vergehen vorhanden, wenn die Tödtung, die Verwundungen und Schläge oder Stöße durch das Gesetz geboten, und von der rechtmäßigen Behörde befohlen worden sind.

328. Es ist weder Verbrechen noch Vergehen vorhanden, wenn die Tödtung, die Verwundungen und die Schläge oder Stöße durch die wirklich vorhandene Nothwendigkeit rechtmäßiger Vertheidigung seiner selbst oder Anderer geboten worden sind.

329. In den Fällen wirklich vorhandener Nothwendigkeit der Vertheidigung sind folgende zwei begriffen: — 1) Wenn die Tödtung begangen, die Verwundungen geschehen, oder die Schläge oder Stöße beigebracht sind, indem man zur Nachtzeit die Ersteigung oder die Erbrechung der Einfriedigungen.

ment habité ou de leurs dépendances; — 2) Si le fait a eu lieu en se défendant contre les auteurs de vols ou de pillages exécutés avec violence.

SECTION IV.

Attentats aux Moeurs.

330. Toute personne qui aura commis un outrage public à la pudeur, sera punie d'un emprisonnement de trois mois à un an, et d'une amende de seize francs à deux cents francs.

331. Quiconque aura commis le crime de viol, ou sera coupable de tout autre attentat à la pudeur, consommé ou tenté avec violence contre des individus de l'un ou de l'autre sexe, sera puni de la reclusion.

332. Si le crime a été commis sur la personne d'un enfant au-dessous de l'âge de quinze ans accomplis, le coupable subira la peine des travaux forcés à temps.

333. La peine sera celle des travaux forcés à perpétuité, si les coupables sont de la classe de ceux qui ont autorité sur la personne envers laquelle ils ont commis l'attentat, s'ils sont ses instituteurs ou ses serviteurs à gages, ou s'ils sont fonctionnaires publics, ou ministres d'un culte, ou si le coupable, quel qu'il soit, a été aidé dans son crime par une ou plusieurs personnes.

334. Quiconque aura attenté aux moeurs, en excitant, favorisant ou facilitant habituellement la débauche ou la corruption de la jeunesse de l'un ou de l'autre sexe au-dessous de l'âge de vingt-un ans, sera puni d'un emprisonnement de six mois à deux ans, et d'une amende de cinquante francs à cinq cents francs.—Si la prostitution ou la corruption a été favorisée ou facilitée par leurs pères, mères, tuteurs ou autres personnes chargées de leur surveillance, la peine sera de deux ans à cinq ans d'emprisonnement, et de trois cents francs à mille francs d'amende.

335. Les coupables du délit mentionné au précédent article, seront interdits de toute tutelle et curatelle, et de toute participation aux conseils de famille, savoir, les individus auxquels s'applique le premier paragraphe de cet article, pendant deux ans au moins et cinq ans au plus, et ceux dont il est parlé au second paragraphe, pendant dix ans au moins et vingt ans au plus. — Si le délit a été commis par le père ou la mère, le coupable sera de plus privé des droits et avantages à lui accordés sur la personne et les biens de l'enfant par le Code Napoléon, livre Ier, titre IX *de la Puissance paternelle.*—Dans tous les cas, les coupables pourront de plus être mis, par l'arrêt ou le jugement, sous la surveillance de la haute police, en observant, pour la durée de la surveillance, ce qui vient d'être établi pour la durée de l'interdiction mentionnée au présent article.

336. L'adultère de la femme ne pourra être dénoncé que par le mari: cette faculté même cessera, s'il est dans le cas prévu par l'article 339.

337. La femme convaincue d'adultère subira la peine de l'emprisonnement pendant trois mois au moins et deux ans au plus.— Le mari restera le maître d'arrêter l'effet de cette condamnation, en consentant à reprendre sa femme.

338. Le complice de la femme

Mauern oder des Einganges eines bewohnten Hauses oder Zimmers oder der Zubehörungen derselben abwehrte; — 2) wenn die That statt gefunden hat, indem man sich gegen die Urheber von Diebstählen oder Plünderungen, die mit Gewaltthätigkeit ausgeführt wurden, vertheidigte.

Vierter Abschnitt.

Attentate gegen die Sitten.

330. Wer eine öffentliche Verletzung der Schaamhaftigkeit begeht, wird mit Gefängniß von drei Monaten bis zu einem Jahre, und mit einer Geldbuße von sechszehn bis zweihundert Franken bestraft.

331. Wer das Verbrechen der Nothzucht begeht, oder irgend eines anderen Angriffs gegen die Schaamhaftigkeit schuldig ist, welcher gegen Personen des einen oder des andern Geschlechtes mit Gewaltthätigkeit vollzogen oder versucht wurde, wird mit der Zuchthausstrafe belegt.

332. Ist das Verbrechen an der Person eines Kindes verübt, welches noch nicht volle funfzehn Jahr alt ist, so trifft den Schuldigen die Strafe der Zwangsarbeiten auf bestimmte Zeit.

333. Die Strafe ist die der Zwangsarbeiten auf Lebenszeit, wenn die Schuldigen zu der Classe derjenigen gehören, welchen über die Person, gegen die sie den Angriff verübt haben, Auctorität zusteht, wenn sie die Lehrer oder in Lohn stehende Bediente, oder wenn sie öffentliche Beamten, oder Diener einer Religion sind, oder wenn dem Schuldigen, wer er auch sei, bei seinem Verbrechen von einer oder mehreren Personen geholfen worden ist.

334. Wer die Sitten verletzt, indem er die Jugend des einen oder des andern Geschlechtes unter einundzwanzig Jahren zu Ausschweifungen oder zur Sittenlosigkeit gewöhnlich reizt, dieselben gewöhnlich begünstigt oder erleichtert, wird mit Gefängniß von sechs Monaten bis zu zwei Jahren, und einer Geldbuße von funfzig bis fünfhundert Franken bestraft. — Haben ihre Väter oder Mütter, Vormünder oder andere Personen, denen die Aufsicht über sie oblag, sie zur Unzucht oder Sittenlosigkeit gereizt, dieselbe begünstigt oder erleichtert, so ist die Strafe Gefängniß von zwei bis zu fünf Jahren, und eine Geldbuße von dreihundert bis tausend Franken.

335. Die, welche des in dem vorhergehenden Artikel erwähnten Vergehens schuldig sind, sind von aller Vormundschaft und Curatel, und von aller Theilnahme an einem Familienrathe ausgeschlossen; und zwar diejenigen, auf welche der erste Paragraph dieses Artikels Anwendung findet, während wenigstens zwei und höchstens fünf Jahren, und diejenigen, von welchen in dem zweiten Paragraphen die Rede ist, während wenigstens zwei und höchstens zwanzig Jahren. — Ist das Vergehen von dem Vater oder von der Mutter begangen worden, so wird der Schuldige außerdem der Rechte und Vortheile verlustig, welche ihm das Civilgesetzbuch, Buch I, Titel IX. von der väterlichen Gewalt über die Person und an den Gütern des Kindes einräumt. — In allen Fällen können die Schuldigen außerdem durch das Erkenntniß oder das Urtheil unter die Aufsicht der hohen Polizei gesetzt werden, und zwar, so viel die Dauer der Aufsicht betrifft, unter Beobachtung desjenigen, was wegen der Dauer der in dem gegenwärtigen Artikel erwähnten Interdiction festgesetzt ist.

336. Der Ehebruch der Frau kann nur von dem Manne denunciirt werden; selbst diese Befugniß fällt weg, wenn er sich in dem in dem Artikel 339 vorgesehenen Falle befindet.

337. Die eines Ehebruchs überwiesene Frau trifft Gefängnißstrafe von wenigstens drei Monaten und höchstens zwei Jahren. — Der Mann bleibt berechtigt, die Wirkung dieser Verurtheilung zu hemmen, wenn er einwilligt, seine Frau wieder zu sich zu nehmen.

338. Der Mitschuldige einer ehe-

adultère sera puni de l'emprisonnement pendant le même espace de temps, et, en outre, d'une amende de cent francs à deux mille francs. — Les seules preuves qui pourront être admises contre le prévenu de complicité, seront, outre le flagrant délit, celles résultant de lettres ou autres pièces écrites par le prévenu.

339. Le mari qui aura entretenu une concubine dans la maison conjugale, et qui aura été convaincu sur la plainte de la femme, sera puni d'une amende de cent francs à deux mille francs.

340. Quiconque étant engagé dans les liens du mariage en aura contracté un autre avant la dissolution du précédent, sera puni de la peine des travaux forcés à temps. — L'officier public qui aura prêté son ministère à ce mariage, connaissant l'existence du précédent, sera condamné à la même peine.

SECTION V.

Arrestations illégales et Séquestrations de personnes.

341. Seront punis de la peine des travaux forcés à temps, ceux qui, sans ordre des autorités constituées et hors les cas où la loi ordonne de saisir des prévenus, auront arrête, détenu ou séquestré des personnes quelconques. — Quiconque aura prêté un lieu pour exécuter la détention ou séquestration, subira la même peine.

342. Si la détention ou séquestration a duré plus d'un mois, la peine sera celle des travaux forcés à perpétuité.

343. La peine sera réduite à l'emprisonnement de deux ans à cinq ans, si les coupables des délits mentionnés en l'article 341, non encore poursuivis de fait, ont rendu la liberté à la personne arrêtée, séquestrée ou détenue, avant le dixième jour accompli depuis celui de l'arrestation, détention ou séquestration. Ils pourront néanmoins être renvoyés sous la surveillance de la haute police, depuis cinq ans jusqu'à dix ans.

344. Dans chacun des trois cas suivans, — 1) Si l'arrestation a été exécutée avec le faux costume, sous un faux nom, ou sur un faux ordre de l'autorité publique; — 2) Si l'individu arrêté, détenu ou séquestré, a été menacé de la mort; — 3) S'il a été soumis à des tortures corporelles, — Les coupables seront punis de mort.

SECTION VI.

Crimes et Délits tendant à empêcher ou détruire la preuve de l'état civil d'un Enfant, ou à compromettre son existence; Enlèvement de Mineurs; Infraction aux lois sur les Inhumations.

§. 1. Crimes et Délits envers l'Enfant.

345. Les coupables d'enlèvement, de recélé ou de suppression d'un enfant, de substitution d'un enfant à un autre, ou de supposition d'un enfant à une femme qui ne sera pas accouchée, seront punis de la reclusion. — La même peine aura lieu contre ceux qui, étant chargés d'un enfant, ne le représenteront point aux personnes qui ont le droit de le réclamer.

346. Toute personne qui, ayant assisté à un accouchement, n'aura pas fait la déclaration à elle prescrite par l'article 56 du Code Napoléon, et dans le délai fixé par l'article 55 du même Code, sera punie d'un emprisonement de six jours à six mois, et d'une

brecherischen Frau wird mit Gefängniß von gleicher Dauer, und außerdem mit einer Geldbuße von hundert bis zweitausend Franken bestraft. — Die Beweise, welche gegen den der Theilnahme Beschuldigten zugelassen werden können, sind, außer der Ertappung auf frischer That, blos solche, welche aus Briefen oder sonstigen von dem Beschuldigten geschriebenen Stücken hervorgehen.

339. Der Mann, der im ehelichen Hause eine Beischläferin unterhält, und, auf die von der Frau darüber behufs der Bestrafung gemachte Anzeige, dessen überwiesen wird, wird mit einer Geldbuße von hundert bis zweitausend Franken bestraft.

340. Wer wirklich verheirathet ist, und eine neue Ehe eingeht, ehe die vorhergehende aufgelöst ist, wird mit Zwangsarbeiten auf bestimmte Zeit bestraft. — Der öffentliche Beamte, der bei dieser Heirath sein Amt verrichtet, obgleich er von dem Bestehen der vorhergehenden Ehe unterrichtet war, wird zu der nämlichen Strafe verurtheilt.

Fünfter Abschnitt.

Gesetzwidrige Verhaftungen und Sequestrationen von Personen.

341. Mit der Strafe der Zwangsarbeiten auf bestimmte Zeit werden bestraft, diejenigen, welche ohne Befehl der angeordneten Behörden, und außer den Fällen, wo das Gesetz gebietet, die Beschuldigten zu ergreifen, irgend Jemanden verhaften, festhalten, oder sequestriren. — Wer einen Ort hergibt, um die Festhaltung oder Sequestration auszuführen, den trifft die nämliche Strafe.

342. Hat die Festhaltung oder Sequestration länger als einen Monat gedauert, so ist die Strafe die der Zwangsarbeiten auf Lebenszeit.

343. Die Strafe wird auf Gefängniß von zwei bis zu fünf Jahren herabgesetzt, wenn diejenigen, welche der in dem Artikel 341 erwähnten Vergehen schuldig sind, noch ehe sie deshalb wirklich verfolgt wurden, die verhaftete, sequestrirte oder festgehaltene Person vor Ablauf des zehnten Tages, von dem der Verhaftung, Festhaltung, oder Sequestration an gerechnet, wieder in Freiheit gesetzt haben. Sie können gleichwohl fünf bis zehn Jahre lang unter die Aufsicht der hohen Polizei verwiesen werden.

344. In jedem der folgenden drei Fälle, — 1) wenn die Verhaftung in einer falschen Amtskleidung, unter einem falschen Namen, oder auf Grund eines falschen Befehls der öffentlichen Gewalt vollzogen worden ist; — 2) wenn die verhaftete, festgehaltene oder sequestrirte Person mit dem Tode bedroht worden ist; — 3) wenn derselben körperliche Martern zugefügt worden sind, — werden die Schuldigen mit dem Tode bestraft.

Sechster Abschnitt.

Verbrechen und Vergehen, welche dahin abzwecken, den Beweis des Civilstandes eines Kindes zu verhindern, oder zu vernichten, oder das Leben desselben in Gefahr zu setzen; Entführung minderjähriger Personen; Zuwiderhandlung gegen die Gesetze über die Beerdigungen.

§. 1. Verbrechen und Vergehen gegen Kinder.

345. Wer ein Kind raubt, verbirgt, oder den Civilstand desselben unterdrückt, wer ein Kind mit einem andern vertauscht, oder einer Frau, die nicht geboren hat, ein Kind unterschiebt, wird mit der Zuchthausstrafe belegt. — Die nämliche Strafe trifft diejenigen, welchen ein Kind anvertraut worden ist, und die es nicht den Personen zurückgeben, welche das Recht haben, es zurückzufordern.

346. Wer einer Entbindung beigewohnt hat, und die in dem Artikel 56 des Civilgesetzbuches ihm auferlegte Erklärung in der im Artikel 55 des nämlichen Gesetzbuches bestimmten Frist nicht abgibt, wird mit Gefängniß von sechs Tagen bis zu sechs Monaten und mit einer

amende de seize francs à trois cents francs.

347. Toute personne qui, ayant trouvé un enfant nouveau né, ne l'aura pas remis à l'officier de l'état civil, ainsi qu'il est prescrit par l'article 58 du Code Napoléon, sera punie des peines au précédent article. — La présente disposition n'est point applicable à celui qui aurait consenti à se charger de l'enfant, et qui aurait fait sa déclaration à cet égard devant la municipalité du lieu où l'enfant a été trouvé.

348. Ceux qui auront porté à un hospice un enfant au-dessous de l'âge de sept ans accomplis, qui leur aurait été confié afin qu'ils en prissent soin ou pour toute autre cause, seront punis d'un emprisonnement de six semaines à six mois, et d'une amende de seize francs à cinquante francs. — Toutefois aucune peine ne sera prononcée, s'ils n'étaient pas tenus ou ne s'étaient pas obligés de pourvoir gratuitement à la nourriture et à l'entretien de l'enfant, et si personne n'y avait pourvu.

349. Ceux qui auront exposé et délaissé en un lieu solitaire un enfant au-dessous de l'âge de sept ans accomplis; ceux qui auront donné l'ordre de l'exposer ainsi, si cet ordre a été exécuté, seront, pour ce seul fait, condamnés à un emprisonnement de six mois à deux ans, et à une amende de seize francs à deux cents francs.

350. La peine portée au précédent article sera de deux ans à cinq ans, et l'amende de cinquante francs à quatre cents francs, contre les tuteurs ou tutrices, instituteurs ou institutrices de l'enfant exposé et délaissé par eux ou par leur ordre.

351. Si, par suite de l'exposition et du délaissement prévus par les articles 349 et 350, l'enfant est demeuré mutilé ou estropié, l'action sera considérée comme blessures volontaires à lui faites par la personne qui l'a exposé et délaissé; et si la mort s'en est ensuivie, l'action sera considérée comme meurtre : au premier cas, les coupables subiront la peine applicable aux blessures volontaires; et, au second cas, celle du meurtre.

352. Ceux qui auront exposé et délaissé en un lieu non solitaire un enfant au-dessous de l'âge de sept ans accomplis, seront punis d'un emprisonnement de trois mois à un an, et d'une amende de seize francs à cent francs.

353. Le délit prévu par le précédent article sera puni d'un emprisonnement de six mois à deux ans, et d'une amende de vingt-cinq francs à deux cents francs, s'il a été commis par les tuteurs ou tutrices, instituteurs ou institutrices de l'enfant.

§. 2. Enlèvement de Mineurs.

354. Quiconque aura, par fraude ou violence, enlevé ou fait enlever des mineurs, ou les aura entraînés, détournés ou déplacés, ou les aura fait entraîner, détourner ou déplacer des lieux où ils étaient mis par ceux à l'autorité ou à la direction desquels ils étaient soumis ou confiés, subira la peine de la reclusion.

355. Si la personne ainsi enlevée ou détournée est une fille au-dessous de seize ans accomplis, la peine sera celle des travaux forcés à temps.

356. Quand la fille au-dessous de seize ans aurait consenti à son enlèvement ou suivi volontairement le ravisseur, si celui-ci était majeur de vingt-un ans ou au-dessus, il sera condamné aux travaux forcés à temps. — Si le ravisseur n'avait

Geldbuße von sechszehn bis dreihundert Franken bestraft.

347. Wer ein neugebornes Kind findet, und es nicht, wie in dem Artikel 58 des Civilgesetzbuches vorgeschrieben ist, dem Civilstandsbeamten übergibt, wird mit den in dem vorhergehenden Artikel verhängten Strafen belegt. — Die gegenwärtige Verfügung ist auf denjenigen nicht anwendbar, der sich etwa anheischig macht, das Kind zu sich zu nehmen, und seine desfallsige Erklärung bei der Municipalität des Ortes, wo das Kind gefunden worden ist, abgibt.

348. Diejenigen, welche ein ihnen zur Pflege oder aus irgend einem andern Grunde anvertrautes Kind, welches noch nicht volle sieben Jahre alt ist, in ein Hospital bringen, werden mit Gefängniß von sechs Wochen bis zu sechs Monaten, und mit einer Geldbuße von sechszehn bis funfzig Franken bestraft. — Es wird jedoch keine Strafe erkannt, wenn sie nicht gehalten waren oder sich nicht verpflichtet hatten, für die Ernährung und den Unterhalt des Kindes unentgeltlich zu sorgen, und Niemand dafür gesorgt hatte.

349. Diejenigen, welche ein Kind, das noch nicht volle sieben Jahre alt ist, an einem einsamen Orte aussetzen und zurücklassen; diejenigen, welche den Auftrag ertheilen, es auf diese Weise auszusetzen, werden, wenn dieser Auftrag vollzogen worden ist, blos deswegen, zu einem Gefängnisse von sechs Monaten bis zu zwei Jahren, und zu einer Geldbuße von sechszehn bis zweihundert Franken verurtheilt.

350. Die in dem vorhergehenden Artikel verhängte Strafe ist eine zwei- bis fünfjährige, und die Geldbuße funfzig bis vierhundert Franken, wenn Vormünder oder Vormünderinnen, Lehrer oder Lehrerinnen das Kind ausgesetzt und zurückgelassen, oder dazu Auftrag gegeben haben.

351. Ist in Folge der in den Artikeln 349 und 350 vorgesehenen Aussetzung und Zurücklassung das Kind verstümmelt oder verkrüppelt geblieben, so wird die Handlung als eine freiwillige Verwundung betrachtet, die ihm von der Person, welche es ausgesetzt und zurückgelassen hat, zugefügt worden ist; und ist der Tod daraus erfolgt, so wird die Handlung als Mord betrachtet: im ersten Falle haben die Schuldigen die auf freiwillige Verwundungen gesetzte Strafe zu erleiden; und im zweiten Falle die des Mordes.

352. Wer ein Kind, das noch nicht volle sieben Jahre alt ist, an einem nicht einsamen Orte aussetzt und zurückläßt, wird mit Gefängniß von drei Monaten bis zu einem Jahre, und einer Geldbuße von sechszehn bis hundert Franken bestraft.

353. Das in dem vorhergehenden Artikel vorgesehene Vergehen wird mit Gefängniß von sechs Monaten bis zu zwei Jahren und einer Geldbuße von fünfundzwanzig bis zweihundert Franken bestraft, wenn es von Vormündern oder Vormünderinnen, Lehrern oder Lehrerinnen des Kindes begangen worden ist.

§. 2. Entführung minderjähriger Personen.

354. Wer durch List oder Gewalt minderjährige Personen entführt oder entführen läßt, oder sie von den Orten, wohin diejenigen, unter deren Gewalt sie stehen, oder deren Leitung sie anvertraut sind, sie gebracht haben, fortreißt, wegschafft oder an einen andern Ort bringt, oder sie fortreißen, wegschaffen oder an einen andern Ort bringen läßt, hat Zuchthausstrafe zu erleiden.

355. Ist die so entführte oder weggeschaffte Person ein Mädchen, das noch nicht volle sechszehn Jahre alt ist, so ist die Strafe die der Zwangsarbeiten auf bestimmte Zeit.

356 Hat auch das Mädchen unter sechszehn Jahren in seine Entführung eingewilligt, oder ist es dem Entführer freiwillig gefolgt, so wird dieser doch, wenn er einundzwanzig Jahre oder darüber alt ist, zu Zwangsarbeiten auf bestimmte Zeit verurtheilt. — Ist der Entführer noch nicht einund-

pas encore vingt-un ans, il sera puni d'un emprisonnement de deux à cinq ans.

357. Dans le cas où le ravisseur aurait épousé la fille qu'il a enlevée, il ne pourra être poursuivi que sur la plainte des personnes qui, d'après le Code Napoléon, ont le droit de demander la nullité du mariage, ni condamné qu'après que la nullité du mariage aura été prononcée.

§. 3. Infraction aux lois sur les Inhumations.

358. Ceux qui, sans l'autorisation préalable de l'officier public, dans le cas où elle est prescrite, auront fait inhumer un individu décédé, seront punis de six jours à deux mois d'emprisonnement, et d'une amende de seize francs à cinquante francs; sans préjudice de la poursuite des crimes dont les auteurs de ce délit pourraient être prévenus dans cette circonstance. — La même peine aura lieu contre ceux qui auront contrevenu, de quelque manière que ce soit, à la loi et aux réglemens relatifs aux inhumations précipitées.

359. Quiconque aura recélé ou caché le cadavre d'une personne homicidée ou morte des suites de coups ou blessures, sera puni d'un emprisonnement de six mois à deux ans, et d'une amende de cinquante francs à quatre cents francs; sans préjudice de peines plus graves, s'il a participé au crime.

360. Sera puni d'un emprisonnement de trois mois à un an, et de seize francs à deux cents francs d'amende, quiconque se sera rendu coupable de violation de tombeaux ou de sépultures; sans préjudice des peines contre les crimes ou les délits qui seraient joints à celui-ci.

SECTION VII.

Faux témoignage; Calomnie, Injures, Révélation de secrets.

§. 1. Faux témoignage.

361. Quiconque sera coupable de faux témoignage en matière criminelle, soit contre l'accusé, soit en sa faveur, sera puni de la peine des travaux forcés à temps. — Si néanmoins l'accusé a été condamné à une peine plus forte que celle des travaux forcés à temps, le faux témoin qui a déposé contre lui, subira la même peine.

362. Quiconque sera coupable de faux témoignage en matière correctionnelle ou de police, soit contre le prévenu, soit en sa faveur, sera puni de la reclusion.

363. Le coupable de faux témoignage en matière civile, sera puni de la peine portée au précédent article.

364. Le faux témoin en matière correctionnelle, de police ou civile, qui aura reçu de l'argent, une récompense quelconque ou des promesses, sera puni des travaux forcés à temps. — Dans tous les cas, ce que le faux témoin aura reçu sera confisqué.

365. Le coupable de subornation de témoins sera condamné à la peine des travaux forcés à temps, si le faux témoignage qui en a été l'objet emporte la peine de la reclusion; aux travaux forcés à perpétuité, lorsque le faux témoignage emportera la peine des travaux forcés à temps, ou celle de la déportation; et à la peine de mort, lorsqu'il emportera celle des travaux forcés à perpétuité ou la peine capitale.

366. Celui à qui le serment aura été déféré ou référé en matière civile, et qui aura fait un

zwanzig Jahre alt, so wird er mit Gefängniß von zwei bis fünf Jahren bestraft.

357. In dem Falle, wo der Entführer das entführte Mädchen geheirathet hat, kann er nur auf die behufs der Bestrafung gemachte Anzeige derjenigen Personen verfolgt werden, die nach dem Civilgesetzbuche das Recht haben, auf die Nichtigkeitserklärung der Ehe zu klagen, und er kann nicht eher verurtheilt werden, als nachdem die Nichtigkeit der Ehe ausgesprochen ist.

§. 3. Zuwiderhandlung gegen die Gesetze über die Beerdigungen.

358. Wer ohne vorgängige Erlaubniß des öffentlichen Beamten, in dem Falle, wo dieselbe vorgeschrieben ist, einen Todten beerdigen läßt, wird mit Gefängniß von sechs Tagen bis zu zwei Monaten und einer Geldbuße von sechszehn bis funfzig Franken bestraft; unbeschadet der Verfolgung wegen der Verbrechen, deren die Urheber dieses Vergehens bei dieser Gelegenheit etwa beschuldigt werden. — Die nämliche Strafe findet gegen diejenigen statt, die auf irgend eine Art dem Gesetze und den Verordnungen über die zu frühzeitigen Beerdigungen zuwiderhandeln.

359. Wer den Leichnam einer getödteten oder an den Folgen von Schlägen oder Stößen, oder von Verwundungen gestorbenen Person verheimlicht oder verbirgt, wird mit Gefängniß von sechs Monaten bis zu zwei Jahren, und mit einer Geldbuße von funfzig bis vierhundert Franken bestraft; unbeschadet schwererer Strafen, falls er an dem Verbrechen Theil genommen hat.

360. Mit Gefängniß von drei Monaten bis zu zwei Jahren und einer Geldbuße von sechszehn bis zweihundert Franken wird bestraft, wer sich der Verletzung von Grabmälern oder Begräbnißorten schuldig macht; unbeschadet der gegen die etwa damit verbundenen Verbrechen oder Vergehen verhängten Strafen.

Siebenter Abschnitt.

Falsches Zeugniß, Verläumdung, Injurien, Entdeckung von Geheimnissen.

§. 1. Falsches Zeugniß.

361. Wer in einer Criminalsache eines falschen Zeugnisses gegen den Angeklagten, oder zu Gunsten desselben, schuldig ist, wird mit Zwangsarbeiten auf bestimmte Zeit bestraft. — Ist gleichwohl der Angeklagte zu einer schwerern Strafe als der der Zwangsarbeiten auf bestimmte Zeit verurtheilt worden, so hat der falsche Zeuge, der gegen ihn ausgesagt hat, die nämliche Strafe zu erleiden.

362. Wer in einer Zuchtpolizei- oder in einer Polizeisache eines falschen Zeugnisses gegen den Beschuldigten, oder zu Gunsten desselben, schuldig ist, wird mit der Zuchthausstrafe belegt.

363. Wer in einer Civilsache eines falschen Zeugnisses schuldig ist, wird mit der in dem vorhergehenden Artikel bestimmten Strafe belegt.

364. Der falsche Zeuge in einer Zuchtpolizei-, Polizei- oder Civilsache, der Geld, irgend eine Belohnung oder Versprechungen angenommen hat, wird mit Zwangsarbeiten auf bestimmte Zeit bestraft. — In allen Fällen wird das, was der falsche Zeuge erhalten hat, confiscirt.

365. Wer der Verleitung zu falschem Zeugnisse schuldig ist, wird zu der Strafe der Zwangsarbeiten auf bestimmte Zeit verurtheilt, wenn das falsche Zeugniß, welches den Gegenstand der Verleitung ausmachte, Zuchthausstrafe nach sich zieht; zu Zwangsarbeiten auf Lebenszeit, wenn das falsche Zeugniß die Strafe der Zwangsarbeiten auf bestimmte Zeit, oder die der Deportation nach sich zieht; und zur Todesstrafe, wenn es Zwangsarbeiten auf Lebenszeit oder die Todesstrafe nach sich zieht.

366. Wer in einer Civilsache einen ihm zugeschobenen oder zurückgeschobenen Eid fälschlich ausschwört,

faux serment, sera puni de la dégradation civique.

§. 2. Calomnies, Injures, Révélation de secrets.

367. Sera coupable du délit de calomnie, celui qui, soit dans des lieux ou réunions publics, soit dans un acte authentique et public, soit dans un écrit imprimé ou non qui aura été affiché, vendu ou distribué, aura imputé à un individu quelconque des faits qui, s'ils existaient, exposeraient celui contre lequel ils sont articulés à des poursuites criminelles ou correctionnelles, ou même l'exposeraient seulement au mépris ou à la haine des citoyens. — La présente disposition n'est point applicable aux faits dont la loi autorise la publicité, ni à ceux que l'auteur de l'imputation était, par la nature de ses fonctions ou de ses devoirs, obligé de révéler ou de réprimer.

368. Est réputée fausse, toute imputation à l'appui de laquelle la preuve légale n'est point rapportée. En conséquence, l'auteur de l'imputation ne sera pas admis, pour sa défense, à demander que la preuve en soit faite : il ne pourra pas non plus alléguer comme moyen d'excuse que les pièces ou les faits sont notoires, ou que les imputations qui donnent lieu à la poursuite sont copiées ou extraites de papiers étrangers, ou d'autres écrits imprimés.

369. Les calomnies mises au jour par la voie de papiers étrangers, pourront être poursuivies contre ceux qui auront envoyé les articles ou donné l'ordre de les insérer, ou contribué à l'introduction ou à la distribution de ces papiers en France.

370. Lorsque le fait imputé sera légalement prouvé vrai, l'auteur de l'imputation sera à l'abri de toute peine. — Ne sera considérée comme preuve légale, que celle qui résultera d'un jugement, ou de tout autre acte authentique.

371. Lorsque la preuve légale ne sera pas rapportée, le calomniateur sera puni des peines suivantes : — Si le fait imputé est de nature à mériter la peine de mort, les travaux forcés à perpétuité ou la déportation, le coupable sera puni d'un emprisonnement de deux à cinq ans, et d'une amende de deux cents francs à cinq mille francs. — Dans tous les autres cas, l'emprisonnement sera d'un mois à six mois, et l'amende de cinquante francs à deux mille francs.

372. Lorsque les faits imputés seront punissables suivant la loi, et que l'auteur de l'imputation les aura dénoncés, il sera, durant l'instruction sur ces faits, sursis à la poursuite et au jugement du délit de calomnie.

373. Quiconque aura fait par écrit une dénonciation calomnieuse contre un ou plusieurs individus, aux officiers de justice ou de police administrative ou judiciaire, sera puni d'un emprisonnement d'un mois à un an, et d'une amende de cent francs à trois mille francs.

374. Dans tous les cas, le calomniateur sera, à compter du jour où il aura subi sa peine, interdit pendant cinq ans au moins et dix ans au plus des droits mentionnés en l'article 42 du présent Code.

375. Quant aux injures ou aux expressions outrageantes qui ne renfermeraient l'imputation d'aucun fait précis, mais celle d'un

wird mit dem Verluste der staatsbürgerlichen Rechte bestraft.

§. 2. Verläumdung, Injurien, Entdeckung von Geheimnissen.

367. Des Vergehens der Verläumdung ist schuldig, wer an öffentlichen Orten, oder in öffentlichen Versammlungen, oder in einer authentischen und öffentlichen Urkunde, oder in einer gedruckten oder ungedruckten Schrift, welche angeschlagen, verkauft oder ausgetheilt worden ist, irgend Jemanden solcher Thatsachen beschuldigt, die, wenn sie wahr wären, denjenigen, dem sie Schuld gegeben werden, einer Criminal- oder zuchtpolizeilichen Verfolgung, oder auch nur der Verachtung oder dem Hasse der Bürger aussetzen würden. — Die gegenwärtige Verfügung ist nicht anwendbar auf Thatsachen, deren Bekanntmachung das Gesetz erlaubt, auch nicht auf solche, die zu entdecken oder zu hemmen, der Urheber der Beschuldigung vermöge seiner Amtsverrichtungen oder seiner Pflichten verbunden war.

368. Als falsch wird betrachtet, jede Beschuldigung, zu deren Unterstützung der gesetzliche Beweis nicht sogleich beigebracht wird. Dem zufolge wird der Urheber der Beschuldigung zu seiner Vertheidigung nicht mit dem Gesuche gehört, den Beweis darüber aufzunehmen; er kann eben so wenig als Entschuldigungsgrund anführen, daß die Beweisstücke oder die Thatsachen notorisch, oder daß die Beschuldigungen, die zu der Verfolgung Anlaß geben, aus fremden Blättern, oder sonstigen Druckschriften abgeschrieben oder ausgezogen worden seien.

369. Wegen Verläumdungen, die mittelst ausländischer Blätter bekannt gemacht worden sind, können diejenigen verfolgt werden, welche die Artikel eingesandt, oder den Auftrag, sie einzurücken, gegeben, oder die zur Einführung und Vertheilung dieser Blätter im Inlande beigetragen haben.

370. Wird die den Gegenstand der Beschuldigung ausmachende Thatsache in gesetzlicher Art als wahr erwiesen, so ist der Urheber der Beschuldigung von aller Strafe frei. — Als gesetzlicher Beweis wird nur derjenige angesehen, der aus einem Urtheile oder aus irgend einer andern authentischen Urkunde hervorgeht.

371. Wird der gesetzliche Beweis nicht sogleich beigebracht, so wird der Verläumder mit folgenden Strafen belegt: — Ist die den Gegenstand der Beschuldigung ausmachende That von der Art, daß sie die Todesstrafe, Zwangsarbeiten auf Lebenszeit, oder die Deportation nach sich ziehen würde, so wird der Schuldige mit Gefängniß von zwei bis fünf Jahren, und einer Geldbuße von zweihundert bis fünftausend Franken bestraft. — In allen andern Fällen tritt Gefängniß von einem Monate bis zu sechs Monaten, und eine Geldbuße von funfzig bis zweitausend Franken ein.

372. Sind die den Gegenstand der Beschuldigung ausmachenden Thatsachen nach dem Gesetze strafbar, und hat der Urheber der Beschuldigung sie denunciirt, so wird, während der Untersuchung über diese Thatsachen, mit dem Verfahren und der Entscheidung über das Vergehen der Verläumdung eingehalten.

373. Wer bei Justizbeamten oder bei Beamten der Verwaltungs- oder der gerichtlichen Polizei, gegen eine oder mehrere Personen eine verläumderische Denunciation schriftlich einreicht, wird mit Gefängniß von einem Monate bis zu einem Jahre, und mit einer Geldbuße von hundert bis dreitausend Franken bestraft.

374. In allen Fällen wird der Verläumder wenigstens fünf und höchstens zehn Jahre, von dem Tage der ausgestandenen Strafe an gerechnet, zur Ausübung der in dem Artikel 42 des gegenwärtigen Gesetzbuches erwähnten Rechte unfähig erklärt.

375. Injurien oder beleidigende Ausdrücke, welche nicht die Beschuldigung einer bestimmten That, wohl aber die Beschuldigung eines be-

vice déterminé, si elles ont été proférées dans des lieux ou réunions publics, ou insérées dans des écrits imprimés ou non, qui auraient été répandus et distribués, la peine sera une amende de seize francs à cinq cents francs.

376. Toutes autres injures ou expressions outrageantes qui n'auront pas eu ce double caractère de gravité et de publicité, ne donneront lieu qu'à des peines de simple police.

377. A l'égard des imputations et des injures qui seraient contenues dans les écrits relatifs à la défense des parties, ou dans les plaidoyers, les juges saisis de la contestation pourront, en jugeant la cause, ou prononcer la suppression des injures ou des écrits injurieux, ou faire des injonctions aux auteurs du délit, ou les suspendre de leurs fonctions, et statuer sur les dommages-intérêts. — La durée de cette suspension ne pourra excéder six mois: en cas de récidive, elle sera d'un an au moins et de cinq ans au plus. — Si les injures ou écrits injurieux portent le caractère de calomnie grave, et que les juges saisis de la contestation ne puissent connaître du délit, ils ne pourront prononcer contre les prévenus qu'une suspension provisoire de leurs fonctions, et les renverront, pour le jugement du délit, devant les juges compétens.

378. Les médecins, chirurgiens et autres officiers de santé, ainsi que les pharmaciens, les sages-femmes, et toutes autres personnes dépositaires, par état ou profession, des secrets qu'on leur confie, qui, hors le cas où la loi les oblige à se porter dénonciateurs, auront révélé ces secrets, seront punis d'un emprisonnement d'un mois à six mois, et d'une amende de cent francs à cinq cents francs.

CHAPITRE II.

Crimes et Délits contre les Propriétés.

SECTION I.

Vols.

379. Quiconque a soustrait frauduleusement une chose qui ne lui appartient pas, est coupable de vol.

380. Les soustractions commises par des maris au préjudice de leurs femmes, par des femmes au préjudice de leurs maris, par un veuf ou une veuve quant aux choses qui avaient appartenu à l'époux décédé, par des enfans ou autres descendans au préjudice de leurs pères ou mères ou autres ascendans, par des pères et mères ou autres ascendans au préjudice de leurs enfans ou autres descendans, ou par des alliés aux mêmes degrés, ne pourront donner lieu qu'à des réparations civiles. — A l'égard de tous autres individus qui auraient recélé ou appliqué à leur profit tout ou partie des objets volés, ils seront punis comme coupables de vol.

381. Seront punis de la peine de mort, les individus coupables de vols commis avec la réunion des cinq circonstances suivantes, — 1) Si le vol a été commis la nuit; — 2) S'il a été commis par deux ou plusieurs personnes; — 3) Si les coupables ou l'un d'eux étaient porteurs d'armes apparentes ou cachées; — 4) S'ils ont commis le crime soit à l'aide d'effraction extérieure ou d'escalade ou de fausses clefs, dans une maison, appartement, chambre ou logement habités ou servant à l'habitation,

stimmten Fehlers enthalten, werden, wenn sie an öffentlichen Orten oder in öffentlichen Versammlungen ausgestoßen, oder in gedruckten oder ungedruckten Schriften, die verbreitet und ausgetheilt worden, eingerückt worden sind, mit einer Geldbuße von sechszehn bis fünfhundert Franken bestraft.

376. Alle anderen Injurien oder beleidigende Ausdrücke, welche nicht dieses doppelte Merkmal der Schwere und der Oeffentlichkeit an sich tragen, ziehen nur einfache Polizeistrafen nach sich.

377. In Ansehung der Beschuldigungen und Injurien, die etwa in den Vertheidigungsschriften der Parteien, oder in den mündlichen Vorträgen vor Gerichte enthalten sind, können die mit der Streitsache befaßten Richter, indem sie in der Sache entscheiden, entweder die Unterdrückung der Injurien oder der beleidigenden Schriften aussprechen, oder den Urhebern des Vergehens Zurechtweisungen ertheilen, oder sie von ihren Amtsverrichtungen suspendiren und über den Schadensersatz erkennen. — Die Dauer dieser Suspension kann sich nicht über sechs Monate erstrecken: im Wiederholungsfalle soll sie wenigstens ein Jahr und höchstens fünf Jahre betragen. — Tragen die Injurien oder die beleidigenden Schriften den Charakter einer groben Verläumdung an sich, und können die mit der Streitsache befaßten Richter über das Vergehen nicht erkennen, so können sie nur eine provisorische Suspension von den Amtsverrichtungen gegen die Beschuldigten aussprechen, und müssen dieselben zur Entscheidung über das Vergehen vor den competenten Richter verweisen.

378. Aerzte, Wundärzte und andere Gesundheitsbeamten, so wie Apotheker, Hebammen, und alle andere Personen, denen vermöge ihres Standes oder Gewerbes Geheimnisse anvertraut werden, und welche außer dem Falle, wo das Gesetz sie verpflichtet, als Denuncianten aufzutreten, diese Geheimnisse entdecken, werden mit Gefängniß von einem Monate bis zu sechs Monaten, und mit einer Geldbuße von hundert bis fünfhundert Franken bestraft.

Zweites Capitel.

Verbrechen und Vergehen gegen das Eigenthum.

Erster Abschnitt.

Diebstähle.

379. Wer eine ihm nicht gehörige Sache betrüglicher Weise entwendet, ist des Diebstahls schuldig.

380. Entwendungen, die von Männern zum Nachtheile ihrer Frauen, von Frauen zum Nachtheile ihrer Männer, von einem Wittwer oder einer Wittwe, in Ansehung der Sachen, die dem verstorbenen Ehegatten zugehört hatten, von Kindern oder sonstigen Descendenten zum Nachtheile ihrer Väter oder Mütter oder sonstiger Ascendenten, von Vätern und Müttern oder sonstigen Ascendenten zum Nachtheile ihrer Kinder oder sonstiger Descendenten, oder von Verschwägerten in den nämlichen Graden begangen werden, können nur Civilklagen auf Schadensersatz begründen. — Alle andere Personen, welche die gestohlenen Gegenstände ganz oder zum Theile verhehlen oder zu ihrem Nutzen verwenden, werden als des Diebstahls schuldig bestraft.

381. Mit dem Tode werden bestraft, diejenigen, welche eines unter dem Zusammentreffen folgender fünf Umstände begangenen Diebstahls schuldig sind: 1) Wenn der Diebstahl zur Nachtzeit begangen worden ist; — 2) wenn er von zwei oder mehrern Personen begangen worden ist; — 3) wenn die Schuldigen oder einer derselben sichtbare oder verborgene Waffen bei sich trugen; — 4) wenn sie mittelst äußeren Einbruchs oder Einsteigens, oder mittelst falscher Schlüssel in einem Hause, einer abgetheilten Wohnung, einem Zimmer oder Quartier, die bewohnt sind oder zur Wohnung dienen, oder in deren Zubehörungen, das

ou leurs dependances, soit en prenant le titre d'un fonctionnaire public ou d'un officier civil ou militaire, ou après s'être revêtus de l'uniforme ou du costume du fonctionnaire ou de l'officier, ou en alléguant un faux ordre de l'autorité civile ou militaire; — 5) S'ils ont commis le crime avec violence ou menace de faire usage de leurs armes.

382. Sera puni de la peine des travaux forcés à perpétuité, tout individu coupable de vol commis à l'aide de violence, et, de plus, avec deux des quatre premières circonstances prévues par le précédent article. — Si même la violence à l'aide de laquelle le vol a été commis, a laissé des traces de blessures ou de contusions, cette circonstance seule suffira pour que la peine des travaux forcés à perpétuité soit prononcée.

383. Les vols commis dans les chemins publics, emporteront également la peine des travaux forcés à perpétuité.

384. Sera puni de la peine des travaux forcés à temps, tout individu coupable de vol commis à l'aide d'un des moyens énoncés dans le nr. 4 de l'article 381, même quoique l'effraction, l'escalade et l'usage des fausses clefs aient eu lieu dans des édifices, parcs ou enclos non servant à l'habitation et non dépendans des maisons habitées, et lors même que l'effraction n'aurait été qu'intérieure.

385. Sera également puni de la peine des travaux forcés à temps, tout individu coupable de vol commis, soit avec violence, lorsqu'elle n'aura laissé aucune trace de blessure ou de contusion, et qu'elle ne sera accompagnée d'aucune autre circonstance, soit sans violence, mais avec la réunion des trois circonstances suivantes: — 1) Si le vol a été commis la nuit; — 2) S'il a été commis par deux ou plusieurs personnes, — 3) Si le coupable, ou l'un des coupables, était porteur d'armes apparentes ou cachées.

386. Sera puni de la peine de la reclusion, tout individu coupable de vol commis dans l'un des cas ci-après: 1) Si le vol a été commis la nuit, et par deux ou plusieurs personnes, ou s'il a été commis avec une de ces deux circonstances seulement, mais en mêms temps dans un lieu habité ou servant à l'habitation; — 2) Si le coupable, ou l'un des coupables, était porteur d'armes apparentes ou cachées, même quoique le lieu où le vol a été commis ne fût ni habité ni servant à habitation, et encore quoique le vol ait été commis le jour et par une seule personne; — 3) Si le voleur est un domestique ou un homme de service à gages, même lorsqu'il aura commis le vol envers des personnes qu'il ne servait pas, mais qui se trouvaient soit dans la maison de son maître, soit dans celle où il l'accompagnait; ou si c'est un ouvrier, compagnon ou apprenti, dans la maison, l'atelier ou le magasin de son maître, ou un individu travaillant habituellement dans l'habitation où il aura volé; — 4) Si le vol a été commis par un aubergiste, un hôtelier, un voiturier, un batelier ou un de leurs préposés, lorsqu'ils auront volé tout ou partie des choses qui leur étaient confiées à ce titre; ou enfin, si le coupable a commis le vol dans l'auberge ou l'hôtellerie dans laquelle il était reçu.

387. Les voituriers, bateliers ou leurs préposés, qui auront altéré

Verbrechen begangen haben, oder wenn sie dabei den Titel einer obrigkeitlichen Person oder eines Civil- oder Militärbeamten angenommen, oder wenn sie dabei die Uniform oder die Amtskleidung einer obrigkeitlichen Person oder eines Beamten angelegt haben, oder wenn sie sich dabei auf einen falschen Befehl der Civil- oder Militärbehörde bezogen haben; — 5) wenn sie das Verbrechen mit Gewaltthätigkeit, oder unter der Drohung, von ihren Waffen Gebrauch zu machen, begangen haben.

382. Mit der Strafe der Zwangsarbeiten auf Lebenszeit wird bestraft, wer eines Diebstahls schuldig ist, der mittelst Gewaltthätigkeit und außerdem mit zwei der vier ersten in dem vorhergehenden Artikel bezeichneten Umstände verübt worden ist. — Hat die Gewaltthätigkeit, mittelst welcher der Diebstahl verübt wurde, Spuren von Verwundungen oder von Quetschungen zurückgelassen, so ist dieser Umstand allein dazu hinreichend, daß die Strafe der Zwangsarbeiten auf Lebenszeit ausgesprochen werde.

383. Diebstähle, die auf öffentlichen Wegen verübt werden, ziehen ebenfalls die Strafe der Zwangsarbeiten auf Lebenszeit nach sich.

384. Mit der Strafe der Zwangsarbeiten auf bestimmte Zeit wird belegt, wer eines Diebstahls schuldig ist, der unter Anwendung eines der unter der Nummer 4 des Artikels 381 bezeichneten Mittel verübt worden ist, selbst wenn der Einbruch, das Einsteigen, und der Gebrauch falscher Schlüssel in Gebäuden, Parken oder Einschließungen statt gefunden hat, die weder zur Wohnung dienen, noch zu bewohnten Häusern gehören, und selbst wenn der Einbruch nur ein innerer war.

385. Mit der Strafe der Zwangsarbeiten auf bestimmte Zeit wird ebenfalls belegt, wer eines Diebstahls schuldig ist, welcher entweder mit Gewaltthätigkeit, die aber keine Spuren einer Verwundung oder Quetschung zurückgelassen hat, und die auch nicht mit irgend einem andern Umstande verbunden war, oder welcher auch ohne Gewaltthätigkeit verübt worden ist, jedoch unter dem Zusammentreffen folgender drei Umstände: 1) Wenn der Diebstahl zur Nachtzeit begangen worden ist; — 2) wenn er von zwei oder mehrern Personen begangen worden ist; — 3) wenn der Schuldige, oder einer der Schuldigen sichtbare oder verborgene Waffen bei sich trug.

386. Mit Zuchthausstrafe wird belegt, wer eines Diebstahls schuldig ist, der in einem der folgenden Fälle begangen worden ist: 1) Wenn der Diebstahl zur Nachtzeit und von zwei oder mehrern Personen, oder wenn er blos mit einem dieser beiden Umstände, aber zugleich in einem bewohnten oder zur Wohnung dienenden Orte begangen worden ist; — 2) wenn der Schuldige oder einer der Schuldigen sichtbare oder verborgene Waffen bei sich trug, selbst wenn der Ort, wo der Diebstahl begangen worden ist, weder bewohnt ist, noch zur Wohnung dient, und wenn auch der Diebstahl bei Tage und von einer einzelnen Person begangen worden ist; — 3) wenn der Dieb zum Hausgesinde gehört, oder gegen Lohn im Dienste steht, selbst wenn er den Diebstahl gegen Personen beging, denen er nicht diente, die sich aber entweder im Hause seines Herrn oder in demjenigen befanden, wohin er diesen begleitete; oder wenn er ein Arbeiter, Geselle oder Lehrling ist, der in dem Hause, in der Werkstätte oder dem Waarenlager seines Herrn stiehlt, oder Jemand, der in der Wohnung, wo er gestohlen hat, gewöhnlich arbeitet; — 4) wenn der Diebstahl von einem Gastwirthe, Fuhrmann, Schiffer oder einem ihrer angestellten Leute begangen wird, sofern dieselben die ihnen in dieser Eigenschaft anvertrauten Sachen ganz oder zum Theile stehlen; oder endlich, wenn der Schuldige den Diebstahl in dem Wirthshause oder Gasthofe begangen hat, in welchem er aufgenommen war.

387. Fuhrleute Schiffer, oder deren angestellte Leute, welche Weine.

des vins ou toute autre espèce de liquide ou de marchandises dont le transport leur avait été confié, et qui auront commis cette altération par le mélange de substances malfaisantes, seront punis de la peine portée au précédent article. — S'il n'y a pas eu mélange de substances malfaisantes, la peine sera un emprisonnement d'un mois à un an, et une amende de seize francs à cent francs.

388. Quiconque aura volé, dans les champs, des chevaux, ou bêtes de charge, de voiture ou de monture, gros et menus bestiaux, des instrumens d'agriculture, des récoltes ou meules de grains faisant partie de récoltes, sera puni de la reclusion. — Il en sera de même à l'égard des vols de bois dans les ventes et de pierres dans les carrières, ainsi qu'à l'égard du vol de poisson en étang, vivier ou réservoir.

389. La même peine aura lieu, si pour commettre un vol il y a eu enlèvement ou déplacement de bornes servant de séparation aux propriétés.

390. Est réputé maison habitée, tout bâtiment, logement, loge, cabane même mobile, qui, sans être actuellement habité, est destiné à l'habitation, et tout ce qui en dépend, comme cours, basses-cours, granges, écuries, édifices qui y sont enfermés, quel qu'en soit l'usage, et quand même ils auraient une clôture particulière dans la clôture ou enceinte générale.

391. Est réputé *parc* ou *enclos*, tout terrain environné de fossés, de pieux, de claies, de planches, de haies vives ou sèches, ou de murs, de quelque espèce de matériaux que ce soit, quelles que soient la hauteur, la profondeur, la vétusté, la dégradation de ces diverses clôtures, quand il n'y aurait pas de porte fermant à clef ou autrement, ou quand la porte serait à claire-voie et ouverte habituellement.

392. Les parcs mobiles destinés à contenir du bétail dans la campagne, de quelque matière qu'ils soient faits, sont aussi réputés enclos; et lorsqu'ils tiennent aux cabanes mobiles ou autres abris destinés aux gardiens, ils sont réputés dépendans de maison habitée.

393. Est qualifié *effraction*, tout forcement, rupture, dégradation, démolition, enlèvement de murs, toits, planchers, portes, fenêtres, serrures, cadenas, ou autres ustensiles ou instrumens servant à empêcher le passage, et de toute espèce de clôture, quelle qu'elle soit.

394. Les effractions sont extérieures ou intérieures.

395. Les effractions extérieures sont celles à l'aide desquelles on peut s'introduire dans les maisons, cours, basses-cours, enclos ou dépendances, ou dans les appartemens ou logemens particuliers.

396. Les effractions intérieures sont celles qui, après l'introduction dans les lieux mentionnés en l'article précédent, sont faites aux portes ou clôtures du dedans, ainsi qu'aux armoires ou autres meubles fermés. — Est compris dans la classe des effractions intérieures, le simple enlèvement des caisses, boîtes, ballots sous toile et corde, et autres meubles fermés, qui contiennent des effets quelconques, bien que l'effraction n'ait pas été faite sur le lieu.

397. Est qualifiée *escalade*, toute entrée dans les maisons, bâtimens, cours, basses-cours, édifices quelconques, jardins, parcs et enclos, exécutée par-dessus les murs, portes, toitures ou toute

oder irgend eine andere Gattung flüssiger Sachen oder Waaren, deren Transport ihnen anvertraut ist, verfälschen, und welche diese Verfälschung durch eine Mischung mit schädlichen Substanzen begehen, werden mit der in dem vorhergehenden Artikel verhängten Strafe belegt. — Hat keine Mischung mit schädlichen Substanzen statt gefunden, so ist die Strafe Gefängniß von einem Monate bis zu einem Jahre, und eine Geldbuße von sechszehn bis hundert Franken.

388. Wer Pferde, oder sonstige zum Tragen, Fahren oder Reiten bestimmte Thiere, großes oder kleines Vieh, Ackergeräthschaften, Ernten oder Fruchthaufen, die einen Theil der Ernte ausmachen, auf dem Felde stiehlt, wird mit Zuchthausstrafe belegt. — Dasselbe gilt in Ansehung der Diebstähle von Holz in den Schlägen, von Steinen in den Steinbrüchen, so wie an Fischen in Teichen, Weihern oder Behältern.

389. Die nämliche Strafe tritt ein, wenn, um einen Diebstahl zu begehen, die zur Scheidung des Eigenthums dienenden Grenzzeichen weggenommen oder verrückt worden sind.

390. Als **bewohntes Haus** wird angesehen, jedes Gebäude, jede Wohnung, jedes Stübchen, jede selbst bewegliche Hütte, die, ohne wirklich bewohnt zu sein, zur Wohnung bestimmt ist, und Alles, was dazu gehört, als: Hofräume, Scheunen, Pferdeställe, Gebäude, die darin eingeschlossen sind, gleichviel wozu sie gebraucht werden, und selbst wenn sie in der allgemeinen Einschließung oder Befriedigung eine besondere Einschließung haben.

391. Als **Park oder eingeschlossener Raum** wird angesehen, jeder Platz, der mit Gräben, Pfählen, geflochtenen Zäunen, Brettern, lebendigen oder todten Hecken, oder mit Mauern, gleichviel von welcher Art von Material, umgeben ist, ohne Rücksicht auf die Höhe, die Tiefe, das Alter, oder den Verfall dieser verschiedenen Einschließungen, wenn auch keine mittelst eines Schlüssels oder auf sonstige Art verschließbare Thür vorhanden ist, oder wenn auch die Thür gitterförmig und gewöhnlich offen ist.

392. Ein beweglicher Park, der bestimmt ist, Vieh auf dem Felde zusammenzuhalten, wird ebenfalls, ohne Rücksicht auf das Material, aus welchem er gemacht ist, als eingeschlossener Raum angesehen; und wenn er mit beweglichen Hütten oder sonstigen für die Hüter bestimmten Schutzörtern in unmittelbarer Verbindung steht, so wird er als Zubehör eines bewohnten Hauses angesehen.

393. **Einbruch** heißt jedes Aufsprengen, Erbrechen, Beschädigen, Niederreißen oder Wegnehmen der Mauern, Dächer, Bretterböden, Thüren, Fenster, Schlösser, Vorhängeschlösser, oder anderer zum Verschließen oder zur Sperrung des Durchgangs dienenden Geräthschaften und jeder Art von Einschließung, welche sie auch sei.

394. Die Einbrüche sind entweder äußere oder innere.

395. Aeußere Einbrüche sind diejenigen, mittelst deren man in Häuser, Hofräume, eingeschlossene Räume oder deren Zubehörungen, oder in besondere Wohnungen und Quartiere eindringen kann.

396. Innere Einbrüche sind diejenigen, die, nachdem man in die im vorhergehenden Artikel erwähnten Orte eingedrungen ist, an Thüren oder Einschließungen im Innern, so wie auch an Schränken oder sonstigen verschlossenen Mobilien geschehen. — Zu der Classe der innern Einbrüche gehört die bloße Wegnahme von Kisten, Schachteln, Ballen, die mit Tuch oder Stricken umwunden sind, und von sonstigen verschlossenen Mobilien, worin Sachen irgend einer Art enthalten sind, wenn auch die Erbrechung nicht an Ort und Stelle geschehen ist.

397. **Einsteigen** heißt jeder Eintritt in Häuser, Gebäude, Hofräume, öffentliche Gebäude aller Art, Gärten, Parke und eingeschlossene Räume, der über Mauern, Thüren, Dächer, oder sonstige Ein-

autre clôture. — L'entrée par une ouverture souterraine, autre que celle qui a été établie pour servir d'entrée, est une circonstance de même gravité que l'escalade.

398. Sont qualifiés *fausses clefs*, tous crochets, rossignols, passe-partout, clefs imitées, contrefaites, altérées, ou qui n'ont pas été destinées par le propriétaire, locataire, aubergiste ou logeur, aux serrures, cadenas, ou aux fermetures quelconques auxquelles le coupable les aura employées.

399. Quiconque aura contrefait ou altéré des clefs, sera condamné à un emprisonnement de trois mois à deux ans, et à une amende de vingt-cinq francs à cent cinquante francs.—Si le coupable est un serrurier de profession, il sera puni de la reclusion. — Le tout sans préjudice de plus fortes peines, s'il y échet, en cas de complicité de crime.

400. Quiconque aura extorqué par force, violence ou contrainte, la signature ou la remise d'un écrit, d'un acte, d'un titre, d'une pièce quelconque contenant ou opérant obligation, disposition ou décharge, sera puni de la peine des travaux forcés à temps.

401. Les autres vols non spécifiés dans la présente section, les larcins et filouteries, ainsi que les tentatives de ces mêmes délits, seront punis d'un emprisonnement d'un an au moins et de cinq ans au plus, et pourront même l'être d'une amende qui sera de seize francs au moins et de cinq cents francs au plus.—Les coupables pourront encore être interdits des droits mentionnés en l'article 42 du présent Code, pendant cinq ans au moins et dix ans au plus, à compter du jour où ils auront subi leur peine. — Ils pourront aussi être mis, par l'arrêt ou le jugement, sous la surveillance de la haute police pendant le même nombre d'années.

SECTION II.

Banqueroutes, Escroqueries, et autres espèces de Fraude.

§. 1. Banqueroute et Escroquerie.

402. Ceux qui, dans les cas prévus par le Code de commerce, seront déclarés coupables de banqueroute, seront punis ainsi qu'il suit:—Les banqueroutiers frauduleux seront punis de la peine des travaux forcés à temps;—Les banqueroutiers simples seront punis d'un emprisonnement d'un mois au moins et de deux ans au plus.

403. Ceux qui, conformément au Code de commerce, seront déclarés complices de banqueroute frauduleuse, seront punis de la même peine que les banqueroutiers frauduleux.

404. Les agens de change et courtiers qui auront fait faillite, seront punis de la peine des travaux forcés à temps: s'ils sont convaincus de banqueroute frauduleuse, la peine sera celle des travaux forcés à perpétuité.

405. Quiconque, soit en faisant usage de faux noms ou de fausses qualités, soit en employant des manoeuvres frauduleuses pour persuader l'existence de fausses entreprises, d'un pouvoir ou d'un crédit imaginaire, ou pour faire naître l'espérance ou la crainte d'un succès, d'un accident ou de tout autre événement chimérique, se sera fait remettre ou délivrer des fonds, des meubles ou des obligations, dispositions, billets, promesses, quittances ou décharges, et aura, par un de ces moyens, escroqué ou tenté d'escroquer la totalité ou partie de la fortune d'autrui, sera puni d'un empri

schließungen bewirkt wird. — Der Eintritt durch eine andere unterirdische Oeffnung, als welche zum Eingange bestimmt ist, ist ein eben so erschwerender Umstand, wie das Einsteigen.

398. Falsche Schlüssel heißen alle Haken, Dieteriche, Hauptschlüssel, nachgeahmte, nachgemachte, veränderte Schlüssel, oder solche, die von dem Eigenthümer, Miether, Gastwirth oder Zimmermiether nicht zu den Schlössern, Vorhängeschlössern oder sonstigen Verschließungen bestimmt waren, zu welchen der Schuldige sie gebraucht hat.

399. Wer Schlüssel nachmacht oder verändert, wird zu Gefängniß von drei Monaten bis zu zwei Jahren, und zu einer Geldbuße von fünfundzwanzig bis hundertfünfzig Franken verurtheilt. — Ist der Schuldige ein Schlosser von Profession, so wird er mit der Zuchthausstrafe belegt. — Alles unbeschadet schwererer Strafen, die im Falle einer Theilnahme an Verbrechen etwa eintreten.

400. Wer mit überlegener Kraft, Gewaltthätigkeit oder Zwang die Unterzeichnung oder Uebergabe einer Schrift, einer Urkunde, eines Titels, oder irgend eines Stücks abdringt, welches eine Verbindlichkeit, Verfügung oder Befreiung enthält oder bewirkt, wird mit der Strafe der Zwangsarbeiten auf bestimmte Zeit belegt.

401. Die übrigen in dem gegenwärtigen Abschnitte nicht besonders hervorgehobenen Diebstähle, die listigen Entwendungen und Gaunerstreiche, so wie auch die Versuche dieser Vergehen, werden mit Gefängniß von wenigstens einem und höchstens fünf Jahren bestraft, und sie können auch noch mit einer Geldbuße von wenigstens sechszehn und höchstens fünfhundert Franken bestraft werden. — Ferner kann den Schuldigen die Ausübung der in dem Artikel 42 des gegenwärtigen Gesetzbuches erwähnten Rechte wenigstens fünf und höchstens zehn Jahre lang, von dem Tage der ausgestandenen Strafe an gerechnet, untersagt werden. — Sie können auch auf eben so viele Jahre, durch das Erkenntniß oder das Urtheil, unter die Aufsicht der hohen Polizei gesetzt werden.

Zweiter Abschnitt.

Bankerotte, Prellereien und andere Arten des Betruges.

§. 1. Bankerott und Prellerei.

402. Diejenigen, welche in den im Handelsgesetzbuche vorgesehenen Fällen eines Bankerottes schuldig erklärt werden, werden bestraft wie folgt: — Die betrüglichen Bankerottirer werden mit der Strafe der Zwangsarbeiten auf bestimmte Zeit belegt; — die einfachen Bankerottirer werden mit Gefängniß von wenigstens einem Monat und höchstens zwei Jahren bestraft.

403. Diejenigen, welche in Gemäßheit des Handelsgesetzbuches für Theilnehmer an einem betrüglichen Bankerotte erklärt werden, werden mit der nämlichen Strafe, wie die betrüglichen Bankerottirer, belegt.

404. Wechselagenten und Mäkler, welche in Fallimentszustand gerathen, werden mit der Strafe der Zwangsarbeiten auf bestimmte Zeit belegt: werden sie eines betrüglichen Bankerottes überführt, so ist die Strafe die der Zwangsarbeiten auf Lebenszeit.

405. Wer mittels Gebrauches falscher Namen oder falcher Eigenschaften, oder mittelst Anwendung betrüglicher Kunstgriffe, um Jemanden von der Existenz falscher Unternehmungen, einer eingebildeten Gewalt, oder eines eingebildeten Credits zu überreden, oder um die Hoffnung oder die Besorgniß eines grillenhaften Erfolgs oder eines solchen schlimmen Zufalls oder irgend eines andern solchen Ereignisses zu erregen, sich Gelder, Mobilien, oder Schuldverschreibungen, Verfügungen, Scheine, Schuldbekenntnisse, Quittungen oder Befreiungsurkunden übergeben oder verabfolgen läßt, und durch eines dieser Mittel Jemanden um sein ganzes Vermögen oder um einen Theil desselben prellt oder zu prel-

sonnement d'un an au moins et de cinq ans au plus, et d'une amende de cinquante francs au moins et de trois mille francs au plus. — Le coupable pourra être, en outre, à compter du jour où il aura subi sa peine, interdit, pendant cinq ans au moins et dix ans au plus, des droits mentionnés en l'article 42 du présent Code: le tout sauf les peines plus graves, s'il y a crime de faux.

§. 2. Abus de confiance.

406. Quiconque aura abusé des besoins, des faiblesses ou des passions d'un mineur, pour lui faire souscrire, à son préjudice, des obligations, quittances ou décharges, pour prêt d'argent ou de choses mobilières, ou d'effets de commerce ou de tous autres effets obligatoires, sous quelque forme que cette négociation ait été faite ou déguisée, sera puni d'un emprisonnement de deux mois au moins, de deux ans au plus, et d'une amende qui ne pourra excéder le quart des restitutions et des dommages-intérêts qui seront dus aux parties lésées, ni être moindre de vingt-cinq francs. — La disposition portée au second paragraphe du précédent article, pourra de plus être appliquée.

407. Quiconque, abusant d'un blanc-seing qui lui aura été confié, aura frauduleusement écrit au-dessus une obligation ou décharge, ou tout autre acte pouvant compromettre la personne ou la fortune du signataire, sera puni des peines portées en l'article 405 — Dans le cas où le blanc-seing ne lui aurait pas été confié, il sera poursuivi comme faussaire et puni comme tel.

408. Quiconque aura détourné ou dissipé, au préjudice du propriétaire, possesseur ou détenteur, des effets, deniers, marchandises, billets, quittances ou tous autres écrits contenant ou opérant obligation ou décharge, qui ne lui auraient été remis qu'à titre de dépôt ou pour un travail salarié, à la charge de les rendre ou représenter, ou d'en faire un usage ou un emploi déterminé, sera puni des peines portées dans l'article 406. — Le tout sans préjudice de ce qui est dit aux articles 254, 255 et 256, relativement aux soustractions et enlèvemens de deniers, effets ou pièces, commis dans les dépôts publics.

409. Quiconque, après avoir produit dans une contestation judiciare quelque titre, pièce ou mémoire l'aura soustrait de quelque manière que ce soit, sera puni d'une amende de vingt-cinq francs à trois cents francs.—Cette peine sera prononcée par le tribunal saisi de la contestation.

§. 3. Contravention aux Réglemens sur les maisons de jeu, les loteries, et les maisons de prèt sur gages.

410. Ceux qui auront tenu une maison de jeux de hasard, et y auront admis le public, soit librement, soit sur la présentation des intéressés ou affiliés, les banquiers de cette maison, tous ceux qui auront établi ou tenu des loteries non autorisées par la loi, tous administrateurs, préposés ou agens de ces établissemens, seront punis d'un emprisonnement de deux mois au moins et de six mois au plus, et d'une amende de cent francs à six mille francs.— Les coupables pourront être de plus, à compter du jour où ils auront subi

len versucht, wird mit Gefängniß von wenigstens einem und höchstens fünf Jahren, und mit einer Geldbuße von wenigstens fünfzig und höchstens dreitausend Franken bestraft. — Dem Schuldigen kann außerdem, von dem Tage der ausgestandenen Strafe an gerechnet, auf wenigstens fünf und höchstens zehn Jahre die Ausübung der in dem Artikel 42 des gegenwärtigen Gesetzbuches erwähnten Rechte untersagt werden: Alles unbeschadet der schwereren Strafen, wenn das Verbrechen der Fälschung vorliegt.

§. 2. Mißbrauch des Zutrauens.

406. Wer die Bedürfnisse, Schwächen oder Leidenschaften eines Minderjährigen dazu mißbraucht, daß er denselben Schuldverschreibungen, Quittungen oder Befreiungsscheine, über Darlehne in Geld oder Mobilargegenständen, oder Handelseffekten oder sonstige eine Verpflichtung enthaltende Scheine zu dessen Nachtheile unterzeichnen läßt, unter welcher Form auch dieses Geschäft gemacht, oder wie es auch eingekleidet sein mag, wird mit Gefängniß von wenigstens zwei Monaten und höchstens zwei Jahren, und mit einer Geldbuße bestraft, die den vierten Theil der den verletzten Parteien gebührenden Wiedererstattungen, und des ihnen zu ersetzenden Schadens nicht übersteigen, und nicht geringer als fünfundzwanzig Franken sein darf. — Die in dem zweiten Paragraphen des vorhergehenden Artikels enthaltene Verfügung kann außerdem angewendet werden.

407. Wer ein ihm anvertrautes Blankett mißbraucht, und eine Schuldverschreibung oder eine Befreiungsurkunde, oder irgend eine andere Urkunde, welche der Person oder dem Vermögen dessen, der es unterzeichnet hat, nachtheilig sein kann, betrügerischer Weise darüber schreibt, wird mit den in dem Artikel 405 verhängten Strafen belegt. — In dem Falle, wo das Blankett ihm nicht anvertraut war, wird er als Fälscher verfolgt, und als solcher bestraft.

408. Wer Effekten, Gelder, Waaren, Scheine, Quittungen, oder andere, eine Verpflichtung oder eine Befreiung enthaltende oder bewirkende Schriften, die ihm nur als Depositum, oder zum Behuf einer gegen Bezahlung zu verrichtenden Arbeit, mit der Verpflichtung übergeben worden sind, sie zurückzugeben oder vorzulegen, oder sie zu einem bestimmten Zwecke zu gebrauchen oder zu verwenden, zum Nachtheile des Eigenthümers, Besitzers oder Inhabers bei Seite schafft oder verschleudert, wird mit den in dem Artikel 406 verhängten Strafen belegt. — Alles unbeschadet dessen, was in den Artikeln 254, 255 und 256 von Unterschlagungen und Entwendungen der Gelder, Effekten oder Stücke gesagt worden ist, die in öffentlichen Verwahrungsorten begangen werden.

409. Wer in einer gerichtlichen Streitsache irgend einen Titel, ein Aktenstück oder eine Denkschrift producirt, und demnächst auf irgend eine Art bei Seite schafft, wird mit einer Geldbuße von fünfundzwanzig bis dreihundert Franken bestraft. — Diese Strafe wird von dem mit der Streitsache befaßten Gerichte ausgesprochen.

§. 3. Uebertretung der Verordnungen über Spielhäuser, Lotterieen und Pfandhäuser.

410. Diejenigen, welche ein Haus für Hazardspiele halten, und dem Publicum dazu entweder freien Zutritt, oder auf Vorstellung der Interessenten oder Affiliirten Zutritt gestatten, die Banquiers in einem solchen Hause, Alle, welche Lotterien errichten oder halten, die von dem Gesetze nicht genehmigt sind, alle Verwalter, Angestellte oder Agenten solcher Anstalten werden mit Gefängniß von wenigstens zwei und höchstens sechs Monaten, und einer Geldbuße von hundert bis sechstausend Franken bestraft. — Den Schuldigen kann außerdem auf wenigstens fünf und höchstens zehn Jahre, von dem Tage der ausgestandenen Strafe an gerechnet, die

leur peine, interdits, pendant cinq ans au moins et dix ans au plus, des droits mentionnés en l'article 42 du présent Code. — Dans tous les cas, seront confisqués tous les fonds ou effets qui seront trouvés exposés au jeu ou mis à la loterie, les meubles, instrumens, ustensiles, appareils employés ou destinés au service des jeux ou des loteries, les meubles et les effets mobiliers dont les lieux seront garnis ou décorés.

411. Ceux qui auront établi ou tenu des maisons de prêt sur gages ou nantissement, sans autorisation légale, ou qui, ayant autorisation, n'auront pas tenu un registre conforme aux réglemens, contenant de suite, sans aucun blanc ni interligne, les sommes ou les objets prêtés, les noms, domicile et profession des emprunteurs, la nature, la qualité, la valeur des objets mis en nantissement, seront punis d'un emprisonnement de quinze jours au moins, de trois mois au plus, et d'une amende de cent francs à deux mille francs.

§. 4. Entraves apportées à la liberté des Enchères.

412. Ceux qui, dans les adjudications de la propriété, de l'usufruit ou de la location des choses mobilières ou immobilières, d'une entreprise, d'une fourniture, d'une exploitation ou d'un service quelconque, auront entravé ou troublé la liberté des enchères ou des soumissions, par voies de fait, violences ou menaces, soit avant, soit pendant les enchères ou les soumissions, seront punis d'un emprisonnement de quinze jours au moins, de trois mois au plus, et d'une amende de cent frans au moins et de cinq mille francs au plus. — La même peine aura lieu contre ceux qui, par dons ou promesses, auront écarté les enchérisseurs.

§. 5. Violations des Réglemens relatifs aux manufactures, au commerce et aux arts.

413. Toute violation des réglemens d'administration publique, relatifs aux produits des manufactures françaises qui s'exporteront à l'étranger, et qui ont pour objet de garantir la bonne qualité, les dimensions et la nature de la fabrication, sera punie d'une amende de deux cents francs au moins, de trois mille francs au plus, et de la confiscation des marchandises. Ces deux peines pourront être prononcées cumulativement ou séparément, selon les circonstances.

414. Toute coalition entre ceux qui font travailler des ouvriers, tendant à forcer injustement et abusivement l'abaissement des salaires, suivie d'une tentative ou d'un commencement d'exécution, sera punie d'un emprisonnement de six jours à un mois, et d'une amende de deux cents francs à trois mille francs.

415. Toute coalition de la part des ouvriers pour faire cesser en même temps de travailler, interdire le travail dans un atelier, empêcher de s'y rendre et d'y rester avant ou après de certaines heures, et en général pour suspendre, empêcher, enchérir les travaux, s'il y a eu tentative ou commencement d'exécution, sera punie d'un emprisonnement d'un mois au moins et de trois mois au plus. — Les chefs ou moteurs seront punis d'un emprisonnement de deux ans à cinq ans.

416. Seront aussi punis de la peine portée par l'article précédent et d'après les mêmes distinctions, les ouvriers qui auront

Ausübung der in dem Artikel 42 des gegenwärtigen Gesetzbuches erwähnten Rechte untersagt werden. — In allen Fällen werden sämmtliche Gelder und Effekten, welche als zum Spiele ausgesetzt, oder als in die Lotterie gesetzt vorgefunden werden, die zum Dienste der Spiele oder Lotterien gebrauchten oder bestimmten Mobilien, Werkzeuge, Geräthschaften und Vorrichtungen, und die Mobilien und Mobiliareffekten, womit die Orte versehen oder verziert sind, confiscirt.

411. Diejenigen, welche ohne gesetzliche Erlaubniß Leih- oder Pfandhäuser errichten oder halten, oder die zwar eine Erlaubniß haben, aber kein den Verordnungen entsprechendes Register führen, welches nach einander, ohne leeren Raum und Zwischenlinie, die dargeliehenen Summen oder Gegenstände, die Namen, den Wohnort und das Gewerbe der Anleiher, die Natur, Beschaffenheit und den Werth der verpfändeten Sachen enthält, werden mit Gefängniß von wenigstens vierzehn Tagen und höchstens drei Monaten, und mit einer Geldbuße von hundert bis zweitausend Franken bestraft.

§. 4. Hindernisse, die der Freiheit des Bietens bei Versteigerungen in den Weg gelegt werden.

412. Diejenigen, welche bei Versteigerungen des Eigenthums, des Nießbrauches oder der Vermiethung beweglicher oder unbeweglicher Gegenstände, einer Unternehmung, einer Lieferung, einer wirthschaftlichen Benutzung, oder irgend eines Dienstes, die Freiheit des Mehrbietens oder die Abgabe der Erklärungen der Lusttragenden durch Thätlichkeiten, Gewaltthätigkeiten oder Drohungen, es sei nun vor oder während des Bietens oder der Abgabe der Erklärungen, hindern oder stören, werden mit Gefängniß von wenigstens vierzehn Tagen und höchstens drei Monaten, und mit einer Geldbuße von wenigstens hundert und höchstens fünftausend Franken bestraft. — Die nämliche Strafe trifft diejenigen, welche durch Geschenke oder Versprechen die Steigerer entfernen.

§. 5. Verletzung der Verordnungen in Ansehung der Manufacturen, des Handels und der Künste.

413. Jede Verletzung der Verordnungen der öffentlichen Verwaltung, welche sich auf die in das Ausland zu verführenden Erzeugnisse der inländischen Manufacturen beziehen, und zum Zwecke haben, die gute Qualität, das Maaßverhältniß und die Natur der Fabrication zu gewähren, wird mit einer Geldbuße von wenigstens zweihundert und höchstens dreitausend Franken, und mit Confiscation der Waaren bestraft. Diese zwei Strafen können, nach den Umständen, vereint oder einzeln erkannt werden.

414. Jede Verbindung derjenigen, welche Arbeiter beschäftigen, die zum Zwecke hat, die Herabsetzung des Arbeitslohns auf eine ungerechte und übertriebene Art zu erzwingen, wird, wenn darauf ein Versuch, oder ein Anfang der Vollziehung gefolgt ist, mit Gefängniß von sechs Tagen bis zu einem Monate, und mit einer Geldbuße von zweihundert bis zu dreitausend Franken bestraft.

415. Jede Verbindung von Arbeitern, welche den Zweck hat, zu bewirken, daß zu der nämlichen Zeit mit der Arbeit aufgehört wird, die Arbeit in einer Werkstatt zu untersagen, oder zu verhindern, daß man sich vor oder nach gewissen Stunden dahin begebe und daselbst bleibe, und überhaupt die Arbeiten aufzuhalten, zu verhindern oder zu vertheuern, wird, wenn ein Versuch oder ein Anfang von Vollziehung statt gefunden hat, mit Gefängniß von wenigstens einem Monate und höchstens drei Monaten bestraft. — Die Urheber oder Anstifter werden mit Gefängniß von zwei bis fünf Jahren bestraft.

416. Mit der in dem vorhergehenden Artikel verhängten Strafe werden ebenfalls belegt, und zwar nach den nämlichen Unterscheidun-

prononcé des amendes, des défenses, des interdictions ou toutes proscriptions sous le nom de damnations et sous quelque qualification que ce puisse être, soit contre les directeurs d'ateliers et entrepreneurs d'ouvrages, soit les uns contre les autres. — Dans le cas du présent article et dans celui du précédent, les chefs ou moteurs du délit pourront, après l'expiration de leur peine, être mis sous la surveillance de la haute police pendant deux ans au moins et cinq ans au plus.

417. Quiconque, dans la vue de nuire à l'industrie française, aura fait passer en pays étranger des directeurs, commis ou des ouvriers d'un établissement, sera puni d'un emprisonnement de six mois à deux ans, et d'une amende de cinquante francs à trois cents francs.

418. Tout directeur, commis, ouvrier de fabrique, qui aura communiqué à des étrangers ou à des Français résidant en pays étranger, des secrets de la fabrique où il est employé, sera puni de la reclusion, et d'une amende de cinq cents francs à vingt mille francs. — Si ces secrets ont été communiqués à des Français résidant en France, la peine sera d'un emprisonnement de trois mois à deux ans, et d'une amende de seize francs à deux cents francs.

419. Tous ceux qui, par des faits faux ou calomnieux semés à dessein dans le public, par des sur-offres faites aux prix que demandaient les vendeurs eux-mêmes, par réunions ou coalitions entre les principaux détenteurs d'une même marchandise ou denrée, tendant à ne la pas vendre ou à ne la vendre qu'à un certain prix, ou qui par des voies ou moyens frauduleux quelconques auront opéré la hausse ou la baisse du prix des denrées ou marchandises ou des papiers et effets publics au-dessus ou au-dessous des prix qu'aurait déterminés la concurrence naturelle et libre du commerce, seront punis d'un emprisonnement d'un mois au moins, d'un an au plus, et d'une amende de cinq cents francs à dix mille francs. Les coupables pourront de plus être mis, par l'arrêt ou le jugement, sous la surveillance de la haute police pendant deux ans au moins et cinq ans au plus.

420. La peine sera d'un emprisonnement de deux mois au moins et de deux ans au plus, et d'une amende de mille francs à vingt mille francs, si ces manoeuvres ont été pratiquées sur grains, grenailles, farines, substances farineuses, pain, vin ou toute autre boisson. — La mise en surveillance qui pourra être prononcée, sera de cinq ans au moins et dix ans au plus.

421. Les paris qui auront été faits sur la hausse ou la baisse des effets publics, seront punis des peines portées par l'art. 419.

422. Sera réputée pari de ce genre, toute convention de vendre ou de livrer des effets publics qui ne seront pas prouvés par le vendeur avoir existé à sa disposition au temps de la convention, ou avoir dû s'y trouver au temps de la livraison.

423. Quiconque aura trompé l'acheteur sur le titre des matières d'or ou d'argent, sur la qualité d'une pierre fausse vendue pour fine, sur la nature de toutes marchandises; quiconque, par usage de faux poids ou de fausses mesures, aura trompé sur la quantité des choses vendues, sera puni de l'emprisonnement pendant trois mois au moins, un an au

gen, die Arbeiter, die gegen die Vorsteher der Werkstätten oder Unternehmer von Arbeiten, oder auch gegen sich selbst unter einander Geldbußen, Verbote, Untersagungen oder Ausschließungen von irgend einer Art, unter dem Namen von Verurtheilungen und unter irgend einer sonstigen Benennung aussprechen. — In dem Falle des gegenwärtigen, und in dem des vorhergehenden Artikels, können die Urheber oder Anstifter des Vergehens, nach Ablauf ihrer Strafzeit, auf wenigstens zwei und höchstens fünf Jahre unter die Aufsicht der hohen Polizei gesetzt werden.

417. Wer, in der Absicht, dem inländischen Kunstfleiße zu schaden, veranlaßt, daß Vorsteher, Commis oder Arbeiter einer Anstalt ins Ausland ziehen, wird mit Gefängniß von sechs Monaten bis zu zwei Jahren, und mit einer Geldbuße von funfzig bis dreihundert Franken bestraft.

418. Jeder Vorsteher, Commis, oder Arbeiter einer Fabrik, welcher Ausländern, oder im Auslande sich gewöhnlich aufhaltenden Inländern, Geheimnisse der Fabrik mittheilt, in welcher er angestellt ist, wird mit Zuchthausstrafe und mit einer Geldbuße von fünfhundert bis zwanzigtausend Franken belegt. — Sind diese Geheimnisse im Inlande sich gewöhnlich aufhaltenden Inländern mitgetheilt worden, so ist die Strafe Gefängniß von drei Monaten bis zu zwei Jahren, und eine Geldbuße von sechszehn bis zweihundert Franken.

419. Alle diejenigen, welche durch absichtliche öffentliche Verbreitung falscher oder verläumderischer Thatsachen, durch Anbieten höherer Preise, als die Verkäufer selbst fordern, durch Vereinigung oder Verbindung unter den Hauptinhabern der nämlichen Waare oder der nämlichen Lebensmittel, welche dahin geht, dieselbe nicht zu verkaufen, oder sie nur zu einem gewissen Preise zu verkaufen, oder die durch betrügliche Wege oder Mittel irgend einer Art das Steigen oder das Fallen des Preises von Lebensmitteln oder Waaren, oder von Staatspapieren und Effekten über oder unter die Preise bewirken, welche die natürliche und freie Concurrenz des Handels bestimmt haben würde, werden mit Gefängniß von wenigstens einem Monate und höchstens einem Jahre und mit einer Geldbuße von fünfhundert bis zehntausend Franken bestraft. Die Schuldigen können außerdem durch das Erkenntniß oder das Urtheil auf wenigstens zwei und höchstens fünf Jahre unter die Aufsicht der hohen Polizei gestellt werden.

420. Die Strafe ist Gefängniß von wenigstens zwei Monaten und höchstens zwei Jahren, und eine Geldbuße von tausend bis zwanzigtausend Franken, wenn dergleichen Kunstgriffe in Ansehung des Getreides, der Futterkörner, des Mehles, mehliger Substanzen, des Brodes, Weines oder sonstiger Getränke verübt worden sind. — Die Versetzung unter die Aufsicht, welche ausgesprochen werden kann, soll wenigstens fünf und höchstens zehn Jahre statt finden.

421. Wetten über das Steigen oder das Fallen der Staatspapiere werden mit den in dem Artikel 419 verhängten Strafen belegt.

422. Als Wette dieser Art wird angesehen, jeder Vertrag, um Staatspapiere zu verkaufen oder zu liefern, von welchen der Verkäufer nicht beweist, daß sie zur Zeit des Vertrags zu seiner Verfügung waren, oder zur Zeit der Lieferung zu seiner Verfügung hätten sein sollen.

423. Wer den Käufer in Ansehung des Gehaltes von Gold oder Silber, oder eines falschen für ächt verkauften Steines, oder in Ansehung der Natur von irgend einer Waare hintergeht; wer, mittelst Gebrauchs falschen Gewichtes oder falschen Maaßes, in Ansehung der Quantität der verkauften Sachen hintergeht, wird mit Gefängniß von wenigstens drei Monaten und höchstens einem Jahre, und mit einer Geldbuße bestraft, die nicht höher als ein Viertel der Wiedererstattungen und des zu ersetzenden

plus, et d'une amende qui ne pourra excéder le quart des restitutions et dommages-intérêts, ni être au-dessous de cinquante francs. — Les objets du délit, ou leur valeur, s'ils appartiennent encore au vendeur, seront confisqués: les faux poids et les fausses mesures seront aussi confisqués, et de plus seront brisés.

424. Si le vendeur et l'acheteur se sont servis, dans leurs marchés, d'autres poids ou d'autres mesures que ceux qui ont été établis par les lois de l'État, l'acheteur sera privé de toute action contre le vendeur qui l'aura trompé par l'usage de poids ou de mesures prohibés; sans préjudice de l'action publique pour la punition tant de cette fraude que de l'emploi même des poids et des mesures prohibés. — La peine, en cas de fraude, sera celle portée par l'article précédent. — La peine, pour l'emploi des mesures et poids prohibés, sera déterminée par le livre IV du présent Code, contenant les peines de simple police.

425. Toute édition d'écrits, de composition musicale, de dessin, de peinture ou de toute autre production, imprimée ou gravée en entier ou en partie, au mépris des lois et réglemens relatifs à la propriété des auteurs, est une contrefaçon; et toute contrefaçon est un délit.

426. Le débit d'ouvrages contrefaits, l'introduction sur le territoire français d'ouvrages qui, après avoir été imprimés en France, ont été contrefaits chez l'étranger, sont un délit de la même espèce.

427. La peine contre le contrefacteur, ou contre l'introducteur, sera une amende de cent francs au moins et de deux mille francs au plus; et contre le débitant, une amende de vingt-cinq francs au moins et de cinq cents francs au plus. — La confiscation de l'édition contrefaite sera prononcée tant contre le contrefacteur que contre l'introducteur et le débitant. — Les planches, moules ou matrices des objets contrefaits seront aussi confisqués.

428. Tout directeur, tout entrepreneur de spectacle, toute association d'artistes, qui aura fait représenter sur son théâtre des ouvrages dramatiques, au mépris des lois et réglemens relatifs à la propriété des auteurs, sera puni d'une amende de cinquante francs au moins, de cinq cents francs au plus, et de la confiscation des recettes.

429. Dans les cas prévus par les quatre articles précédens, le produit des confiscations, ou les recettes confisquées, seront remis au propriétaire pour l'indemniser d'autant du préjudice qu'il aura souffert; le surplus de son indemnité, ou l'entière indemnité, s'il n'y a eu ni vente d'objets confisqués ni saisie de recettes, sera réglé pas les voies ordinaires.

§. 6. Délits des Fournisseurs.

430. Tous individus chargés, comme membres de compagnie ou individuellement, de fournitures, d'entreprises ou regies pour le compte des armées de terre et de mer, qui, sans y avoir été contraints par une force majeure, auront fait manquer le service dont ils sont chargés, seront punis de la peine de la reclusion, et d'une amende qui ne pourra excéder le quart des dommages-intérêts, ni être au-dessous de cinq cents francs; le tout sans préjudice de peines plus fortes en cas d'intelligence avec l'ennemi.

431. Lorsque la cessation du service proviendra du fait des agens des fournisseurs, les agens seront condamnés aux peines portées par le précédent article. — Les fournisseurs et leurs agens seron

Schadens, und nicht geringer als funfzig Franken sein darf. — Die Gegenstände des Vergehens, oder deren Werth, werden, wenn sie dem Verkäufer noch zugehören, confiscirt: die falschen Gewichte und die falschen Maaße werden ebenfalls confiscirt und überdies zerschlagen.

424. Haben sich Verkäufer und Käufer bei ihrem Handel anderer Gewichte oder Maaße bedient, als derjenigen, welche die Gesetze des Staates eingeführt haben, so ist dem Käufer jede Klage gegen den Verkäufer, der ihn durch den Gebrauch verbotener Gewichte oder Maaße betrogen hat, entzogen; unbeschadet der öffentlichen Klage sowohl auf Bestrafung dieses Betruges, als wegen des Gebrauches der verbotenen Gewichte und Maaße. — Die Strafe im Falle des Betrugs ist die in dem vorhergehenden Artikel verhängte. — Die Strafe für den Gebrauch verbotener Maaße und Gewichte wird in dem vierten Buche des gegenwärtigen Gesetzbuches, welches die Strafen der einfachen Polizei enthält, bestimmt werden.

425. Jede Ausgabe von Schriften, musikalischen Compositionen, Zeichnungen, Malereien oder von irgend einer anderen Hervorbringung, welche den Gesetzen und Verordnungen über das Eigenthum der Verfasser zuwider, ganz oder zum Theile gedruckt oder gestochen wird, ist ein Nachdruck; und jeder Nachdruck ist ein Vergehen.

426. Der Verkauf nachgedruckter Werke, die Einbringung von Werken, die, nachdem sie im Inlande gedruckt waren, im Auslande nachgedruckt worden sind, auf das inländische Gebiet, ist ein Vergehen der nämlichen Art.

427. Die Strafe gegen den Nachdrucker oder den Einbringer ist eine Geldbuße von wenigstens hundert und höchstens zweitausend Franken; und gegen den Verkäufer, eine Geldbuße von wenigstens fünfundzwanzig und höchstens fünfhundert Franken. — Die Confiscation der nachgedruckten Ausgabe wird sowohl gegen den Nachdrucker, als gegen den Einbringer und den Verkäufer ausgesprochen. — Die Platten, Formen oder Matrizen der nachgedruckten Gegenstände werden ebenfalls confiscirt.

428. Jeder Director oder Unternehmer eines Theaters, jede Schauspielergesellschaft, die den Gesetzen und Verordnungen über das Eigenthum der Verfasser zuwider, dramatische Werke auf ihrem Theater aufführen lassen, werden mit einer Geldbuße von wenigstens funfzig und höchstens fünfhundert Franken und mit der Confiscation der Einnahmen bestraft.

429. In den in den vier vorhergehenden Artikeln vorgesehenen Fällen werden der Ertrag der Confiscationen, oder die confiscirten Einnahmen dem Eigenthümer übergeben, um demselben in so weit für den erlittenen Nachtheil zu entschädigen; der Rest seiner Entschädigung, oder die ganze Entschädigung, wenn weder ein Verkauf confiscirter Gegenstände, noch eine Beschlagnahme der Einnahmen statt gehabt hat, wird im gewöhnlichen Rechtswege bestimmt.

§. 6. Vergehen der Lieferanten.

430. Alle, die als Mitglieder einer Gesellschaft oder für sich allein mit Lieferungen, Unternehmungen oder Verwaltungen für Rechnung der Land- oder Seetruppen beauftragt sind, und ohne dazu durch höhere Gewalt gezwungen zu sein, den ihnen obliegenden Dienst in Stocken gerathen lassen, werden mit der Zuchthausstrafe und einer Geldbuße belegt, die nicht höher als ein Viertel des zu ersetzenden Schadens, und nicht geringer als fünfhundert Franken sein darf; Alles unbeschadet schwererer Strafen im Falle eines Einverständnisses mit dem Feinde.

431. Sind an der Stockung des Dienstes die Agenten der Lieferanten Schuld, so werden die Agenten zu den in dem vorhergehenden Artikel verhängten Strafen verurtheilt. — Die Lieferanten und deren Agenten werden ebenfalls verurtheilt.

également condamnés, lorsque les uns et les autres auront participé au crime.

432. Si des fonctionnaires publics ou des agens, préposés ou salariés du Gouvernement, ont aidé les coupables à faire manquer le service, ils seront punis de la peine des travaux forcés à temps; sans préjudice de peines plus fortes en cas d'intelligence avec l'ennemi.

433. Quoique le service n'ait pas manqué, si, par négligence, les livraisons et les travaux ont été retardés, ou s'il y a eu fraude sur la nature, la qualité ou la quantité des travaux ou main-d'oeuvres ou des choses fournies, les coupables seront punis d'un emprisonnement de six mois au moins et de cinq ans au plus, et d'une amende qui ne pourra excéder le quart des dommages-intérêts, ni être moindre de cent francs. — Dans les divers cas prévus par les articles composant le présent paragraphe, la poursuite ne pourra être faite que sur la dénonciation du Gouvernement.

SECTION III.

Destructions, Dégradations, Dommages.

434. Quiconque aura volontairement mis le feu à des édifices, navires, bateaux, magasins, chantiers, forêts, bois taillis ou récoltes, soit sur pied, soit abattus, soit aussi que les bois soient en tas ou en cordes, et les récoltes en tas ou en meules, ou à des matières combustibles placées de manière à communiquer le feu à ces choses ou à l'une d'elles, sera puni de la peine de mort.

435. La peine sera la même contre ceux qui auront détruit, par l'effet d'une mine, des édifices, navires ou bateaux.

436. La menace d'incendier une habitation ou toute autre propriété, sera punie de la peine portée contre la ménace d'assassinat, et d'après les distinctions établies par les articles 305, 306 et 307.

437. Quiconque aura volontairement détruit ou renversé, par quelque moyen que ce soit, en tout ou en partie, des édifices, des ponts, digues ou chaussées ou autres constructions qu'il savait appartenir à autrui, sera puni de la reclusion, et d'une amende qui ne pourra excéder le quart des restitutions et indemnités, ni être au-dessous de cent francs. — S'il y a eu homicide ou blessures, le coupable sera, dans le premier cas, puni de mort, et dans le second, puni de la peine des travaux forcés à temps.

438. Quiconque, par des voies de fait, se sera opposé à la confection de travaux autorisés par le Gouvernement, sera puni d'un emprisonnement de trois mois à deux ans, et d'une amende qui ne pourra excéder le quart des dommages-intérêts, ni être au-dessous de seize francs.—Les moteurs subiront le *maximum* de la peine.

439. Quiconque aura volontairement brulé ou détruit d'une manière quelconque, des registres, minutes ou actes originaux de l'autorité publique, des titres, billets, lettres de change, effets de commerce ou de banque, contenant ou opérant obligation, disposition ou décharge, sera puni ainsi qu'il suit: — Si les pièces détruites sont des actes de l'autorité publique, ou des effets de commerce ou de banque, la peine sera la reclusion; — S'il s'agit de toute autre pièce, le coupable sera puni d'un emprisonnement de deux

wenn sie sich Beide an dem Verbrechen betheiligt haben.

432. Wenn öffentliche Beamte oder Agenten, Angestellte oder Besoldete der Regierung den Schuldigen zu der bewirkten Stockung des Dienstes behülflich gewesen sind, so werden sie mit der Strafe der Zwangsarbeiten auf bestimmte Zeit belegt; unbeschadet schwererer Strafen im Falle eines Einverständnisses mit dem Feinde.

433. Wenn auch keine Stockung des Dienstes eingetreten ist, die Lieferungen oder Arbeiten aber durch Nachlässigkeit verzögert worden sind, oder wenn in Ansehung der Natur, der Qualität, oder Quantität der Werke, Handarbeiten, oder gelieferten Sachen Betrug statt gefunden hat, so werden die Schuldigen mit Gefängniß von wenigstens sechs Monaten und höchstens fünf Jahren, und mit einer Geldbuße bestraft, die nicht höher als ein Viertel des zu ersetzenden Schadens, und nicht geringer als hundert Franken sein darf. — In den verschiedenen Fällen, welche in den Artikeln, die den gegenwärtigen Paragraphen bilden, vorgesehen sind, kann eine Verfolgung nur auf die Denunciation der Regierung eintreten.

Dritter Abschnitt.

Zerstörungen, Verschlimmerungen, Beschädigungen.

434. Wer Gebäude, Schiffe, Fahrzeuge, Magazine, Holz- oder Bauplätze, Waldungen, Schlagholz, es mag gefällt sein oder nicht, oder Ernten, sie mögen noch stehen oder abgemäht sein, und ohne Unterschied, ob das Holz in ungemessenen oder gemessenen Haufen auf einander liegt, und ob die Ernten in Haufen oder Schobern liegen, oder wer brennbare Materien, die so gelegt sind, daß sie das Feuer diesen Gegenständen oder einem derselben mittheilen, freiwillig in Brand steckt, wird mit dem Tode bestraft.

435. Die Strafe ist die nämliche gegen diejenigen, welche Gebäude, Schiffe oder Fahrzeuge mittelst einer Mine zerstören.

436. Die Drohung, eine Wohnung oder irgend ein anderes Eigenthum in Brand zu stecken, wird mit der gegen die Drohung des Assassinats verhängten Strafe, nach den in den Artikeln 305, 306 und 307 festgesetzten Unterscheidungen belegt.

437. Wer durch irgend ein Mittel Gebäude, Brücken, Dämme, Kunststraßen, oder sonstige Bauwerke, von welchen er weiß, daß sie einem Andern zugehören, ganz oder zum Theile, freiwillig zerstört oder niederreißt, wird mit der Zuchthausstrafe und einer Geldbuße belegt, die nicht höher als ein Viertel der Wiedererstattungen und Entschädigungen, und nicht geringer als hundert Franken sein darf. — Hat eine Tödtung oder haben Verwundungen statt gefunden, so wird der Schuldige im ersten Falle mit dem Tode und in dem zweiten mit Zwangsarbeiten auf bestimmte Zeit bestraft.

438. Wer sich der Ausführung der von der Regierung genehmigten Arbeiten durch Thätlichkeiten widersetzt, wird mit Gefängniß von drei Monaten bis zu zwei Jahren, und mit einer Geldbuße bestraft, die nicht höher als ein Viertel des zu ersetzenden Schadens und nicht geringer als sechszehn Franken sein darf. — Die Anstifter trifft der höchste Grad der Strafe.

439. Wer Register, Urschriften und Originalurkunden einer öffentlichen Behörde, Titel, Schuldscheine, Wechsel, Handels- oder Bankeffekten, welche eine Verbindlichkeit, Verfügung oder Befreiung enthalten oder bewirken, freiwillig verbrennt oder auf irgend eine Art vernichtet, wird bestraft, wie folgt: — Sind die vernichteten Stücke Urkunden einer öffentlichen Behörde, oder Handels- oder Bankeffekten, so ist die Strafe das Zuchthaus. — Handelt es sich von irgend einem andern Stücke, so wird der Schuldige mit Gefängniß von zwei bis fünf Jahren, und mit einer Geld-

ans à cinq ans, et d'une amende de cent francs à trois cents francs.

440. Tout pillage, tout dégât de denrées ou marchandises, effets, propriétés mobilières, commis en réunion ou bande et à force ouverte, sera puni des travaux forcés à temps; chacun des coupables sera de plus condamné à une amende de deux cents francs à cinq mille francs.

441. Néanmoins ceux qui prouveront avoir été entraînés par des provocations ou sollicitations à prendre part à ces violences, pourront n'être punis que de la peine de la reclusion.

442. Si les denrées pillées ou détruites sont des grains, grenailles ou farines, substances farineuses, pain, vin ou autre boisson, la peine que subiront les chefs, instigateurs ou provocateurs seulement, sera le *maximum* des travaux forcés à temps, et celui de l'amende prononcée par l'article 440.

443. Quiconque, à l'aide d'une liqueur corrosive ou par tout autre moyen, aura volontairement gâté des marchandises ou matières servant à fabrication, sera puni d'un emprisonnement d'un mois a deux ans, et d'une amende qui ne pourra excéder le quart des dommages-intérêts, ni être moindre de seize francs. — Si le délit a été commis par un ouvrier de la fabrique ou par un commis de la maison de commerce, l'emprisonnement sera de deux à cinq ans, sans préjudice de l'amende, ainsi qu'il vient d'être dit.

444. Quiconque aura dévasté des récoltes sur pied ou des plants venus naturellement ou faits de main d'homme, sera puni d'un emprisonnement de deux ans au moins, de cinq ans au plus. — Les coupables pourront de plus être mis, par l'arrêt ou le jugement, sous la surveillance de la haute police pendant cinq ans au moins et dix ans au plus.

445. Quiconque aura abattu un ou plusieurs arbres qu'il savait appartenir à autrui, sera puni d'un emprisonnement qui ne sera pas au-dessous de six jours, ni au-dessus de six mois, à raison de chaque arbre, sans que la totalité puisse excéder cinq ans.

446. Les peines seront les mêmes à raison de chaque arbre mutilé, coupé ou écorcé de manière à le faire périr.

447. S'il y a eu destruction d'une ou de plusieurs greffes, l'emprisonnement sera de six jours à deux mois, à raison de chaque greffe, sans que la totalité puisse excéder deux ans.

448. Le *minimum* de la peine sera de vingt jours dans les cas prévus par les articles 445 et 446, et de dix jours dans le cas prévu par l'article 447, si les arbres étaient plantés sur les places, routes, chemins, rues ou voies publiques ou vicinales, ou de traverse.

449. Quiconque aura coupé des grains ou des fourrages qu'il savait appartenir à autrui, sera puni d'un emprisonnement qui ne sera pas au dessous de six jours, ni au-dessus de deux mois.

450. L'emprisonnement sera de vingt jours au moins et de quatre mois au plus, s'il a été coupé du grain en vert. — Dans les cas prévus par le présent article et les six précédens, si le fait a été commis en haine d'un fonctionnaire public et à raison de ses fonctions, le coupable sera puni du *maximum* de la peine établie par l'article auquel le cas se référera. — Il en sera de même, quoique cette circonstance n'existe point, si le fait a été commis pendant la nuit.

buße von hundert bis dreihundert Franken bestraft.

440. Jede Plünderung oder Zerstörung, welche an Lebensmitteln, Waaren, Effekten oder Mobiliareigenthum in Gemeinschaft oder in Banden und mit offener Gewalt begangen wird, wird mit Zwangsarbeiten auf bestimmte Zeit bestraft; jeder der Schuldigen wird außerdem zu einer Geldbuße von zweihundert bis fünftausend Franken verurtheilt.

441. Jedoch ist es zulässig, diejenigen, welche beweisen, daß sie durch Aufforderung oder Anreizung verleitet worden sind, an diesen Gewaltthätigkeiten Theil zu nehmen, blos mit der Zuchthausstrafe zu belegen.

442. Bestehen die geplünderten oder zerstörten Lebensmittel in Getreide, Futterkörnern, oder in Mehl, mehligen Substanzen, Brod, Wein oder sonstigen Getränken, so ist die Strafe, welche die Anführer, Anstifter oder Anreizer trifft, der höchste Grad der Zwangsarbeiten auf bestimmte Zeit, und der in dem Artikel 440 verhängten Geldbuße.

443. Wer, mittelst einer ätzenden Flüssigkeit oder durch irgend ein anderes Mittel, Waaren oder Stoffe, die zum Fabriciren dienen, freiwillig verdirbt, wird mit Gefängniß von einem Monate bis zu zwei Jahren, und mit einer Geldbuße bestraft, die nicht höher als ein Viertel des zu ersetzenden Schadens, und nicht geringer als sechszehn Franken sein darf. — Ist das Vergehen von einem Arbeiter der Fabrik oder von einem Commis des Handlungshauses begangen, so ist die Gefängnißstrafe eine zwei- bis fünfjährige, unbeschadet der Geldbuße, wie sie eben bestimmt worden ist.

444. Wer noch stehende Ernten oder Setzlinge, die von selbst entsprossen oder durch Menschenhand gepflanzt sind, verwüstet, wird mit Gefängniß von wenigstens zwei und höchstens fünf Jahren bestraft. — Die Schuldigen können außerdem durch das Erkenntniß oder das Urtheil auf wenigstens fünf und höchstens zehn Jahre unter die Aufsicht der hohen Polizei gesetzt werden.

445. Wer einen oder mehrere Bäume fällt, von welchen er weiß, daß sie einem Andern zugehören, soll für jeden Baum mit Gefängniß bestraft werden, welches nicht unter sechs Tagen, und nicht über sechs Monate sein darf; jedoch so, daß sich im Ganzen die Strafe nicht über fünf Jahre erstreckt.

446. Die Strafen sind die nämlichen für jeden Baum, der so verstümmelt, zerschnitten oder abgeschält worden ist, daß er zu Grunde geht.

447. Hat eine Zerstörung eines oder mehrerer Pfropfreiser statt gefunden, so tritt für jedes Pfropfreis eine Gefängnißstrafe von sechs Tagen bis zu zwei Monaten ein, jedoch so, daß sich im Ganzen die Strafe nicht über zwei Jahre erstreckt.

448. Der **geringste Grad** der Strafe ist zwanzig Tage in den durch die Artikel 445 und 446 vorgesehenen Fällen, und zehn Tage in dem durch den Artikel 447 vorgesehenen Falle, wenn die Bäume an öffentlichen Plätzen, Landstraßen, Wegen, Straßen, oder andern öffentlichen oder nachbarlichen, oder Querwegen gepflanzt waren.

449. Wer Getreide oder Futtergras abschneidet, von welchem er weiß, daß es einem Andern zugehört, wird mit Gefängniß von wenigstens sechs Tagen und höchstens zwei Monaten bestraft.

450. Die Dauer der Gefängnißstrafe ist wenigstens zwanzig Tage und höchstens vier Monate, wenn unreifes Getreide abgeschnitten worden ist. — Ist in den durch den gegenwärtigen und die sechs vorhergehenden Artikel vorgesehenen Fällen die That aus Haß gegen einen öffentlichen Beamten und in Beziehung auf dessen Amtsverrichtungen begangen worden, so wird der Schuldige mit dem **höchsten Grade** der Strafe belegt, die in dem auf den Fall anwendbaren Artikel verhängt ist. — Dasselbe gilt, obschon dieser Umstand nicht vorhanden ist,

451. Toute rupture, toute destruction d'instrumens d'agriculture, de parcs de bestiaux, de cabanes de gardiens, sera punie d'un emprisonnement d'un mois au moins, d'un an au plus.

452. Quiconque aura empoisonné des chevaux ou autres bêtes de voiture, de monture ou de charge, des bestiaux à cornes, des moutons, chèvres ou porcs, ou des poissons dans des étangs, viviers ou réservoirs, sera puni d'un emprisonnement d'un an à cinq ans, et d'une amende de seize francs à trois cents francs. Les coupables pourront être mis, par l'arrêt ou le jugement, sous la surveillance de la haute police pendant deux ans au moins et cinq ans au plus.

453. Ceux qui, sans nécessité, auront tué l'un des animaux mentionnés au précédent article, seront punis ainsi qu'il suit: — Si le délit a été commis dans les bâtimens, enclos et dépendances, ou sur les terres dont le maître de l'animal tué était propriétaire, locataire, colon ou fermier, la peine sera un emprisonnement de deux mois à six mois; — S'il a été commis dans les lieux dont le coupable était propriétaire, locataire, colon ou fermier, l'emprisonnement sera de dix jours à un mois; — S'il a été commis dans tout autre lieu, l'emprisonnement sera de quinze jours à six semaines. — Le *maximum* de la peine sera toujours prononcé en cas de violation de clôture.

454. Quiconque aura, sans nécessité, tué un animal domestique dans un lieu dont celui à qui cet animal appartient est propriétaire, locataire, colon ou fermier, sera puni d'un emprisonnement de six jours au moins et de six mois auplus. — S'il y a eu violation de clôture, le *maximum* de la peine sera prononcé.

455. Dans les cas prévus par les articles 444 et suivans jusqu'au précédent article inclusivement, il sera prononcé une amende qui ne pourra excéder le quart des restitutions et dommages-intérêts, ni être au-dessous de seize francs.

456. Quiconque aura, en tout ou en partie, comblé des fossés, détruit des clôtures, de quelques matériaux qu'elles soient faites, coupé ou arraché des haies vives ou sèches; quiconque aura déplacé ou supprimé des bornes, ou pieds corniers, ou autres arbres plantés ou reconnus pour établir les limites entre différens héritages, sera puni d'un emprisonnement qui ne pourra pas être au-dessous d'un mois ni excéder une année, et d'une amende égale au quart des restitutions et des dommages-intérêts, qui, dans aucun cas, ne pourra être au-dessous de cinquante francs.

457. Seront punis d'une amende qui ne pourra excéder le quart des restitutions et des dommages-intérêts, ni être au-dessous de cinquante francs, les propriétaires ou fermiers, ou toute personne jouissant de moulins, usines ou étangs, qui, par l'élévation du déversoir de leurs eaux au-dessus de la hauteur déterminée par l'autorité compétente, auront inondé les chemins ou les propriétés d'autrui. — S'il est résulté du fait quelques dégradations, la peine sera, outre l'amende, un emprisonnement de six jours à un mois.

458. L'incendie des propriétés mobilières ou immobilières d'autrui, qui aura été causé par la vétusté ou le défaut soit de réparation, soit de nettoyage des fours, cheminées, forges, maisons ou usines prochaines, ou par des feux allumés dans les champs à moins de cent mètres des maisons, édifices,

wenn die That zur Nachtzeit begangen ist.

451. Jedes Zerschlagen, jede Zerstörung von Ackergeräthschaften, von Viehparken, oder von Hütten der Hirten wird mit Gefängniß von wenigstens einem Monate und höchstens einem Jahre bestraft.

452. Wer Pferde oder sonstige Zug-, Reit- oder Lastthiere, oder wer Hornvieh, Schaafe, Ziegen oder Schweine, oder Fische in Teichen, Weihern oder Behältern vergiftet, wird mit Gefängniß von einem Jahre bis zu fünf Jahren, und mit einer Geldbuße von sechszehn bis dreihundert Franken bestraft. — Die Schuldigen können außerdem durch das Erkenntniß oder das Urtheil auf wenigstens zwei und höchstens fünf Jahre unter die Aufsicht der hohen Polizei gesetzt werden.

453. Diejenigen, welche eines der in dem vorhergehenden Artikel erwähnten Thiere ohne Noth tödten, werden bestraft, wie folgt: — Wenn das Vergehen in Gebäuden, Einschließungen und deren Zubehörungen oder auf dem Grund und Boden begangen worden ist, wovon der Herr des getödteten Thieres Eigenthümer, Miether, Kolone oder Pächter war, so ist die Strafe Gefängniß von zwei bis sechs Monaten; — wenn es an Orten begangen worden ist, wovon der Schuldige Eigenthümer, Miether, Kolone oder Pächter war, so ist die Dauer des Gefängnisses sechs Tage bis zu einem Monate; — wenn es an irgend einem andern Orte begangen worden ist, so ist die Dauer des Gefängnisses vierzehn Tage bis sechs Wochen. — Der höchste Grad der Strafe wird allemal ausgesprochen, wenn eine Einschließung verletzt worden ist.

454. Wer ein Hausthier ohne Noth an einem Orte tödtet, wovon der Herr dieses Thieres Eigenthümer, Miether, Kolone oder Pächter war, wird mit Gefängniß von wenigstens sechs Tagen und höchstens sechs Monaten bestraft. — Hat die Verletzung einer Einschließung statt gefunden, so wird der höchste Grad der Strafe erkannt.

455. In den Fällen, welche in den Artikeln 444 und folgenden bis zum vorhergehenden Artikel einschließlich vorgesehen sind, wird eine Geldbuße erkannt, die nicht höher als ein Viertel der Wiedererstattungen und des zu ersetzenden Schadens, und nicht geringer als sechszehn Franken sein darf.

456. Wer, ganz oder zum Theile, Gräben verschüttet, Einschließungen, von welchen Materialien sie auch gemacht sein mögen, zerstört, lebendige oder dürre Hecken abhaut oder ausreißt; wer Grenzsteine oder Markbäume oder andere Bäume, die gepflanzt oder anerkannt sind, um zwischen verschiedenem Grundeigenthume die Grenzen zu bestimmen, verrückt oder wegschafft, wird mit Gefängniß, welches nicht unter einem Monate sein und nicht ein Jahr überschreiten darf, und mit einer Geldbuße bestraft, die einem Viertel der Wiedererstattungen und des zu ersetzenden Schadens gleich ist, und in keinem Falle geringer als funfzig Franken sein darf.

457. Mit einer Geldbuße, die nicht höher als ein Viertel der Wiedererstattungen und des zu ersetzenden Schadens und nicht geringer als funfzig Franken sein darf, werden bestraft, die Eigenthümer oder Pächter, oder alle Andere, die im Genusse von Mühlen, Hämmern oder Teichen sind, und die Wege oder fremdes Eigenthum dadurch überschwemmen, daß sie den Ort, wohin das überflüssige Wasser abgeleitet wird, über das von der competenten Behörde bestimmte Maaß erhöhen. — Sind daraus Beschädigungen entstanden, so ist die Strafe, außer der Geldbuße, Gefängniß von sechs Tagen bis zu einem Monate.

458. Wer Oefen, Schornsteine, Schmieden, Häuser oder Hammerwerke, die in der Nähe eines fremden beweglichen oder unbeweglichen Eigenthums gelegen sind, veralten läßt, oder deren Ausbesserung oder Reinigung vernachlässigt, oder wer auf dem Felde in einer Entfernung von weniger als hundert Metern von den Häusern, Gebäuden, Wal-

forêts, bruyères, bois, vergers, plantations, haies, meules, tas de grains, pailles, foins, fourrages, ou de tout autre dépôt de matières combustibles, ou par des feux ou lumières portés ou laissés sans précaution suffisante, ou par des pièces d'artifice allumées ou tirées par négligence ou imprudence, sera puni d'une amende de cinquante francs au moins, et de cinq cents francs au plus.

459. Tout détenteur ou gardien d'animaux ou de bestiaux soupçonnés d'être infectés de maladie contagieuse, qui n'aura pas averti sur-le-champ le maire de la commune où ils se trouvent, et qui même, avant que le maire ait répondu à l'avertissement, ne les aura pas tenus renfermés, sera puni d'un emprisonnement de six jours a deux mois, et d'une amende de seize francs à deux cents francs.

460. Seront également punis d'un emprisonnement de deux mois à six mois, et d'une amende de cent francs à cinq cents francs, ceux qui, au mépris des défenses de l'administration, auront laissé leurs animaux ou bestiaux infectés communiquer avec d'autres.

461. Si, de la communication mentionnée au précédent article, il est résulté une contagion parmi les autres animaux, ceux qui auront contrevenu aux défenses de l'autorité administrative seront punis d'un emprisonnement de deux ans à cinq ans, et d'une amende de cent francs à mille francs; le tout sans préjudice de l'exécution des lois et réglemens relatifs aux maladies épizootiques, et de l'application des peines y portées.

462. Si les délits de police correctionnelle dont il est parlé au présent chapitre ont été commis par des gardes champêtres ou forestiers, ou des officiers de police, à quelque titre que ce soit, la peine d'emprisonnement sera d'un mois au moins, et d'un tiers au plus en sus de la peine la plus forte qui serait appliquée à un autre coupable du même délit.

Disposition générale.

463. Dans tous les cas où la peine d'emprisonnement est portée par le présent Code, si le préjudice causé n'excède pas vingt-cinq francs, et si les circonstances paraissent atténuantes, les tribunaux sont autorisés à réduire l'emprisonnement, même au-dessous de six jours, et l'amende, même au-dessous de seize francs. Ils pourront aussi prononcer séparément l'une ou l'autre de ces peines, sans qu'en aucun cas elle puisse être au-dessous des peines de simple police.

LIVRE QUATRIÈME.

CONTRAVENTIONS DE POLICE ET PEINES.

(Loi décrétée le 20 Fevrier 1810, promulguée le 2 mars suivant.)

CHAPITRE I.

Des peines.

464. Les peines de police sont, —L'emprisonnement, — L'amende, — Et la confiscation de certains objets saisis.

465. L'emprisonnement, pour contravention de police, ne pourra être moindre d'un jour, ni excéder cinq jours, selon les classes, distinctions

dungen, Helden, Gehölzen, Baumgärten, Pflanzungen, Hecken, Getreide-, Stroh-, Heu- und Futterhaufen, oder von irgend einer andern Niederlage brennbarer Sachen Feuer anzündet, oder wer Feuer oder Licht ohne hinreichende Vorsicht trägt, oder zurückläßt, oder mit Nachlässigkeit oder Unvorsichtigkeit Feuerwerke anzündet oder abbrennt, und dadurch die Ansteckung fremden beweglichen oder unbeweglichen Eigenthums verursacht, wird mit einer Geldbuße von wenigstens funfzig und höchstens fünfhundert Franken bestraft.

459. Jeder Inhaber oder Hüter von Thieren oder Vieh, welche von einer ansteckenden Krankheit befallen zu sein verdächtig sind, der nicht auf der Stelle den Bürgermeister der Gemeinde, wo sie sich befinden, davon benachrichtigt, und der nicht, selbst ehe der Bürgermeister auf die Nachricht geantwortet hat, sie eingeschlossen hält, wird mit Gefängniß von sechs Tagen bis zu zwei Monaten und mit einer Geldbuße von sechszehn bis zweihundert Franken bestraft.

460. Mit Gefängniß von zwei bis sechs Monaten und einer Geldbuße von hundert bis fünfhundert Franken werden ebenfalls bestraft, diejenigen, welche, den Verboten der Verwaltung zuwider, ihre angesteckten Thiere oder ihr angestecktes Vieh mit anderen Thieren oder anderem Vieh zusammenkommen lassen.

461. Hat durch das in dem vorhergehenden Artikel erwähnte Zusammenkommen unter den übrigen Thieren eine Ansteckung statt gefunden, so werden diejenigen, welche den Verboten der Verwaltungsbehörden zuwidergehandelt haben, mit Gefängniß von zwei bis fünf Jahren, und mit einer Geldbuße von hundert bis tausend Franken bestraft; Alles unbeschadet der Vollziehung der Gesetze und Verordnungen über die Viehseuchen, und der Anwendung der in denselben verhängten Strafen.

462. Sind die zuchtpolizeilichen Vergehen, von welchen in dem gegenwärtigen Capitel die Rede ist, von Feldschützen oder Forsthütern, oder von Polizeibeamten, wie sie auch Namen haben mögen, begangen, so soll die Gefängnißstrafe wenigstens einen Monat, und höchstens ein Drittel über die höchste Strafe betragen, welche gegen einen andern des nämlichen Vergehens Schuldigen zur Anwendung kommen würde.

Allgemeine Verfügung.

463. In allen Fällen, wo in dem gegenwärtigen Gesetzbuche die Gefängnißstrafe verhängt ist, sind die Gerichte, wenn der verursachte Schaden fünfundzwanzig Franken nicht übersteigt, und die Umstände als mildernd erscheinen, ermächtigt, das Gefängniß selbst auf weniger als sechs Tage, und die Geldbuße selbst auf weniger als sechszehn Franken zu beschränken. Sie können auch die eine oder die andere dieser Strafen allein erkennen, jedoch so, daß dieselbe in keinem Falle geringer als die Strafen der einfachen Polizei sein darf.

Viertes Buch.

Polizeiübertretungen und Strafen.

Erstes Capitel.

Von den Strafen.

464. Die Polizeistrafen sind: Gefängniß, — Geldbuße, — und Confiscation gewisser in Beschlag genommener Gegenstände.

465. Die Gefängnißstrafe wegen einer Polizeiübertretung darf, nach den unten angegebenen Classen, Un-

et cas ci-après spécifiés. — Les jours d'emprisonnement sont des jours complets de vingt-quatre heures.

466. Les amendes pour contravention pourront être prononcées depuis un franc jusqu'à quinze francs inclusivement, selon les distinctions et classes ci-après spécifiées, et seront appliquées au profit de la commune où la contravention aura été commise.

467. La contrainte par corps a lieu pour le paiement de l'amende. Néanmoins le condamné ne pourra être, pour cet objet, détenu plus de quinze jours, s'il justifie de son insolvabilité.

468. En cas d'insuffisance des biens, les restitutions et les indemnités dues à la partie lésée sont préférées à l'amende.

469. Les restitutions, indemnités et frais entraîneront la contrainte par corps, et le condamné gardera prison jusqu'à parfait paiement: néanmoins, si ces condamnations sont prononcées au profit de l'État, les condamnés pourront jouir de la faculté accordée par l'article 467, dans le cas d'insolvabilité prévu par cet article.

470. Les tribunaux de police pourront aussi, dans les cas déterminés par la loi, prononcer la confiscation, soit des choses saisies en contravention, soit des choses produites par la contravention, soit des matières ou des instrumens qui ont servi ou étaient destinés à la commettre.

CHAPITRE II.

Contraventions et peines.

SECTION I.

1. CLASSE.

471. Seront punis d'amende, depuis un franc jusqu'à cinq francs inclusivement, — 1) Ceux qui auront négligé d'entretenir, réparer ou nettoyer les fours, cheminées ou usines où l'on fait usage du feu; — 2) Ceux qui auront violé la défense de tirer, en certains lieux, des pièces d'artifice; — 3) Les aubergistes et autres qui, obligés à l'éclairage, l'auront négligé; ceux qui auront négligé de nettoyer les rues ou passages, dans les communes où ce soin est laissé à la charge des habitans; — 4) Ceux qui auront embarrassé la voie publique, en y déposant ou y laissant, sans nécessité, des matériaux ou des choses quelconques qui empêchent ou diminuent la liberté ou la sûreté du passage; ceux qui, en contravention aux lois et réglemens, auront négligé d'éclairer les matériaux par eux entreposés ou les excavations par eux faites dans les rues et places; — 5) Ceux qui auront négligé ou refusé d'exécuter les réglemens ou arrêtés concernant la petite voirie, ou d'obéir à la sommation émanée de l'autorité administrative, de réparer ou démolir les édifices menaçant ruine; — 6) Ceux qui auront jeté ou exposé au-devant de leurs édifices, des choses de nature à nuire par leur chute ou par des exhalaisons insalubres; — 7) Ceux qui auront laissé dans les rues, chemins, lieux publics, ou dans les champs, des coutres de charrue, pinces, barres, barreaux ou autres machines, ou instrumens ou armes dont puissent abuser les voleurs et autres malfaiteurs; — 8) Ceux qui auront négligé d'écheniller dans les campagnes ou jardins où ce soin est prescrit par la loi ou les réglemens; — 9) Ceux qui, sans autre circonstance prévue par les lois, auront cueilli ou mangé, sur le lieu même, des fruits appartenant à autrui; — 10) Ceux qui, sans autre circonstance,

Verscheidungen und Fällen, nicht weniger als einen Tag, und nicht länger als fünf Tage dauern. — Ein Tag Gefängniß ist ein ganzer Tag von vierundzwanzig Stunden.

466. Geldbußen wegen einer Uebertretung können, nach den unten angegebenen Unterscheidungen und Classen, von einem Franken bis zu funfzehn Franken einschließlich erkannt, und sollen zum Vortheil der Gemeinde, wo die Uebertretung begangen worden ist, verwendet werden.

467. Wegen Zahlung der Geldbuße findet Personalarrest statt. — Jedoch kann der Verurtheilte deshalb nicht länger als vierzehn Tage in Verhaft gehalten werden, wenn er seine Zahlungsunfähigkeit nachweist.

468. Im Falle des Nichtzureichens des Vermögens haben die dem verletzten Theile gebührenden Wiedererstattungen und Entschädigungen den Vorzug vor der Geldbuße.

469. Die Wiedererstattungen, Entschädigungen und Kosten begründen den Personalarrest, und der Verurtheilte bleibt bis zur vollständigen Zahlung im Gefängnisse: sind jedoch diese Verurtheilungen zum Vortheile des Staates ausgesprochen, so können die Verurtheilten, im Falle der durch den Artikel 467 vorgesehenen Zahlungsunfähigkeit, von dem ihnen in diesem Artikel verliehenen Rechte Gebrauch machen.

470. Die Polizeigerichte können auch, in den von dem Gesetze bestimmten Fällen, die Confiscation der Sachen, die bei Gelegenheit einer Uebertretung in Beschlag genommen, oder durch die Uebertretung hervorgebracht sind, oder die der Gegenstände oder Werkzeuge aussprechen, die zur Begehung der Uebertretung gedient haben, oder dazu bestimmt waren.

Zweites Capitel.

Uebertretungen und Strafen.

Erster Abschnitt.

Erste Classe.

471. Mit einer Geldbuße von einem Franken bis zu fünf Franken einschließlich werden bestraft: 1) Diejenigen, welche versäumen, Oefen, Schornsteine oder Hammerwerke, worin Feuer gebraucht wird, zu unterhalten, auszubessern oder zu reinigen; — 2) diejenigen, welche dem Verbote zuwiderhandeln, an gewissen Orten Feuerwerke abzubrennen; — 3) die Gastwirthe und Andere, welche zur Erleuchtung verbunden sind, und dieselbe vernachlässigen; diejenigen, welche das Reinigen der Straßen und Durchgänge in den Gemeinden, wo dies den Einwohnern obliegt, vernachlässigen; — 4) diejenigen, welche die öffentliche Straße versperren, indem sie Materialien oder sonstige Sachen, wodurch die Freiheit oder Sicherheit des Durchganges verhindert oder vermindert wird, ohne Noth dort niederlegen, oder daselbst zurücklassen, diejenigen, welche, den Gesetzen und Verordnungen zuwider, die auf den Straßen und Plätzen von ihnen niedergelegten Materialien, oder die von ihnen daselbst gemachten Oeffnungen zu erleuchten versäumen; — 5) diejenigen, welche versäumen oder verweigern, die Verordnungen oder Beschlüsse über die Wege, die nicht zu den großen Heerstraßen gehören, zu befolgen, oder der von der Verwaltungsbehörde erlassenen Aufforderung nachzukommen, die den Einsturz drohenden Gebäude auszubessern oder niederzureißen; — 6) diejenigen, welche vor ihre Gebäude Sachen werfen oder ausstellen, die durch ihr Fallen, oder durch ungesunde Ausdünstungen schädlich werden können; — 7) diejenigen, welche auf Straßen, Wegen, Plätzen, öffentlichen Orten oder auf dem Felde, Pflugeisen, Brecheisen, größere oder kleinere Stangen, oder sonstige Maschinen, Werkzeuge oder Waffen zurücklassen, wovon Diebe oder andere Uebelthäter Mißbrauch machen könnten; — 8) diejenigen, welche da, wo das Gesetz oder Verordnungen das Abraupen in Feldern oder Gärten vorschreiben, dieses versäumen; — 9) diejenigen, welche, ohne irgend einen andern von den Gesetzen vorgesehenen Um-

auront glané, râtelé ou grapillé dans les champs non encore entièrement dépouillés et vidés de leurs récoltes, ou avant le moment du lever ou après celui du coucher du soleil; — 11) Ceux qui, sans avoir été provoqués, auront proféré contre quelqu'un des injures, autres que celles prévues depuis l'article 367 jusques et compris l'article 378;— 12) Ceux qui imprudemment auront jeté des immondices sur quelque personne;— 13) Ceux qui, n'étant ni propriétaires, ni usufruitiers, ni locataires, ni fermiers, ni jouissant d'un terrain ou d'un droit de passage, ou qui n'étant agens ni préposés d'aucune de ces personnes, seront entrés et auront passé sur ce terrain ou sur partie de ce terrain, s'il est préparé ou ensemencé; — 14) Ceux qui auront laissé passer leurs bestiaux ou leurs bêtes de trait, de charge ou de monture, sur le terrain d'autrui, avant l'enlèvement de la récolte.

472. Seront, en outre, confisqués, les pièces d'artifice saisies dans le cas du no. 2 de l'article 471, les coutres, les instrumens et les armes mentionnés dans le no. 7 du même article.

473 La peine d'emprisonnement, pendant trois jours au plus, pourra de plus être prononcée, selon les circonstances, contre ceux qui auront tiré des pièces d'artifice; contre ceux qui auront glané, râtelé ou grapillé en contravention au no. 10 de l'art. 471.

474. La peine d'emprisonnement contre toutes les personnes mentionnées en l'art. 471, aura toujours lieu, en cas de récidive, trois jours au plus.

SECTION II.

II. CLASSE.

475. Seront punis d'amende, depuis six francs jusqu'à dix francs inclusivement,— 1) Ceux qui auront contrevenu aux bans de vendanges ou autres bans autorisés par les réglemens; — 2) Les aubergistes, hôteliers, logeurs ou loueurs de maisons garnies, qui auront négligé d'inscrire de suite, et sans aucun blanc, sur un registre tenu régulièrement, les noms, qualités, domicile habituel, dates d'entrée et de sortie de toute personne qui aurait couché ou passé une nuit dans leurs maisons; ceux d'entre eux qui auraient manqué à représenter ce registre aux époques déterminées par les réglemens, ou lorsqu'ils en auraient été requis, aux maires, adjoints, officiers ou commissaires de police, ou aux citoyens commis à cet effet: le tout sans préjudice des cas de responsabilité mentionnés en l'article 73 du présent Code, relativement aux crimes ou aux délits de ceux qui, ayant logé ou séjourné chez eux, n'auraient pas été régulièrement inscrits;—3) Les rouliers, charretiers, conducteurs de voitures quelconques ou de bêtes de charge, qui auraient contrevenu aux réglemens par lesquels ils sont obligés de se tenir constamment à portée de leurs chevaux, bêtes de trait ou de charge et de leurs voitures, et en état de les guider et conduire; d'occuper un seul côté des rues, chemins ou voies publiques; de se détourner ou ranger devant toutes autres voitures, et, à leur approche, de leur laisser libre au moins la moitié des rues, chaussées, routes et chemins;—4) Ceux qui auront fait ou laissé courir les chevaux, bêtes de trait, de charge ou de monture, dans l'intérieur d'un lieu habité, ou violé les réglemens contre le chargement, la rapidité ou la mauvaise

stand, Früchte, die einem Andern zugehören, an Ort und Stelle selbst abnehmen oder verzehren; — 10) diejenigen, welche, ohne irgend einen andern Umstand, auf den, noch nicht völlig abgeernteten und geleerten Feldern, oder vor dem Aufgange oder nach dem Untergange der Sonne, stoppeln, nachrechen oder Nachlese der Trauben halten; — 11) diejenigen, welche, ohne dazu gereizt worden zu sein, gegen Jemanden Injurien ausstoßen, die nicht zu denjenigen gehören, welche durch die Artikel 367 bis zu dem Artikel 378 einschließlich vorgesehen sind; — 12) diejenigen, welche unvorsichtiger Weise Unrath auf Jemanden werfen; — 13) diejenigen, welche über ein bereits bearbeitetes oder besäetes Stück Land, oder über einen Theil desselben gehen, ohne davon Eigenthümer, Nießbraucher, Miether oder Pächter, oder im Genusse desselben zu sein, oder ein Wegerecht zu haben, und ohne Agenten oder Angestellte einer dieser Personen zu sein; — 14) diejenigen, welche ihr Vieh, oder ihre Zucht-, Last- oder Reitthiere vor Wegnahme der Ernte über ein fremdes Grundstück gehen lassen.

472. Außerdem werden confiscirt, die in dem Falle des Artikels 471 Nr. 2 in Beschlag genommenen Feuerwerke, und die unter Nr. 7 des nämlichen Artikels erwähnten Pflugeisen, Werkzeuge und Waffen.

473. Es kann, den Umständen nach, außerdem Gefängnißstrafe von höchstens drei Tagen gegen diejenigen, welche Feuerwerke abbrennen, und gegen diejenigen ausgesprochen werden, welche dem Artikel 471 Nr. 10 zuwider stoppeln, nachrechen oder Trauben nachlesen.

474. Gegen alle Personen, von welchen in dem Art. 471 die Rede ist, tritt im Wiederholungsfalle allemal Gefängnißstrafe von höchstens drei Tagen ein.

Zweiter Abschnitt.

Zweite Classe.

475. Mit einer Geldbuße von sechs Franken bis zu zehn Franken einschließlich werden bestraft: 1) Diejenigen, welche den Bestimmungen über den Anfang der Weinlese, und andern ähnlichen, durch die Verordnungen genehmigten Bestimmungen zuwiderhandeln; — 2) Gastwirthe aller Art, Beherbiger, Vermiether möblirter Zimmer, welche versäumen, in ein ordentlich geführtes Register, nach einander und ohne alle Lücken, die Namen, den Stand oder das Gewerbe, den gewöhnlichen Wohnort, das Datum der Ankunft und des Abgangs eines Jeden einzuschreiben, der eine Nacht in ihren Häusern geschlafen oder zugebracht hat; diejenigen unter ihnen, die dieses Register den Bürgermeistern, Beigeordneten, Polizeibeamten oder Commissarien, oder den damit beauftragten Bürgern, nicht zu den durch die Verordnungen bestimmten Zeiten, oder auf die an sie ergangene Aufforderung vorlegen: Alles unbeschadet der in dem Artikel 73 des gegenwärtigen Gesetzbuches vorgesehenen Fälle der Verantwortlichkeit, in Ansehung der Verbrechen oder Vergehen derjenigen, welche bei ihnen eingekehrt sind und sich aufgehalten haben, aber nicht regelmäßig eingeschrieben worden sind; — 3) Fuhrleute, Kärrner, Begleiter von Fuhrwerk aller Art, oder von Lastthieren, welche den Verordnungen zuwiderhandeln, die sie verpflichten, immerwährend nahe bei ihren Pferden, Zug- oder Lastthieren und bei ihrem Fuhrwerk zu bleiben, und sich im Stande zu halten, dieselben zu lenken und zu führen; nur eine Seite der öffentlichen Straßen oder Wege einzunehmen; vor einem andern Fuhrwerk auszuweichen, oder auf die Seite zu gehen, und bei dessen Annäherung ihm wenigstens die Hälfte der Straßen, Chausseen, Heerstraßen und Wege frei zu lassen; — 4) diejenigen, welche durch Handlung oder Unterlassung Schuld daran sind, daß Pferde, Zug-, Last- und Reitthiere in das Innere eines bewohnten Ortes laufen, oder welche die Verordnungen in Betreff des Aufladens, der Schnelligkeit oder der schlechten Leitung der Fuhr-

direction des voitures; — 5) Ceux qui auront établi ou tenu dans les rues, chemins, places ou lieux publics, des jeux de loterie ou d'autres jeux de hasard; — 6) Ceux qui auront vendu ou débité des boissons falsifiées, sans préjudice des peines plus sévères qui seront prononcées par les tribunaux de police correctionnelle, dans le cas où elles contiendraient des mixtions nuisibles à la santé; — 7) Ceux qui auraient laissé divaguer des foux ou des furieux étant sous leur garde, ou des animaux malfaisans ou féroces: ceux qui auront excité ou n'auront pas retenu leurs chiens lorsqu'ils attaquent ou poursuivent les passans, quand même il n'en serait résulté aucun mal ni dommage; — 8) Ceux qui auraient jeté des pierres ou d'autres corps durs ou des immondices contre les maisons, édifices ou clôtures d'autrui, ou dans les jardins ou enclos, et ceux aussi qui auraient volontairement jeté des corps durs ou immondices sur quelqu'un; — 9) Ceux qui, n'étant propriétaires, usufruitiers, ni jouissant d'un terrain ou d'un droit de passage, y sont entrés et y ont passé dans le temps où ce terrain était chargé de grains en tuyau, de raisins ou autres fruits mûrs ou voisins de la maturité; — 10) Ceux qui auraient fait ou laissé passer des bestiaux, animaux de trait, de charge ou de monture, sur le terrain d'autrui, ensemencé ou chargé d'une récolte, en quelque saison que ce soit, ou dans un bois tailli appartenant à autrui; — 11) Ceux qui auraient refusé de recevoir les espèces et monnaies nationales, non fausses ni altérées, selon la valeur pour laquelle elles ont cours; — 12) Ceux qui, le pouvant, auront refusé ou négligé de faire les travaux, le service, ou de prêter le secours dont ils auront été requis, dans les circonstances d'accidens, tumultes, naufrage, inondation, incendie ou autres calamités, ainsi que dans les cas de brigandages, pillages, flagrant délit, clameur publique ou d'exécution judiciaire; — 13) Les personnes désignées aux articles 284 et 288 du présent Code.

476. Pourra, suivant les circonstances, être prononcé, outre l'amende portée en l'article précédent, l'emprisonnement pendant trois jours au plus, contre les rouliers, charretiers, voituriers et conducteurs en contravention; contre ceux qui auront contrevenu à la loi par la rapidité, la mauvaise direction ou le chargement de voitures ou des animaux; contre les vendeurs et débitans de boissons falsifiées; contre ceux qui auraient jeté des corps durs ou des immondices.

477. Seront saisis et confisqués, 1) les tables, instrumens, appareils des jeux ou des loteries établis dans les rues, chemins et voies publiques, ainsi que les enjeux, les fonds, denrées, objets ou lots proposés aux joueurs, dans le cas de l'article 476; 2) les boissons falsifiées, trouvées appartenir au vendeur et débitant: ces boissons seront répandues; 3) les écrits ou gravures contraires aux moeurs: ces objets seront mis sous le pilon.

478. La peine de l'emprisonnement pendant cinq jours au plus, sera toujours prononcée, en cas de récidive, contre toutes les personnes mentionnées dans l'article 475.

SECTION III.

III. CLASSE.

479. Seront punis d'une amende de onze à quinze francs inclusivement, — 1) Ceux qui, hors les

werke verletzen; — 5) diejenigen, welche auf öffentlichen Straßen, Wegen, Plätzen oder an öffentlichen Orten Lotteriespiele oder andere Hazardspiele errichten oder halten; — 6) diejenigen, welche verfälschte Getränke im Großen oder im Kleinen verkaufen; unbeschadet schwererer von den Zuchtpolizeigerichten auszusprechender Strafen, für den Fall, daß die Getränke der Gesundheit schädliche Mischungen enthalten; — 7) diejenigen, welche Wahnsinnige oder Rasende, die ihrer Aufsicht anvertraut sind, oder bösartige oder wilde Thiere herumlaufen lassen; diejenigen, die ihre Hunde reizen oder nicht zurückhalten, wenn sie die Vorübergehenden anfallen oder verfolgen, selbst wenn daraus kein Unglück oder Schaden entstanden ist; — 8) diejenigen, welche Steine oder andere harte Körper oder Unrath gegen Häuser, Gebäude oder Einschließungen eines Andern, oder in Gärten oder eingeschlossene Räume werfen, so wie diejenigen, welche harte Körper oder Unrath freiwillig auf Jemanden werfen; — 9) diejenigen, welche, ohne Eigenthümer, Nießbraucher oder im Genusse eines Grundstücks oder eines Wegerechtes zu sein, zu einer Zeit darauf und darüber gehen, wo Getreide, das auf dem Halme steht, Trauben oder sonstige Früchte, die reif oder der Reife nahe sind, sich darauf befinden; — 10) diejenigen, welche durch Handlung oder Unterlassung Schuld daran sind, daß Vieh, Zug-, Last- oder Reitthiere über das Grundstück eines Andern, welches besäet ist, oder worauf Feldfrüchte stehen, in welcher Jahreszeit es auch sein mag, oder in das einem Andern zugehörige Schlagholz gehen; — 11) diejenigen, welche sich weigern, National-Geldsorten und Münzen, die weder falsch noch verfälscht sind, nach dem Werthe, für welchen sie Curs haben, anzunehmen; — 12) diejenigen, welche bei widrigen Vorfällen, Tumulten, Schiffbruch, Ueberschwemmung, Feuersbrunst oder sonstigen Unglücksfällen, so wie auch bei Raub, Plünderung, Ertappung auf frischer That, öffentlichem Nachrufen, oder bei gerichtlicher Vollstreckung, sich weigern oder versäumen, die Arbeiten zu verrichten, den Dienst zu versehen, oder die Hülfe zu leisten, wozu sie aufgefordert werden, obgleich sie dazu im Stande waren; — 13) die in den Artikeln 284 und 288 des gegenwärtigen Gesetzbuches bezeichneten Personen.

476. Es kann, den Umständen nach, außer der in dem vorhergehenden Artikel verhängten Geldbuße, eine Gefängnißstrafe von höchstens drei Tagen ausgesprochen werden, gegen die Fuhrleute, Kärrner, Kutscher und Begleiter, die sich im Falle einer Uebertretung befinden; gegen diejenigen, die durch Schnelligkeit, schlechte Leitung oder Ladung der Fuhrwerke oder Thiere dem Gesetze zuwiderhandeln; gegen diejenigen, die verfälschte Getränke im Großen oder Kleinen verkaufen; gegen diejenigen, welche harte Körper oder Unrath werfen.

477. Es werden in Beschlag genommen und confiscirt: 1) die Tische, Werkzeuge, Vorrichtungen zu den auf den öffentlichen Straßen und Wegen errichteten Spielen oder Lotterien, so wie auch die Einsätze, die für die Spieler ausgesetzten Gelder, Lebensmittel, Gegenstände oder Loose, im Falle des Artikels 475 Nr. 5; 2) die verfälschten Getränke, von welchen sich findet, daß sie dem Verkäufer im Großen oder Kleinen zugehören: diese Getränke werden ausgegossen; 3) die Schriften und Stiche, welche den guten Sitten zuwider sind: diese Gegenstände werden in die Stampfe gebracht.

478. Gegen alle in dem Art. 475 erwähnten Personen wird im Wiederholungsfalle allemal Gefängnißstrafe von höchstens fünf Tagen erkannt.

Dritter Abschnitt.

Dritte Classe.

479. Mit einer Geldbuße von elf bis funfzehn Franken einschließlich werden bestraft: 1) Diejenigen,

cas prévus depuis l'article 434 jusques et compris l'article 462, auront volontairement causé du dommage aux propriétés mobilières d'autrui; — 2) Ceux qui auront occasionné la mort ou la blessure des animaux ou bestiaux appartenant à autrui, par l'effet de la divagation des foux ou furieux, ou d'animaux malfaisans ou féroces, ou par la rapidité ou la mauvaise direction ou le chargement excessif des voitures, chevaux, bêtes de trait, de charge ou de monture; — 3) Ceux qui auront occasionné les mêmes dommages par l'emploi ou l'usage d'armes sans précaution ou avec maladresse, ou par jet de pierres ou d'autres corps durs; — 4) Ceux qui auront causé les mêmes accidens par la vétusté, la dégradation, le défaut de réparation ou d'entretien des maisons ou édifices, ou par l'encombrement ou l'excavation, ou telles autres oeuvres, dans ou près les rues, chemins, places ou voies publiques, sans les précautions ou signaux ordonnés ou d'usage; — 5) Ceux qui auront de faux poids ou de fausses mesures dans leurs magasins, boutiques, ateliers ou maisons de commerce, ou dans les halles, foires ou marchés, sans préjudice des peines qui seront prononcées par les tribunaux de police correctionnelle contre ceux qui auraient fait usage de ces faux poids ou de ces fausses mesures; — 6) Ceux qui emploieront des poids ou des mesures différens de ceux qui sont établis par les lois en vigueur; — 7) Les gens qui font le métier de deviner et pronostiquer, ou d'expliquer les songes; — 8) Les auteurs ou complices de bruits ou tapages injurieux ou nocturnes, troublant la tranquillité des habitans.

480. Pourra, selon les circonstances, être prononcée la peine d'emprisonnement pendant cinq jours au plus, — 1) Contre ceux qui auront occasionné la mort ou la blessure des animaux ou bestiaux appartenant à autrui, dans les cas prévus par le no. 3 du précédent article; 2) contre les possesseurs de faux poids et de fausses mesures; 3) contre ceux qui emploient des poids ou des mesures différens de ceux que la loi en vigueur a établis; 4) contre les interprètes de songes; 5) contre les auteurs ou complices de bruits ou tapages injurieux ou nocturnes.

481. Seront, de plus, saisis et confisqués, 1) les faux poids, les fausses mesures, ainsi que les poids et les mesures différens de ceux que la loi a établis; 2) les instrumens, ustensiles et costumes servant ou destinés à l'exercice du métier de devin, pronostiqueur, ou interprète de songes.

482. La peine d'emprisonnement pendant cinq jours aura toujours lieu, pour récidive, contre les personnes et dans les cas mentionnés en l'article 479.

Disposition commune aux trois Sections ci-dessus.

483. Il y a récidive dans tous les cas prévus par le présent livre, lorsqu'il a été rendu contre le contrevenant, dans les douze mois précédens, un premier jugement pour contravention de police commise dans le ressort du même tribunal.

Disposition générale.

484. Dans toutes les matières qui n'ont pas été réglées par le présent Code et qui sont régies par des lois et réglemens particuliers, les cours et les tribunaux continueront de les observer.

welche, außer den in den Artikeln 434 bis zum Artikel 462 einschließlich vorgesehenen Fällen, fremdes Mobiliareigenthum freiwillig beschädigen; — 2) diejenigen, welche dadurch, daß sie Wahnsinnige oder Rasende, oder bösartige oder wilde Thiere herumlaufen lassen, oder durch die Schnelligkeit oder schlechte Leitung oder durch die übermäßige Beladung von Fuhrwerk, Pferden, Zug-, Last- oder Reitthieren die Tödtung oder Verwundung von Thieren oder Vieh verursachen, welche einem Andern gehören; — 3) diejenigen, welche den nämlichen Schaden durch unvorsichtigen oder ungeschickten Gebrauch von Waffen, oder durch Werfen mit Steinen oder andern harten Körpern verursachen; — 4) diejenigen, welche einen solchen Unfall dadurch veranlassen, daß sie Häuser oder Gebäude veralten oder verfallen lassen, sie nicht ausbessern oder unterhalten, oder auf oder bei öffentlichen Straßen, Plätzen oder Wegen, ohne Beobachtung der Vorsichtsmaßregeln oder Hinstellung der Warnungszeichen, welche vorgeschrieben oder gebräuchlich sind, Schutt aufhäufen, Vertiefungen oder sonstige Werke machen; — 5) diejenigen, welche in ihren Magazinen, Läden, Werkstätten oder Handelshäusern, oder in den Hallen, auf Messen und Märkten falsche Gewichte oder falsche Maaße haben; unbeschadet der Strafen, welche die Zuchtpolizeigerichte gegen diejenigen auszusprechen haben, die von diesen falschen Gewichten oder Maaßen Gebrauch gemacht haben; — 6) diejenigen, welche sich anderer Gewichte oder Maaße bedienen, als diejenigen, die von den bestehenden Gesetzen eingeführt sind; — 7) Leute, die aus dem Wahrsagen, dem Zeichen- und Traumdeuten ein Gewerbe machen; — 8) die Urheber von beleidigendem oder nächtlichem Lärm oder Getöse, wodurch die Ruhe der Einwohner gestört wird, und die Theilnehmer daran.

480. Es kann, den Umständen nach, Gefängnißstrafe auf höchstens fünf Tage ausgesprochen werden: 1) Gegen diejenigen, welche in den durch den vorhergehenden Artikel unter Nr. 3 vorgesehenen Fällen die Tödtung oder Verwundung von Thieren oder Vieh, die einem Andern zugehören, verursachen; 2) gegen die Besitzer von falschen Gewichten und Maaßen; 3) gegen diejenigen, welche sich anderer Gewichte oder Maaße, als derjenigen bedienen, die das bestehende Gesetz eingeführt hat; 4) gegen die Ausleger der Träume; 5) gegen die Urheber von beleidigendem oder nächtlichem Lärm oder Getöse, und die Theilnehmer daran.

481. Es werden außerdem in Beschlag genommen und confiscirt: 1) die falschen Gewichte und Maaße, so wie die Gewichte und Maaße, welche von denjenigen abweichen, die das Gesetz eingeführt hat; 2) die Werkzeuge, Geräthschaften und Kleidungen, welche zur Ausübung des Gewerbes eines Wahrsagers, Zeichen- oder Traumdeuters dienen oder bestimmt sind.

482. Gegen die in dem Artikel 479 erwähnten Personen und in den daselbst vorgesehenen Fällen findet im Wiederholungsfalle allemal Gefängnißstrafe auf fünf Tage statt.

Gemeinsame Verfügung für die obigen drei Abschnitte.

483. In allen durch das gegenwärtige Buch vorgesehenen Fällen ist Wiederholung vorhanden, wenn innerhalb der vorhergehenden zwölf Monate gegen den Uebertreter wegen einer in dem Gerichtssprengel des nämlichen Gerichtes begangenen Uebertretung ein erstes Urtheil erlassen worden ist.

Allgemeine Verfügung.

484. In allen Materien, welche durch das gegenwärtige Gesetzbuch nicht bestimmt sind, und worüber besondere Gesetze und Verordnungen bestehen, haben die Gerichtshöfe und Gerichte diese nach wie vor zu befolgen.

INDEX

DU

CODE PÉNAL.

Summarischer Inhalt
des
Strafgesetzbuches.

LIVRE QUATRIÈME.

Contraventions de police et peines.

Viertes Buch.

Polizeiübertretungen und Strafen.

Konkordanz des Code pénal von 1810 mit dem westphälischen Code pénal

C. p. von 1810	*C. p. von 1813*	*C. p. von 1810*	*C. p. von 1813*
1	1	31	38
2	2	32	39
3	3	33	40
4	4	34	42
5	8	35	41
6	11	36	43
7	12	37	44
8	13	38	45
9	14	39	46
10	15	40	47
11	17	41	48
12	18	42	49
13	-	43	-
14	19	44	54
15	21	45	55
16	22	46	56
17	-	47	51
18	31	48	51
19	23	49	52
20	29	50	53
21	24, 25	51	57
22	32	52	58
23	30	53	60
24	-	54	58
25	33	55	59
26	34	56	62
27	20	57	62
28	35	58	62
29	36	59	87
30	37	60	89

C. p. von 1810	*C. p. von 1813*	*C. p. von 1810*	*C. p. von 1813*
61	89	97	103
62	90	98	109
63	90	99	110
64	82	100	109
65	86	101	108
66	83, 84	102	102
67	85	103	112
68	-	104	113
69	85	105	114
70	26	106	115
71	26	107	116
72	27	108	117
73	-	109	159
74	91	110	-
75	92	111	160
76	92	112	161
77	92	113	162
78	94	114	225
79	93	115	-
80	95	116	-
81	95	117	226
82	96	118	227
83	-	119	228
84	97	120	229
85	98	121	250
86	99, 100	122	230
87	99, 100	123	-
88	101	124	-
89	101	125	-
90	101	126	-
91	104	127	221
92	106	128	223
93	106	129	224
94	106	130	222
95	107	131	-
96	107	132	169 – 172

C. p. von 1810	*C. p. von 1813*	*C. p. von 1810*	*C. p. von 1813*
133	169 – 172	168	216
134	173, 174	169	251
135	175	170	251
136	176	171	251
137	176	172	252
138	177	173	253
139	178, 181, cf. 358	174	248, 249
		175	245, 246
140	182, cf. 358	176	247
141	183	177	239
142	184	178	240
143	185	179	243
144	-	180	244
145	352	181	241
146	353	182	242
147	354	183	-
148	356	184	231
149	357	185	232
150	359	186	233
151	360	187	234
152	361	188	235
153	362	189	-
154	363, 364	190	-
155	365, 366	191	237
156	367	192	255
157	368	193	256
158	369	194	257
159	370	195	258
160	371, 372	196	218
161	373, 374	197	219
162	375	198	-
163	-	199	259
164	-	200	260
165	-	201	261
166	215	202	262
167	215	203	263

C. p. von 1810	*C. p. von 1813*	*C. p. von 1810*	*C. p. von 1813*
204	264	240	193, 194
205	265	241	195
206	266	242	196
207	267	243	-
208	268	244	197
209	118	245	199
210	119	246	-
211	120	247	198
212	121	248	189, 190
213	123	249	201
214	122	250	202
215	122	251	203
216	124	252	204
217	225	253	-
218	-	254	-
219	226	255	205
220	227	256	206
221	228	257	200
222	130	258	186
223	129	259	187
224	134	260	163
225	135	261	164
226	131	262	165
227	136	263	167
228	132	264	168
229	-	265	138
230	137	266	138
231	133	267	139
232	137	268	140
233	-	269	-
234	238	270	141
235	-	271	142
236	-	272	144
237	191	273	145, 146
238	192	274	147
239	-	275	148

C. p. von 1810	*C. p. von 1813*	*C. p. von 1810*	*C. p. von 1813*
276	150	312	292
277	151	313	293
278	152	314	304
279	153	315	305
280	-	316	298
281	154	317	286 – 288
282	146	318	308
283	207	319	280
284	208	320	294
285	210	321	281
286	211	322	281
287	212	323	-
288	213	324	281
289	-	325	-
290	-	326	282
291	155	327	283
292	156	328	283
293	157	329	284
294	158	330	310
295	273	331	316
296	274	332	317
297	275	333	318
298	276	334	311, 312
299	-	335	313 – 315
300	278	336	321
301	285	337	322, 323
302	285	338	324
303	277	339	326
304	-	340	327, 328
305	334	341	330
306	335	342	331
307	336	343	332
308	337	344	333
309	289	345	338, 339
310	290	346	340
311	291	347	341

C. p. von 1810	C. p. von 1813	C. p. von 1810	C. p. von 1813
348	342	384	404
349	343	385	403
350	344	386	408
351	345	387	408
352	346	388	409
353	347	389	410
354	348	390	411
355	349	391	-
356	350	392	-
357	351	393	412
358	301	394	413, 414
359	300	395	414
360	303	396	415
361	376	397	416
362	377	398	417
363	378	399	418
364	379	400	-
365	380	401	398
366	381	402	419
367	382	403	-
368	383	404	430
369	384	405	431
370	385	406	433
371	385	407	434
372	386	408	436
373	387	409	-
374	388	410	437
375	389	411	438
376	390	412	439
377	391	413	440
378	395	414	443
379	396	415	441
380	397	416	442
381	399, 400, 406	417	-
382	401, 402	418	-
383	407	419	444

C. p. von 1810	C. p. von 1813
420	445
421	-
422	-
423	446
424	-
425	448
426	450
427	449, 451
428	-
429	452
430	269
431	270
432	271
433	272
434	453
435	459
436	455
437	457, 458
438	-
439	460
440	461
441	461
442	462
443	476
444	464
445	463
446	463
447	463
448	-
449	465
450	-
451	466
452	467
453	469
454	454
455	-

C. p. von 1810	C. p. von 1813
456	470, 471
457	472
458	456
459	473
460	474
461	475
462	-
463	50
464	477
465	478
466	479
467	480
468	-
469	484
470	481
471	487
472	-
473	-
474	489
475	490
476	491
477	492
478	493
479	494
480	495
481	-
482	496

Nachtrag:

Es sind noch folgende weitere Übersetzungen des Code pénal erschienen:

- Johann *Birnbaum,* Code pénal, deutsch, Trier 1810
- Heinrich Georg Wilhelm *Daniels,* Code pénal, 2. Aufl., Köln 1812
- F. C. *Flachsland,* Code criminel (Code pénal – Peinliches Gesetzbuch oder Straf-Codex), Straßburg 1810
- Theodor Konrad *Hartleben* (bad. Regierungsrat, gest. 1827), Napoleons Peinliches oder Polizey-Strafgesetzbuch. Nach der Originalausgabe übersetzt, mit einer Einleitung und Bemerkung über Frankreichs Justiz- und Polizey-Verfassung, die Motive dieser Gesetzgebung und ihre Verhältnisse zu Österreichs und Preußens Gesetzbüchern, Karlsruhe 1911
- L. *Hundrich,* Straf-Codex für das französische Reich, übersetzt und mit Anmerkungen, so wie einer Übersicht der neuen französischen Criminal-Prozeßordnung versehen von L. H. (Kriminal-Assessor zu Magdeburg), Magdeburg 1811
- Amtliche Übersetzung des Code pénal im Bulletin des Lois (für das Großherzogtum Berg), Deuxième série, Düsseldorf 1812

In der *Jenaischen Allgemeinen Literatur-Zeitung,* 1813, I, Sp. 353, 355-360, 363 findet sich von Ernst Peter Johann *Spangenberg* (zu diesem Eisenhart, ADB, Bd. 35, 1893, S. 41 f.; Spangenberg war von 1808-1811 im Justizdienst des Königreichs Westphalen, zuletzt Tribunalrichter bei dem Distriktgericht in Verden; 1811/12 Generaladvokat an der Cour impérial in Hamburg) folgende Rezension des Code pénal:

Was in Sonderheit den Code pénal (No. I) betrifft: so geht er von dem, größtentheils auch durch die englische Criminalgesetzgebung anerkannten Grundsatze aus, daß es nur Criminalgesetze, aber keine Criminaljurisprudenz gebe, bestimmt daher als Zweck dieser Gesetze die *Abschreckung,* und zernichtet durch die hieraus gezogene Folgerung, daß keine Strafe zugefügt werden könne, wenn sie nicht durch ein Gesetz angedroht sey, so wie keine Verbrechen existiren, wenn die Handlung nicht mit einer Strafe verpönt sey, auf einmal alle Theorieen der Strafschärfung, Milderung und Wandelung der Strafen: er entreißt dem Richter die Macht, willkührliche Strafen zuzufügen, und allen Autoritäten die Gewalt, willkührliche oder conventionelle Strafen anzudrohen. Klar wird diese Ansicht durch die Artikel 4, 65 des *Code pénal* u.a. erwiesen. Mit Recht läßt sich daher in Gemäßheit dieser Grundsätze behaupten, daß sich die peinlichen von den bürgerlichen Gesetzen darin wesentlich unterscheiden, daß die letzteren von dem Richter ausgelegt, und analogisch auf andere Fälle angewandt werden können, daß dieses aber nie der Fall bey den peinlichen Gesetzen seyn könne, wo vielmehr dem Richter nichts übrig bleibe, als bey der Dunkelheit der letzteren den Angeklagten zu absolviren, wie ihm auf der anderen Seite auch nicht frey stehe, durch willkührliche Erklärung oder Umgehung des Gesetzes einen Schuldigen freyzusprechen, oder mit einer milderen Strafe zu belegen. – Daher liegt denn auch so viel nicht daran, daß die *Discussion particulière* zum *Code pénal* bis jetzt ungedruckt geblieben ist. Aber noch ein paar andere Folgen jenes Grundsatzes, wovon der *Code pénal* ausgeht, verdienen bemerklich gemacht zu werden. Die *eine* ist, daß ein Hauptzweck, für welchen richterliche Erkenntnisse dem Publicum mitgeteilt werden, bey den Straferkenntnissen in Frankreich großentheils wegfällt: der Zweck, dem Richter für die Zukunft eine Anleitung zur Interpretation des Gesetzes zu geben, und ihm dabey gleichsam die Hand zu bieten. Es bleibt nur der Nebenzweck übrig, welcher auf den Nutzen berechnet ist, den die Legislation selbst aus den Producten der Gerichtspraxis ziehen kann. Sehr natürlich pflegen daher in Frankreich die peinlichen Rechtsfälle, in Hinsicht ihres Interesses für das Publicum, vorzüglich nach ihrer *factischen* Beschaffenheit gewürdigt und danach für den Druck ausgewählt zu werden; wie man z. B. bey den *Causes celèbres* von *Méjan* wahrzunehmen Gelegenheit hat. Die *andere* Folge ist, daß der *Code pénal*, seiner Natur nach, weit weniger zum Commentiren geeignet ist, als andere *Codes*. Und was die Natur will, das geschieht billig. Was Wunder also, daß der *Code pénal* bis jetzt verhältnißmäßig so wenig Commentatoren gefunden hat!

Charakteristisch ist ferner beym *Code pénal* die Beschränkung seines Inhalts auf das Allgemeine. Der *Code* greift dadurch ein in den bekannten, auf die gesammte neue französische Legislation sich erstreckenden Mechanismus, dessen Zweck auf die möglichste Sonderung des Allgemeinen von dem Besonderen, der Regel von der Abweichung oder Ausnahme, gerichtet ist. Man vergleiche einmal in dieser Hinsicht die französische Legislation mit der preussischen! In jener springt die Sonderung nach dem Unterschied zwischen objectiv oder subjectiv allgemeinen und besonderen Gesetzen (*jus generale et speciale*) hervor, während darin der Unterschied zwischen den geographisch allgemeinen und besonderen Gesetzen (*jus universale et particulare*), da er dem Princip von der Einheit des Reichs nicht entspricht, so wenig als möglich bemerklich werden soll. In jener steht in der Mitte ein Cyklus von geographisch *und objectiv* allgemeinen *Codes*, bestehend aus den *Codes Napoléon, de procédure civile, pénal* und *d'instruction criminelle*; um denselben herum aber wird sich mit den *Codes de commerce, rural, maritime etc.* ein Kreis von objectiv oder subjectiv besonderen *Codes* bilden. In der preussichen Legislation hingegen steht in der Mitte das allgemeine Landrecht, als ein geographisch allgemeines Gesetzbuch, von welchem aber, in objectiver oder subjectiver Hinsicht, das Besondere nichts weniger als ausgeschlossen ist, und um demselben herum soll sich, wenigstens dem ursprünglichen Plane der Legislation nach, ein Kreis von Provincialgesetzbüchern bilden.

So beschränkt aber von dieser Seite, durch Ausschließung alles dessen, was zum sogenannten *Droit d'exception,* im Gegensatze des *Droit commun,* gehört, der *Code pénal* seinem Plane nach ist: so hat er dagegen, so viel seine Ausdehnung im Gebiete des *Droit commun* selbst betrifft, sehr weite Grenzen. Denn innerhalb dieser Grenzen liegen alle Gattungen verpönter Handlungen; sie liegen darin nach drey Stufen abgetheilt: auf der obersten die *Crimes,* auf der zweyten die *Délits,* auf der untersten die *Contraventions.*

Man findet also in dem *Code pénal*, wie man es nimmt, Viel oder Wenig: Viel, wenn man auf die Eintheilung nach den Graden der verpönten Handlungen, Wenig hingegen, wenn man auf den Unterschied zwischen dem *Droit commun* und *Droit d'exception* Rücksicht nimmt. Wegen dieses letzteren Unterschieds setzt sich der *Code pénal* Art. 484 selbst seine Schranken, indem es daselbst heißt: "*En tout ce qui n'est pas réglé par le présent Code, en matière de crimes, délits et contraventions, les cours et tribunaux continueront d'observer et de faire observer les dispositions des lois et des règlements actuellement en vigueur.*" Damit sind aber eben (wie sich aus den Motifs näher ersehen läßt) gemeint die "*Lois relativs 1) aux dispositions du Code rural, qui ne sont point entrées dans ce Code (pènal); 2) aux taxes, contributions directes et indirectes, droits réunis, de douanes et d'octrois; 3) aux tarifs pour le prix de certaines denrées ou de certains salaires; 4) aux calamités publiques; 5) aux entreprises de service public etc.*“ Wer nun weiß, wie lang sich die Liste solcher *besonderen* Gegenstände machen läßt, worüber es in Frankreich Pönalverfügungen giebt, vorzüglich in der Classe der *Contraventions,* und wer dabey erwägt, wie wenig sparsam von jeher, insonderheit aber seit der Revolution, die französische Legislation mit Pönalverfügungen über jeden solchen besonderen Gegenstand gewesen ist, der wird ausrufen: o wie dick ist der *Code pénal*, und wie viel Criminalrecht giebt es dennoch in Frankreich außer dem *Code pénal*!

Die Gründe dieser Scheidung des Besonderen von dem Allgemeinen sind aber sicherlich sehr trifftig. Denn dieses ist das Wichtigere, jenes das Unwichtigere; und wie oft pflegt im Leben das Wichtigere schon darum nicht gehörig beachtet zu werden, weil es vermischt mit dem Unwichtigen erscheint. Ein noch bedeutenderer Grund liegt aber darin, daß die officiellen *Codes*, gleichsam die Fixsterne der neuen Legislation, so lang als möglich unwandelbar fest stehen, ja daß sie (wie man sich auch wohl ausgedrückt hat) *ewig* seyn sollen. Und wie könnten sie dieses seyn, wenn ihr Plan mit auf Dinge erstreckt worden wäre, die ihrer Natur nach von Zeit zu Zeit, und nach Umständen gebogen seyn wollen! Wie wäre es z.B., ohne einen solchen Ausschließungsplan, und ohne die planetenartigen Werke der für das *Droit d'exception* bestimmten *Codes* um das Fixe frey herumlaufen zu lassen, thunlich gewesen, den eigenen kleinen Strafpolizeycodex für das Personal des *Théâtre français* zu erlassen, welcher ganz kürzlich durch das kaiserl. Decret vom 15. Oct. 1812 (im Moniteur 1813, No. 15) aus dem Hauptquartier zu Moskau wirklich erlassen worden ist? Und doch läßt sich im Geringsten nicht daran zweifeln, daß das genannte Theater eines solchen Strafcodex sofort bedurfte; wenigstens läßt sich nicht annehmen, daß die Promulgation dieses kleinen Theatercodex bis zur dereinstigen Umarbeitung des *Code pénal* füglich hätte ausgesetzt bleiben können.

Aber auch noch von einer anderen Seite giebt es eine Menge Criminalrecht in Frankreich, welches vom *Code pénal* nicht mit umfaßt wird, indem dieser *Code,* wie alle übrigen neuen französischen *Codes,* nur als eine Fortsetzung, obwohl *als eine Epoche machende Fortsetzung,* der früheren criminalrechtlichen Legislation Frankreichs angesehen seyn will. Die Träume von der uranfänglichen Neuheit, welche sich von der französischen Revolution an datiren sollte, sind längst verflogen; man ist längst wieder so bescheiden geworden, in der Geschichte, nachdem man so lange Zeit darin fortgelebt hatte, auch noch ferner bloß fortleben zu wollen. Auch der *Code pénal* will leben, ohne das Frühere ohne Unterschied zu tödten. "*Dans toutes les matières* (spricht er selbst aus, mit Achtung auf das, was vor ihm war, zurücksehend) *qui n'ont pas été réglées par le présent code, et qui sonst régies par des lois et réglements particuliers, les cours et les tribunaux continueront de les faire observer.*" Daß aber diese Stelle nicht ausschließlich bloß von dem früheren *Droit d'exception,* sondern auch, unter den erforderlichen Einschränkungen, von dem früheren *Droit commun*, zu verstehen sey, ergiebt sich aus der Discussion klar genug.

Wir sagten, der *Code pénal* wolle Epoche machend seyn. Er ist es in der That, nicht bloß im Verhältnis zur *Législation ancienne,* sondern auch im Verhältnis zur *Législation intermédiaire.* Wie und wodurch er es aber sey, das sind Fragen, deren Beantwortung uns hier zu weit führen würde. Bloß dieses sey, in Beziehung auf das letztere Verhältniß hier noch kürzlich erwähnt: daß der *Code pénal* mehr von dem Geiste an sich trägt, in welchem die französische Revolution anfing, als in welchem sie fortlief; daß er es nicht selten vorzüglicher gefunden hat, in das alte Recht wieder einzulenken, als dem *Code pénal* vom J. 1791 zu folgen; daß man bey Abfassung des neuen *Code pénal* beflissen gewesen ist, sich vor dem falschen "*Enthousiasme du bien*", diesem Fehler der Nationalversammlung, und vor der "*Manie de reforme, à craindre sur tout – quand elle s'empare, d'une âme honnète, mais tourmentée d'une soif imodérée de perfectibilité*", sorgsam zu hüten. Während die Theologen (wie ihnen so wohl ansteht) den alten schönen Glauben an ein stetes Fortschreiten der Menschheit, in Erwägung, daß die Menschen nach dem Ebenbilde Gottes geschaffen sind, hin und wieder noch treu bewahren, scheinen ihn die Gesetzgeber, nicht bloß in Frankreich, sondern wohl überall, in Erwägung der bisher gemachten Erfahrungen, wenigstens auf eine Zeitlang, aufgegeben zu haben, und scheinen es vielmehr darauf anzulegen, sich in dem Kreise herum zu drehen, in welchem die Menschheit selbst, wie die Geschichte will, sich von jeher herum gedreht hat. "Die *Menschheit* wird alt und wird wieder jung; doch der *Mensch* hofft immer Verbesserung."

... Was die beiden, oben (No. 3 u. 4) aufgeführten Übersetzungen betrifft: so hat Hr. *Hartleben* die frühere *flachslandische* Übersetzung in vieler Hinsicht übertroffen, und es ist zu bedauern, daß er nicht auch im Stande gewesen, die später erschienene Übersetzung von *Daniels* zu berücksichtigen. Auf allen Fall zeichnet sich die *hartlebensche* Verdeutschung von den beiden eben genannten Schwestern durch die Zugaben aus, welche nicht ohne Belang sind. Die erste Zugabe ist die Darstellung der Justiz- und Polizey-Verfassung Frankreichs auf 62 Seiten. Es wird darin zuerst der vormalige Zustand der Justizverfassung in den verschiedenen Hauptepochen des französischen Reichs, mit den Worten, deren sich *Noaille* in der gesetzgebenden Versammlung am 13. Febr. 1810 bediente, geschildert. Das Übrige dieser Darstellung ist nicht viel mehr, als ein methodisch geordneter Auszug aus den Gesetzen und Decreten vom 20. April, 6. Jul. und 18. August 1810. Den Motiven, nebst der Vergleichung mit der preussischen und österreichischen Legislation, als der zweyten Zugabe, sind die unter dem Text fortlaufenden zahlreichen, und oft sehr interessanten Noten gewidmet. In den vom Vf. gegebenen *Motiven* findet man aber nur einzelne aus den officiellen *Motifs* gezogene Bemerkungen, welche, zusammengenommen, keineswegs ein solches Ganzes bilden, daß man glauben dürfte, in ihnen den Kern der officiellen *Motifs* zu haben.

Hr. *Hundrich,* welcher dem Publicum hier seine erste literarische Arbeit vorlegt, scheint seine Concurrenten und die Gefährlichkeit seiner Lage, worin er sich als Mitconcurrent befand, nicht gekannt zu haben, und möchte zu seiner Arbeit wohl schwerlich gehörig vorbereitet gewesen seyn. Die Anmerkungen, deren der Titel gedenkt, sind größtentheils aus den *Motifs* geschöpft und wollen nicht viel bedeuten.

Sk. M.E. (= *Spangenberg;* nach Karl *Bulling,* Die Rezensenten der Jenaischen Allgemeinen Literaturzeitung im ersten Jahrzehnt ihres Bestehens 1804-1813, Weimar 1962, S. 312). Spangenberg (gest. 1833) war noch an den Anfängen des hann. Criminalgesetzbuches von 1840 beteiligt (Th. *Krause*, ZNR 1997, S. 57).

RECHTSHISTORISCHE REIHE

Band 1 Studien zu den germanischen Volksrechten. Gedächtnisschrift für Wilhelm Ebel. Vorträge gehalten auf dem Fest-Symposion anläßlich des 70. Geburtstages von Wilhelm Ebel am 16. Juni 1978 in Göttingen. Götz Landwehr (Hrsg.) 1982.

Band 2 Hans Poeschel: Die Statuten der Banken, Sparkassen und Kreditgenossenschaften in Hamburg und Altona von 1710 bis 1889. 1978.

Band 3 Thomas Kolbeck: Juristenschwemmen, Untersuchungen über den juristischen Arbeitsmarkt im 19. und 20. Jahrhundert. 1978.

Band 4 Norbert Hempel: Richterleitbilder in der Weimarer Republik. 1978.

Band 5 Rolf Stratmann: Die Scheinbußen im mittelalterlichen Recht. 1978.

Band 6 Martin C. Lockert: Die niedersächsischen Stadtrechte zwischen Aller und Weser. Vorkommen und Verflechtungen. Eine Bestandsaufnahme. 1979.

Band 7 Joachim Rückert/Wolfgang Friedrich: Betriebliche Arbeiterausschüsse in Deutschland, Großbritannien und Frankreich im späten 19. und frühen 20. Jahrhundert. Eine vergleichende Studie zur Entwicklung des kollektiven Arbeitsrechts. 1979.

Band 8 Peter Bender: Die Rezeption des römischen Rechts im Urteil der deutschen Rechtswissenschaft. 1979.

Band 9 Friedrich Karl Alsdorf: Untersuchungen zur Rechtsgestalt und Teilung deutscher Ganerbenburgen. 1980.

Band 10 Dietmar Willoweit/Winfried Schich (Hrsg.): Studien zur Geschichte des sächsisch-magdeburgischen Rechts in Deutschland und Polen (Sammelband). 1980.

Band 11 Brigitte Hempel: Der Entwurf einer Polizeiordnung für das Herzogtum Sachsen-Lauenburg aus dem Jahre 1591. 1980.

Band 12 Klaus-Detlev Godau-Schüttke: Rechtsverwalter des Reiches. Staatssekretär Dr. Curt Joël. 1981.

Band 13 Rainer Polley: Anton Friedrich Justus Thibaut (AD 1772-1840) in seinen Selbstzeugnissen und Briefen. Teil 1: Abhandlung. Teil 2: Briefwechsel. Teil 3: Register zum Briefwechsel. 1982.

Band 14 Michael Wettengel: Der Streit um die Vogtei Kelkheim 1275-1276. Ein kanonischer Prozeß.1981.

Band 15 Otto Wilhelm Krause: Naturrechtler des sechzehnten Jahrhunderts. Ihre Bedeutung für die Entwicklung eines natürlichen Privatrechts. 1982.

Band 16 Helga Spindler: Von der Genossenschaft zur Betriebsgemeinschaft. Kritische Darstellung der Sozialrechtslehre Otto von Gierkes. 1982.

Band 17 Holger Otte: Gustav Radbruchs Kieler Jahre 1919 - 1926. 1982.

Band 18 Rüdiger Teuner: Die fuldische Ritterschaft 1510 - 1656. 1982.

Band 19 Gerhard Dilcher/Rudolf Hoke/Gian Savino Pene Vidari/Hans Winterberg (Hrsg.): Grundrechte im 19. Jahrhundert. 1982.

Band 20 Karl-Hans Schloßstein: Die westfälischen Fabrikengerichtsdeputationen - Vorbilder, Werdegang und Scheitern. 1982.

Band 21 Birger Schulz: Der Republikanische Richterbund (1921-1933). 1982.

Band 22 Engelbert Krause: Die gegenseitigen Unterhaltsansprüche zwischen Eltern und Kindern in der deutschen Privatrechtsgeschichte. 1982.

Band 23 Meent W. Francksen: Staatsrat und Gesetzgebung im Großherzogtum Berg (1806-1813). 1982.

Band 24 Gerd von Sonnleithner: Bearbeitung des Handelsrechts durch Ignaz von Sonnleithner in seinem "Leitfaden über das österreichische Handels- und Wechselrecht". 1982.

Band 25 Rudolf Palme: Rechts-, Wirtschafts- und Sozialgeschichte der inneralpinen Salzwerke bis zu deren Monopolisierung. 1983.

Band 26 Helen Bosshard: Pestalozzis Staats- und Rechtsverständnis und seine Stellung in der Aufklärung. 1983.

Band 27 Jens Jessen: Die Selbstzeugnisse der deutschen Juristen. Erinnerungen, Tagebücher und Briefe. Eine Bibliographie. 1983.

Band 28 Günter Martin Jensen: Das Domanium Waldeck. Die rechtliche Zuordnung eines Fürstenvermögens. 1984.

Band 29 Johann Heinrich Kumpf: Petitionsrecht und öffentliche Meinung im Entstehungsprozeß der Paulskirchenverfassung 1848/49. 1983.

Band 30 Sabine Frey: Rechtsschutz der Juden gegen Ausweisungen im 16. Jahrhundert. 1983.

Band 31 Dietrich Joswig: Die germanische Grundstücksübertragung. 1984.

Band 32 Andreas Baryli: Konzessionssystem contra Gewerbefreiheit. Zur Diskussion der österreichischen Gewerberechtsreform 1835 bis 1860. 1984.

Band 33 Gerhard Oberkofler: Studien zur Geschichte der österreichischen Rechtswissenschaft. 1984.

Band 34 Rudolf Lauda: Kaufmännische Gewohnheit und Burgrecht bei Notker dem Deutschen. Zum Verhältnis von literarischer Tradition und zeitgenössischer Realität in der frühmittelalterlichen Rhetorik. 1984.

Band 35 Jens Jensen: Die Ehescheidung des Bischofs Hans von Lübeck von Prinzessin Julia Felicitas von Württemberg-Weiltingen AD 1648-1653. Ein Beitrag zum protestantischen Ehescheidungsrecht im Zeitalter des beginnenden Absolutismus. 1984.

Band 36 Horst Schröder: Friedrich Karl von Savigny. Geschichte und Rechtsdenken beim Übergang vom Feudalismus zum Kapitalismus in Deutschland. 1984.

Band 37 Andreas Hatzung: Dogmengeschichtliche Grundlagen und Entstehung des zivilrechtlichen Notstands. 1984.

Band 38 Matthias Klasen: Das Billwerder Landrecht. Landrecht und Landgericht in den Hamburger Elbmarschen. 1985.

Band 39 Rainer Jamin: Aufbau, Tätigkeit und Verfahren der Auseinandersetzungsbehörden bei der Durchführung der preußischen Agrarreformen. 1985.

Band 40 Henry Winter: Teilschuld, Gesamtschuld und unechte Gesamtschuld. Zur Konzeption der §§ 420 ff. BGB - Ein Beitrag zur Entstehungsgeschichte des BGB. 1985.

Band 41 Hermann Eichler: Verfassungsbewegung in Amerika und Europa. 1985.

Band 42 Dagmar Bandemer: Heinrich Albert Zachariae. Rechtsdenken zwischen Restauration und Reformation. 1985.

Band 43 Eva-Christine Frentz: Das Hamburgische Admiralitätsgericht (1623-1811). Prozeß und Rechtsprechung. 1985.

Band 44 Karl Lillig: Rechtsetzung im Herzogtum Pfalz-Zweibrücken während des 18. Jahrhunderts. Ein Beitrag zur Geschichte der territorialen Rechtsbildung. 1985.

Band 45 Walter Weber: Die Entwicklung der Sparkassen zu selbständigen Anstalten des öffentlichen Rechts. Ein Beitrag zur Entwicklung des Anstaltsbegriffs im 19. Jahrhundert. 1985.

Band 46 Bärbel Baum: Der Stabreim im Recht. Vorkommen und Bedeutung des Stabreims in Antike und Mittelalter. 1986.

Band 47 Hans Popp: Die nationalsozialistische Sicht einiger Institute des Zivilprozeß- und Gerichtsverfassungsrechts. 1986.

Band 48 John Karl-Heinz Montag: Die Lehrdarstellung des Handelsrechts von Georg Friedrich von Martens bis Meno Pöhls. Die Wissenschaft des Handelsrechts im ersten Drittel des 19. Jahrhunderts. 1986.

Band 49 Volker D. Anhäusser: Das internationale Obligationenrecht in der höchstrichterlichen Rechtsprechung des 19. Jahrhunderts. 1986.

Band 50 Udo Beer: Die Juden, das Recht und die Republik. Verbandswesen und Rechtsschutz 1919-1933. 1986.

Band 51 Herbert Grziwotz: Der moderne Verfassungsbegriff und die "Römische Verfassung" in der deutschen Forschung des 19. und 20. Jahrhunderts. 1986.

Band 52 Ralf Conradi: Karl Friedrich Eichhorn als Staatsrechtslehrer. Seine Göttinger Vorlesung über "Das Staatsrecht der deutschen Bundesstaaten" nach einer Kollegmitschrift aus dem Wintersemester 1821/22. 1987.

Band 53 Dieter Dannreuther: Der Zivilprozeß als Gegenstand der Rechtspolitik im Deutschen Reich 1871 - 1945. Ein Beitrag zur Geschichte des Zivilprozeßrechts in Deutschland. 1987.

Band 54 Stephan Felix Pauly: Organisation, Geschichte und Praxis der Gesetzesauslegung des (Königlich) Preußischen Oberverwaltungsgerichtes 1875 - 1933. 1987.

Band 55 Rüdiger Schulz: Die Entstehung des Seerechts des Allgemeinen Deutschen Handelsgesetzbuches unter besonderer Berücksichtigung der Bestimmungen über die Reederei, den Schiffer und die Schiffsmannschaft. 1987.

Band 56 Reinhold Reis: Deutsches Privatrecht in den Weistümern der Zenten Schriesheim und Kirchheim. 1987.

Band 57 Jürgen Christoph: Die politischen Reichsamnestien 1918 - 1933. 1987.

Band 58 Gerhard Oberkofler/Eduard Rabofsky: Hans Kelsen im Kriegseinsatz der k.u.k.-Wehrmacht. Eine kritische Würdigung seiner militärtheoretischen Angebote. 1988.

Band 59 Arne Wulff: Staatssekretär Prof. Dr. Dr. h.c. Franz Schlegelberger. 1876-1970. 1991.

Band 60 Gerhard Köbler (Hrsg.): Wege europäischer Rechtsgeschichte. Karl Kroeschell zum 60. Geburtstag. 1987.

Band 61 Rüdiger Hütte: Der Gemeinschaftsgedanke in den Erbrechtsreformen des Dritten Reichs. 1988.

Band 62 Markus Göldner: Politische Symbole der europäischen Integration. Fahne, Hymne, Hauptstadt, Paß, Briefmarke, Auszeichnungen. 1988.

Band 63 Wolfgang Kröner: Freiheitsstrafe und Strafvollzug in den Herzogtümern Schleswig, Holstein und Lauenburg von 1700 bis 1864. 1988.

Band 64 Werner Gaile: Die Norder Theelacht. 1988.

Band 65 Karl v. Kempis: Andreas Gaill (1526 - 1587). Zum Leben und Werk eines Juristen der frühen Neuzeit. 1988.

Band 66 Wolf-Rüdiger Osburg: Die Verwaltung Hamburgs in der Franzosenzeit. 1811-1814. 1988.

Band 67 Christian Schudnagies: Hans Frank. Aufstieg und Fall des NS-Juristen und Generalgouverneurs. 1988.

Band 68 Otmar Jung: Senatspräsident Freymuth. Richter, Sozialdemokrat und Pazifist in der Weimarer Republik. Eine politische Biographie. 1989.

Band 69 Joachim Lohner: Das landeshauptmannschaftliche Gericht in Oberösterreich zu Beginn der Neuzeit. Eine Darstellung des oberösterreichischen Prozeßrechts am obersten Territorialgericht des Landes anhand der oberösterreichischen Landtafel.1989.

Band 70 Bernd Klemann: Rudolf von Jhering und die Historische Rechtsschule. 1989.

Band 71 Adalbert Langer: Männer um die österreichische Zivilprozeßordnung 1895. Zusammenspiel / Soziales Ziel. 1990.

Band 72 Robert-Dieter Klee: Die Landessuperintendentur Lauenburg. Ursprung und Entwicklung sowie Ende der Sonderstellung des Kirchenkreises Herzogtum Lauenburg durch die nordelbische Kirchenvereinigung. 1989.

Band 73 Heinrich Herrmann: Die Gehöferschaften im Bezirk Trier. 1989.

Band 74 Wilhelm Brauneder, Franz Baltzarek (Hrsg.): Modell einer neuen Wirtschaftsordnung. Wirtschaftsverwaltung in Österreich 1914 - 1918. 1991.

Band 75 Thomas Dreyer: Die "Assecuranz- und Haverey-Ordnung" der Freien und Hansestadt Hamburg von 1731. 1990.

Band 76 Bernhard Sendler: Die Rechtssprache in den süddeutschen Stadtrechtsreformationen. 1990.

Band 77 Brigitte Lehmann: Ehevereinbarungen im 19. und 20. Jahrhundert. 1990.

Band 78 Michael Sunnus: Der NS-Rechtswahrerbund (1928-1945). Zur Geschichte der nationalsozialistischen Juristenorganisation. 1990.

Band 79 Stefan Schulz: Die historische Entwicklung des Rechts an Bienen. (§§ 961 - 964 BGB). 1990.

Band 80 Gerhard Lingelbach, Heiner Lück (Hrsg.): Deutsches Recht zwischen Sachsenspiegel und Aufklärung. Rolf Lieberwirth zum 70. Geburtstag dargebracht von Schülern, Freunden und Kollegen, herausgegeben von Gerhard Lingelbach und Heiner Lück. 1991.

Band 81 Manfred Krohn: Die deutsche Justiz im Urteil der Nationalsozialisten 1920 - 1933. 1991.

Band 82 Angelika Kühn: Privilegierung nationaler Minderheiten im Wahlrecht der Bundesrepublik Deutschland und Schleswig-Holsteins. 1991.

Band 83 Georg Brun: Leben und Werk des Rechtshistorikers Heinrich Mitteis unter besonderer Berücksichtigung seines Verhältnisses zum Nationalsozialismus. 1991.

Band 84 Wolfgang Simon: Claudius Freiherr von Schwerin. Rechtshistoriker während dreier Epochen deutscher Geschichte. 1991.

Band 85 Friedrich-Carl Wachs: Das Verordnungswerk des Reichsdemobilmachungsamtes. Stabilisierender Faktor zu Beginn der Weimarer Republik. 1991.

Band 86 Jens-Uwe Petersen: Die Vorgeschichte und die Entstehung des Mieterschutzgesetzes von 1923 nebst der Anordnung für das Verfahren vor dem Mieteinigungsamt und der Beschwerdestelle. 1991.

Band 87 Ulrike Haibach: Familienrecht in der Rechtssprache. Die historische Entwicklung zentraler Ausdrücke des geltenden Familienrechts. 1991.

Band 88 Joern Christian Nissen: Die Beratungen des Seeversicherungsausschusses der Akademie für Deutsches Recht zu einem neuen Seeversicherungsgesetz (1934-1939). Ein Beitrag zur Entwicklung der allgemeinen Lehren des Seeversicherungsrechts unter besonderer Berücksichtigung des Handelsgesetzbuchs und der Allgemeinen Deutschen Seeversicherungs-Bedingungen 1919. 1991.

Band 89 Diethard Bühler: Die Entstehung der allgemeinen Vertragsschluß-Vorschriften im Allgemeinen Deutschen Handelsgesetzbuch (ADHGB) von 1861. Ein Beitrag zur Kodifikationsgeschichte des Privatrechts im 19. Jahrhundert. 1991.

Band 90 Gerhard Oberkofler: Die Vertreter des Römischen Rechts mit deutscher Unterrichtssprache an der Karls-Universität in Prag. Vom Vormärz bis 1945. 1991.

Band 91 Ulrich Andermann: Ritterliche Gewalt und bürgerliche Selbstbehauptung. Untersuchungen zur Kriminalisierung und Bekämpfung des spätmittelalterlichen Raubrittertums am Beispiel norddeutscher Hansestädte. 1991.

Band 92 Heinz Marcus Hanke: Luftkrieg und Zivilbevölkerung. Der kriegsvölkerrechtliche Schutz der Zivilbevölkerung gegen Luftbombardements von den Anfängen bis zum Ausbruch des Zweiten Weltkrieges. 1991.

Band 93 Kirsten Kraglund: Familien- und Erbrecht. Materielles Recht und Methoden der Rechtsanwendung in der Rechtsprechung des Oberappellationsgerichts der vier Freien Städte Deutschlands zu Lübeck. 1991.

Band 94 Reinhard Lorenz: Die politische und rechtliche Stellung des Proletariats in Preußen in der Zeit zwischen den Reformen und der Revolution 1848/49. 1991.

Band 95 Eric Hilgendorf: Die Entwicklungsgeschichte der parlamentarischen Redefreiheit in Deutschland. 1991.

Band 96 Hans J. Reiter: Die Handelsgesellschaft Villeroy & Boch von der Gründung 1836 bis zum Jahr 1878. 1992.

Band 97 Martin Johannes Heller: Reform der deutschen Rechtssprache im 18. Jahrhundert. 1992.

Band 98 Michael Kotulla: Die Tragweite der Grundrechte der revidierten preußischen Verfassung vom 31.01.1850. 1992.

Band 99 Michael Siefener: Hexerei im Spiegel der Rechtstheorie. Das crimen magiae in der Literatur von 1574 bis 1608. 1992.

Band 100 Andreas Ebert-Weidenfeller: Hamburgisches Kaufmannsrecht im 17. und 18. Jahrhundert. Die Rechtsprechung des Rates und des Reichskammergerichtes. 1992.

Band 101 Enno Bommel: Die Entstehung der Verwirkungslehre in der Krise des Positivismus. 1992.

Band 102 Ralph Steppacher: Die Berücksichtigung der bäuerlichen Postulate bei der Entstehung des ZGB und der Revision des OR. Ein Beitrag zur schweizerischen Kodifikationsgeschichte (1893 - 1912). 1992.

Band 103 Martin Fleckenstein: Die Todesstrafe im Werk Carl Joseph Anton Mittermaiers (1787 - 1867). Zur Entwicklungsgeschichte eines Werkbereichs und seiner Bedeutung für Theorie- und Methodenbildung. 1992.

Band 104 Jörn Eckert: Der Kampf um die Familienfideikommisse in Deutschland. Studien zum Absterben eines Rechtsinstitutes. 1992.

Band 105 Jörg Grotkopp: Beamtentum und Staatsformwechsel. Die Auswirkungen der Staatsformwechsel von 1918, 1933 und 1945 auf das Beamtenrecht und die personelle Zusammensetzung der deutschen Beamtenschaft. 1992.

Band 106 Andreas Rohde: Die Garantiehaftung des Vermieters und ihr Verhältnis zum Unmöglichkeitsrecht in dogmengeschichtlicher und modernrechtlicher Sicht. 1992.

Band 107 Tjark Siefke Kunstreich: Gesamtvertretung. Eine historisch-systematische Darstellung. 1992.

Band 108 Jürgen Krüger: Blindheit und Königtum. Die Blindheit des Königs Georg V. von Hannover als verfassungsrechtliches Problem. 1992.

Band 109 Wolfgang Putschek: Ständische Verfassung und autoritäre Verfassungspraxis in Österreich 1933-1938 mit Dokumentenanhang. Verfassung und Verfassungswirklichkeit. Mit einem Anhang: Denkschriften von Rechtsanwalt Dr. Erich Führer 1936/37. 1993.

Band 110 Klaus Hofmann: Die Verdrängung der Juden aus öffentlichem Dienst und selbständigen Berufen in Regensburg 1933-1939. 1993.

Band 111 Franz Kilger: Die Entwicklung des Telegraphenrechts im 19. Jahrhundert mit besonderer Berücksichtigung der technischen Entwicklung. Telegraphenrecht im 19. Jahrhundert. 1993.

Band 112 Wilhelm Brauneder (Hrsg.): Heiliges Römisches Reich und moderne Staatlichkeit. 1993.

Band 113 Thomas Heinrich: Das preußische Nichtehelichenrecht: Von der Aufklärung zur Reaktion. 1993.

Band 114 Gerald Kohl: Jagd und Revolution. Das Jagdrecht in den Jahren 1848 und 1849. 1993.

Band 115 Christian Schudnagies: Der Kriegs- oder Belagerungszustand im Deutschen Reich während des Ersten Weltkrieges. Eine Studie zur Entwicklung und Handhabung des deutschen Ausnahmezustandsrechts bis 1918. 1994.

Band 116 Elisabeth Bellmann: Die Internationale Kriminalistische Vereinigung (1889-1933). 1994.

Band 117 Julia Pfannkuch: Volksrichterausbildung in Sachsen 1945-1950. 1993.

Band 118 Jörg Offen: Von der Verwaltungsgemeinschaft des BGB von 1896 zur Zugewinngemeinschaft des Gleichberechtigungsgesetzes von 1957. 1994.

Band 119 Dorothee Kohlhas-Müller: Untersuchungen zur Rechtsstellung Theoderichs des Großen. 1995.

Band 120 Monika Rose: Das Gerichtswesen des Herzogtums Pfalz-Zweibrücken im 18. Jahrhundert. Ein Beitrag zur territorialen Gerichtsbarkeit im Alten Reich. 1994.

Band 121 Jörn Eckert / Hans Hattenhauer (Hrsg.): Bibel und Recht. Rechtshistorisches Kolloquium 9. - 13. Juni 1992 an der Christian-Albrechts-Universität zu Kiel. 1994.

Band 122 Robert Martin Mizia: Der Rechtsbegriff der Autonomie und die Begründung des Privatfürstenrechts in der deutschen Rechtswissenschaft des 19. Jahrhunderts. 1995.

Band 123 Walther Graf von Plettenberg: Das Fortleben des Liber Iudiciorum in Asturien/León (8. - 13. Jh.). 1994.

Band 124 Wolfgang Schulz: Das deutsche Börsengesetz. Die Entstehungsgeschichte und wirtschaftlichen Auswirkungen des Börsengesetzes von 1896. 1994.

Band 125 Frank Hagemann: Der Untersuchungsausschuß Freiheitlicher Juristen. 1949 – 1969. 1994.

Band 126 Andreas Rethmeier: "Nürnberger Rassegesetze" und Entrechtung der Juden im Zivilrecht. 1995.

Band 127 Edith Grether: Die Poesie der Throne. Die Juristen in der Fruchtbringenden Gesellschaft. 1995.

Band 128 Anna Bartels-Ishikawa: Der Lippische Thronfolgestreit. Eine Studie zu verfassungsrechtlichen Problemen des Deutschen Kaiserreiches im Spiegel der zeitgenössischen Staats. 1995.

Band 129 Jörg Schmidt: Otto Koellreutter 1883-1972. Sein Leben, sein Werk, seine Zeit. 1995.

Band 130 Christian Hattenhauer: Wahl und Krönung Franz II. AD 1792. Das Heilige Reich krönt seinen letzten Kaiser - Das Tagebuch des Reichsquartiermeisters Hieronymus Gottfried von Müller und Anlagen. 1995.

Band 131 Jutta v. der Decken: Das Seearbeitsrecht im Hamburger Stadtrecht von 1301 bis 1603. 1995.

Band 132 Detlev Schmidt: Die Reform des Rechts der Handelsvertreter von 1953. 1995.

Band 133 Gabi Roßdeutscher: Privatautonomie im Scheidungsrecht. Scheidungsbezogene Vereinbarungen in den letzten 200 Jahren. 1995.

Band 134 Harald Kahlenberg: Leben und Werk des Rechtshistorikers Walther Merk. Ein Beispiel für das Verhältnis von Rechtsgeschichte und Nationalsozialismus. 1995.

Band 135 Michael Steitz: Adelbert Düringer am Reichsgericht (1902-1915). Seine aktienrechtlichen Entscheidungen und sein Einfluß auf das Aktienrecht in Deutschland. 1995.

Band 136 Christian Becker: Beata Justorum Translatio. Juristen in schleswig-holsteinischen Leichenpredigten. 1996.

Band 137 Christoph Seiler: Vom Allgemeinen Landrecht zum Bürgerlichen Gesetzbuch. Dargestellt am Beispiel der höchstrichterlichen Judikatur zum kaufrechtlichen Sachmängelgewährleistungsrecht. 1996.

Band 138 Bernd Mayer: Die Vertrauensmännerausschüsse auf den preußischen Steinkohlegruben an der Saar. Entstehung und Wirken. Eine rechtshistorische Untersuchung. 1996.

Band 139 Rochus Scholl: Juden und Judenrecht im Herzogtum Pfalz-Zweibrücken. Ein Beitrag zur Rechtsgeschichte eines deutschen Kleinstaates am Ende des alten Reiches. 1996.

Band 140 Meike Bursch: Judentaufe und frühneuzeitliches Strafrecht. Die Verfahren gegen Christian Treu aus Weener/Ostfriesland 1720-1728. 1996.

Band 141 Markus Hillenbrand: Fürstliche Eheverträge. Gottorfer Hausrecht 1544 - 1773. 1996.

Band 142 Ulf Häder: Das gemeinschaftliche Oberappellationsgericht thüringischer Staaten in Jena. Ein Beitrag zur Geschichte des Gerichtswesens im 19. Jahrhundert. 1996.

Band 143 Andreas Bauer: Das Gnadenbitten in der Strafrechtspflege des 15. und 16. Jahrhunderts. Dargestellt unter besonderer Berücksichtigung von Quellen der Vorarlberger Gerichtsbezirke Feldkirch und des Hinteren Bregenzerwaldes. 1996.

Band 144 Christian Wirth: Der Jurist Johann Andreas Georg Friedrich Rebmann zwischen Revolution und Restauration. 1996.

Band 145 Stefanie Müller: Die Rechtsprechung des Hanseatischen Oberlandesgerichts zum persönlichen Eherecht in Hamburgischen Gerichtsfällen von 1879 -1900. 1996.

Band 146 Jean-Nicolas Morisset: Der Frachtvertrag in der *Ordonnance de la marine* von 1681. 1996.

Band 147 Dirk Lentfer: Die Glogauer Landesprivilegien des Andreas Gryphius von 1653. 1996.

Band 148 Wencke Mull: Die Haftung für Einsturzschäden nach den §§ 836-838 BGB in der Rechtsprechung des Reichsgerichts. 1996.

Band 149 Renate Zelger: Teufelsverträge. Märchen, Sage, Schwank, Legende im Spiegel der Rechtsgeschichte. 1996.

Band 150 Guido Kraß: Das Arrestverfahren in Frankfurt am Main im Spätmittelalter. 1996.

Band 151 F. Benedict Heyn: Die Entwicklung des Eisenbahnfrachtrechts von den Anfängen bis zur Einführung des Allgemeinen Deutschen Handelsgesetzbuches (ADHGB). 1996.

Band 152 Thomas Lang: Die Staats- und Verfassungslehre Carl Salomo Zachariaes. 1996.

Band 153 Michael Hebeis: Karl Anton von Martini (1726-1800). Leben und Werk. 1996.

Band 154 Gerald Hubert: Die Diskussion um die rechtliche Natur der Bizone in den Jahren 1947-1949. 1996.

Band 155 Christof Horn: Die Rechtsprechung des Reichsgerichts in Ehescheidungssachen der Jahre 1900 bis 1905. 1996.

Band 156 Hermann Nehlsen / Georg Brun (Hrsg.): Münchener rechtshistorische Studien zum Nationalsozialismus. 1996.

Band 157 Jan Otto Clemens Kehrberg: Die Entwicklung des Elektrizitätsrechts in Deutschland. Der Weg zum Energiewirtschaftsgesetz von 1935. 1997.

Band 158 Johannes Tradt: Der Religionsprozeß gegen den Zopfschulzen (1791-1799). Ein Beitrag zur protestantischen Lehrpflicht und Lehrzucht in Brandenburg-Preußen gegen Ende des 18. Jahrhunderts. 1997.

Band 159 Dietmar Olsen: Das kaufrechtliche Sachmängelgewährleistungsrecht des Code civil in der Rechtsprechung deutscher Gerichte im 19. Jahrhundert. Ein Beitrag zur Ablösung der Partikularrechte durch das BGB. 1997.

Band 160 Ulrich Bernhardt: Die Deutsche Akademie für Staats- und Rechtswissenschaft „Walter Ulbricht" 1948-1971. 1997.

Band 161 Claudia Susan Hoppe: Die Bürgschaft im Rechtsleben Hamburgs von 1600 bis 1900. 1997.

Band 162 Franz-Rudolf Ecker: Die Entwicklung des Bergrechts im Saarbrücker Steinkohlenrevier bis zum Ende des 18. Jahrhunderts. Ein Vergleich mit dem älteren deutschen Bergrecht. 1997.

Band 163 Anne Katrin Rückert: Politik und Privatrecht in der „konservativen Revolution". 1997.

Band 164 Gisbert Laube: Der Reichskunstwart. Geschichte einer Kulturbehörde 1919-1933. 1997.

Band 165 Nicolas Lührig: Die Diskussion über die Reform der Juristenausbildung von 1945 bis 1995. 1997.

Band 166 Regula Gerber Jenni: Die Emanzipation der mehrjährigen Frauenzimmer. Frauen im bernischen Privatrecht des 19. Jahrhunderts. 1997.

Band 167 Mischa A. Färber: Das gemeinschaftliche Testament in der höchstrichterlichen Rechtsprechung zum Allgemeinen Preußischen Landrecht und zum BGB. Ein Beitrag zur Ablösung der Partikularrechte durch das BGB. 1997.

Band 168 Catherine Antoinette Gasser: Philipp Lotmar 1850-1922. Professor der Universität Bern. Sein Engagement für das Schweizerische Arbeitsrecht. 1997.

Band 169 Lars Immisch: Der sozialistische Richter in der DDR und seine Unabhängigkeit. Der Versuch eines Rechtsvergleiches zum Unabhängigkeitsbegriff in der bundesdeutschen Rechtsordnung. 1997.

Band 170 Jessica Jacobi: Besitzschutz vor dem Reichskammergericht. Die friedenssichernde Funktion der Besitzschutzklagen am Reichskammergericht im 16. Jahrhundert, dargestellt anhand von Kameralisten. 1998.

Band 171 Ewald Hügemann: Die Geschichte des öffentlichen und privaten Mietpreisrechts vom Ersten Weltkrieg bis zum Gesetz zur Regelung der Miethöhe von 1974. 1998.

Band 172 Lutz Rentzow: Die Entstehungs- und Wirkungsgeschichte der Vernewerten Landesordnung für das Königreich Böhmen von 1627. 1998.

Band 173 Sabine Stürmer: Mühlenrecht im Herzogtum Pfalz-Zweibrücken während des 18. Jahrhunderts. Ein Beitrag zum Wirtschaftsrecht eines deutschen Kleinstaates im Alten Reich. 1998.

Band 174 Mario Bogisch: *Nemo testis in re sua*. Das Problem der Zeugnisfähigkeit bei der Anwendung der deutschen Zivilprozeßordnung von 1877. 1998.

Band 175 Rainer Oßwald: Pactane sunt servanda? Freiwilligkeit, Zwang und Unverbindlichkeitserklärungen im islamischen Vertragsrecht malikitischer Schule. 1998.

Band 176 Bettina Kern: Der preußische BGB-Entwurf von 1842. 1998.

Band 177 Inken Fuhrmann: Die Diskussion über die Einführung der fakultativen Zivilehe in Deutschland und Österreich seit Mitte des 19. Jahrhunderts. 1998.

Band 178 Annette Rieck: Der Heilige Ivo von Hélory (1247-1303). Advocatus pauperum und Patron der Juristen. 1998.

Band 179 Frank Bottenberg: Die Hamburgische Strafprozeßordnung von 1869. 1998.

Band 180 Matthias Krauß: Das kursächsische Postrecht von seinen Anfängen bis zum Ende des Alten Reichs. 1998.

Band 181 Torsten Schmidt: Die Entmündigung von den Anfängen des BGB bis zu ihrer Ablösung durch das Institut der Betreuung. 1998.

Band 182 Christian Nunn: Rudolf Müller-Erzbach. 1874-1959. Von der realen Methode über die Interessenjurisprudenz zum kausalen Rechtsdenken (Leben und Werk). 1998.

Band 183 Christian Ortloff: Das staatskirchenrechtliche System Wilhelm Traugott Krugs. Glaubens- und Gewissensfreiheit – eine Forderung der Vernunft. 1998.

Band 184 Christian Hattenhauer: Schuldenregulierung nach dem Westfälischen Frieden. Der sog. § *de indaganda* und seine Umsetzung im Jüngsten Reichsabschied (AD 1648 und 1654). 1998.

Band 185 Werner Schubert: Preußen im Vormärz. Die Verhandlungen der Provinziallandtage von Brandenburg, Pommern, Posen, Sachsen und Schlesien sowie – im Anhang – von Ostpreußen, Westfalen und der Rheinprovinz (1841-1845). 1998.

Band 186 Silvia Schumacher: Das Rechtsverhältnis zwischen Eltern und Kindern in der Privatrechtsgeschichte. 1999.

Band 187 Kai Sommer: Die Strafbarkeit der Homosexualität von der Kaiserzeit bis zum Nationalsozialismus. Eine Analyse der Straftatbestände im Strafgesetzbuch und in den Reformentwürfen (1871-1945). 1998.

Band 188 Jan Erik Backhaus: Volksrichterkarrieren in der DDR. 1999.

Band 189 Ralf Ruhnau: Die Fürstlich Thurn und Taxissche Privatgerichtsbarkeit in Regensburg. Ein Kuriosum der deutschen Rechtsgeschichte. 1999.

Band 190 Antonio Grilli: Die französische Justizorganisation am linken Rheinufer 1797-1803. 1999.

Band 191 Stephanie Kammerloher-Lis: Die Entstehung des Gesetzes über die religiöse Kindererziehung vom 15. Juli 1921. 1999.

Band 192 Jan Telp: Ausmerzung und Verrat. Zur Diskussion um Strafzwecke und Verbrechensbegriffe im Dritten Reich. 1999.

Band 193 Kurt von Pannwitz: Die Entstehung der Allgemeinen Deutschen Wechselordnung. Ein Beitrag zur Geschichte der Vereinheitlichung des deutschen Zivilrechts im 19. Jahrhundert. 1999.

Band 194 Sylvia Busch: Die Entstehung der Allgemeinen Gerichtsordnung für die Preussischen Staaten von 1793/95. Ein Beitrag zur Geschichte der Kodifikationsbewegung und der Reform des Zivilprozesses in Preußen im 18. Jahrhundert. 1999.

Band 195 Dirk Bieresborn: Klage und Klageerwiderung im deutschen und englischen Zivilprozeß. Eine rechtshistorische und rechtsvergleichende Untersuchung unter besonderer Berücksichtigung der Beeinflussung durch das römisch-kanonische Verfahren. 1999.

Band 196 Andreas Thier / Guido Pfeifer / Philipp Grzimek (Hrsg.): Kontinuitäten und Zäsuren in der Europäischen Rechtsgeschichte. Europäisches Forum Junger Rechtshistorikerinnen und Rechtshistoriker München 22.-24. Juli 1998. 1999.

Band 197 Franz Smola: Die Fürstlich Liechtenstein'sche Kunstsammlung. Rechtsfragen zur Verbringung der Sammlung von Wien nach Vaduz in den Jahren 1944/45. 1999.

Band 198 Frank Martin Krauss: Das geteilte Eigentum im 19. und 20. Jahrhundert. Eine Untersuchung zum Fortbestand des Teilungsgedankens. 1999.

Band 199 Matthias Frey: Die spanische Aktiengesellschaft im 18. Jahrhundert und unter dem Código de Comercio von 1829. 1999.

Band 200 Alexandra Gilde: Die Stellung der Frau im Reichsstrafgesetzbuch von 1870/71 und in den Reformentwürfen bis 1919 im Urteil der bürgerlichen Frauenbewegung. Eine Analyse ausgewählter Straftatbestände. 1999.

Band 201 Malte Dießelhorst / Arne Duncker: Hans Kohlhase. Die Geschichte einer Fehde in Sachsen und Brandenburg zur Zeit der Reformation. 1999.

Band 202 Jörg Hillmann: Territorialrechtliche Auseinandersetzungen der Herzöge von Sachsen-Lauenburg vor dem Reichskammergericht im 16. Jahrhundert. 1999.

Band 203 Carsten Engler: Die Kommanditgesellschaft (KG) und die stille Gesellschaft im Allgemeinen Deutschen Handelsgesetzbuch (ADHGB) von 1861. 1999.

Band 204 Vesta Hoffmann-Steudner: Die Rechtsprechung des Reichsgerichts zu dem Scheidungsgrund des § 49 EheG (EheG 1938) in den Jahren 1938-1945. 1999.

Band 205 Michaela Thiele: Die Auflösung von Arbeitsverhältnissen aufgrund Anfechtung und außerordentlicher Kündigung nach der Rechtsprechung des Reichsarbeitsgerichts (1927-1945). 2000.

Band 206 Peter Landau / Hermann Nehlsen / Mathias Schmoeckel (Hrsg.): Karl von Amira zum Gedächtnis. 1999.

Band 207 Marcus Flinder: Die Entstehungsgeschichte des Zivilgesetzbuches der DDR. 1999.

Band 208 Boris Franz Leo Bromm: Die Entstehungsgeschichte des Berufs des Handelsvertreters. Unter besonderer Berücksichtigung der Sozialgesetzgebung in den Jahren von 1871-1933. 2000.

Band 209 Winfried C. J. Eberstein: Das Tierschutzrecht in Deutschland bis zum Erlaß des Reichs-Tierschutzgesetzes vom 24. November 1933. Unter Berücksichtigung der Entwicklung in England. 1999.

Band 210 Patrick Deller: Der „nach dem Vertrage" vorausgesetzte Gebrauch (§ 459 Absatz 1 Satz 1 BGB). Eine kaufrechtliche Untersuchung unter Berücksichtigung rechtshistorischer wie rechtsvergleichender Grundlagen. 2000.

Band 211 Eckard Freiherr von Bodenhausen: Haftung des Geschäftsherrn für Verrichtungsgehilfen im Straßen- und Schienenverkehr. Eine Analyse der Entscheidungen des Reichsgerichts zu § 831 BGB (1900-1945). 2000.

Band 212 Birte Gast: Der Allgemeine Teil und das Schuldrecht des Bürgerlichen Gesetzbuchs im Urteil von Raymond Saleilles (1855-1912). 2000.

Band 213 Hansjörg Michael Huber: Koloniale Selbstverwaltung in Deutsch-Südwestafrika. Entstehung, Kodifizierung und Umsetzung. 2000.

Band 214 Ulf Björner: Die Verfassungsgerichtsbarkeit im Norddeutschen Bund und Deutschen Reich (1867-1918). Eine rechtshistorische Untersuchung über Gerichtsbarkeit im Spannungsfeld von Politik und Recht innerhalb der von Bismarck geschaffenen deutschen Bundesstaaten. 2000.

Band 215 Mathias Freiherr von Rosenberg: Friedrich Carl von Savigny (1779-1861) im Urteil seiner Zeit. 2000.

Band 216 Reinhard Binder-Kriegistein: Österreichisches Adelsrecht 1868-1918/19. Von der Ausgestaltung des Adelsrechts der cisleithanischen Reichshälfte bis zum Adelsaufhebungsgesetz der Republik unter besonderer Berücksichtigung des adeligen Namensrechts. 2000.

Band 217 Claudia-Regine Nerius: Johannes Lehmann-Hohenberg (1851-1925). Eine Studie zur völkischen Rechts- und Justizkritik im Deutschen Kaiserreich. 2000.

Band 218 Ludger Meuten: Die Erbfolgeordnung des Sachsenspiegels und des Magdeburger Rechts. Ein Beitrag zur Geschichte des sächsisch-magdeburgischen Rechts. 2000.

Band 219 Christoph Alexander von Wilcken: Die Reformbestrebungen zum Genossenschaftsgesetz in der Frühzeit der Bundesrepublik. Die Beratungen der Sachverständigenkommission zur Überprüfung des Genossenschaftsrechts 1954 bis 1958 und der Referentenentwurf von 1962. 2000.

Band 220 Verein Junger RechtshistorikerInnen Zürich (Hrsg.): ¿Rechtsgeschichte(n)? ¿Histoire(s) du droit? ¿Storia/storie del diritto? ¿Legal Histori(es)? Europäisches Forum Junger Rechtshistorikerinnen und Rechtshistoriker Zürich 28.-30. Mai 1999. 2000.

Band 221 Hans Christian Schüler: Die Entstehungsgeschichte der Bundesnotarordnung vom 24. Februar 1961. 2000.

Band 222 Nils-Eberhard Schramm: Die Vereinigung demokratischer Juristen (1949-1999). 2000.

Band 223 Silke Anke Torp: Das Rechtsverhältnis zwischen den Eltern und ihren Kindern. Dienstleistungspflicht, Aussteuer und Ausstattung. Eine Analyse der Rechtsprechung des Reichsgerichts und des Reichsarbeitsgerichts zu den Vorschriften der §§ 1616 bis 1625 des Bürgerlichen Gesetzbuches in der Zeit von 1900 bis 1945. 2000.

Band 224 Martin Jürgen Maaß: Die Geschichte des Eigentumsvorbehalts, insbesondere im 18. und 19. Jahrhundert. 2000.

Band 225 Stefanie Langer: Rechtswissenschaftliche Itinerarien. Lebenswege namhafter europäischer Juristen vom 11. bis zum 18. Jahrhundert. 2000.

Band 226 Ulrich Schmitz: Der Unterhaltsanspruch des nichtehelichen Kindes gegen seinen Erzeuger. Die rechtsgeschichtliche und dogmatische Entwicklung im deutschen Recht. 2000.

Band 227 Sebastian Günther: Friedrich Carl von Savigny als Grundherr. 2000.

Band 228 Henning Ibs: Hermann J. Held (1890-1963). Ein Kieler Gelehrtenleben in den Fängen der Zeitläufe. 2000.

Band 229 Matthias Rücker: Wirtschaftswerbung unter dem Nationalsozialismus. Rechtliche Ausgestaltung der Werbung und Tätigkeit des Werberats der deutschen Wirtschaft. 2000.

Band 230 Hendrik Sandmann: Die Entwicklung von Begriff und Inhalt des Wirtschaftsrechts durch die Rechtswissenschaft in der Weimarer Republik. 2000.

Band 231 Sibylle Müller: Gibt es Menschenrechte bei Samuel Pufendorf? 2000.

Band 232 Karin Olechowski-Hrdlicka: Die gemeinsamen Angelegenheiten der Österreichisch-Ungarischen Monarchie. Vorgeschichte – Ausgleich 1867 – Staatsrechtliche Kontroversen. 2001.

Band 233 Johannes Mierau: Die juristischen Abschluß- und Diplomprüfungen in der SBZ/DDR. Ein Einblick in die Juristenausbildung im Sozialismus. 2001.

Band 234 Jörg Wolff (Hrsg.): Stillstand, Erneuerung und Kontinuität. Einsprüche zur Preußenforschung. 2001.

Band 235 Friedo Schröder: Die anwaltliche Tätigkeit während der nationalsozialistischen Herrschaft. Eine Analyse der anwaltlichen Argumentation in Zivilprozessen anhand der vorhandenen Prozeßakten der Landgerichte Frankenthal, Wiesbaden, Limburg und Frankfurt und der Handakten der *jüdischen Konsulenten* des OLG-Bezirks Frankfurt. 2001.

Band 236 Der Code pénal des Königreichs Westphalen von 1813 mit dem Code pénal von 1810 im Original und in deutscher Übersetzung. Herausgegeben und mit einer Einleitung versehen von Werner Schubert. 2001.

Band 237 Klaus Richter: Deutsches Kolonialrecht in Ostafrika 1885-1891. 2001.

Band 238 Kai von Lewinski: Deutschrechtliche Systembildung im 19. Jahrhundert. 2001.

Band 239 Alexander Herzog: Sittenwidrige Rechtsgeschäfte in der höchstrichterlichen Rechtsprechung aus den Jahren 1948-1965. 2001.

Band 240 Claudia Rönnau: Die Beratungen des Wasserrechtsausschusses der Akademie für Deutsches Recht zu einem Reichswassergesetz (1934-1941). Ein Beitrag zur Dogmatik der Begriffe *Gemeingebrauch* und *Sondergebrauch* in der Zeit des Nationalsozialismus. 2001.

Band 241 Momme Rohlack: Kriegsgesellschaften (1914-1918). Arten, Rechtsformen und Funktionen in der Kriegswirtschaft des Ersten Weltkrieges. 2001.

Band 242 Rolf Geyer: Der Gedanke des Verbraucherschutzes im Reichsrecht des Kaiserreichs und der Weimarer Republik (1871-1933). Eine Studie zur Geschichte des Verbraucherrechts in Deutschland. 2001.

Band 243 Felix Lorenz Benjamin Lehmann: Der Rote Adlerorden. Entstehung und rechtliche Grundlagen (1705-1918). 2001.

Band 244 Marc Ludwig: Der Pfändungsschutz für Lohneinkommen. Die Entstehungs- und Entwicklungsgeschichte der Vorschriften zum Schutz vor Lohnpfändung in Deutschland. 2001.

Band 245 Alexander Wachter: Dorfschule zwischen Pastor und Schulmeister. Zur Säkularisierung des niederhessischen Schulwesens im 19. Jahrhundert. 2001.